वाणी प्रकाशन

स्वतन्त्रता संघर्ष और भारत की संरचना

(1883-1984 के 75 भाषणों में)

स्वतन्त्रता संघर्ष और भारत की संरचना

(1883-1984 के 75 भाषणों में)

डॉ. फणीश सिंह

वाणी प्रकाशन

वाणी प्रकाशन
4695, 21-ए, दरियागंज, नयी दिल्ली 110 002
शाखा
अशोक राजपथ, पटना 800 004
फ़ोन: +91 11 23273167 फ़ैक्स: +91 11 23275710
www.vaniprakashan.in
vaniprakashan@gmail.com
sales@vaniprakashan.in

SWATANTRATA SANGHARSH AUR BHARAT KEE SANRACHANA
(1883-1984 KE 75 BHASHNON MEIN)
by Dr. Fanish Singh

ISBN : 978-93-5229-664-4
History/Social Science

प्रथम संस्करण
मूल्य : ₹1495

सिटी प्रेस, दिल्ली-110 095 में मुद्रित

वाणी प्रकाशन का लोगो मक़बूल फ़िदा हुसेन की कूची से

हिन्दुस्तान की आज़ादी की लड़ाई का प्रामाणिक दस्तावेज़

विश्व की घटनाओं और देश की राजनीति और सामाजिक परिस्थिति पर गहरी नज़र रखने वाले पेशे से वकील, लेकिन हिन्दुस्तान की सांस्कृतिक विरासत की तलाश करते ऐतिहासिक स्थलों की देश और विदेश की सियासी में सरगम रुचि रखने वाला व्यक्ति साल में अपनी एक-दो पुस्तकें भी जब सामने ले आये तो उनकी क्षमता पर लोगों को हैरत होगी ही। मैं बात कर रहा हूँ दर्जनभर पुस्तकों के लेखक डॉ. फणीश सिंह की जो पटना ही नहीं देश के बुद्धिजीवियों के बीच एक परिचित नाम है। अपना परिचय देते हुए अपनी 2012 में प्रकाशित पुस्तक '1942 की अगस्त क्रान्ति' में वह अपने 'दो शब्द' में कहते हैं :

> *जब से मैंने होश सँभाला, मैं आज़ादी की लड़ाई की बातें सुनता रहा हूँ। कारण कि 11 अगस्त, 1942 को बिहार के प्रथम शहीदों में मेरे चाचाजी (उमाकान्त प्रसाद सिंह) थे, जिनका नाम बिहार विधान सभा के समक्ष शहीद स्थल पर प्रथम नाम के रूप में अंकित है। उसके चार दिनों के पश्चात, यानी 15 अगस्त, 1942 को सोनपुर रेलवे प्लेटफ़ार्म पर श्वसुरजी महेश्वर जी की शहादत हुई, जिसे पटना के बी.एन. कॉलेज के प्रांगण में उनकी मूर्ति लगाकर पटना विश्वविद्यालय ने उन्हें सम्मानित किया है। दो ऐसे परिवारों के बीच रहने से स्वतन्त्रता संग्राम की परछाइयाँ मेरा पीछा नहीं छोड़तीं।*

'अंग्रेज़ो भारत छोड़ो' की गूँज के बीच जिस व्यक्ति ने होश सँभाला हो, जिसके परिवार के लोग मातृभूमि की आज़ादी के लिए शहीद हुए हों, उसके व्यक्तित्व और आचार-विचार पर रचनात्मक प्रभाव पड़ना स्वाभाविक है। बिहार के पुराने सारण ज़िला की आज़ादी की लड़ाई में बहुत शानदार भूमिका रही है। मजहरुल हक, ब्रजकिशोर प्रसाद, राजेन्द्र प्रसाद, जगलाल चौधरी और जयप्रकाश नारायण की कर्मभूमि होने का गर्व इस ज़िले को हासिल है। दिघवारा, मलखाचक के राम विनोद सिंह की भी यह सरज़मीन कर्मभूमि है जहाँ उनके क्रान्तिकारी मित्र भगत सिंह, बटुकेश्वर दत्त और उनकी टोली के जवान हथियार चलाने का अभ्यास किया करते थे। क्रान्तिकारियों की सेक्यूलर सोच और कांग्रेस की समावेशी दृष्टि का असर लिए डॉ. फणीश सिंह का प्रगतिशील व्यक्तित्व उभरा और अपने बुजुर्गों की प्रेरणा से नित नये विषयों पर शोध उनकी दिलचस्पी बन गयी। नतीजतन हर वर्ष किसी न किसी दिलचस्प विषय पर इनकी कोई न कोई पुस्तक प्रकाशित हो सामने आ जाती है।

इस पुस्तक में भारतीय उपमहाद्वीप, जो बदकिस्मती से तीन हिस्सों में बँट गया है, के ऐसे पचहत्तर महत्त्वपूर्ण विद्वानों के चुने हुए महत्त्वपूर्ण आलेखों को डॉ. फणीश पेश कर रहे हैं जिन्होंने सुदृढ़ समाज और आत्म सम्मानी हिन्दुस्तान का सपना देखा था और देश के नव-निर्माण में अपनी सलाहियतों का भरपूर इस्तेमाल किया है। इन महापुरुषों के विचार महज उनके विचार ही नहीं हैं, वे हिन्दुस्तान में चल रही विभिन्न विचारधाराओं के प्रतीक भी हैं। इन्हें पढ़कर आज़ादी की लड़ाई के अनेक पहलुओं की सुधी पाठकों को विस्तारित जानकारी मिलेगी। यहाँ अगर राजनेता और दार्शनिक अपना विचार व्यक्त करते मिलेंगे तो रवीन्द्रनाथ टैगोर और नजरूल इस्लाम जैसे कवि देशभक्ति और मानवीय मूल्यों की वकालत करते मिलेंगे।

डॉ. फणीश सिंह ने दुनिया के अनेक देशों का भ्रमण किया है। खासकर एशिया और यूरोप के ऐसे देशों की यात्रा की जिनका हिन्दुस्तान से गहरा सांस्कृतिक रिश्ता रहा है। हमारा इतिहास हज़ारों वर्ष पुराना है और प्राचीनतम विकसित मानवीय सभ्यताओं में हम एक रहे हैं। हमने जीवन के हर क्षेत्र में उपलब्धियों का कीर्तिमान स्थापित किया है। हमने अपने विश्वविद्यालयों के माध्यम से अपने ज्ञान के भंडार को दुनिया के सामने उँडेल दिया है। ह्वेनसांग, फाह्यान, मेगास्थनीज, इब्ने बतूता और अफनासी निकितीन जैसे विद्वानों ने यहाँ के ज्ञान भंडारों से लाभ उठाया और दुनिया के अनेक देशों में हमारे वैभव की दास्तानें पहुँचाईं। फणीश जी ने उन देशों के साथ यूरोप के अनेक देशों और इस्लामी सांस्कृतिक के केन्द्र रहे समरकंद, बुखारा, ताशकन्द और फरगना जाकर वहाँ और यहाँ के समाज पर परस्पर प्रभाव के अध्ययन की भी कोशिश की है।

प्रस्तुत पुस्तक प्रातःस्मरणीय महापुरुषों के आलेखों का केवल संग्रह नहीं है बल्कि हिन्दुस्तान के गौरवपूर्ण इतिहास, खासकर आज़ादी की लड़ाई के इतिहास को जानने का रिसोर्स मटेरियल भी है। 1857 के जनविद्रोह को कुचल देने के बाद अंग्रेज़ों ने यहाँ 'बाँटो और राज करो' की नीति अपनाते हुए यहाँ की दो प्रमुख आबादी, हिन्दुओं और मुसलमानों को बाँट कर नदी के दो किनारे पर ला खड़ा करने की जो सुनियोजित साजिशी मुहिम चलाई वह कामयाब हुई और हमें देश के विभाजन का दर्द सहना पड़ा। हिन्दुस्तान की आज़ादी की लड़ाई जब अपनी मनचाही मंज़िल पर पहुँची, वह घड़ी खुशियों की नहीं, बल्कि हिन्दुस्तान के इतिहास का दुखद अध्याय बन गयी।

डॉ. फणीश सिंह ने इस पुस्तक के परिचय में आज़ादी की लड़ाई के लम्बे इतिहास के उतार-चढ़ाव की दास्ताँ पर तफ़सीली रोशनी डाली है। संकलित आलेख और पुस्तक परिचय पर नज़र डालने वाले को हिन्दुस्तान की आज़ादी और उससे जुड़ी महत्त्वपूर्ण घटनाओं की भी भली-भाँति जानकारी हो जायेगी। वह अनायास कह पड़ेगा पुस्तक बहुत अच्छी है और ऐसी पुस्तकों की लोगों को ज़रूरत है।

रजी अहमद
सचिव,
गाँधी संग्रहालय, पटना
08 अगस्त 2016

स्वतन्त्रता संघर्ष और भारत की संरचना

(1883 से 1984 के 75 भाषणों में)

आज हम जिस धारा में बह रहे हैं उसकी पृष्ठभूमि में जाना आवश्यक है। हमारे नौजवान आज सिर्फ़ कम्प्यूटर, दूरदर्शन और विज्ञान में ही डूबे हुए हैं। उन्हें अपने अतीत का कुछ भी पता नहीं। घर बनाने के पूर्व उसकी नींव बनाई जाती है। विज्ञान जितना महत्त्वपूर्ण है इतिहास भी उससे कम नहीं। उसी के माध्यम से हम अपने पूर्वजों को जान सकते हैं। हमने ज़्यादातर यही पढ़ा है कि हम सदियों से गुलामी झेलते रहे। हमें यह भी पढ़ना होगा कि हमारे पूर्वज 2200 वर्षों से 1200 वर्षों के बीच में दक्षिण-पूर्व एशिया के देशों में गये और उन्होंने इतिहास की रचना की। यू.एन. हेरिटेज में शामिल 1300 वर्ष पुराना अंकोरवाट का विशाल मन्दिर वहाँ के राजा जो त्रिपुरा से कम्बोडिया गये थे, का बनवाया हुआ है। हज़ारों वर्ष पूर्व अशोक के पुत्र एवं पुत्री क्रमशः महेन्द्र एवं संघमित्रा लंका बौद्ध धर्म का प्रचार करने गये। उनकी नौका हमारे ही शहर पाटलिपुत्र से प्रवाहित हुई थी और सारे श्रीलंका में तमिल (जो उत्तर भारत से गये) छाये हुए हैं। इण्डोनेशिया के बाली द्वीप में अर्जुन, भीम, कृष्ण की विशालकाय मूर्त्तियाँ आज भी हमारे पूर्वजों के इतिहास की साक्षी हैं। पूरे वियतनाम में हमारे हज़ारों छोटे-बड़े मन्दिर हमारे पूर्वजों के कृत्यों के गवाह हैं। अंग्रेज़ों ने और मुस्लिम आक्रमणकारियों ने बल एवं छलपूर्वक हम पर राज किया किन्तु हमारे पूर्वज जो सुदूर इण्डोनेशिया, कम्बोडिया, वियतनाम आदि की ओर गये वहाँ की सभ्यता में घुलमिल गये और उन देशों में अपनी अमिट छाप छोड़ी। आखिर हमारे बुद्ध धर्म से चीन, जापान, कोरिया के अतिरिक्त सारा दक्षिण-पूर्व एशिया प्रभावित है। श्रीलंका में बड़ा से बड़ा मन्दिर हो या अन्य स्थान सिर्फ़ बुद्ध की ही प्रतिमा दिखलाई पड़ती है। हर चौराहे पर भी मात्र बुद्ध ही हैं जैसे हमारे यहाँ हनुमान जी। मध्य एशिया के मुस्लिम देशों में भी बुद्ध की छाया व्याप्त है। आपको मालूम ही होगा कि अफ़गानिस्तान में बुद्ध की विशालकाय प्रतिमा थी जिसे तालिबान ने नष्ट किया। अपनी कजाकिस्तान यात्रा में भी हमें अलमाती में भी बुद्ध प्रतिमा के अवशेष मिले जो चीनी यात्रियों द्वारा वहाँ लाये गये थे। दक्षिण-पूर्व एशिया में कई स्थानों का नामकरण भारतीय नगरों के आधार पर पड़ा। उदाहरण के लिए थाईलैंड की प्राचीन राजधानी का नाम अयुथ्या था, जो स्पष्टतया अयोध्या से लिया गया है। आज भी थाईलैंड के हवाई अड्डे का नाम 'सुवर्णभूमि' एवं इण्डोनेशिया के एयर लाइन्स का नाम 'गरुड़' है। वहाँ के सिक्के पर भी हनुमान जी की ही तस्वीर है। सुदूर लाओस के शान्तिनगर लुआंग-प्रबांग के एक पार्क में हम हनुमान जी की मूर्त्ति देखकर चकित रह गये। पूर्वी भू-मध्य सागर क्षेत्र की व्यावसायिक ज़रूरतों ने भारतीय व्यापारियों को दक्षिण-पूर्व एशिया के साथ सम्बन्ध बनाने के लिए प्रेरित किया, क्योंकि यहाँ से मसालों और अर्ध-मूल्यवान पत्थरों का आयात किया जा सकता था। ताम्रलिप्ति और अमरावती

के बन्दरगाहों से जहाज म्यांमार, मर्तबन और इण्डोनेशिया जाते थे। दक्षिण भारत के बन्दरगाहों से भारतीय मालवाहक जहाज़ मलक्का और जावा भेजे जाते थे। भारतीय वणिकों ने धीरे-धीरे दक्षिण-पूर्व एशिया से स्थायी सम्बन्ध बनाना प्रारम्भ कर दिया। यह क्षेत्र हिन्दू और बौद्ध धर्म के प्रचारकों की गतिविधियों का भी केन्द्र बिन्दु बना। ब्राह्मणों और बाद में बौद्धों की कई साहसिक यात्राओं के ऐतिहासिक साक्ष्य प्राप्त हुए हैं। थाईलैंड, कम्बोडिया और जावा में भारतीय संस्कृति के विभिन्न आयामों का विकास हुआ। ईसा की प्रारम्भिक शताब्दियों के चीनी स्रोतों में दक्षिण-पूर्व एशिया में हो रही भारतीय गतिविधियों का विवरण है। हमने दक्षिण-पूर्व एशिया के 12 देशों की अपनी यात्रा में जो भारतीय संस्कृति की छाप देखी, वह आश्चर्यचकित करने वाली है। यहाँ भारतीय संस्कृति से मेरा अभिप्राय हिन्दू-संस्कृति से है। बाली (इण्डोनेशिया) में 95 प्रतिशत जनसंख्या हिन्दुओं की है जो कम से कम तीन बार पूजा करते हैं और हर घर या व्यावसायिक स्थल के आगे 2’ से 5’ तक का मन्दिर अवश्य है। वे अभी भी चारों वर्णों में विभक्त हैं और उन्हें अपने को शूद्र भी कहने में हिचक नहीं है। काम वे कुछ भी करते हों अपनी मूल जाति को वर्ण के रूप में ही पारिभाषित करते हैं। मुझे दक्षिण-पूर्व एशिया के हर देश में हिन्दू मन्दिर के दर्शन हुए जिसमें सबसे बड़ी संख्या वियतनाम के मन्दिरों की है। अंकोरवाट मन्दिर भी यद्यपि बौद्ध लोग उसे अपना मन्दिर बताने की कोशिश करते हैं वस्तुतः वह वहाँ के क्षत्रिय राजा सूर्य वर्मन का बनवाया हुआ है। रामायण और महाभारत की कथा वहाँ एकाध किलोमीटर में चित्रों द्वारा प्रदर्शित है। ब्रह्मा, विष्णु और महेश की विशालकाय मूर्त्तियों के अतिरिक्त कम से कम मुझे 3 जगह सुसज्जित शिवलिंग मिले।

कहा जाता है कि सामाजिक, आर्थिक, सांस्कृतिक, राजनीतिक, धार्मिक आदि क्षेत्रों में भारतीय हस्तक्षेप से दक्षिण-पूर्व एशियाई देशों के तत्कालीन जीवन में मौलिक परिवर्तन आया भारत के इतिहास में बड़े सार्वभौम राज्यों का युग अधिक नहीं है। चन्द्रगुप्त मौर्य, फिर गुप्तवंश, फिर मुग़लवंश और फिर अंग्रेज़ी राज्य। मौर्यों और गुप्तों के बीच भी लम्बा अन्तराल था। बाद के विघटित हिन्दू राज्य धीरे-धीरे सार्वभौम मुग़ल राज्य में समाहित हो गये और फिर विघटित मुग़ल राज्य अंग्रेज़ी राज्य में। सैकड़ों सालों तक चलनेवाले बाहरी आक्रमणों, आन्तरिक धार्मिक संघर्षों, जातीय विभेदों, राजनीतिक विद्रोहों, सामाजिक विषमताओं और सारी प्राकृतिक आपदाओं के बाद भी देश का कोई विभाजन नहीं हुआ। अंग्रेज़ी राज्य की सीमाएँ लगभग वही या उससे अधिक थीं जो मौर्यों के शासन में थीं। इस अवधि में जो भी विदेशी आक्रान्ता आये, वे देश की मुख्यधारा में धीरे-धीरे समाहित होते गये।

औरंगज़ेब की मृत्यु 1707 में हुई। वह 91 वर्ष जीवित रहा जिसमें 50 साल तक उसने शासन किया। 1 मई, 1739 को अफ़गानिस्तान से नादिरशाह दिल्ली आया और तत्कालीन मुग़ल राजा मुहम्मद शाह की अदूरदर्शिता के कारण भारत को लूट कर ले गया। लूट में उसने कोहिनूर और मयूर सिंहासन के अतिरिक्त मुग़लों की 8 पीढ़ियों की जमा की हुई दौलत भी शामिल थी। यहाँ यह जानना आवश्यक है कि बाबर के भारत प्रवेश के 16 साल पूर्व दक्षिण भारत में यूरोपियन कॉलोनी बस चुकी थी। दक्षिण भारत में मसालों का व्यापार करने के लिए डच, पुर्तगालियों और अंग्रेज़ों में होड़ लगी हुई थी।

पचास वर्षों के ऊपरान्त 1757 से 1857 के बीच की तीन महत्त्वपूर्ण बातें चर्चा करने लायक हैं। स्थायी बन्दोबस्त, अंग्रेज़ी शिक्षा और 1857 की क्रान्ति। स्थायी बन्दोबस्त कृषि भूमि के वितरण व अधिकारों की नयी व्यवस्था थी। कार्नवालिस इसको शुरू करनेवाला व्यक्ति था। स्थायी बन्दोबस्त का बहुत गहरा और दूरगामी प्रभाव बंगाल के सामाजिक, आर्थिक व ग्रामीण जनजीवन पर पड़ा।

नयी जमींदारी व्यवस्था शुरू हुई। कार्नवालिस इसी सिद्धान्त के साथ भारत आया था कि भारत व उसके संसाधन भारतीयों के लिए नहीं, इंग्लैंड के लिए हैं। सन् 1800 में शिक्षा का अर्थ व स्वरूप पूरी तरह पारम्परिक था। हिन्दुओं के बीच महाकाव्य, पुराण, स्मृतियाँ, न्याय व व्याकरण का ज्ञान आवश्यक था, जबकि मुसलमानों के बीच शिक्षा का अर्थ था अरबी व फ़ारसी का ज्ञान। तब स्कूल का अर्थ था छोटे-छोटे मदरसे, मकतब, पाठशाला जहाँ इन विषयों का आधारभूत पाठ कराया जाता था। अधिकांश हिन्दू स्कूल मन्दिरों में और मुस्लिम स्कूल मस्जिदों में होते थे। बंगाल में उन्नीसवीं सदी के शुरू में स्त्री शिक्षा के समर्थन और विरोध में तर्क दिये जाते रहे। अज्ञान, अशिक्षा और अन्धविश्वास के कारण 'सती' प्रथा अपने चरम पर थी। 1815, 1816 और 1817 में सती होने की घटनाओं की संख्या सिर्फ़ कलकत्ता और आसपास में 253, 289, 441 थी। जब 4 दिसम्बर, 1829 को विलियम बेंटिक ने कानून बनाकर इस प्रथा को बन्द किया तो विरोध में 1146 दस्तख़तों के साथ आपत्तिपत्र दिया गया जिसमें 120 पण्डितों के और शेष हिन्दू समाज के महत्त्वपूर्ण व्यक्तियों के दस्तख़त थे।

1844 में अंग्रेज़ी सरकार ने यह निर्णय लिया कि सरकारी नौकरियाँ देने में उन लोगों को प्राथमिकता दी जायेगी जो पश्चिमी विज्ञान और अंग्रेज़ी भाषा जानते होंगे। हिन्दू इसके लिए पहले ही तैयार हो चुके थे। अधिकतर प्रशासनिक नौकरियाँ हिन्दुओं को मिलने लगीं। मुसलमानों की आर्थिक व प्रशासनिक स्थिति को इससे बहुत बड़ा धक्का लगा। मुसलमानों को इस पिछड़ेपन व अशिक्षा से मुक्ति अन्ततः राजा राममोहन राय की ही तरह के व्यक्ति, सर सैयद अहमद ने उनसे 50 वर्ष बाद दिलवाई। मुस्लिम समाज ने अपना धर्म, भाषा व परम्पराएँ अंग्रेज़ों के आने के बाद भी नहीं छोड़ी थीं। हिन्दुओं ने तत्काल छोड़ना शुरू कर दिया था। यह हिन्दुओं की प्रगतिशीलता, बौद्धिकता, खुलापन और विकसित सामाजिक दृष्टि थी। अंग्रेज़ों ने अब तक पूरी तरह भारत को अपना उपनिवेश बना लिया था और यहाँ स्थायी रूप से रहना शुरू कर दिया था। अंग्रेज़ों ने 1830 में महाराजा पटियाला से खरीदकर शिमला को गर्मियों की राजधानी बनाया। 1935 में सिक्किम के राजा से दार्जिलिंग लिया गया। बेंटिक ने ऊटी को दक्षिण भारत में बसाया। अंग्रेज़ फिलहाल आराम से अपने पैर फैला रहे थे।

अंग्रेज़ इतिहासकारों ने 1857 की क्रान्ति को सिपाहियों की बगावत कहा है। यह मान्यता एक स्पष्ट भूल पर आधारित है। ऐसी भूल अंग्रेज़ जाति ही कर सकती है क्योंकि हर विषय पर उसके पैमाने दोहरे हैं। जो लड़ाई उनके अपने देश में स्वतन्त्रता की लड़ाई कहलाती है वह लड़ाई भारत में, उन्हें बगावत नज़र आयी। 1857 के आन्दोलन को बहुत से भारतीय इतिहासकार भी आज़ादी की पहली लड़ाई कहते हुए हिचकते हैं। उनका कहना है कि इसमें लड़ने वाले नेताओं का उद्देश्य संकीर्ण और अपने स्वार्थ तक सीमित था। वे पूरे भारत की आज़ादी के लिए नहीं लड़ रहे थे। रानी लक्ष्मीबाई इसलिए लड़ रही थी कि उसके दत्तक पुत्र को अंग्रेज़ों ने वे अधिकार देने से मना कर दिया था जो रानी को प्राप्त थे। नाना फड़नवीस अपनी पेंशन के लिए लड़ रहे थे। बादशाह बहादुरशाह इसलिए लड़ रहे थे कि अंग्रेज़ों ने उनके सारे अधिकार छीनने के बाद उनसे लाल क़िला खाली करने को कह दिया था। इन इतिहासकारों का कहना है इन नेताओं में राष्ट्रीय भावना नहीं थी। अतः उनके व्यक्तिगत संघर्षों को आज़ादी की लड़ाई नहीं कहा जा सकता।

यह स्वतन्त्रता की लड़ाई इसलिए भी थी कि सभी वर्गों के भारतीय अंग्रेज़ों के जुल्मों, श्रेष्ठता मद, चालबाजी और दोहरी नीति से क्षुब्ध हो चले थे। विद्रोह की चिंगारी किसानों, मज़दूरों, कारीगरों, व्यापारियों सबके हृदयों में सुलग रही थी क्योंकि अंग्रेज़ों ने अपनी दोहरी चालों से इन सब पर

कुठाराघात किये थे। किन्तु यह संघर्ष आज़ादी के लिए था। यह बात दूसरी है कि लड़ने वाले एक राष्ट्र की आज़ादी के लिए नहीं लड़ रहे थे। कुछ ऐसे प्रमाण ज़रूर मिलते हैं कि उन्होंने विदेशों से मदद लेकर एक संगठित मोर्चा बनाने के प्रयत्न किये थे। यह सही है कि तब तक स्वतन्त्रता की माँग इतनी स्पष्ट नहीं थी जितनी तिलक और गाँधी के ज़माने में हुई। मगर वह स्वतन्त्रता के शिशु की पहली चीत्कार थी, वह चीत्कार जिसके साथ एक नवजात शिशु अपने जन्म की उद्घोषणा करता है। वह स्वतन्त्रता की ही पुकार थी। इस तरह भारत की छाती में स्वतन्त्रता का दर्द पहली बार उठा था। यह दर्द एक भूकम्प की तरह पूरे भारत ने महसूस किया था।

विभिन्न भाषाओं के सैकड़ों लोकगीतों में 1857 की लड़ाई के नायकों का स्तुतिगान है। अंग्रेज़ों के अत्याचारों का, शोषण का, आतंक का वर्णन है। इसमें मुक्ति की चाह है। छोटे-छोटे आख्यानों की तरह छोटे-छोटे गाँवों में वीरों की गाथाएँ गायी गयी हैं। सिपाही विद्रोह के विपरीत 'जन विद्रोह' की छवि इन गीतों में है। 1857 की दूसरी दृष्टि इसे 'प्रथम स्वाधीनता संग्राम' कहती है। इस धारणा को मुख्य रूप से जन्म देनेवाली सावरकर की पुस्तक 'The Indian War of Independence 1857' थी। 1909 में यह पुस्तक प्रकाशित हुई और तत्काल जब्त हो गयी। यह पुनः वैधानिक रूप से 1947 में प्रकाशित हुई। सावरकर की यह पुस्तक ब्रिटिश सरकार के विरुद्ध भारतीय जनता की राष्ट्रीय भावनाओं को प्रखर करने के उद्देश्य से लिखी गयी थी। इस पुस्तक में 'मुसलमानों' के विरुद्ध सावरकर की सैद्धान्तिक व घोषित दुर्भावना का एक शब्द नहीं है। 1923 में अंग्रेज़ों से माफ़ी माँगने के बाद सावरकर ने अपना यह रुख बदला था। उसके पहले अंग्रेज़ ही उनका शत्रु था, पर उसके बाद उनका मुख्य शत्रु अंग्रेज़ न होकर मुसलमान हो गया।

1857 में महारानी विक्टोरिया की घोषणा के पश्चात् भारत में वैधानिक रूप से ब्रिटिश राज्य कायम हो गया और कम्पनी की सत्ता समाप्त हो गयी। इसके पीछे के वर्षों को देखें तो स्पष्टतः मुग़ल काल हमारे इतिहास का अविच्छिन्न अंग ठहरता है। मुग़ल बादशाह देश के मज़बूत प्रहरी थे। महमूद गजनवी के 17 आक्रमणों और मन्दिरों को ध्वस्त करने के पश्चात मुग़ल साम्राज्य ने इस परिस्थिति को सँभाला। मुग़ल साम्राज्य भारत में पूर्ण रूप से समाहित हो गया था। जहाँगीर और शाहजहाँ की माँ हिन्दू रानियाँ थीं। मुग़ल खानदान की सारी क़ब्रें भारत में थीं। भारत के सम्बन्ध में मुग़ल साम्राज्य की सबसे बड़ी देन यह थी कि अकबर से लेकर औरंगज़ेब के समय तक भारत की सीमाएँ विदेशी हमलों से सुरक्षित रहीं। बाद में अंग्रेज़ों ने 1857 के पूर्व और बाद में भी इस देश से असीमित धन लूटा और स्वदेश ले गये।

1857 से 1907 का काल भारत के लिए अतिमहत्त्वपूर्ण है। इस काल की दो घटनाएँ महत्त्वपूर्ण हैं। वह है 1885 में कांग्रेस की स्थापना और 1905 में बंगाल का विभाजन। वैसे इस काल में अंग्रेज़ों ने रेलमार्ग और नहरों पर ध्यान दिया। लगभग 15000 किलोमीटर रेल लाइन बिछाई गयी और 80 लाख एकड़ भूमि की सिंचाई की व्यवस्था की गयी। विदेशी शासन ही राष्ट्रवाद को जन्म देता है। इस काल खंड में हिन्दू राष्ट्रवाद और मुस्लिम राष्ट्रवाद का उदय हुआ।

रामकृष्ण परमहंस (1836-1886) अद्भुत व्यक्तित्व थे। बंगाल के किसी व्यक्ति को धार्मिक उच्चता की वह निस्पृही अवस्था प्राप्त नहीं थी जो रामकृष्ण ने प्राप्त की थी। माँ काली के अनन्य भक्त रामकृष्ण किसी भी धर्म, ईश्वर, समुदाय से परे एक विलक्षण आत्मा थे। रामकृष्ण परमहंस की उत्कटभक्ति में दीक्षित हुए विवेकानन्द अद्वैत के अभूतपूर्व व्याख्याता थे। भारतीय वेशभूषा, पुरुषोचित सौन्दर्य और तेजस्वी व्यक्तित्ववाले विवेकानन्द ने हिन्दू धर्म को अन्तर्राष्ट्रीय स्वीकृति दिलायी। इसी

काल के बंकिमचन्द्र का 'आनन्दमठ' सम्भवतः मुस्लिम शासन के विरुद्ध थीं। उसके कथानक से और देवी काली की मूर्ति के उपयोग से लगता है कि बंकिमचन्द्र की देशभक्ति 'हिन्दू' थी न कि भारतीय। यही बात उनके अन्य उपन्यासों से भी जाहिर होती है। उनमें उन्होंने मुस्लिम अधिपत्य के विरोध में तीव्र भावना दर्शायी है। महाराष्ट्र में हिन्दू राष्ट्रवाद तिलक के रूप में प्रतिबिम्बित व विकसित हुआ। तिलक ने 'गणपति पूजा' व 'शिवाजी उत्सव' के दो महत्त्वपूर्ण सार्वजनिक हिन्दू कार्यक्रम शुरू किये। गणपति पूजा महाराष्ट्र का प्राचीन उत्सव था। तिलक ने इसे राष्ट्रीय (भावना) उत्सव में बदल दिया। गणपति पूजा को 1893 से पुनः आयोजित करके तिलक ने उसे वृहद् और नया स्वरूप दिया। 'शिवाजी उत्सव' भी तिलक ने शुरू किये। 1895 के 'केसरी' में तिलक ने रायगढ़ में शिवाजी की समाधि की जीर्णशीर्ण अवस्था का ज़िक्र करते हुए धन की अपील निकाली ! शिवाजी महाराष्ट्र को स्वतन्त्र करानेवाले और हिन्दू धर्म के रक्षक थे।

1907 की सूरत कांग्रेस के बाद तिलक को विद्रोही, उत्तेजक बयानों के कारण 6 वर्ष के लिए माण्डले जेल भेजा गया, जहाँ तिलक ने 'गीता-रहस्य' लिखी। गीता पर सर्वश्रेष्ठ टीकाओं में इसका संज्ञान लिया जाता है। हिन्दू राष्ट्रवाद की एक दूसरी शाखा 'आर्यसमाज' थी। इनकी महत्त्वपूर्ण पुस्तक 'सत्यार्थ प्रकाश' 1875 में प्रथम बार प्रकाशित हुई। पंजाब में आर्यसमाज की स्थापना लाहौर में 1877 में हुई। लाला लाजपत राय (1865-1928) इसके उग्र व प्रखर प्रचारक बने। उन्होंने 1904 में 'पंजाबी' नाम से एक समाचार-पत्र निकाला। हिन्दू-मुस्लिम बढ़ती समस्या पर लाजपत राय का उग्र हिन्दूवाद उनके लेखों की श्रृंखला में दिखाई दिया। 1924 में उन्होंने सुझाव दिया कि भारत का स्पष्ट विभाजन मुस्लिम भारत और गैर-मुस्लिम भारत में होना चाहिए। उन्होंने 1925 में हिन्दू महासभा की अध्यक्षता की। 1928 में साइमन कमीशन का विरोध करनेवाले जुलूस में 'साण्डर्स' की लाठियों से मारे जाने के 18 दिन बाद उनकी मृत्यु हो गयी। हिन्दू राष्ट्रवाद तिलक से लाजपतराय तक एक अविच्छिन्न रूप से प्रवाहित होता रहा जिसकी बागडोर बाद में हिन्दू महासभा और राष्ट्रीय स्वयंसेवक संघ ने सँभाल ली थी।

1916 का लखनऊ पैक्ट, 1921 का राष्ट्रवादी असहयोग, साइमन कमीशन का बहिष्कार आदि कांग्रेसी कार्यक्रमों में मुसलमान राष्ट्रवादी भावना व उद्देश्य से ही जुड़े रहे। जिन्ना, डॉ. अंसारी, हकीम अजमल ख़ाँ, अली मियाँ, मौलाना आज़ाद, खान अब्दुल गफ़्फ़ार ख़ाँ जैसे अनेक मुसलमान, भारतीय स्वतन्त्रता संघर्ष के इतिहास के महत्त्वपूर्ण राष्ट्रवादी मुसलमानों में थे। खान अब्दुल गफ़्फ़ार ख़ाँ राष्ट्रवादी मुसलमानों के अप्रतिम उदाहरण थे। मुख्य उर्दू साहित्य का पूरा स्वर राष्ट्रवादी है। शायद ही कोई रचना पाकिस्तान या मुसलमानों के लिए अलग राष्ट्र के समर्थन में हमें मिले। ब्रिटिश विरोध में मुसलमानों ने हिन्दुओं और कांग्रेस का 1940 तक साथ दिया। 1937 के चुनाव परिणाम इसे सिद्ध करते हैं। किसी भी मुस्लिम बहुल प्रान्त में मुस्लिम लीग विजयी नहीं हुई, बल्कि उसकी स्थिति दयनीय थी और कांग्रेस की विजय हुई।

बम्बई में 1885 में इंडियन नेशनल कांग्रेस की स्थापना हुई। इसका पहला सत्र 28 दिसम्बर 1885 को बम्बई में हुआ। ब्रिटिश सरकार का पूरा सहयोग कांग्रेस को प्राप्त था। सरकारी अधिकारियों ने भी इसमें भाग लिया। बम्बई के जज रानाडे भी अधिवेशन के उद्घाटन सत्र में बोले थे। कुछ दिन के पश्चात् 1906 में इंडियन मुस्लिम लीग का जन्म हुआ। 1905 के बंगाल विभाजन ने मुसलमानों के अलग संगठन बनाने की भावनाओं और ज़रूरतों की चिनगारी को आहुति दी और 1906 में मुस्लिम लीग के जन्म के साथ ही कांग्रेस को चुनौती देनेवाला, यह एक अलग मुस्लिम संगठन बन गया, जिसने

अन्ततः पाकिस्तान के रूप में, भारत के अन्दर से एक अलग मुस्लिम राष्ट्र का निर्माण कर लिया।

इस बीच यह उल्लेखनीय है कि 16 अक्टूबर, 1905 को बंगाल को दो हिस्सों में बाँट दिया गया, पूर्वी बंगाल और पश्चिमी बंगाल। बंगाल विभाजन ने देश में ब्रिटिश विरोध की ऐसी लहर पैदा की जैसे देश ने पहले कभी नहीं देखी थी। उस दिन सारे बंगाल में उत्तेजना थी। कलकत्ता में सारा व्यापार बन्द रहा। बंगाल विभाजन होने के बाद जैसे-जैसे वक़्त बीतता गया मुसलमान 'हिन्दू' और 'स्वदेशी' के विरुद्ध होते गये। इसका बहुत बड़ा कारण था विभाजन के विरोध को हिन्दू रंग देना। वन्दे मातरम्, भारतमाता, स्वदेशी आदि हिन्दू आन्दोलन वास्तव में हिन्दू बंगाल का प्रतीक बन रहा था। दूसरी तरफ़ मुसलमानों को अपना एक मुस्लिम बंगाल पूर्वी बंगाल के रूप में मिल चुका था। वे विभाजन का विरोध करने वालों को मुसलमानों का दुश्मन मानने लगे। अन्ततः 12 दिसम्बर, 1911 को दिल्ली जार्ज पंचम का दरबार लगा उसमें दो महत्त्वपूर्ण घोषणाएँ हुईं। पहली यह कि बंगाल विभाजन वापस ले लिया गया और दूसरी यह कि देश की राजधानी दिल्ली होगी।

1909 में मुसलमानों को अलग सम्प्रदाय, अलग सत्ता मानते हुए प्रतिनिधित्व के लिए सुरक्षित स्थान, पृथक निर्वाचक मण्डल और राजनीतिक महत्त्व के कारण जनसंख्या से अधिक प्रतिनिधित्व (वेटेज) देने का प्रावधान कर दिया गया। कांग्रेस ने मुसलमानों की इस पृथक निर्वाचक मण्डल की माँग को सिद्धान्त रूप से स्वीकृति 1916 के लखनऊ समझौते में दी। तिलक पर आरोप भी लगे कि वह मुसलमानों के आगे बहुत झुक गये, पर तिलक ने और जिन्ना ने लखनऊ समझौते में यह महत्त्वपूर्ण निर्णय लिया था। इस समझौते के अनुसार यह सहमति बनी थी कि प्रान्तीय कौन्सिलों में चुने हुए भारतीय सदस्यों में पंजाब में 50 प्रतिशत, संयुक्त प्रान्त में 30 प्रतिशत, बंगाल में 40 प्रतिशत, बिहार में 25 प्रतिशत, मध्य प्रान्त में 15 प्रतिशत, मद्रास में 15 प्रतिशत, बम्बई में 33 प्रतिशत मुसलमानों का प्रतिनिधित्व रहेगा। केन्द्रीय परिषद् में एक तिहाई मुसलमानों के प्रतिनिधित्व पर सहमति हुई थी। इसके बाद की भारतीय राजनीति, हिन्दू-मुस्लिम सम्बन्ध व देश के विभाजन तक पहुँचने की प्रक्रिया, वस्तुतः मुसलमानों के प्रतिनिधित्व की समस्या के न सुलझ सकने, बल्कि उलझते जाने और बढ़ते हुए, अन्ततः अलग राष्ट्र की माँग तक पहुँचने की ही कहानी है।

मुस्लिम लीग का पहला अधिवेशन 29-30 दिसम्बर, 1907 को कराची में हुआ। इसमें मुस्लिम लीग का संविधान बना। 18 मार्च, 1908 को अलीगढ़ में मुस्लिम लीग की फिर बैठक हुई। इसमें कराची के कुछ अधूरे कामों पर बात हुई। मुस्लिम लीग का दूसरा अधिवेशन 30-31 दिसम्बर, 1908 को अमृतसर में हुआ। पिछली बैठक में बनाया गया संविधान इसमें पारित हुआ। सैयद अली इमाम ने विस्तृत अध्यक्षीय भाषण दिया। यह एक महत्त्वपूर्ण भाषण था क्योंकि लीग अब विधिवत एक मुस्लिम संगठन बन चुका था। इस भाषण में मुस्लिम लीग की दृष्टि, विचार और मुस्लिम जगत की मानसिकता को उद्वेलित करने के उनके तर्क, सब मिलकर एक पूरा राजनीतिक परिदृश्य रचते हैं। अपना संविधान पारित कर चुकी लीग इस दूसरे अधिवेशन के बाद, अब पूरी तरह गठित हो चुकी थी। इस तरह उस राजनीतिक मुस्लिम संगठन का जन्म हुआ जिसने अन्ततः पाकिस्तान को जन्म दिया। यह समझना भूल होगी कि मुस्लिम लीग बनते ही कांग्रेस और लीग के बीच गहरे मतभेद शुरू हो गये और तलवारें खिंच गयी। इसके विपरीत, 1913 से लगभग एक दशक तक मुस्लिम लीग और कांग्रेस के बीच गहरी समझ, घनिष्ठता, सहयोग और सौहार्द का वातावरण रहा। उस समय कई कारणों से मुसलमानों का यह मोहभंग दूर हुआ था कि अंग्रेज़ उनके हितैषी और संरक्षक हैं। इसमें सबसे प्रमुख कारण बंगाल विभाजन का वापस लिया जाना था। मुसलमान ने इससे स्वयं को ठगा

हुआ महसूस किया। कर्जन ने उन्हें विश्वास दिलाया था कि यह विभाजन स्थायी है। इससे बहुत से मुसलमानों नेताओं को गहरा धक्का लगा और उन्हें इस बात पर दुख हुआ कि इस बंगाल विभाजन की वजह से अनावश्यक ही उनके और हिन्दुओं के बीच खाई बढ़ी और अंग्रेज़ों ने इसे वापस लेकर उनके साथ विश्वासघात किया।

कांग्रेस और लीग के बीच सहयोग में सबसे बड़ी भूमिका जिन्ना की थी। 22-23 मार्च, 1913 को लखनऊ में लीग का छठा अधिवेशन हुआ। जिन्ना हालाँकि लीग के सदस्य नहीं थे, कांग्रेस के थे पर विशेष आमन्त्रित सदस्य के रूप में उन्होंने अधिवेशन में और इसके पहले दिसम्बर, 1912 में काउन्सिल की मीटिंग में भाग लिया था। इस अधिवेशन में 31 दिसम्बर, 1912 को काउन्सिल में पास किये गये प्रस्तावों को स्वीकृत किया गया। इनमें चौथा प्रस्ताव अत्यन्त महत्त्वपूर्ण था जिसमें लीग के उद्‌देश्यों में एक बड़ा परिवर्तन किया गया था। इस प्रस्ताव को पास करवाने में जिन्ना की महत्त्वपूर्ण भूमिका थी कि मुसलमान और दूसरे सम्प्रदायों के बीच मित्रता और एकता को प्रोत्साहित किया जाये।

1913 के कराची अधिवेशन में कांग्रेस ने इसका स्वागत किया। 1915 से जिन्ना ने यह परम्परा शुरू की कि जिस शहर में कांग्रेस का अधिवेशन होगा, उसी शहर में, उसी हफ्ते मुस्लिम लीग का अधिवेशन भी होगा जिससे कि दोनों दलों के सदस्य व श्रोता एक-दूसरे के कार्यक्रमों में भाग ले सकें। यह परम्परा दिसम्बर, 1921 के अहमदाबाद अधिवेशन तक चली। 1915 में बम्बई में कांग्रेस और लीग के अधिवेशन साथ-साथ हुए। 1916 में लखनऊ के अधिवेशन में मशहूर 'लखनऊ समझौता' तिलक और जिन्ना के प्रयासों से हुआ। 1917 के कलकत्ता अधिवेशनों में दोनों दलों ने लखनऊ समझौते को पुनः स्वीकार किया। अगस्त, 1918 में दोनों के विशेष अधिवेशन बम्बई में हुए। दिसम्बर, 1919 में अमृतसर में दोनों का अधिवेशन हुआ। 1920 के नागपुर में कांग्रेस अधिवेशन में राजनीति में धर्म व साम्प्रदायिकता के समावेश करने के विरोध में और ब्रिटिश साम्राज्य के विरुद्ध असवैधानिक माध्यमों को आन्दोलन में अपनाये जाने के विरोध में, जिन्ना ने इस आन्दोलन को गाँधी की 'हिमालयी भूल' कहा और असहयोग आन्दोलन का प्रस्ताव पारित होने पर कांग्रेस से अलग हो गये। पूरा देश एक था। 1857 के बाद पहली बार इतने व्यापक स्तर पर देश में यह दृश्य बना था। मुसलमानों ने हिन्दुओं को अपनी मस्जिदों से जनता को सम्बोधन दिलवाये थे। स्वामी श्रद्धानन्द दिल्ली की जामा मस्जिद से बोले। गाँधी और सरोजिनी नायडू बम्बई की मस्जिद से बोले थे। देश पूरी तरह ब्रिटिश शासन के विरुद्ध तैयार था। जलियांवाला बाग का हत्याकाण्ड, विश्वयुद्ध में तुर्की की पराजय के बाद ब्रिटिश साम्राज्य की वादाखिलाफ़ी और खलीफा को अपमानजनक शर्तों पर समझौता करने के लिए दबाव डालना, देश को उबाल पर रखे हुए थे।

असहयोग आन्दोलन की पूर्व सन्ध्या पर हिन्दू-मुसलमान सम्बन्धों का क्या दृश्य था यह हमें 1919 में अमृतसर में मुस्लिम लीग के अध्यक्षीय पद से दिया हुआ हकीम अजमल ख़ाँ का भाषण बताता है। इस गहन व सकारात्मक आवेग का पूरा श्रेय आश्चर्यजनक रूप से जिन्ना और गाँधी को ही जाता है। जिन्ना ने 1913 में लीग के उद्‌देश्यों में 'राष्ट्रवाद' व 'अन्य समुदायों से सहयोग' जोड़ा तो गाँधी ने मुसलमानों की खिलाफ़त की लड़ाई के साथ जुड़कर करोड़ों मुसलमानों का विश्वास अर्जित किया और उन्हें राष्ट्र की मुख्यधारा से जोड़ा। गाँधी ने जब सक्रिय राजनीति में राष्ट्रीय स्तर पर कदम रखा, तब तक मुसलमानों का उच्च वर्ग अपने हितों व दृष्टिकोण के साथ कांग्रेस से अलग होकर मुस्लिम लीग बना चुका था और बंगाल विभाजन में लगभग विरोधी दिशा अपना चुका था।

गाँधी का एकमात्र लक्ष्य था ब्रिटिश शासन को हटाना। दलितों, मुसलमानों को या मज़दूर,

किसान, स्त्री आदि को इन संघर्षों से जोड़े बगैर यह असम्भव था। गाँधी ने इन सबको जोड़ने के लिए एक झटके में अपनी मान्यताओं में परिवर्तन किया था। गाँधी ने 'हिन्द स्वराज्य' में दिये हुए अपने कई विचार पूरी तरह बदल दिये। गाँधी जब भारत आये तब वह नरमपन्थी गोखले के शिष्य थे। 1919 में गाँधी पूरी तरह असंवैधानिक लड़ाई लड़ने के लिए अपने को तैयार कर चुके थे। गाँधी के अन्दर आकलन व लचीलेपन से बदल जाने की यह अद्‌भुत क्षमता थी, जिसे उनके विरोधी नज़रअन्दाज़ कर देते हैं। गाँधी राजनीति में नौसिखिया नहीं थे। दक्षिण अफ्रीका में अपने सारे औजारों को परख चुके थे। इसके अतिरिक्त यहाँ कोई आन्दोलन शुरू करने से पहले गाँधी ने देश घूमा, जनमानस को समझा। बन्द कमरों की राजनीति नहीं की। यह कहना कि गाँधी ने मुस्लिम साम्प्रदायिकता को स्थान दिया है और वैधता दी, यह भी गलत है। वैधता तो 1906 में लीग के प्रतिनिधि मण्डल को लार्ड मिण्टो दे चुका था, 1909 में कानून दे चुका था और 1916 में जिन्ना से समझौता करके मुसलमानों को अलग दल, अलग निर्वाचन मण्डल, अलग प्रतिनिधित्व के रूप में मान्यता तिलक दे चुके थे। उस पर मुहर लगा चुके थे। गाँधी ने तो उपेक्षित मुसलमानों को संगठित रूप से सिर्फ़ मुख्य राजनीति से जोड़ने का काम किया, स्थान या वैधता देने का नहीं। जो गाँधी को उस समय साम्प्रदायिकता की शुरुआत करने का दोषी बताते थे, वस्तुतः वे स्वयं अंग्रेज़ी साम्राज्य से संघर्ष छोड़कर साम्प्रदायिक हो गये थे और अपने-अपने धर्म की राजनीति करने लगे थे। जिन्ना 1920 में गाँधी की धर्म की राजनीति करने पर कांग्रेस से अलग हुए और 1940 के बाद निरन्तर धर्म की राजनीति करते हुए धार्मिक राष्ट्र के जनक बने। रोचक तथ्य यह है कि हिन्दू महासभाई, राष्ट्रीय स्वयंसेवक संघ जैसे हिन्दू संगठन भी इस आन्दोलन में मुसलमानों के उभार को अपने आन्दोलन का कारण मानते हैं। सावरकर की 1923 की पुस्तक 'हिन्दुत्व' और हेडगेवार द्वारा 1925 में आर.एस.एस. की स्थापना का मूल 'खिलाफ़त' बताया जाता है। यानी जिन्ना, सावरकर, हेडगेवार तो गाँधी की इस मुस्लिम साम्प्रदायिकता के विरोध में खुद घनघोर साम्प्रदायिक होते चले गये पर गाँधी अन्त समय तक नहीं हुए।

30 दिसम्बर, 1929 की आधी रात को कांग्रेस के लाहौर अधिवेशन में पूर्ण स्वाधीनता का प्रस्ताव पास हुआ। 26 जनवरी, 1930 को देश में पहला स्वाधीनता दिवस मनाया गया। देश में कोई भी प्रान्त या ज़िला ऐसा नहीं था, जहाँ इसे उत्तेजना व उत्साह के साथ नहीं मनाया गया। हज़ारों जनसभाएँ हुईं, लोगों ने पूर्ण स्वराज्य का संकल्प लिया। पूरे देश में एक भावनात्मक लहर दौड़ गयी जिसके पीछे पूर्ण आज़ादी का स्वप्न झिलमिला रहा था। लाहौर अधिवेशन की अध्यक्षता पं. जवाहर लाल नेहरू ने की। जिन्ना ने इसका कड़ा विरोध किया, इसलिए नहीं कि पूर्ण स्वराज्य से उनका विरोध था, बल्कि इसलिए कि इस पूरे प्रसंग में मुसलमानों को, मुस्लिम लीग को और जिन्ना को इस महत्त्वपूर्ण कदम को उठाते समय हाशिये पर छोड़ दिया गया था।

जिन्ना को लन्दन से आकर बम्बई में रहते हुए 35 साल हो गये थे। रत्ती जिन्ना की मृत्यु के बाद भारत में अब जिन्ना के लिए कोई बड़ा आकर्षण नहीं बचा था। जिन्ना ने वापस लन्दन बसने का निर्णय कर लिया। लन्दन की प्रिवी काउन्सिल में प्रैक्टिस करने की योजना के साथ जिन्ना ने भारत छोड़ने की तैयारी शुरू कर दी। अन्ततः खिन्न, खण्डित, निराश, जिन्ना 4 अक्तूबर, 1930 को भारत से चले गये। जिन्ना के इंग्लैंड चले जाने के बाद 25 वर्षों तक हिन्दू और मुसलमानों के बीच एक समझौता वाला रास्ता ढूँढ़ने की कोशिश की गयी परन्तु जिन्ना के अलावा पूरे राष्ट्रीय परिप्रेक्ष्य में कोई दूसरा मुसलमान नहीं था जो इनके स्थान पर कांग्रेस और मुस्लिम लीग के बीच

समन्वय बनाने में सफल हो पाता। 'सारे जहाँ से अच्छा हिन्दोस्ताँ हमारा' लिखने वाले इक़बाल, एवं सप्रू कश्मीरी ब्राह्मण परिवार के वंशज थे। इन दोनों ने दो पीढ़ी पहले इस्लाम स्वीकार किया था। जिन्ना भी दो पीढ़ी पहले के परिवर्तित मुसलमान थे। यह रोचक तथ्य है कि पाकिस्तान के कथित 'वैचारिक जनक' और 'भौतिक जनक' दोनों ही दो पीढ़ी पहले हिन्दू थे। 1943 में जिन्ना ने स्वीकार किया था कि इक़बाल के विचारों ने, निर्णायक रूप से मुझे संवैधानिक समस्याओं का सतर्क रूप से परीक्षण करने को प्रेरित किया और मैं उन्हीं निष्कर्षों पर पहुँचा जिसकी अभिव्यक्ति ऑल इण्डिया मुस्लिम लीग के 23 मार्च, 1940 को पारित लाहौर अधिवेशन के प्रस्ताव में हुई, जिसे 'पाकिस्तान प्रस्ताव' के रूप में भी जाना जाता है। हालाँकि जिन्ना इस विचारधारा के 1939 तक भी नहीं थे, जैसा उन्होंने नेहरू को लिखे पत्र में कहा था। सम्भव है 1943 में, पाकिस्तान प्रस्ताव पास हो चुकने के बाद, पुस्तक की प्रस्तावना में जिन्ना को यह लिखना उचित लगा हो। यद्यपि इक़बाल के अध्यक्षीय भाषण के बाद ही अलग मुस्लिम राज्य का विचार शुरू हुआ। वस्तुतः 1924 में लाला लाजपत राय ने भारत विभाजन की बात कही थी। उन्होंने 'ट्रिब्यून' अख़बार में 1924 में ही लिखा था कि भारत का स्पष्ट विभाजन मुस्लिम भारत और गैर-मुस्लिम भारत होना चाहिए।

नेहरू ने लिखा है कि अपने आखिरी दिनों में इक़बाल समाजवाद की तरफ़ झुकने लगे थे। उनकी शायरी की दिशा भी बदली थी। नेहरू ने लिखा है अपनी मृत्यु से कुछ दिन पहले, जब वह रोगशैया पर पड़े थे, उन्होंने मुझे बुलाया। वह पुरानी बातों को याद कर रहे थे और एक विषय से दूसरे विषय पर चले जाते थे। मैं उनकी बात चुपचाप सुनता रहा और खुद बहुत कम बोला। मेरे बारे में उनकी राय अच्छी थी। बिछुड़ने से पहले उन्होंने मुझसे कहा, "तुममें और जिन्ना में क्या बात एक-सी है? वह एक राजनीतिज्ञ है और तुम देशभक्त हो।"

पाकिस्तान के निर्माण का प्रस्ताव देने वाले सर्वप्रथम इक़बाल थे लेकिन उन्होंने एक राष्ट्र के अन्दर रहकर मुसलमानों के विकास की बात की। इसी दृष्टि को आगे रहमत अली ने पाकिस्तान नाम देकर संघ की अवधारणा को नकार कर अलग राष्ट्र के सिद्धान्त के रूप में विकसित किया। इक़बाल ने अपने भाषण में एक सुझाव दिया था, रहमत अली ने उसी विचार को अधिक विस्तार एवं तर्क देकर 1933 में अपना चार पन्ने का मशहूर पर्चा जारी किया जिसमें पाकिस्तान की पूरी रूप रेखा थी। रहमत अली पहले व्यक्ति थे जिसने भारत के किसी संघ के विरुद्ध पाकिस्तान के लिए अलग संघ और अलग संविधान की बात कही। 1934 में जिन्ना इंग्लैंड से वापस लौटे। मार्च 1936 में उन्होंने एक भाषण में कहा कि जब से मैं भारतीय राष्ट्रीय कांग्रेस से जुड़ा हूँ, तब से मुझ में ज़रा भी बदलाव नहीं आया है। मेरा एकमात्र उद्देश्य मेरा देश का हित रहा है। 20 अक्टूबर, 1936 को जिन्ना ने पुनः कहा, "8 करोड़ मुसलमानों के बीच से मैं यदि देशभक्त, उदारवादी विचारों वाले मुसलमानों के एक राष्ट्रीय वर्ग को बना सकूँ, जो दूसरे सम्प्रदायों के प्रगतिशील तत्त्वों के साथ हाथ मिलाकर चल सके, तो मैं अपने समुदाय की बहुत बड़ी सेवा करूँगा।"

पहली बार 8 जून, 1936 को हर वर्ग के मुसलमानों का प्रतिनिधित्त्व करने वाले एक बोर्ड का गठन जिन्ना ने किया जिसने मुस्लिम लीग का चुनावी घोषणा-पत्र स्वीकार किया। इस घोषणा-पत्र में वे सभी बातें थीं, जो कांग्रेस ने 22 अगस्त, 1936 के घोषणा-पत्र में घोषित की थीं। दो ही बातें इसमें कांग्रेस घोषणा-पत्र के अतिरिक्त थीं। पहला यह कि मुसलमानों के धार्मिक अधिकारों की रक्षा करना, दूसरा मुसलमानों की सामान्य स्थिति को सुधारने वाले उपायों को तय करना। अलग राष्ट्र या दो राष्ट्रों के सिद्धान्त का विकास 1937 के चुनाव के बाद हुआ। इन चुनावों में कांग्रेस की जीत,

उसकी राजनीतिक महत्त्वाकांक्षा, उनसे टकराती मुसलमानों की शंकाएँ एवं हिन्दूवादी संगठनों के आक्रामक बयान ही पाकिस्तान के निर्माण के कारण बने। जिन्ना तथा भारत के अन्य लोग अलग राज्य की बात नहीं सोच रहे थे। इक़बाल और रहमत अली का भी प्रभाव दूर-दूर तक नहीं था।

सावरकर की पुस्तक 'हिन्दुत्व' 1923 में प्रकाशित हुई थी। 'हिन्दुत्व,' में हिन्दू इतिहास, हिन्दू गौरव और राज्य सता के स्वरूप की विस्तृत रूपरेखा प्रस्तुत हुई। भारत सिर्फ़ हिन्दुओं का है ऐसी धारणा को 1923 में आक्रामक ढंग से प्रभावी रूप में सावरकर ने प्रस्तुत किया। सावरकर का विचार था कि भारत एक हिन्दू राष्ट्र है, मुसलमान उनमें एक अल्पसंख्यक समुदाय है और उन्हें इसी प्रकार देश में रहना पड़ेगा। मुसलमानों को न्यायोचित व्यवहार अवश्य मिलेगा क्योंकि इस देश में कौम एवं धर्म के आधार पर किसी के साथ भेद-भाव नहीं होगा।

सावरकर ने 1924 में अंग्रेज़ी सरकार से लिखित माफी माँगी और उन्हें अण्डमान के जेल से रत्नागिरी में भेज दिया गया। नाथूराम गोडसे यहीं उनके सम्पर्क में आया। 1937 में सावरकर हिन्दू महासभा के अध्यक्ष चुने गये। यहाँ यह बताना आवश्यक है कि अनेक हिन्दूवादी नेताओं का वर्चस्व कांग्रेस पर था। पंडित मदन मोहन मालवीय कांग्रेस के अध्यक्ष भी रह चुके थे और हिन्दू महासभा के भी। नेहरू ने अपनी आत्मकथा में स्पष्ट लिखा है कि राष्ट्रवाद के चोंगे के अन्दर अनेक कांग्रेसी साम्प्रदायिक दृष्टिकोण वाले थे। कांग्रेस के पास पटेल प्रच्छन्न हिन्दू थे तो राजेन्द्र प्रसाद घोषित। हम पिछले दिनों में देख सकते हैं कि 1916 में ही तिलक ने जिन्ना से लखनऊ पैक्ट कर के समझौता की राह दिखा दी। जबकि तिलक स्वयं उग्र हिन्दूवाद के प्रवक्ता थे। वस्तुतः उनका लक्ष्य अंग्रेज़ी साम्राज्य का विरोध और आज़ादी था। इसलिए उन्होंने उस राष्ट्रीय संघर्ष के आगे अपनी हिन्दू दृष्टि को पीछे कर दिया।

अगस्त 1945 को द्वितीय विश्वयुद्ध की समाप्ति हो गयी, 6 वर्षों तक इस युद्ध ने राजनीति को संचालित व नियन्त्रित किया। भारत में उस समय तीन प्रमुख पक्ष थे कांग्रेस, मुस्लिम लीग, और देशी रियासतें। अंग्रेज़ सरकार का तर्क था कि भारत का एक संवैधानिक ढाँचा सब दलों की सहमति से तैयार हो जाये, केन्द्रीय और प्रान्तीय सरकारें बन जायें, तब उनको सत्ता सौंप कर वह देश छोड़ देगी। गाँधी अंग्रेज़ों से कहते थे कि तुम पहले जाओ, बाद में हम भाइयों की तरह आपस में सब तय कर लेंगे। जिन्ना का कहना था कि पहले देश को बाँटो फिर जाओ। देशी रजवाड़े कहते थे कि कभी मत जाओ।

15 मार्च, 1946 को ब्रिटिश प्रधानमन्त्री एटली ने तीन सदस्यों की कमेटी को भारत भेजने का निर्णय लिया जिसे कैबिनेट मिशन कहा जाता है। मिशन कई राजनीतिक पार्टियों व समुदायों से मिला। गाँधी ने अपनी व्यक्तिगत हैसियत में मुलाकात की। उनके अतिरिक्त राजनीतिज्ञों में मौलाना आज़ाद, नेहरू व कांग्रेस कार्यकारिणी समिति के अन्य सदस्य थे। मुस्लिम लीग की ओर से जिन्ना थे। हिन्दू महासभा के सावरकर तथा अन्य लोग थे। अम्बेडकर व एम.सी.राजा (दलित वर्ग), सप्रू व जयकर (उदारवादी), सिख, भारतीय ईसाई, एंग्लो-इण्डियन तथा अन्य यूरोपीय प्रतिनिधि, रियासतों के प्रतिनिधि में विशेषकर जाम साहब नवा नगर (चैम्बर ऑफ प्रिन्सेस के चांसलर) महाराजा बीकानेर, महाराजा पटियाला और हैदराबाद के प्रधानमन्त्री थे।

मुस्लिम लीग की माँग के विरोध में तर्क देते हुए आज़ाद ने कहा कि कांग्रेस भारत विभाजन के लिए कभी सहमत नहीं होगी। मुसलमान जिस तरह का पाकिस्तान माँग रहे हैं,"बहुतों को तो समझ ही नहीं आ रहा है कि वह क्या है? उससे उनका कुछ भी भला होनेवाला नहीं है।"

गाँधीजी ने कहा उन्होंने जिन्ना के साथ 18 दिन (1944 में) बातचीत में व्यतीत किये हैं। वे स्वयं को मुसलमानों का हितैषी समझते हैं परन्तु वह जिन्ना द्वारा माँगे हुए पाकिस्तान की सार्थकता को समझने में असमर्थ हैं। जहाँ तक वह समझ पा रहे हैं, "पाकिस्तान का अर्थ संस्कृति की स्वाधीनता तथा उचित महत्त्वाकांक्षाओं का पाना है।" गाँधीजी का विचार था कि द्विराष्ट्र सिद्धान्त अति भयावह है। एक बहुत ही छोटे हिस्से को छोड़कर, अधिकांश मुसलमान जनमानस धर्मान्तरित निवासियों का है और वे भारतवर्ष में जन्मे पुरुषों के वंशज हैं। गाँधीजी ने कहा कि वह द्विराष्ट्र सिद्धान्त के विरोधी हैं। गाँधीजी ने कहा कि कैबिनेट मिशन का कार्य भारत आये किसी भी दल से कठिन है। यदि वे सचमुच कुछ करना चाहते हैं, तो, गाँधी ने उन्हें सुझाव दिया कि, ऐसे कार्य करें जो, 'हार्दिक मित्रता' को बढ़ाए। यह उन राजनीतिक कैदियों को छोड़े बिना सम्भव नहीं है जो जेलों में हैं। इसी उद्‌देश्य से नमक कर भी हट जाना चाहिए। ग़रीबों को नमक मुफ़्त मिलना चाहिए।

कैबिनेट मिशन के समक्ष गाँधीजी से लेकर मास्टर तारा सिंह, जगजीवन राम, बलदेव सिंह, तेजबहादुर सप्रू आदि की सलाह थी कि मिशन मुस्लिम लीग की अनदेखी न करे और मुसलमानों को विभाजन छोड़कर अधिक से अधिक उदार सुविधाएँ देने की चेष्टा करें। हिन्दू महासभा के श्यामा प्रसाद मुखर्जी ने कहा कि हिन्दू महासभा पाकिस्तान के मामले में कदापि समझौता नहीं करेगी। उसी वर्ष 16 मई को कैबिनेट मिशन ने अपनी खुद की योजना की घोषणा कर दी जिसका सबसे महत्त्वपूर्ण पक्ष था कि इसमें मुस्लिम लीग की देश की विभाजन की माँग को पूरी तरह खारिज कर दिया गया था।

मार्च 1947 में लार्ड माउण्टबेटन को भारत का गवर्नर जनरल नियुक्त किया गया। लार्ड माउण्बेटन अगले तीन-चार महीने में गाँधी, जिन्ना, नेहरू, पटेल आदि से मिलते रहे और अन्ततः भारत का विभाजन इण्डिया और पाकिस्तान के रूप में हुआ। विभाजन के सम्बन्ध में अनेक तरह की बातें कही जाती हैं। एक लेखक ने कहा है कि पटेल से माउण्टबेटन की नजदीकी इसलिए बढ़ी क्योंकि पटेल विभाजन के मुखर समर्थक हो गये थे। माउण्टबेटन ने पटेल को सर्वाधिक व्यावहारिक व अपनी भावनाओं के अनुरूप विभाजन की तरफ़ झुका पाया था। उन्होंने यह भी लिखा है, "जिन्ना के सीधी कार्यवाही के बाद पटेल सार्वजनिक रूप से विभाजन की बात करने लगे थे।" नेहरू आज़ादी के संघर्ष में सबसे अधिक थके लगते हैं। ऐसा उन्होंने एक साक्षात्कार में कहा था, "सच तो यह है कि हम विभाजन के समय थक चुके थे, वर्षों से हम इसे खींच रहे थे। हममें से कुछ ही थे जिनके पास फिर से जेल जाने की शक्ति बची थी। अगर हम एक संयुक्त भारत के लिए ज़िद करते, जैसाकि हम चाहते थे, तो जेल हमारी प्रतीक्षा कर रहे थे। पंजाब में हमने आगजनी और हत्याओं की बात सुनी। विभाजन की योजना ने हमें इससे बाहर आने का एक रास्ता दिखाया और हम उस रास्ते पर चल पड़े।"

हम देखते हैं कि अलग-अलग कारणों से सभी नेतागण विभाजन के समर्थक हो गये थे। चाहे अम्बेडकर हों या कांग्रेस नेता गण हों। अम्बेडकर ने पाकिस्तान बनने का लगभग वैसा ही तर्क पूर्ण समर्थन किया था जैसा तर्क मुस्लिम लीग देती थी। वैसे पाकिस्तान आम मुसलमानों का सपना नहीं था। पाकिस्तान की लड़ाई शुरू से ही धनी उच्च वर्ग के मुसलमानों की थी। पाकिस्तान इन्हीं लोगों का सपना था, ग़रीब एवं मेहनतकश मुसलमानों का नहीं। विभाजन राष्ट्रीय आन्दोलन की अवांछित परिणिति थी।

अन्तरिम सरकार में ही नेहरू डिफेम्टो प्रधानमन्त्री थे। भारत को नेहरू की सबसे बड़ी देन उसे

एक धर्मनिरपेक्ष और समाजवादी देश बनाने की थी। आज़ादी के दंगों के बाद भी भारत का यह स्वरूप बनाये रखने का श्रेय नेहरू को जाता है। कांग्रेस के सारे प्रस्ताव चुनावी घोषणा-पत्र, बहसें, उत्तर व पत्राचार नेहरू ही लिखते थे। गाँधीजी ने पटेल के ऊपर नेहरू को इसलिए प्रधानमन्त्री पद की प्राथमिकता दी क्योंकि उन्हें लगता था कि नेहरू की अन्तरराष्ट्रीय छवि, लोकप्रियता और समाजवादी रुझान बड़ा था। कुछ लोगों ने ऐसा आक्षेप लगाया कि पटेल प्रधानमन्त्री बनना चाहते थे पर ऐसी बात नहीं थी। पटेल ने हमेशा याद रखा कि नेहरू बापू की पसन्द थे और उन्होंने इस बात को बहुतों से कहा भी। सच्चाई यह है वे एक-दूसरे के विरोधी नहीं सहयोगी रहे।

आज़ादी के बाद भारत में तीन महत्त्वपूर्ण घटनाएँ चर्चा के योग्य हैं। 15 अगस्त, 1947 को भारत की आज़ादी एवं पाकिस्तान का गठन, दूसरा 30 जनवरी, 1948 को एक अतिवादी हिन्दू नौजवान द्वारा राष्ट्रपिता महात्मा गाँधी की निर्मम हत्या। तीसरा 26 जनवरी, 1950 को भारत की गणराज्य के लिए संविधान की स्वीकृति और एक जनतान्त्रिक धर्मनिरपेक्ष संविधान का गठन। तत्पश्चात राष्ट्रपति की नियुक्ति एवं योजना आयोग का गठन। 1956 में भाषा के आधार पर राज्यों का पुनर्गठन, 1957 में केरल में पहली साम्यवादी सरकार का गठन, स्वतन्त्र तमिलनाडु की माँग को खारिज किया जाना आदि उस वक़्त की प्रमुख घटनाएँ हैं।

आज़ादी के साथ-साथ साम्प्रदायिक हिंसा का उभरना, लोगों की अदला बदली, 1965 का भारत-पाकिस्तान युद्ध, 1971 का पाकिस्तान युद्ध एवं बांग्लादेश का निर्माण भी चर्चा योग्य है, जिनमें सोवियत सहयोग से इन्दिरा गाँधी ने सफलता पायी। 1975 में आपात्काल की घोषणा, जयप्रकाश का आन्दोलन, 1977 का चुनाव एवं 1980 में इन्दिरा गाँधी सरकार का पुनर्गठन भी जानने योग्य बातें हैं। विगत वर्षों में एक से अधिक पार्टियों ने भारत में जनतांत्रिक सरकारें बनायीं और हम राष्ट्रीय विकास के मार्ग पर अग्रसर हैं। यहाँ पर हम 1883 से लेकर 1984 के विभिन्न नेताओं के महत्त्वपूर्ण भाषणों को उद्धृत कर रहे हैं जो आम लोगों को सुलभ तरीके से उपलब्ध नहीं हैं। राष्ट्र के निर्माताओं, राष्ट्रीय आन्दोलन के नेताओं एवं प्रमुख समाज सुधारकों के भाषणों का समावेश इस संग्रह में किया गया है।

आज हमारा देश पुनर्जागरण काल की दशा में पहुँचने वाला है जब धर्मान्तरण और नाथूराम गोडसे को विशेष रूप से लक्षित किया जा रहा है। आज गाँधी को सफाई का प्रतीक बनाकर उन्हें उनकी राजनीति एवं आध्यात्मिक आशय से रिक्त करने की कोशिश की जा रही है। आशा है इस विषम परिस्थिति में यह पुस्तक वर्तमान पीढ़ी को धर्मनिरपेक्ष राष्ट्रीयता की ओर ध्यान दिलाने की चेष्टा करेगी जो भारत के धर्मनिरपेक्ष सिद्धान्त के अनुरूप है।

पटना
गाँधी बलिदान दिवस
30 जनवरी, 2016

डॉ. फणीश सिंह
1, नीतिबाग, पो.-बी.भी. कॉलेज
पटना-800014
मो. 9431018187

अनुक्रम

सर फ़िरोज़शाह मेहता (1845-1915)

फ़िरोज़शाह मेहता बम्बई के जाने-माने वकील थे जिनको कानून में विशेष कार्य करने के लिए अंग्रेज़ों ने सर की उपाधि दी थी। इनका जन्म 4 अगस्त, 1845 को बम्बई में एक पारसी परिवार में हुआ था। वे उस वक़्त के नेताओं की तरह ही ब्रिटिश सरकार को हटाने में प्रयासरत नहीं थे लेकिन उनसे भारतीयों के लिए अधिक से अधिक सुविधाएँ एवं रियायत लेने के पक्षधर थे। वे 1873, 1884, 1885, 1905 एवं 1911 में बम्बई के म्युनिसिपल कमिश्नर बने। बम्बई के एलफिंस्टन कॉलेज से एम.ए. करने के पश्चात् इंग्लैंड जाकर उन्होंने कानून पढ़ा। 1868 में वे बैरिस्टर बनकर भारत लौटे। बाद में उन्होंने राजनीति में प्रवेश किया और 1890 में भारतीय राष्ट्रीय कांग्रेस के अध्यक्ष बने।

वर्ष 1883 में वाइसराय रिपॅन परिषद् के कानून से जुड़े सदस्य महाशय कर्टने इलबर्ट ने एक विधेयक पेश किया। भारतीय राष्ट्रीय कांग्रेस की स्थापना के पूर्व किसी भी अपराध के लिए सम्राट द्वारा विधान परिषद् में किसी भी श्वेत (गोरा अंग्रेज़) की किसी भारतीय न्यायाधीश द्वारा सुनवाई नहीं हो सकती थी। इस विधेयक के जरिये श्वेतों के इस विशेषाधिकार को ख़त्म करना था। अंग्रेज़ और अन्य श्वेत लोगों ने मिलकर इस विधेयक के खिलाफ़ आमतौर पर हिंसात्मक और ज़ोरदार आन्दोलन चलाया। उन्होंने इसके लिए 'रक्षा संघ' का गठन किया। भारतीयों ने खासकर कलकत्ता एवं बम्बई में इस आन्दोलन के विरुद्ध एक आन्दोलन खड़ा करने की कोशिश की लेकिन किसी संगठन के अभाव के चलते वे सफल नहीं हुए। सरकार को श्वेतों के हमलावर रुख के सामने नतमस्तक होना पड़ा हालाँकि विधेयक को लौटाया नहीं गया लेकिन इसमें इतने परिवर्तन हुए कि कानून बनने के बाद इससे किसी उद्देश्य की पूर्ति सम्भव नहीं थी।

भारतीयों की पराजय ने उन्हें संगठित प्रयास के महत्त्व, संगठन की कीमत तथा एक अखिल भारतीय मंच का पाठ सिखाया। फलस्वरूप 1883 में ही राष्ट्रीय सम्मेलन आयोजित किया गया जिसे 1885 में भारतीय राष्ट्रीय कांग्रेस के रूप में परिवर्तित किया गया जिससे इलबर्ट विधेयक ने स्वतन्त्रता संग्राम को अप्रत्याशित गति प्रदान की।

इलबर्ट विधेयक एवं स्वतन्त्रता संग्राम

(1883)

पिछले कुछ दिनों से हमारे ऊपर उदारतापूर्वक सलाहों की झड़ी लगा दी गयी है और हमें न्यायिक कठोरता के बदले न्यायिक शान्ति एवं उदारतावाद को बचाये रखने का पाठ पढ़ाया जा रहा है। बिना किसी क्रोधमय शब्द या वाक्य-विन्यासों से अपना ध्यान हटाते हुए हमें अपनी बात और मामले को मजबूती एवं ज़ोरदार तरीके से रखना है।

सज्जनो इस तरह की सलाह का उपदेश देना आसान है लेकिन इसे व्यवहार में लाना कठिन है, लेकिन मैं इस सन्तुलन को कायम करने का प्रयास करूँगा। इस कठिन प्रयोग की सफलता के सिलसिले में मैं थोड़ी असहजता महसूस कर रहा हूँ। अगर मैं इस सभा में इस विधेयक के बारे में अपना मज़बूत मत व्यक्त करूँ तो हमारे यूरोपीय मित्र हमारे जिद्दीपन के लिए हमारी आलोचना करेंगे, अगर हम चुपचाप बैठे रहे और पूरे देश में इस विधेयक के खिलाफ़ लगातार मचाये जा रहे शोर के खिलाफ़ अपनी ज़ुबान न खोले तो ये श्वेत लोग इसका लाभ उठाने के लिए तैयार बैठे हुए हैं। मैं मानता हूँ कि हमारा यह रूख गम्भीर हास्य का विषय होगा और मैं अपने यूरोपीय दोस्तों पर विश्वास करते हुए कहना चाहता हूँ कि हमारे सामने उन्होंने जो किंकर्तव्यविमूढ़ता की स्थिति पैदा की है उसमें हम योग्यतानुसार उसी का चुनाव करेंगे जिससे हमें कम कष्ट पहुँचे।

हमें कहा गया है कि यह लार्ड रिपॅन और भारतीय यूरोपियों के बीच का मामला है और दोनों पक्षों के बीच तनाव पैदा हुए हैं उस सिलसिले में भारतीयों को बोलने का कोई अधिकार नहीं है। सज्जनो इस विधेयक के विवाद के सिलसिले में (और विवाद बहुत है) जितनी बातें कही गयी हैं उसमें यह बात सबसे ज़्यादा आश्चर्यजनक है क्योंकि देशी लोगों की इस विधेयक की विषयवस्तु के प्रति तात्कालिक एवं गम्भीर चिन्ता है। मैं कुछ उन मुट्ठीभर देशी नागरिकों की बात नहीं करना चाहता जो इसके अन्तर्गत आ सकते हैं। मैं उन देशी अंग्रेज़ी बोलनेवाले लोगों के बारे में भी बात नहीं कर रहा हूँ जो देशी नागरिकों के साथ सहानुभूति रखते हैं।

मैं उस देशी आम जनता की बात कर रहा हूँ जो यूरोपीय ब्रिटेन में जन्म लेनेवाली प्रजा थी। इस विधेयक के प्रति सीधे तौर पर मजबूती से रुचि रखती है। एक अपराध के दो पक्ष होते हैं। एक अपराध करनेवाला और दूसरा अपराध का शिकार होनेवाला। दोनों न्याय में रुचि रखते हैं जिसमें उन्हें शिकायतकर्त्ता एवं आरोपित पक्ष के रूप में न्यायालय में हाज़िर होना पड़ता है।

क्या कभी इस बात की जाँच हुई है कि अपने साथियों द्वारा ही सुनवाई किये जाने के तहत विशेषाधिकार के चलते यूरोपीय लोगों द्वारा किये गये अपराधों में कितने अपराधियों के खिलाफ़ न्यायालय ने संज्ञान लिया है? सज्जनो, इस विवाद में बोलने का हमारा अधिकार है। वे खुद इस

विधेयक को छोटा मानते हैं लेकिन वे भयभीत हैं और यह भारत में ब्रिटिश सत्ता की नींव में बदलाव की ओर संकेत करता है। सम्राट के घोषित सिद्धान्त की निन्दा करते हुए यह कहना है कि इसके ऊपर व्यावहारिक अन्यमनस्कता की बात नहीं है, वे बेहिचक कहते हैं कि भारत पर बल प्रयोग के जरिये जीत हासिल की गयी है और इस पर बल प्रयोग के जरिये शासन होना चाहिए। वे न्यायप्रियता के सिद्धान्त का मज़ाक़ उड़ाते हुए इसे एक कमज़ोर भावना कहते हैं और वे हाल ही में महाशय ब्राइट के द्वारा बताये गये रास्ते पर चलना चाहते हैं। महाशय ब्राइट ने कहा कि बाइबिल के दस नियमों को तोड़ते हुए भारत पर जीत हासिल की गयी अब उस पर शासन के लिए ईसा द्वारा पहाड़ पर दिये गये उपदेशों से शासन नहीं चलाया जा सकता। सम्राज्ञी की प्रजा पर जाति आस्था पर आधारित समुदाय से ऊपर उठकर न्याय और समानता पर आधारित भारत पर शासन के सिद्धान्त को पहले कभी इतने खुले रूप में चुनौती नहीं दी गयी थी। सम्राज्ञी के घोषित सिद्धान्त को समझ-बूझकर लागू किया गया था क्योंकि यह इंग्लैंड के भी सच्चे हितों के अनुकूल था। इसके साथ-साथ इंग्लैंड अपनी निर्भरता, अपनी सुरक्षा एवं बड़े लाभ को किसी दूसरे रास्ते से बरकरार नहीं रख सकता था।

वर्तमान समय में इस विधेयक को पेश किये जाने से देशी एवं यूरोपीय लोगों के बीच दुर्भावना पैदा करने तथा इसका प्रभाव लम्बे समय तक बने रहने की गम्भीर भविष्यवाणियाँ की जा रही हैं। सज्जनो, लार्ड रिपॅन द्वारा इस न्याय आधारित विधेयक को पेश करना उनकी दूर दृष्टि को प्रदर्शित करता है तथा देशी एवं यूरोपीय जनता के बीच अच्छे सम्बन्धों की आशापूर्ण शुरुआत की उम्मीद जगती है।

सरसैयद अहमद ख़ाँ (1817-1898)

सर सैयद अहमद ख़ाँ का जन्म 17 अक्टूबर, 1817 को हुआ। वे ब्रिटिश इंडिया कम्पनी का काम-धाम देखते थे। बाद में वे अलीगढ़ मुस्लिम यूनिवर्सिटी के संस्थापक बने। 1842 में मुग़ल बादशाह बहादुरशाह जफ़र ने इन्हें जावद-उद-दौलाह की उपाधि दी। बाद में अंग्रेज़ी हुकूमत ने इन्हें आरिफ जंग की उपाधि दी। 1857 के स्वतन्त्रता संघर्ष में वे अंग्रेज़ों के वफ़ादार रहे। उन्होंने मुसलमानों को ब्रिटिश सत्ता के लिए वफ़ादार रहने के लिए वकालत की एवं भारतीय राष्ट्रीय कांग्रेस का विरोध किया। वे उर्दू के कट्टर समर्थक बने और शिक्षा के क्षेत्र में काफ़ी काम किया। भारत के विख्यात शिक्षाविद् के रूप में 1898 में इनकी मृत्यु हुई। इस उपमहाद्वीप में मुस्लिम अलगाववाद की नींव रखनेवाले शख़्स के रूप में उनकी आलोचना भी होती है और प्रशंसा भी। इस्लाम का आधुनिकीकरण करनेवाला करार देकर उनकी शिकायत की जाती है और तारीफ़ भी।

जवाहरलाल नेहरू अपनी आत्मकथा में लिखते हैं: "1857 के बाद अंग्रेज़ों ने हिन्दुओं से अधिक सख़्ती मुसलमानों के साथ की। हाल तक भारत राज करने की ताजी याद लिए मुसलमानों को वे अधिक आक्रामक, उग्र और अधिक ख़तरनाक मानते थे।" उधर मुसलमान भी राज से रूठे थे। ऐसी स्थिति में सैयद अहमद जैसा बीच-बचाव करने वाला आदमी अंग्रेज़ों के लिए काफ़ी मूल्यवान था। उन्होंने उनकी और अनेक कॉलेज की मदद की। गवर्नर ने अलीगढ़ में 75 एकड़ ज़मीन दी जिसका उपयोग पहले ब्रिटिश फ़ौज करती थी। वायसराय लॉर्ड नार्थब्रुक ने अपने निजी कोष से 10,000 रुपये दिये। उनकी जगह आये लॉर्ड लिटन ने जनवरी 1877 में इसकी आधारशिला रखी और इस आयोजन को देख रहे एक अंग्रेज़ ने उन्हें "भारत के आधुनिक मुसलमानों के नेता की अनधिकृत उपाधि दी जो पिछले वर्ष राज की न्यायिक सेवा से अवकाश पाने के बाद अलीगढ़ में बस गये थे।" भारत के अमीरों ने, जिनमें रामपुर के मुसलमान नवाब, पटियाला के सिख महाराजा और विजयनगरम के हिन्दू महाराजा शामिल थे, भी मदद की। छोटे लोगों से भी मदद माँगी गयी। सैयद अहमद गले में झोला लटकाए दरवाज़े-दरवाज़े गये या उन्होंने फ़ीस लेकर शे'र पढ़े या फिर लाटरी के टिकट भी बेचे।

वे एक प्रखर राजनेता थे जिनका विश्वास था कि अंग्रेज़ और अंग्रेज़ी शिक्षा के प्रति सहानुभूति रखने से ही हम भारत की शैक्षणिक शक्ति को बढ़ा सकते हैं। वे हिन्दू और मुसलमानों को किसी सुन्दर औरत की दो आँखें मानते थे। 27 जनवरी, 1883 को पटना में दिये गये अपने इस भाषण में उन्होंने ये बात कही।

हिन्दू और मुसलमान

(1883)

दोस्तो,
भारत में दो प्रमुख कौमों का निवास है, जो हिन्दू एवं मुसलमान के नाम से जाने जाते हैं। जिस तरह आदमी के शरीर में कुछ प्रमुख अंग हैं उसी तरह ये दोनों कौमें (राष्ट्र) भारत के शरीर के दो प्रधान अंग हैं। हिन्दू या मुसलमान होना, यह आन्तरिक विश्वास का मामला है, इसका बाहरी परिस्थितियों एवं आपसी सम्बन्धों से कोई लेना-देना नहीं है। किसी के द्वारा कही गयी ये बातें कितनी सही हैं कि मानव दो तत्त्वों से बना हुआ है– उसकी आस्था जो, वह भगवान से ग्रहण करता है और नैतिक सहानुभूति जो, वह अपने साथ रहने वाले लोगों से ग्रहण करता है। अतः भगवान के हिस्से को भगवान के पास छोड़ दें और आप अपने हिस्से की चिन्ता करें।

सज्जनो, जैसे कई महान लोग जिनकी हिन्दू धर्म में आस्था थी वे इस देश में बाहर से आये हम भी उसी तरह इस देश में आये। हिन्दू उन देशों को भूल गये जहाँ से वे आये थे। वे एक देश छोड़कर दूसरे देश में आने की बात भूल गये और भारत को ही अपनी मातृभूमि मान बैठे। उनका विश्वास है कि उनका देश हिमालय और विन्ध्याचल पर्वतों के बीच फैला हुआ है। सैकड़ों वर्ष बीत गये, हम भी अपने मूल देश को छोड़कर आ गये। हम न तो उन देशों के जलवायु और न प्राकृतिक सौन्दर्य से परिचित हैं। न तो फ़सल की कटाई की ताज़गी और न पैदा होने वाले फलों के सुस्वादुपन से परिचित हैं। और न तो पवित्र मरुभूमि के उपहारों को याद करते हैं। हम लोग भी भारत को अपना आवास स्थल समझकर अन्य प्रवासियों की तरह यहाँ बस गये। अतः यह हम दोनों कौमों का देश है। हम दोनों भारत की हवा में साँस लेते हैं तथा गंगा एवं यमुना के पवित्र जल का उपयोग करते हैं। हम दोनों भारत की मिट्टी से उपजी वस्तुओं का उपभोग करते हैं। हम लोग एक साथ जी और मर रहे हैं। इतने लम्बे समय तक भारत में रहने का रंग एक हो गया है। दोनों के चेहरे बदल गये हैं और एक समान हो गये हैं। मुसलमानों ने हिन्दुओं के सैकड़ों रस्मों-रिवाजों को अपना लिया है और हिन्दुओं ने भी मुसलमानों से सैकड़ों चीज़ें सीखी हैं। हम इतना एक-दूसरे से घुले-मिले हैं कि हमने एक नयी भाषा को जन्म दे दिया–यह उर्दू भाषा है। यह न हमारी भाषा थी न उनकी। अगर हम भगवान के प्रति आस्था को दरकिनार कर दें तो भारत के समान निवासी होने के चलते हम एक राष्ट्र का निर्माण करते हैं। अतः इस देश की प्रगति और हम दोनों की प्रगति एक-दूसरे के साथ सहयोग, सहानुभूति एवं प्रेम से ही सम्भव है। हम एक-दूसरे के प्रति शत्रुता एवं दूषित भावनाएँ रखकर एक-दूसरे का विनाश ही करेंगे। यह देखकर दया आती है कि जो इन बातों को नहीं समझते हैं, वे दोनों कौमों के बीच शत्रुता एवं ईर्ष्या का भाव पैदा करते हैं। इससे वे खुद

इस परिस्थिति के शिकार होंगे तथा अपने को घायल करेंगे। मैंने बार-बार इस बात को दुहराया है और एक बार फिर से दुहरा रहा हूँ कि भारत एक खूबसूरत दुल्हन की तरह है जिसकी दो बेहद खूबसूरत एवं लरजती हुई आँखें—हिन्दू और मुसलमान हैं। अगर वे एक-दूसरे से झगड़ते हैं तो वह खूबसूरत दुल्हन कुरूप हो जायेगी और एक-दूसरे का नाश करती है, तो वह अपनी एक आँख खो देगी। अतः हिन्दुस्तानवासियो आपका अधिकार है कि आप दुल्हन की दोनों आँखें बरकरार रखें या उसे एक आँख वाली बना दें।

बिना शक कहा जा सकता है कि हिन्दू और मुसलमान की क्या बात की जाय! आदमियों के बीच झगड़े होना एक प्राकृतिक परिघटना है। हिन्दुओं, मुसलमानों के अलग-अलग आपसी मतभेद हैं, पिता, पुत्र, माँ, बेटियों के बीच भी मतभेद होते हैं लेकिन इसे स्थायी रूप देना, हमारे परिवार के पतन, देश एवं राष्ट्र के पतन का लक्षण है। वे कितने सौभाग्यशाली हैं जो किसी कारणवश एक बार गाँठ टूटने के बाद पछताते हैं और पुनः ऐसी घटना नहीं होने देते हैं और आगे बढ़कर गाँठ को फिर बाँध लेते हैं या ख़ुदा—भारत के लोगों को अपनी सोच बदलने की बुद्धि प्रदान करे।

उमेश चन्द्र बनर्जी (1884-1906)

श्री उमेश चन्द्र बनर्जी का जन्म 1844 में कलकत्ता में हुआ था। उन्होंने वहाँ ओरियन्टल सेमेनरी एवं हिन्दू स्कूल में शिक्षा प्राप्त की। वे 1867 में इंग्लैंड में शिक्षा प्राप्त कर बैरिस्टर बने। 1868 में कलकत्ता लौटकर हाईकोर्ट में वकालत शुरू की एवं प्रसिद्धि प्राप्त की। इन्होंने भारतीय राष्ट्रीय कांग्रेस के प्रथम अधिवेशन की अध्यक्षता की जो 18 दिसम्बर, 1885 को बम्बई में हुआ। देश में कांग्रेस के माध्यम से भारतीय लोगों के सुधार के लिए काफ़ी संघर्षशील रहे। इस तरह हम देखते है कि स्वतन्त्रता संघर्ष के शुरुआती दिनों में इनका नेतृत्व स्पष्ट एवं सबल था।

उस वक़्त अंग्रेज़ी शिक्षा प्राप्त भारतीय दो खेमों में बँटे हुए थे। एक कलकत्ता के सुरेन्द्रनाथ बनर्जी के नज़दीक था और दूसरा बम्बई के एलन ओक्टेभियन ह्यूम के नज़दीक था। 1885 में ह्यूम ने बम्बई में भारतीय राष्ट्रीय कांग्रेस की स्थापना की जिसके प्रथम अध्यक्ष कलकत्ता के उमेश चन्द्र बनर्जी चुने गये। उन दिनों कलकत्ता और बम्बई के कांग्रेसी प्रतिनिधियों में अच्छा-खासा मतभेद था। तत्कालीन नवस्थापित कांग्रेस का मुख्य उद्‌देश्य अंग्रेज़ों से आर्थिक एवं भेदगत, भेद-भाव बन्द करने की अपील करना था। यहाँ उनके अध्यक्षीय भाषण का सारांश प्रस्तुत है।

भारतीय राष्ट्रीय कांग्रेस की शुरुआत

(बम्बई, दिसम्बर, 1885)

पिछले कुछ सप्ताहों में बाहरी विश्व में लगातार उठाये जाने वाले प्रश्नों का जवाब देने का यह सही मौक़ा है। महान राष्ट्रीय कांग्रेस के लक्ष्य एवं उद्देश्य क्या थे? मैं इस प्रश्न का विस्तार से जवाब देने का ढोंग नहीं करूँगा। शुरू होने वाली कार्यवाही इसका जवाब ज़्यादा प्रभावी ढंग से देगी बनिस्बत किसी एक वक्ता के। लेकिन मैं संक्षेप में कह सकता हूँ कि कांग्रेस के उद्देश्यों के बड़े हिस्सों को निम्नलिखित विषयों के आधार पर वर्गीकृत किया जा सकता है—

(अ) देश के हितों के लिए साम्राज्य के विभिन्न हिस्सों में कार्यरत कार्यकर्त्ताओं के बीच व्यक्तिगत स्तर पर गहरा मेलजोल एवं मित्रता को बढ़ावा देना।

(ब) व्यक्तिगत स्तर पर सीधे तौर पर मित्रतापूर्ण संवाद के जरिये देशप्रेमियों के बीच जाति, धार्मिक आस्था या प्रादेशिक पूर्वाग्रहों की समाप्ति और महामहिम रिपन के [illegible] के समय जन्म लेने वाले राष्ट्रीय एकता की भावना का पूर्ण विकास एवं [illegible] करना।

(स) भारत के शिक्षित वर्ग से आज के समय व समाज के ज़्यादा महत्त्वपूर्ण एवं तुरन्त ध्यान देने योग्य समस्याओं पर सावधानीपूर्वक बहस-मुबाहिसे के बाद परिपक्व मत हासिल किया जा चुका है।

(द) अगले 12 महीनों तक देशी राजनीतिज्ञों को कांग्रेस द्वारा निर्धारित रास्ते एवं तरीकों के आधार पर जनता के हितों के लिए काम करना है।

इन उद्देश्यों में ऐसा कुछ भी नहीं है जिसके आधार पर कोई भी समझदार एवं पूर्वाग्रह रहित व्यक्ति इसका विरोध करे। लेकिन एक सज्जन द्वारा एक बार से अधिक अवसरों पर प्रस्तावित कांग्रेस की निन्दा की गयी है जैसे कि यह साजिशकर्ताओं एवं गैर निष्ठावान लोगों का गिरोह हो जबकि सज्जन को ज़्यादा बुद्धिमत्ता का प्रदर्शन करना चाहिए था। पिछले दिनों हमारे बीच हुई लम्बी अनौपचारिक बहसों के बाद हम यहाँ एकत्रित तमाम सज्जनो की ओर से, उनसे अन्तिम बार कह लेने दीजिए कि ब्रिटिश सरकार का मुझसे बड़ा और यहाँ उपस्थित सज्जनो से बड़ा हितचिन्तक एवं निष्ठावान व्यक्ति कोई नहीं है। अनुशासित एवं शान्तिपूर्ण बैठक के जरिये हमारे रहन-सहन को प्रभावित करने वाले प्रश्नों को उठाकर हमने उसी संवैधानिक रास्ते को चुना जिसके आधार पर हम प्रशासनिक अधिकारियों के सामने अपने विचारों का प्रतिनिधित्व कर सकते हैं। ग्रेट ब्रिटेन द्वारा भारत के लिए बहुत कुछ किया गया है और इसके लिए पूरा देश उनका कृतज्ञ है। उसने हमारे देश में एक व्यवस्था प्रदान की है, रेलवे का जाल बिछाया है और सबसे बढ़कर पश्चिमी शिक्षा का अमूल्य

उपहार दिया है। लेकिन अभी भी बहुत कुछ करना बाकी है। जब आप लोग शिक्षा एवं भौतिक रूप से ज़्यादा प्रगति करते हैं तो उनकी राजनीतिक रुचि बढ़ने लगती है तथा राजनीतिक विकास की चाहत बढ़ने लगती है। मैं समझता हूँ कि यूरोप में जारी शासन की नीतियों के अनुरूप शासित होने की हमारी इच्छा, ब्रिटिश शासन के प्रति निष्ठा के साथ नहीं टकराती है। हमारी इच्छा है कि शासन के आधार को और विस्तार दिया जाय और जनता की उनमें सही और कानूनी हिस्सेदारी हो। इस कांग्रेस में जो बहस होगी वह शासकीय अधिकारियों के लिए उतनी ही लाभदायक होगी जितना कि आम जनता के लिए।

बदरुद्दीन तैयबजी (1844-1906)

बदरुद्दीन तैयबजी का जन्म 1844 में बम्बई में हुआ एवं उनकी मृत्यु 1906 में हुई। वहाँ के एक प्रसिद्ध बोहरा परिवार के मुल्ला तैयब अली भाई मिया के पुत्र थे। सम्भवतः उनका परिवार भारत में अरब से आया था। उन्होंने लन्दन से मैट्रिकुलेशन किया एवं वहीं से बार एट लॉ किया। उन्होंने बम्बई में 1867 में प्रथम बैरिस्टर के रूप में कार्य करना शुरू किया। बीच में उन्होंने बम्बई के प्रसिद्ध एलिफिस्टन कॉलेज से बी.ए. की शिक्षा प्राप्त की। वे बम्बई हाईकोर्ट के 1895 में जज और बाद में 1902 में मुख्य न्यायाधीश बने। वे महिलाओं में शिक्षा के प्रचार के पक्षधर थे और पर्दा प्रथा के विरुद्ध थे। वे एक सन्तुलित मुसलमान थे एवं भारत की स्वाधीनता के लिए फ़िरोज़ शाह मेहता एवं अन्य लोगों के साथ संघर्ष करते रहे।

बम्बई के प्रसिद्ध वकील होने के साथ-साथ वे बम्बई और पश्चिम भारत में अन्य सामाजिक कार्यों के अलावा महिलाओं की शिक्षा के लिए प्रयत्नशील थे। उन्होंने कांग्रेस की अध्यक्षता ऐसे वक्त में सँभाली जब ब्रिटिशपक्षी लोग कांग्रेस को प्रभावित करने की कोशिश कर रहे थे। उन्होंने स्पष्ट कहा कि कांग्रेस अल्पमत शिक्षित लोगों की संस्था नहीं है।

उपनिवेशवाद का विरोध

(1887)

सज्जनो,

पिछले दो महाधिवेशनों (कांग्रेस) की कार्यवाहियों में एक बड़े एवं महत्त्वपूर्ण मुसलमान समुदाय के भाग नहीं लेने के नाम पर हमारे राष्ट्रीय महासभा के चरित्र को लांछित करने का प्रयास किया गया है। सज्जनो, सबसे पहले यह सिर्फ़ थोड़ी सी सच्चाई बयाँ करती है और यह सिर्फ़ देश के एक ही हिस्से पर लागू होता है और इसके साथ-साथ कुछ खास, स्थानीय, अस्थायी कारणों के चलते ऐसा हुआ है और दूसरी बात कहनी है कि न्यायिक तौर पर इस महासभा के खिलाफ़ ऐसी सोच का कोई औचित्य नहीं है। सज्जनो, मेरे वर्तमान स्वास्थ्य की स्थिति के बावजूद इस महासभा में बहस की अध्यक्षता की ज़िम्मेदारी सँभालने के पीछे मेरी यही उत्कट इच्छा है कि मैं साबित कर सकूँ कि मैं कोई व्यक्तिगत तौर पर इस महासभा में हिस्सा नहीं ले रहा हूँ बल्कि अंजुमने-इस्लाम, बम्बई का प्रतिनिधित्व कर रहा हूँ। (तालियाँ) मैं यह नहीं समझता हूँ हिन्दू, मुसलमान, पारसी, ईसाई जैसे अलग-अलग समुदायों के साथ सम्बन्धों या उन समुदायों में उनकी स्थिति का, उन सुधारों, आम अधिकारों और हम तमाम लोगों के लिए समान लाभों को प्राप्त करने के संघर्ष से किसी खास समुदाय के नेताओं को अलग रहने का क्या औचित्य हो सकता है। मैं इस बात के प्रति आश्वस्त हूँ कि हमें एक साथ मिलकर सरकार से अपने अधिकारों की माँग रखनी चाहिए। बिना शक यह सही है, कि हमारे देश के महान समुदायों में से एक समुदाय के सामने खास तरह की सामाजिक, नैतिक, शैक्षणिक एवं राजनीतिक कठिनाइयों से पार पाने की चुनौतियाँ हैं लेकिन जहाँ तक पूरे भारत को प्रभावित करने वाले राजनीतिक प्रश्नों का सवाल है जिसपर सिर्फ़ इस महासभा में चर्चा हो रही है, मुझे यह सोचकर अत्यन्त चिन्ता होती है कि क्यों मुसलमान सबों के लाभ के लिए दूसरे समुदायों, जातियों एवं धार्मिक आस्थाओं वाले लोगों के कन्धे से कन्धा मिलाकर काम नहीं कर सकते हैं? (तालियाँ)

सज्जनो, इस कांग्रेस को भारत के शिक्षित देशी लोगों की महासभा का नाम देकर हमें लांछित करने का प्रयास किया गया है। इस वक्तव्य के जरिये अगर यह कहने की कोशिश की गयी है कि यह महासभा ऐसे लोगों की भीड़ है जिनके पास शिक्षा के अलावे कुछ नहीं है। अगर इसके जरिये यह सन्देश देने की कोशिश की गयी है कि इस महासभा में भारत के ऊँचे तबके के लोग, राजे, महराजे, सामन्त उपस्थित नहीं हैं, मैं इस बात से सीधे तौर पर इन्कार करता हूँ, मैं कहना चाहता हूँ कि आइये मेरे साथ इस सभागार में आकर देखिये और मुझे बताइये आपको कहाँ ऐसे ऊँचे तबकों के लोगों से मुलाकात होगी, सिर्फ़ जन्म और सम्पत्ति बल्कि बौद्धिकता, शिक्षा एवं समाज में स्थान के

आधार पर। और अगर इस तरह की गलत भावना नहीं है तो मैं इतना ही कहूँगा कि यह महासभा देशी शिक्षितों का जमावड़ा है और यह कहने में मुझे खुशी हो रही है। (तालियाँ)

सज्जनो, मैं अपने को न केवल शिक्षित बल्कि देशी कहलाने में भी गौरवान्वित महसूस करता हूँ (तालियाँ) और सज्जनो ब्रिटिश शाही के दसियों लाख भारतीय रियाया के बीच ब्रिटिश सरकार के लिए इन देशी शिक्षित जनों से सबसे ज़्यादा निष्ठावान सही एवं विश्वासी मित्र के रूप में कौन लोग हैं? ब्रिटिश सरकार के सही एवं विश्वासी मित्र बनने के लिए ज़रूरी है कि ब्रिटिश सरकार ने जो महान कार्य हमारे लाभ के लिए किये हैं उसकी प्रशंसा की जाय। लेकिन मैं यह जानना चाहूँगा कि इन कार्यों की प्रशंसा करने की स्थिति में कौन लोग हैं? क्या अज्ञानी किसान तथा देशी शिक्षित लोग? उदाहरण के लिए, अच्छे पथों, रेलवे, टेलीग्राफ, पोस्ट ऑफिस, विद्यालयों, महाविद्यालयों, अस्पतालों, अच्छे कानूनों तथा साम्राज्यवादी न्याय प्रणाली की कौन प्रशंसा करेगा? देशी शिक्षित लोग या इस देश के अज्ञानी किसान? (तालियाँ) भगवान न करे अगर कभी रूस एवं ग्रेट ब्रिटेन के बीच वर्चस्व स्थापित करने के लिए संघर्ष हो जाय तो कौन लोग इन दो साम्राज्यों के तुलनात्मक गुणों को समझने का न्याय कर सकते हैं? मैं फिर कहना चाहता हूँ कि सज्जनो, इन बातों के बारे में सिर्फ़ देशी शिक्षित वर्ग ही हैं, वही इन बातों का मूल्यांकन करने की स्थिति में हैं क्योंकि हमीलोग, आम-सभा, कार्य करने एवं बोलने की स्वतन्त्रता तथा ऊँची शिक्षा जिसका हम ब्रिटिश शासन के अन्तर्गत लाभ उठा रहे हैं, की प्रशंसा कर सकते हैं। रूस के अन्तर्गत हमारे पास ये कोई अधिकार नहीं होंगे सिर्फ़ एक कठोर एवं तानाशाही सरकार होगी, जिसका प्रमुख गौरव, उसकी विशाल सेना, पड़ोसियों के खिलाफ़ आक्रमण तथा बड़ी सैनिक कार्रवाइयाँ होंगी। (तालियाँ)

नहीं, सज्जनो, हमारे विरोधियों को जो कहना हो कहने दें, हम देशी शिक्षित वर्ग, अपनी शिक्षा की ताकत के बदौलत, एक सभ्य एवं जनता की भावनाओं को समझने वाली सरकार के सबसे अच्छे प्रशंसक साबित होंगे और हम अपने हितों के लिए भारत में ब्रिटिश सरकार के सबसे मुखर समर्थक हैं। (तालियाँ)

लेकिन सज्जनो, जो हमारे ऊपर गैरनिष्ठा का आरोप लगा रहे हैं, क्या वे एक क्षण के लिए रुककर सोचने के लिए तैयार हैं कि उनके तर्कों का अर्थ क्या है? क्या वे अपने वक्तव्यों के पूर्ण अर्थ एवं महत्त्व को समझते हैं? जब वे हमारे ऊपर गैरनिष्ठा का आरोप लगाते हैं तो वे वास्तव में उस सरकार की ही निन्दा कर रहे होते हैं जिसका वे समर्थन करना चाहते हैं। (ज़ोरदार लगातार तालियाँ) सज्जनो, जब वे कहते हैं कि देशी शिक्षित वर्ग गैरनिष्ठावान है, इसका अर्थ क्या है? इसका अर्थ है कि देशी शिक्षित जन जो ज्ञानी एवं नेतृत्वकारी लोग हैं, जिन्होंने मज़बूत, उदार एवं ज्ञान आधारित शिक्षा पायी है, जो अपने देश के इतिहास से परिचित हैं तथा वर्तमान एवं अतीत की सरकारों की प्रकृति को जानते हैं, उन तमाम लोगों के मतों के अनुसार ब्रिटिश सरकार इतनी बुरी सरकार है कि उसने जनसंख्या के सोच-समझ वाले लोगों के विश्वास एवं निष्ठा को खो दिया है। (तालियाँ) सज्जनो, क्या ऐसा समझा जा सकता है कि भारतीय देशी शिक्षित वर्ग के खिलाफ़ जो गैरनिष्ठा का आरोप लगाया गया है, आन्तरिक अर्थों में ब्रिटिश सरकार के खिलाफ़ इससे ज़्यादा अन्यायपूर्ण एवं भयानक निन्दा क्या हो सकती है?

सज्जनो, अगर यह आरोप ब्रिटिश सरकार के सबसे बुरे शत्रु की ओर से लगाया जाता, उदाहरण के लिए अगर यह रूस के द्वारा लगाया जाता, तो हम इस पर विश्वास कर सकते थे। लेकिन यह मेरी समझ के बाहर की बात है कि इस तरह के आरोप शत्रुओं की ओर से नहीं बल्कि ब्रिटिश

सरकार के तथाकथित (अंग्रेज़ों) दोस्तों की ओर से लगाया गया है जो शायद इस सरकार का नाश नहीं बल्कि समर्थन करना चाहते हैं। मैं फिर से कहना चाहता हूँ कि यह मेरी समझ से बाहर की बात है। सज्जनो, कृपया इस देश के करोड़ों अनपढ़ लोगों तथा उत्तर के रूसी बर्बरों तथा यूरोप के ज्ञानी राष्ट्रों पर इस अविचारित वक्तव्य का क्या असर पड़ेगा। इसलिए मैं कहना चाहता हूँ कि जो लोग अविचारित ढंग से हमारे ऊपर गैरनिष्ठा का आरोप लगाते हैं वे उस मूर्ख लकड़हारा की तरह का आचरण कर रहे हैं जो जिस डाल पर बैठा था उसी डाल पर कुल्हाड़ी चला रहा था। डाल के कटने का मतलब है लकड़हारे का भी विनाश होना। (तालियाँ एवं हँसी)

बिपिन चन्द्र पाल (1858-1932)

बिपिन चन्द्र पाल का जन्म 1858 में हबीगंज (बंगलादेश) में और इनकी मृत्यु 73 वर्ष की आयु में 1932 में हुई। वे ब्रह्मसमाज एवं भारतीय राष्ट्रीय कांग्रेस के पदाधिकारी रहे। भारत के स्वाधीनता आन्दोलन में इनका काफ़ी योगदान रहा। इनकी शिक्षा और अध्यापन दोनों ही चर्च मिशन सोसायटी कॉलेज में हुई जिसका नाम अब सेंट पाल कैथिड्रल मिशन कॉलेज है। उस ज़माने में यह कलकत्ता विश्वविद्यालय से सम्बद्ध था। बिपिन चन्द्र पाल भारतीय राष्ट्रीय कांग्रेस के माध्यम से स्वतन्त्रता संघर्ष में रहे एवं वे कांग्रेस में गरम दल के रूप में चर्चित रहे।

बिपिन चन्द्र पाल एक शिक्षक, पत्रकार एवं लेखक थे। उन्होंने भारतीय स्वाधीनता के लिए लाला लाजपत राय और तिलक के साथ काम किया जिसके कारण इन लोगों को लाल, बाल और पाल कहा गया। वे सुरेन्द्रनाथ बनर्जी से प्रभावित थे और 1913 में कांग्रेस के होमरूल आन्दोलन में शामिल हुए और जेल भी गये। उन्होंने प्रसिद्ध विचारकों राजा राममोहन राय, के.सी. सेन, अरबिन्दो, टैगोर, एनी बेसेंट आदि के विचारों का गहन अध्ययन किया। उनका समाचार-पत्र 'हिन्दू रिव्यू' चर्चित रहा। इन्होंने 1920 में असहयोग आन्दोलन का विरोध किया था।

1857 की क्रान्ति के पश्चात् अंग्रेज़ों ने भारत को शस्त्रविहीन बनाने की योजना बनाई। इस योजना के अन्तर्गत 1879 में उन्होंने आर्म्स एक्ट बनाया। उनकी सोच थी कि भारत को शस्त्रविहीन करने के पश्चात् एक छोटी आधुनिक फौज के माध्यम से उस पर राज किया जा सकता है। 1887 में कांग्रेस अधिवेशन में बिपिन चन्द्रपाल का यह भाषण प्रस्तुत है जिसके माध्यम से उन्होंने आर्म्स एक्ट को समाप्त करने की अपील की।

प्रस्तुत भाषण में बिपिन चन्द्र पाल ने भारत के स्वशासन एवं इंग्लैंड के प्रमुख के बीच समझौता न होने की बात पर जोर दिया है।

शस्त्रविहीन देश के रूप में भारत

(मद्रास, 29 दिसम्बर, 1887)

जिस प्रस्ताव पर मैं आपकी स्वीकृति के लिए दबाव दे रहा हूँ, यदि आप सबों के द्वारा ही नहीं, बल्कि सरकार के द्वारा भी स्वीकार कर लिया गया तो उससे मुझे विशेष खुशी नहीं होगी। सज्जनो! इसके लिए मैं आश्वस्त हूँ कि मुझें अपनी फौलादी कलम और मेरी तेज़ जिह्वा को छोड़कर अपने जीवन में अपने हथियारों के इस्तेमाल की अप्रिय ज़रूरत कभी नहीं होगी, जैसा कि हमें विश्वास है कि फौलादी कलम एवं तेज़ जिह्वा रूपी हथियार शस्त्र अधिनियम की सूची में शामिल नहीं है।

मेरा अधिकार ब्रिटिश सरकार की सच्ची निष्ठा-स्तुति में है। इस प्रस्ताव पर गौर करने के लिए मेरा मकसद जिस सरकार के अधीन मैं रह रहा हूँ, उसके हित के लिए मेरी प्रबल इच्छा में निहित है। मैं उनमें से एक हूँ, जो मानवीय इतिहास में हितैषी परमेश्वर (विधि) के कार्यों में विश्वास रखते हैं। लेकिन मैंने ज्योंही इस विस्तृत एवं पावन सभा में प्रवेश किया और इस राजनीतिक संघ के एक विनम्र प्रतिनिधि के रूप में मैंने अपना आसन ग्रहण किया, त्यों ही मैंने निष्कपट रूप से अपने प्यारे वतन के वर्तमान इतिहास में पावन जननी के हाथ की सत्यता को स्वीकार किया। और इस मंच पर खड़े होकर तथा इस विशाल सभा के मध्य उचित समय पर स्थान ग्रहण कर मेरा दिल कई बार परमेश्वर की ओर उन्हें सारी आशीषों के लिए कृतज्ञता की विनीत प्रशस्ति अर्पित करने हेतु उन्मुख हुआ। इन आशीषों को उन्होंने मेरी प्यारी पैतृक भूमि के लिए जमा करके रखा है और जिसके चिह्न इस सभागार में देखे जा सकते हैं।

मैं इस देश में हमारे परित्राण के कार्य हेतु अंग्रेज़ सरकार को लाने के लिए उन्हें (परमेश्वर को) धन्यवाद देता हूँ। मुझे ऐसी अनुभूति हो रही है और मुझे इसमें तनिक भी सन्देह नहीं है कि ऐसी ही अनुभूतियाँ यहाँ समस्त प्रतिनिधि बन्धुओं में से प्रत्येक को हो रही हैं। क्या यह कोई ऐसी अनोखी चीज़ है, जिससे मैं ब्रिटिश सरकार का स्वामिभक्त हो सकता हूँ? मैं इस सत्यता को खुले रूप में उजागर करता हूँ जब मैं यह कहता हूँ कि मैं ब्रिटिश सरकार का वफ़ादार हूँ। न तो यह छिपाव की भाषा है और न झूठी कूटनीति की भाषा है। मैं वैसी कूटनीति से नफ़रत करता हूँ जो सच्चाई पर आधारित नहीं है।

मैं ब्रिटिश सरकार के प्रति इस कारण वफ़ादार हूँ, क्योंकि ब्रिटिश सरकार के प्रति मेरी वफ़ादारी मेरे अपने लोगों एवं मेरे अपने देश के प्रति वफ़ादारी के साथ अभिन्न सम्बन्ध रखती है। मैं ब्रिटिश सरकार के प्रति इस कारण वफ़ादार हूँ क्योंकि मेरा विश्वास है कि ब्रिटिश सरकार मेरे लोगों के उद्धार के लिए परमेश्वर के हाथ में एक औजार है (करतल ध्वनि)। मैं ब्रिटिश सरकार के प्रति इस कारण वफ़ादार हूँ क्योंकि मैं इस राजनीतिक संघ से प्रेम करता हूँ।

मित्रो! मैं कबूल करता हूँ, कि मैं अतिवादी एवं प्रजातन्त्रवादी हूँ। लेकिन अनोखी बात है कि मेरा अतिवाद एवं प्रजातन्त्रवाद ही मेरे ब्रिटिश सरकार के सच्चे हितैषी होने से सम्बद्ध है। और मित्रो! ब्रिटिश सरकार के प्रति मेरा प्यार शस्त्र अधिनियम में निरूपित आत्मघातक नीति का निराकरण करने और इसे निरस्त करने हेतु आवाज़ उठाने में मुझे दृढ़तापूर्वक बल प्रदान करता है।

मित्रो! प्रस्ताव जिसे मैं गौण समझता हूँ, वह पूर्व के प्रस्तावों से थोड़ा भिन्न है। उन प्रस्तावों के समर्थकों ने सरकार से लोगों की तरफदारी में अभ्यर्थना की थी। लेकिन मैं स्वयं सरकार की तरफदारी में अभ्यर्थना करता हूँ। यह मेरे कहने के लिए नहीं है कि यह लोगों के ज़ख़्म पर प्रभाव नहीं डाल सकता। जब मैं यह स्मरण करता हूँ कि साल-दर-साल जंगली जानवरों के उत्पात तेजी से ख़तरे के संकेत देते हुए बढ़ रहे हैं, जब मैं स्मरण करता हूँ कि हमारे देश के हज़ारों पुरुष एवं स्त्रियाँ प्रतिवर्ष बाघों और तेंदुओं द्वारा मार डाली जा रही हैं, जब मैं ग़रीब किसानों को अपनी फ़सलों की जंगली जानवरों के उपद्रव से रक्षा के लिए सरकार से अनुरोध करते हुए पाता हूँ, शस्त्र अधिनियम उन्हें उन उपायों से वंचित कर देता है, जिनसे वे स्वयं अपनी फ़सलों की रक्षा कर सकते हैं। जब मैं इन तमाम वास्तविकताओं पर नजर डालता हूँ, तब मैं यह कैसे कह सकता हूँ कि यह अधिनियम लोगों के जीवन एवं सम्पत्ति के विरुद्ध प्रभाव नहीं डाल सकता।

लेकिन मित्रो! मुझे इस बात को कहने के लिए क्षमा प्रदान करेंगे कि लोगों पर सीधा आघात हो रहा है, कि सरकार के स्वयं के क्रिया-कलापों के कारण लोगों को क्षति हो रही है, जिससे वह (सरकार) अपना महत्त्व दिनों-दिन खोती जा रही है। हम लोग साफ़ तौर से यह कह रहे हैं सरकार को अपनी मर्यादा कायम रखनी चाहिए। परन्तु मैं इस अप्रिय अधिनियम के रूप में सरकार की मर्यादा के अभिप्राय को पूरी तरह कभी नहीं समझ सकता। यदि आप वस्तुतः मर्यादा रखते हैं, तो आप स्वयं अपने लिए एक शक्ति के मीनार के रूप में होना क्यों चाहते हैं, जिसके लिए शस्त्र की आनुषंगिक शस्त्रविहीनता ही इसे उन्नत कर सकती है।

मैं एक सैन्यकर्मी नियुक्त होना नहीं चाहता और यह मैं कह भी नहीं सकता कि राष्ट्र की शस्त्रविहीनता से देश के लोगों को सामरिक शक्तिविहीन कर देने के क्या गम्भीर प्रभाव पड़ रहे हैं। मैं एक शान्तिप्रिय बंगाली हूँ, जो कि ब्रिटिश सरकार के संरक्षण में आराम और सुरक्षा में रहता हूँ और मेरे दिमाग़ से शस्त्र अधिनियम का सर्वाधिक हानिकारक प्रभाव प्रलोभन में निहित है, जो कि रूस द्वारा भारत आने और आक्रमण करने के सन्दर्भ में फैलाया जा रहा है। सज्जनो! मैं रूस से भयाक्रान्त नहीं हूँ। ईश्वर मुझे उस ख़तरनाक बीमारी से बचाये। मैं यह विश्वास नहीं करता कि रूस की उन्नति एक नीति के द्वारा प्रेरित है, जो कि भारत पर हमला और अन्तिम फतह है। परन्तु यदि रूस कभी आता है और हमारे उत्तरी-पश्चिमी सीमावर्ती क्षेत्र में क़दम रखता है, तो वह वहाँ शस्त्र अधिनियम के द्वारा ही प्रस्तुत हो सकता है।

जो भी मैं कहता हूँ, वे सभी शस्त्र अधिनियम के पक्ष में उचित वफ़ादारी की हमारी घोषणाएँ हैं। निजाम साम्राज्य की सुरक्षा के लिए साठ लाख के बजाय साठ करोड़ अर्पित कर सकता है, दस हज़ार जयन्ती प्रदर्शनों का आयोजन कर सकता है। सरकार शुद्ध हृदय से इन वफ़ादार प्रदर्शनों को सार्वजनिक रूप से स्वीकार कर सकती है। ब्रिटिश समाचार-पत्र तुरही बजाकर उनकी सीधी घोषणा कर सकते हैं। लेकिन सवाल है कि क्या विदेशी विश्वास करेंगे, क्या रूस शस्त्र अधिनियम के रूप में इन प्रदर्शनों की सत्यता एवं यथार्थता में विश्वास करेगा? क्या वह एक दुखद सवाल नहीं खड़ा कर देगा कि यदि भारत के लोग वफ़ादार हैं और यदि आप उन्हें वैसा होने में विश्वास करते हैं, तो

आप वहाँ पूरी आबादी की शस्त्रविहीनता की इच्छा क्यों रखते हैं? इसलिए इस शस्त्र अधिनियम के वजूद कायम रहने तक, बाहरी लोग कदापि नहीं स्वीकार कर सकते कि ब्रिटिश सरकार अपनी जनता की वफ़ादारी में अपने-आप को ताकतवर महसूस करती है।

महाशय! भारत सरकार क्यों हमारी वफ़ादारी एवं हमारी प्रसन्नता की अनदेखी करती है तथा अपने भारतीय साम्राज्य की सुरक्षा के लिए शस्त्रविहीन कानून की शक्तिहीन प्राचीर क्यों खड़ी करती है। स्पष्टतः शस्त्र अधिनियम की नीति सिद्धान्ततः गलत है, अपने प्रभाव में घातक है और सरकार के लिए बिल्कुल आत्मघाती है। सरकार के लिए हितकर यह है कि उसे अपनी सुरक्षा को बरकरार रखने के लिए इसे तुरन्त रद्द कर दें।

दादाभाई नौरोजी (1825-1917)

भारत के वयोवृद्ध पारसी बुद्धिजीवी दादाभाई नौरोजी का जन्म 1825 में बम्बई में हुआ। इनकी शिक्षा-दीक्षा एलिफिस्टन कॉलेज बम्बई में हुई। वे महाराजा बड़ौदा के वित्त मन्त्री (दीवान) के रूप में 1854 में काम करना शुरू किये। 1855 में उन्होंने एलिफिस्टन कॉलेज बम्बई में गणित एवं प्राकृतिक दर्शनशास्त्र के व्याख्याता के रूप में काम करना शुरू किया। 1859 में उन्होंने कॉटन ट्रेडिंग कम्पनी के रूप में एक कम्पनी की स्थापना की जो बाद में दादाभाई नौरोजी एण्ड कम्पनी बनी। इनकी मृत्यु बम्बई में ही 91 वर्ष की आयु में 1917 में हुई। बम्बई में इनके नाम पर दादाभाई नौरोजी रोड है जिसे हेरीटेज रोड कहा जाता है। वे कांग्रेस के अन्य नेताओं की तरह कांग्रेस के माध्यम से स्वतन्त्रता संघर्ष की लड़ाई में सक्रिय रहे। इंग्लैंड की लिबरल पार्टी के सदस्य के रूप में वे 1893 में ब्रिटिश सांसद बने। हाउस ऑफ कामन्स में 23 अगस्त, 1893 का उनका दिया हुआ भाषण यहाँ प्रस्तुत है।

सन् 1893 में दादाभाई नौरोजी ने लाहौर में कांग्रेस के नौवें अधिवेशन में भारतीय उपनिवेश में ग़रीबी की चर्चा की। वस्तुतः भारतीय राष्ट्रवाद जो दार्शनिक एवं बौद्धिक आधारशिला पर आधारित था उसकी उन्होंने आर्थिक दृष्टिकोण से आलोचना की, क्योंकि वह ग़रीबों की स्थिति को सुधारने में अक्षम था।

भारत की ग़रीबी

(हाउस ऑफ कामन्स, 23 अगस्त, 1893)

लेकिन, आपके सामने जो सबसे बड़ा प्रश्न है, प्रश्नों में सबसे बड़ा प्रश्न, वह भारत की ग़रीबी है। मैं इस बात से बहुत भयभीत हूँ कि यह भारत की जनता एवं ब्रिटिश शासक के लिए भविष्य में बड़े संकट का कारण बनेगा, आगे के रास्ते में यह एक विशाल पत्थर की तरह है। इस सिलसिले में हम लोग एक बड़ी अलाभकर स्थिति में काम कर रहे हैं। हम इस ग़रीबी का कारण व्यवस्था के माथे मढ़ते हैं लेकिन व्यवस्था चलाने वाले अधिकारियों को इसके लिए ज़िम्मेदार नहीं ठहराते हैं। लेकिन दुर्भाग्यवश हम लोगों के लिए एवं ब्रिटिश जनता के लिए, ये अधिकारीगण (कुछ स्पष्ट दृष्टिवाले लोगों को छोड़कर) इन बातों को व्यक्तिगत बना लेते हैं और भेदभाव रहित शान्ति से मूल्यांकन कर सभी महत्त्वपूर्ण विषयों पर नहीं सोचते हैं। वर्तमान 'डयूक ऑफ डावेनशायर' ने अधिकारियों की मनःस्थिति का सही मूल्यांकन किया है जो इस विषय के सिलसिले में खासतौर पर लागू होता है। उन्होंने कहा, ''आंग्ल भारतीय, उनका और जो भी गुण हो, और बिना शक वे न्यायप्रिय हैं, लेकिन उन्हें शन्तिपूर्ण ढंग से किसी विषय के बारे में निर्णय लेनेवाले व्यक्ति के रूप में नहीं पहचाना जाता है। (भाषण हाउस ऑफ कामन्स, 23 अगस्त, 1893) आपको मेरे द्वारा भारत की ग़रीबी पर प्रस्तुत किये गये लेखों की जानकारी होगी। मैंने उन लेखों को लौटाने की माँग की है जिससे उसमें नयी सूचनाओं को जोड़कर उसे अद्यतन बनाया जाय जिसके आधार पर वर्तमान और अतीत के बारे में सभा भवन को सही निर्णय पर पहुँचने में मदद मिले। मुझे इस बात का दुख है कि भारत सरकार ने 1881 में स्वर्गीय महाशय डेविड बारबर द्वारा तैयार विवरणों को लौटाने से इन्कार कर दिया है। उसी आधार पर तत्कालीन वित्तमन्त्री लॉर्ड क्रोमर ने भारत की जनता की अत्यन्त ग़रीबी की अपने भाषण में चर्चा की थी। मैं नहीं समझ पा रहा हूँ कि भारत सरकार उसे लौटाने से इन्कार क्यों कर रही है। विवरण के बारे में बताया जा रहा है कि यह एक अत्यन्त महत्त्वपूर्ण दस्तावेज़ है। सरकार को अपनी ही ख़ातिर इसे देने के लिए तैयार रहना चाहिए। 1880 में जब 'डयूक ऑफ डावेनशायर' भारत के सचिव थे, उन्होंने महाशय एफ. डेनवर्स द्वारा तैयार कुछ आँकड़ों एवं सूचनाओं को मुझे तत्परता से मुहैया कराया था। अब उसके अस्तित्व के बारे में मुझे कोई जानकारी नहीं है। इससे मुझे कुछ भ्रमित करने वाली गलतियों एवं कुछ बिन्दुओं को स्पष्ट करने में सहायता मिली। ऐसी सूचनाएँ बहुत ही ज़रूरी हैं। यह न सिर्फ़ भारत की सबसे ग़रीब जनता के लिए बल्कि ब्रिटिश सत्ता के स्थायित्व के लिए भी आवश्यक है।

भारत की ग़रीबी के प्रश्न को पूर्णतया उठाया जाना चाहिए, इसके साथ मुठभेड़ कर इसे सुलझाना चाहिए। सरकार को इस समस्या को पूरी शक्ति एवं विस्तारपूर्वक सुलझाना चाहिए। वार्षिक आय-व्यय

की विवरणी विस्तार से दी जानी चाहिए। भारत के सम्पूर्ण वार्षिक आय का सही ढंग से लेखा-जोखा होना चाहिए। प्रति व्यक्ति आय क्या है तथा एक मज़दूर को स्वस्थ ढंग से कार्य करने लायक बने रहने के लिए कितनी आय की ज़रूरत है। ऐसा नहीं कि वह भूखे जानवर की तरह बोझ बन जाय। अगर हर वर्ष विस्तार से अर्थ-व्यवस्था की सही तस्वीर पेश नहीं की जाती है तो भारत की समृद्धि के झूठे वक्तव्यों का कोई उपयोग नहीं है।

इसे भी पूरी तरह याद रखा जाना चाहिए कि लार्ड क्रोमर द्वारा 27 रु. प्रति व्यक्ति प्रतिवर्ष औसत आय में भारत के अमीर-ग़रीब सभी वर्गों के लोग शामिल हैं लेकिन भारत की बड़ी ग़रीब जनता के हिस्से में क्या आता है, इसकी चर्चा नहीं है। ब्रिटिश भारत की सम्पूर्ण आय में से यूरोपीय बागान मालिकों, उत्पादनकर्ताओं एवं खदान मालिकों की आय को घटा देना चाहिए जो भारत की जनता की आय नहीं है। वे तो इस आय में से सिर्फ़ अपनी बहुत छोटी मज़दूरी के रूप में पाते हैं। प्रति व्यक्ति आय के हिसाब से इसका दूसरा बड़ा हिस्सा उन व्यक्तियों द्वारा बाहर ले जाया जाता है जिनका जन्म भारत में नहीं हुआ है, चाहे वे अधिकारी हों या गैर-अधिकारी। उसी तरह भारत के उच्च एवं मध्य वर्ग के लोग औसत हिस्सा से ज़्यादा प्राप्त कर लेते हैं। भारत की बड़ी ग़रीब जनता के हिस्से में 27 रु. प्रति व्यक्ति प्रतिवर्ष की दीन-हीन राशि भी नहीं आती है।

आपको मालूम है कि मैंने प्रतिवर्ष प्रति व्यक्ति औसतन 20 रु. की आय का लेखा-जोखा प्रस्तुत किया था और जब लार्ड क्रोमर का 27 रु. वाला आँकड़ा सामने आया तो मैंने उनसे उनका लेखा-जोखा माँगा जो उन्होंने देने से इन्कार कर दिया। हालाँकि 20 रु. हो या 27 रु., इस आय वाले देश की कितनी दीन-हीन स्थिति है, वह भी 100 वर्षों के महँगे प्रशासन के बाद, क्या यह स्थिति बरकरार रह सकती है? (नहीं, नहीं का हल्ला)

यह ध्यान देने योग्य बात है कि भारतीय समस्या का ऐसा कोई दौर नहीं है जबकि स्पष्ट मस्तिष्क वाले एवं न्यायप्रिय आंग्ल-भारतीयों ने उसे नहीं देखा है और उनकी ओर ध्यान नहीं दिलाया है। एक सौ वर्ष पूर्व 1787 ई. में महाशय जॉन शोरे ने निम्नलिखित ध्यान देने योग्य दूरदर्शितापूर्ण एवं भविष्यवक्ता के रूप में कहाः

बढ़ते उद्योगों के लिए एवं उसके चलते उन उत्पादों की बढ़ती माँग के लिए, हम राज्य की रियाया को जो भी आर्थिक लाभ प्रदान करें, इस निष्कर्ष तक पहुँचने के कारण हैं कि उत्पन्न लाभ को विदेशी सत्ता का दुष्परिणाम इसके विपरीत सन्तुलन बनाने का कार्य करता है।

वर्तमान काल में यह भविष्यवाणी सही साबित हो रही है। पिछले एक सौ वर्ष में अन्य यूरोपीय अधिकारियों द्वारा अलग-अलग समयों में जो कहा गया है उसे मैं बगैर दुहराये आगे बढ़ रहा हूँ। मैं 1886 का ज़िक्र करना चाहता हूँ। एक सौ वर्ष के बाद भारत के राज्य सचिव द्वारा वित्त सचिव को लिखे गये पत्र में ब्रिटेन के विदेशी शासन से उत्पन्न परिणामों के चरित्र के बारे में महत्त्वपूर्ण बातों को कबूल किया हैः

सार्वजनिक राजस्व के स्रोत एवं टैक्स लगाये जाने के सम्बन्ध में भारत की स्थिति विचित्र है, यह आम जनता की आदतों और बदलाव के प्रति उनकी बड़ी नाराज़गी, जो खासतौर पर महशूल लगाने के नये रूपों के बारे में दिखाई पड़ता है लेकिन यह सरकार के चरित्र से भी सम्बन्धित है। सरकार विदेशियों के हाथों में है जिनके हाथ में सभी प्रमुख प्रशासनिक पद हैं और सेना में उनकी बड़ी हिस्सेदारी है। विदेशी शासन के परिणामस्वरूप जो अतिरिक्त महशूल लगाया जाता है और देश के बाहर घटने वाली घटनाओं के लिए जो अतिरिक्त टैक्स लगाया जाता है वह पूरी

तरह भारतीयों द्वारा भार वहन किया जायेगा। इसके चलते राजनीतिक ख़तरे पैदा होंगे। मुझे भय है कि इसकी गहराई को उन लोगों द्वारा महसूस नहीं किया जा रहा है जिन्हें भारत सरकार के प्रति कोई चिन्ता नहीं है लेकिन जो सरकार के प्रति उत्तरदायी हैं उन्होंने इसे गम्भीर संकट के रूप में देखा है।

कैसी आश्चर्यजनक स्वीकारोक्ति है। यह एक सौ वर्ष पहले की गयी भविष्यवाणी के कारणों को पूरा करता है और स्पष्ट करता है। आज कबूल किया जा रहा है कि चूँकि सरकार का चरित्र ऐसा है जो विदेशियों के हाथों में है जिसका तमाम प्रशासनिक पदों पर अधिकार है। तो सेना में जिसकी बड़ी भागीदारी है और इसका दुष्परिणाम, राजनीतिक संकट है। और इस संकट की वास्तविक गहराई एक गम्भीर संकट का द्योतक है।

इस घोषणा के बाद क्या हम अपने आंग्ल भारतीय मित्रो से निराश नहीं होंगे जो आज भी राष्ट्रीय सचिव से सीखकर दोषपूर्ण व्यवस्था के अन्दर भारत की पीड़ा को समझने की कोशिश करें। क्या मैंने इससे ज़्यादा स्पष्ट या ज़्यादा कठोर शब्दों में इस पत्र की तुलना में कहा है? संक्षेप में इससे हमें भारत की जनता के सामने भविष्य के विनाश एवं ब्रिटिश सत्ता के सामने राजनीतिक ख़तरे का सन्देह दिखाई पड़ता है। इससे पता चलता है कि हमारे कुछ आंग्ल-भारतीय अधिकारीगण न तो उतने कर्महीन और अन्धे रहे हैं और न आज हैं और उन्होंने पूर्व में और आज प्रशासन की प्रकृति का एवं आत्मघाती स्थिति को देखने का काम नहीं किया है।

हाँ, कुछ लोगों द्वारा आँकड़े प्रस्तुत किये जाते हैं जिसे वे व्यापार की वृद्धि के रूप में पेश करते हैं। वे इस व्यापार के सन्तुलन को भारत के पक्ष में बताते हैं। उद्योग का विकास तथा ब्रिटिश भारत में वित्त का संकेन्द्रण इत्यादि। लेकिन दुर्भाग्य से, ये लोग अपनी पक्षपातपूर्ण बातों एवं पूर्वाग्रहों तथा देखने में अच्छा लेकिन नीतियों, प्रक्रियाओं तथा बैंक के काम-काज के बारे में विस्तार से जानकारी और महाशय जॉन शोरे के शब्दों में विदेशी शासन की बुराइयों से सशंकित ये लोग ब्रिटिश भारत की व्यापारिक एवं आर्थिक परिस्थिति के बारे में तथ्यों एवं आँकड़ों को नहीं समझ पाते हैं। व्यापारिक एवं पूँजी के आयात-निर्यात का बड़ा हिस्सा देशी राज्यों या सीमा के बाहर के देशों का है, यह ब्रिटिश भारत का नहीं है। इसलिए गैर-ब्रिटिश क्षेत्रों के आयात-निर्यात की विवरणी अलग से तैयार की जानी चाहिए जिससे कि ब्रिटिश भारत के सही व्यापार का सही लेखा-जोखा दिया जा सके और उसके बाद कुछ निर्यातों के बारे में लेखा-जोखा दिया जाना चाहिए जो व्यापारिक निर्यात नहीं है बल्कि यह राजनीतिक एवं निजी यूरोपीय रुपये का भेजा जाना है और तभी यह पता चलेगा कि ब्रिटिश भारत का यह सही व्यापार कितना दीन-हीन अवस्था में है और वर्तमान वार्षिक विवरणी कितना झूठ एवं भ्रम पैदा करने वाला है। वार्षिक विवरणी प्रतिवर्ष तैयार किया जाता है जिसका नाम "भारत की भौतिक एवं नैतिक उन्नति है"। मैं भौतिक प्रगति तक अपने जिस हिस्से को सीमित कर रहा हूँ वह पूरी तरह गलत एवं भ्रमित करने वाला है। जैसा कि मैंने पहले कहा है, ब्रिटिश भारत की जनसंख्या की औसत वार्षिक आय तथा एक स्वस्थ मज़दूर की ज़िन्दगी के लिए आवश्यक चीज़ों की आपूर्ति के बारे में विस्तार से लेखा-जोखा के बगैर-ब्रिटिश भारत की जनता के विकास या भौतिक अवस्था के बारे में कोई सही जानकारी नहीं मिल सकती है। मैं विवरणी में विस्तार से लेखा-जोखा की माँग करता हूँ क्योंकि कुछ अधिकारियों को औसत के बारे में एक सतही जानकारी है और इसलिए आधार वाले आँकड़े सही हो सकते हैं लेकिन वे इसका परिणाम गलत निकालते हैं। मैंने अपने लेखों में इस तरह के उदाहरण पेश किये हैं। मैंने भारत के राष्ट्रीय सचिव तक अपनी बात पहुँचाई है और सचिव

ने सरकार से बात की है लेकिन जो औसत का लेखा-जोखा करते हैं उन्होंने कितना इसे ठीक करने का काम किया है, यह मुझे नहीं मालूम है।

भारत एवं इंग्लैंड के बीच व्यापार

जैसा कि जॉन शोरे ने भविष्यवाणी की थी कि वर्तमान अप्राकृतिक व्यवस्था, हम लोगों के लिए विनाशकारी है। इससे ब्रिटेन को थोड़ा लाभ हो रहा है लेकिन हम उसे श्राप दे रहे हैं। अगर प्राकृतिक व्यवस्था लागू की जाय तो भारत और ब्रिटेन के बीच स्वतन्त्र व्यापार की मदद से दोनों को व्यापारिक एवं औद्योगिक लाभ मिलता। लेकिन आज की परिस्थिति में इस बारे में कोई सोच नहीं है।

लेकिन यहाँ पर 221,000,000 सभ्य नागरिकों का एक कभी ख़त्म नहीं होने वाला बाज़ार है और अगर देशी रजवाड़ों के 66,000,000 अतिरिक्त लोगों को जोड़ लिया जाय तो इतने बड़े बाज़ार के लिए इतना बड़ा व्यापार बढ़ेगा कि इंग्लैंड लम्बे समय तक बेरोज़गारी की आवाज़ नहीं सुनेगा। यह इंग्लैंड का कुछ ऊँचा तबका ही है जो भारत के लाभ का हिस्सा बटोर लेता है। यहाँ की जनसंख्या का बड़ा हिस्सा भारत के सम्बन्धों का लाभ नहीं ले पाता है। दूसरी तरफ़ देशी रजवाड़ों के साथ बहुत ही अच्छा व्यापार होता है। ब्रिटिश भारत की जनसंख्या की तुलना में ब्रिटेन का व्यापार बहुत ही दीन-हीन अवस्था में है। ऐसी ग़रीबी की मार से पीड़ित रैयतों द्वारा अदा किये गये टैक्स के जरिये एक सौ वर्षों के बहुत ही मँहगे प्रशासन के बाद की यह स्थिति है।

मैं कांग्रेस और अपने देशवासियों से अन्तिम प्रार्थना के रूप में कहना चाहता हूँ कि एकताबद्ध एवं आन्तरिक इच्छा एवं शान्ति एवं लयबद्धता के साथ उदारता एवं ब्रिटिश शासन एवं देशभक्ति के प्रति निष्ठा के साथ आगे बढ़ो और हमारी सही माँगों के लिए हमारे प्रयासों को सफलता मिलेगी। एक दिन दुनिया इस महान राष्ट्र के सबसे नैतिक दृश्य को देखेगी जब इस महान देश भारत की आम जनता के प्रति ब्रिटिश जनता एक सही मित्र की तरह हाथ बढ़ायेगी जिससे पूरी मानवता को लाभ एवं पुरस्कार मिलेगा।

रमेश चन्द्र दत्त (1848-1909)

रमेश चन्द्र दत्त का जन्म 1848 में बंगाल के एक कायस्थ परिवार में हुआ था। इनके पिता बंगाल में डिप्टी कलेक्टर थे। इनकी शिक्षा प्रेसिडेन्सी कॉलेज (कलकत्ता विश्वविद्यालय) से हुई। उन्होंने इंग्लैंड जाकर बार एट लॉ की परीक्षा पास की। 1869 में उन्होंने इंडियन सिविल सर्विस की परीक्षा उत्तीर्ण की। 1874-76 में नदिया ज़िले के मेहरपुर एवं भोला ज़िले के दक्षिण शाहबाजपुर के इलाके में आये अकाल की परिस्थिति को इन्होंने सँभाला और किसानों को तत्कालीन सहायता पहुँचाई। 1893 में वे बर्द्धमान के ज़िला मजिस्ट्रेट बने और वहीं से 1897 में स्वयं ऐच्छिक रिटायरमेंट ले ली जबकि उनकी उम्र 49 वर्ष की थी। तत्पश्चात उन्होंने राजनीति में प्रवेश किया और अपनी सक्रियता एवं किसानों की समस्या के अध्ययन की ताकत पर भारतीय राष्ट्रीय कांग्रेस के 1899 में अध्यक्ष बने।

उन्हें किसानों के अर्थशास्त्र और गाँवों की स्थिति की पूरी जानकारी थी। उन्होंने 1897 में लार्ड कर्जन को पत्र लिखकर किसानों की परिस्थिति और अकाल की स्थिति पर प्रकाश डाला था। उन्होंने ज़मीन की मालगुजारी घटाने की भी वकालत की। भारतीय राष्ट्रीय कांग्रेस के इलाहाबाद सत्र में वह पहले व्यक्ति थे जिन्होंने भारत के कृषि एवं उद्योगों पर प्रकाश डाला। यहाँ पर उनका दिया हुआ भाषण उद्धृत है।

भारत की आर्थिक स्थिति

(1897)

आज हम आपके सामने भारत के व्यापार, उद्योगों एवं कृषि की स्थितियों के बारे में बात करते हुए भारत की आर्थिक स्थिति की चर्चा करेंगे। हम इस बात की जाँच करेंगे कि भारत में रेलवे द्वारा कहाँ तक राष्ट्रीय सम्पत्ति के स्रोतों का विकास किया गया है और सिंचाई द्वारा जनता के फ़सलों की रक्षा के कितने उपाय किये गये हैं। हम भारत के किसानों पर लगाये गये कृषि टैक्सों तथा भारत के वित्त की वर्तमान स्थिति का भी जायज़ा लेंगे। एक शब्द में अगर कहा जाय तो हम दुनिया की जनसंख्या के छठे हिस्से की भौतिक परिस्थितियों की जाँच करेंगे।

यह एक ऐसा विषय है जिसकी तरफ़ इस देश के सभी समझदार व्यक्तियों, महिलाओं का ध्यान जाना चाहिए। ब्रिटेन में ऐसा कोई भी व्यक्ति नहीं है जो हाल के दिनों में भारत में हुए अकाल की कहानियों को सुनकर द्रवित न हुआ हो। पिछले 30 वर्षों में पाँच बार इस तरह के भयानक अकाल हुए हैं जिसमें 1 करोड़ 50 लाख लोग काल कवलित हुए हैं। और आज की रात्रि में जहाँ हम इकट्ठे हैं, ठीक इस समय पश्चिम भारत के अकाल शिविरों में करीब 5 लाख लोग शरण लिए हुए हैं। और वह देश पिछले 3 वर्षों से लगातार अकाल के चपेट में है। अतः यह आवश्यक है कि भारत की आर्थिक स्थिति का गम्भीरता से जायज़ा लिया जाय और इस बात की कोशिश की जाय कि कैसे इस अकाल के प्रभाव को कम किया जा सकता है जैसा कि ब्रिटिश साम्राज्य के और हिस्सों में इन्हें रोका जा सका है।

1. कृषि एवं भूमि कर

भारत की जनता की भौतिक उन्नति का आधार कृषि की सफलता, उद्योगों के फलने-फूलने तथा वित्त की मज़बूत प्रणाली पर निर्भर है। मैं सबसे पहले कृषि पर चर्चा करूँगा क्योंकि भारत की जनसंख्या के पाँच में से चार हिस्से सीधे तौर पर कृषि पर निर्भर हैं। भारत के बारे में बोलते समय हमें इस महत्त्वपूर्ण तथ्य को ध्यान में रखना चाहिए। अगर कृषि फलती-फूलती है, फ़सलों की रक्षा होती है और टैक्स कम रखा जाता है तो जनता की समृद्धि बढ़ती है। अगर इन तीनों शर्त्तों में से कोई शर्त्त पूरी न हो तो जनता भुखमरी की शिकार होती है और फ़सल कम पैदा होने के कारण पूरी तरह विनाश के गाल में समा जाती है।

भारत की भूमि व्यवस्था, इस देश की भूमि व्यवस्था से अलग है। यहाँ के बारे में आपको जानकारी है कि ज़मींदारों के पास ज़मीन का मालिकाना हक है, किसानों के कृषि भूमि का बड़ा हिस्सा है (कृषि फार्म) और कृषि मज़दूर ज़मीन के मालिक नहीं होते हैं, उन्हें कृषि कार्य के लिए

मज़दूरी दी जाती है। इसके विपरीत, भारत में किसान जिस भूमि को आबाद करता है, उसपर उसे प्राचीन काल से स्थानीय रिवाज के मुताबिक विरासत के तौर पर उसका मालिकाना हक होता है। बंगाल में वह ज़मींदार के अधीन रहता है, उसे शुल्क अदा करता है लेकिन अपने पूर्वजों की ज़मीन पर उसका क़ब्जा बरकरार रहता है अगर वह रिवाज के मुताबिक ज़मींदारों को शुल्क अदा करता है तो उसे कोई ज़मीन से बेदखल नहीं कर सकता है। उत्तरी भारत तथा मद्रास और बम्बई में ग्रामीण समुदाय की स्वशासन की व्यवस्था हज़ारों वर्षों से लागू थी। ज़मींदार या ग्रामीण समुदाय की ओर से राज्य को टैक्स अदा किया जाता था। व्यक्तिगत तौर पर किसान जमींदार को शुल्क अदा करता है या अपने उत्पाद का एक हिस्सा ग्रामीण समुदाय के पास जमा करता है और पीढ़ी दर पीढ़ी अपने ज़मीन पर मालिकाना हक बरकरार रखता है। भारत में इस तरह की प्राचीन भूमि व्यवस्था थी। भूमि राष्ट्र की सम्पत्ति थी यह किसी विशिष्ट वर्ग की सम्पत्ति नहीं थी।

अंग्रेज़ों ने इस व्यवस्था में कैसा परिवर्तन किया? बंगाल और कुछ अलग हिस्सों में वर्तमान भूमि व्यवस्था को जारी रखते हुए उसे और मज़बूत बनाया। ब्रिटिश सरकार ज़मींदारों पर टैक्स लगाती है और करीब एक सौ वर्ष पूर्व 1793-1805 के बीच टैक्स की राशि का स्थायीकरण कर दिया गया। लेकिन उत्तरी भारत के साथ-साथ मद्रास एवं बम्बई के इलाकों में जहाँ 19वीं शताब्दी तक ग्रामीण समुदाय फल-फूल रहा था अब उस पुरानी संख्या का अस्तित्व नहीं रह गया है। उत्तरी भारत में ज़मींदारों ने समुदाय का स्थान ले लिया है। मद्रास और बम्बई में जोत-आबाद करने वाले किसान सीधे राज्य के अधीन हैं। एक शब्द में कहा जाय तो उत्तरी भारत के जमींदार सरकार को भूमि शुल्क अदा करते हैं और दक्षिणी भारत में ज़मीन जोतनेवाले किसान राज्य को शुल्क अदा करते हैं।

अब यह भारतीय भूमि टैक्स क्या है? भारत में भूमि टैक्स 35 से 100 प्रतिशत शुल्क के रूप में वसूला जाता है।

बंगाल में जहाँ स्थायी तौर पर भूमि टैक्स लागू किया गया, उस प्रदेश में सम्पूर्ण भूमि टैक्स 35 प्रतिशत होता है। उत्तरी भारत में लार्ड डलहौजी की सरकार ने 50 प्रतिशत भूमि टैक्स की सीमा निर्धारित कर दी। यह बहुत ही ऊँचा टैक्स था लेकिन इसकी एक स्पष्ट सीमा थी। लेकिन विभिन्न प्रदेशों में इस सीमा का भी अतिक्रमण होता रहा है। शुल्क का मनमाने तौर पर मूल्यांकन के जरिये 60 प्रतिशत से लेकर 100 प्रतिशत तक भूमि टैक्स वसूला जाता रहा।

किसी छोटे भूमि के टुकड़े पर अगर 12 पौंड प्रतिवर्ष उपज का मूल्य है तो इसमें जोत-आबाद पर होने वाला ख़र्च प्रतिवर्ष करीब 6 से 7 पौंड हो जाता है और सरकार 4 पौंड भूमि टैक्स के रूप में ले लेती है इसके जरिये सरकार पूरा का पूरा आर्थिक शुल्क वसूल लेती है। इस सिलसिले में लार्ड डलहौजी और बाद में भारत के राष्ट्र सचिव चार्ल्स उड की घोषणाएँ बेमानी लगती हैं। असली तौर पर किसानों पर लगाया जानेवाला भारी टैक्स और इसका कृषि पर बुरा प्रभाव पड़ने से कृषि भूमि का विकास एवं बचत करने की स्थिति समाप्त हो जाती है और आम लोग कंगाल हो जाते हैं।

लार्ड डलहौजी एवं चार्ल्स उड के 1856 और 1864 के पत्रों में 50 प्रतिशत भूमि टैक्स को बहुत ज़्यादा टैक्स के रूप में कबूल किया गया है और कहा है इससे ज़्यादा टैक्स तो किसी भी कीमत पर नहीं वसूला जाना चाहिए। समझदार एवं उदार अंग्रेज़ों ने इसकी माँग की और भारत के शिक्षित वर्ग की भी यही इच्छा है। बंगाल के मुख्य न्यायाधीश स्व. रिचार्ड गार्थ महाशय जॉन जार्डिन अन्य अनेक अधिकारीगण और मैंने खुद माँग पत्र पर हस्ताक्षर किये थे। भारत के गैरप्रतिनिधित्व वाली जनता

की यह माँग है कि सरकार अपने बनाये गये नियमों को सही ढंग से लागू करे जो खुद सरकार ने 40-50 वर्षों पहले बनाये हैं।

2. रेलवे एवं सिंचाई

अब मैं रेलवे और सिंचाई के बारे में बात करूँगा। रेलवे के निर्माण से भारत को बड़ा लाभ मिला है। फिर भी भारत में रेलवे का निर्माण राजस्व के गलत आकलन पर हुआ है या सार्वजनिक राजस्व के आधार पर लाभ की गारंटी दी गयी है। जब सरकार रेलवे का निर्माण अपने हाथ में लेती है और सार्वजनिक राजस्व के आधार पर लाभ की गारंटी करती है यह चिन्ता की बात तब होती है जब कोई निजी कम्पनी अपने से ख़तरा उठाते हुए इस काम को अपने हाथ में लेती है। इसलिए ऐसा हुआ है कि पूरी रेलवे प्रणाली को कोई लाभ नहीं हुआ है बल्कि 4 करोड़ पौंड स्टर्लिंग का घाटा हुआ है। इस घाटे का असर सार्वजनिक ऋण पर पड़ा है और वर्षों से ऋण की राशि लगातार बढ़ती जा रही है जिसकी अदायगी आम जनता को करनी पड़ती है। भारत की जनता को पीढ़ी दर पीढ़ी टैक्स के इस भार को वहन करना पड़ेगा।

1898 तक भारत में यातायात के लिए 22,500 मील लम्बी रेलवे लाइन खोल दी गयी थी। उस वर्ष भारतीय अकाल आयोग ने अपनी प्रकाशित रिपोर्ट में कहा था कि अकाल रोकने के लिए जितनी रेलवे लाइन की ज़रूरत थी, उसे पूरा कर लिया गया है अब सिंचाई व्यवस्था पर कार्य होना चाहिए। लेकिन इस पर कोई ध्यान नहीं दिया गया। वर्ष 1900 तक यातायात के लिए 25 हज़ार मील लम्बी लाइनें बिछा दी गयीं।

रेलवे प्रणाली से देश में भोजन आपूर्त्ति के लिए अनाज के एक दाने का उत्पादन नहीं होता है। जबकि सिंचाई से अनाज का उत्पादन दोगुना हो जाता है, फ़सल की रक्षा होती है तथा अकाल पर रोक लग जाती है। फिर भी रेलवे निर्माण पर 22 करोड़ 5 लाख पौंड ख़र्च किया गया वहीं सिंचाई पर मात्र 2 करोड़ 5 लाख पौंड ख़र्च किया गया। अगर ब्रिटिश शासन में सिंचाई व्यवस्था पर ख़र्च होता तो पूरे भारत में अबतक इसका जाल बिछ जाता और देश की तरक्की हुई होती, टैक्स वसूली में बढ़ोतरी हुई होती लेकिन दूरदृष्टि के अभाव एवं अज्ञानता के चलते रेलवे को लाद दिया गया एवं सिंचाई व्यवस्था पर ध्यान नहीं दिया गया। भारत के 22 करोड़ 2 लाख एकड़ जोत आबाद वाली ज़मीन में से मात्र 2 करोड़ एकड़ ज़मीन के लिए सिंचाई की व्यवस्था है। ज़्यादातर सिंचाई के ये कार्य हिन्दू राजाओं एवं मुस्लिम शासकों ने किये थे जो अभी तक सुरक्षित हैं। अगर ज़्यादा समझ वाली ब्रिटिश सरकार, उन राज्यों एवं शासकों के उदाहरणों का अनुकरण करती तो पिछले सौ वर्षों में सम्पूर्ण भारत में सिंचाई की सुविधा प्रदान कर दी जाती और ब्रिटिश शासन के अधीन अकाल का नाम मिट जाता। आशा करें कि वे ज़रूर शिक्षा ग्रहण करते हुए भारतीय साम्राज्य के उपलब्ध तमाम संसाधनों से सिंचाई के कार्य को पूरा करेंगे जिससे आगामी 20 से 30 वर्षों में फिर कोई अकाल की पुनरावृत्ति नहीं होगी।

3. उद्योग एवं उत्पादन

विगत शताब्दियों में भारत में अनेक उद्योग फलते-फूलते रहे हैं। लेकिन ब्रिटिश शासन के दौरान उन उद्योगों की स्थिति अत्यन्त निराशाजनक है। उनमें से कुछ उद्योगों का ह्रास हुआ है और कुछ उद्योग पूरी तरह समाप्त हो गये हैं। अगर आप 17वीं शताब्दी के प्रसिद्ध फ्रांसीसी फ्रैंक्मुस बर्निचर जो वर्षों

तक भारत में रहे, द्वारा लिखे गये लेखों को पढ़ें तो पता चलेगा कि मनमाने शासन के बावजूद, भारत की जनता एक बड़ी उत्पादक शक्ति थी और एशिया एवं यूरोप के बाज़ारों में सूती एवं सिल्क धागों के बने वस्त्र विशाल मात्रा में निर्यात करते थे। लेकिन आज यह अत्यन्त ही अफ़सोसनाक बात है कि व्यावहारिक तौर पर सम्पूर्ण उद्योग मर चुका है। 19वीं सदी के शुरुआत में ब्रिटिश सरकार का अनुदार व्यापारिक नीतियों के चलते हुआ जबकि भारत द्वारा निर्यात की जाने वाली वस्तुओं पर बहुत ज़्यादा शुल्क लगा दिया गया जबकि ब्रिटेन द्वारा उत्पादित वस्तुओं का आयात करीब-करीब मुफ़्त में होने लगा।

भारत के प्रसिद्ध इतिहासकार होरेस हेमेन विल्सन ने 1883 में लिखते हुए कहा कि भारत में ब्रिटिश उत्पादित वस्तुओं को जबरदस्ती लाद दिया गया और अपनी राजनीतिक ताकत का इस्तेमाल कर एक प्रतिस्पर्द्धी ताकत का गला घोंट दिया जिसके साथ बराबरी के आधार पर टिक नहीं सकता था।

बाद में भारी शुल्क को हटा दिया गया, लेकिन तबतक उद्योग का नाश किया जा चुका था। पूरी दुनिया में हथकरघे का स्थान वाष्प की मशीन पर आधारित करघे ने ले लिया था। कलकत्ता और बम्बई में शुरुआती दौर में इन करघों द्वारा उत्पादन में प्रगति हुई, लेकिन भारतीय मिलों के उत्पादन पर बहुत ज़्यादा उत्पादन कर लगाने से उसकी सफलता बाधित हुई। ब्रिटेन द्वारा इस तरह के गैर बुद्धिमत्तापूर्ण एवं अनुदार करों के लगाने से भारतीय उद्योगों को विकलांग बना दिया गया जिससे वे अपने प्रतिस्पर्द्धी चीन एवं जापान से एशिया के बाज़ारों में टिक नहीं पाये।

इसी तरह रंगने, रंगों के उत्पादन, चमड़े को सुखाने एवं उससे जुड़े कार्यों, लोहे एवं अन्य धातुओं के कार्य, शॉल एवं दरियों का बुनना, मसलिन एवं कपड़ों पर की गयी महीन कारीगरी, काग़ज़ एवं लिखने-पढ़ने की सामग्रियाँ इन तमाम चीज़ों के उत्पादन में गिरावट आयी, इन उद्योगों का पतन हुआ। आज इससे जुड़े लोग दुर्दशाग्रस्त हैं और किसी तरह अपना पेट भरने के जुगाड़ में लगे हुए हैं।

सज्जनो, आपको भारत के पुराने उद्योगों के पतन के बारे में बहुत कम जानकारी है। आप सिर्फ़ उन उद्योगों के बारे में जानते हैं जिसमें ब्रिटिश पूँजी लगी हुई है। आप चाय, कॉफी, नील, जूट, कोयला खदानों, सोने की खदानों के बारे में जानते हैं जो ब्रिटिश कम्पनियों के हाथों में हैं। मैं इन सभी उद्योगों के फलने-फूलने की कामना करता हूँ क्योंकि इन उद्योगों में लाखों भारतीय मज़दूरों को रोज़गार मिला है। लेकिन आप भारत की जनता की स्थिति में तबतक सुधार नहीं कर सकते हैं जबतक उनके खुद के उद्योगों को बढ़ावा न मिले। और जबतक आप भारत की जनता की भौतिक अवस्था को नहीं बदलते हैं, वे आपके द्वारा उत्पादित वस्तुओं के उपयोग के लायक नहीं होंगे। हमारे और आपके हित एक-दूसरे से जुड़े हुए हैं। अगर हमारे उद्योगों को पुनर्जीवित किया जाता है तो करीब भारत के 30 करोड़ लोग आपके उत्पादित वस्तुओं के सबसे बड़ी संख्या वाले उपभोक्ता होंगे लेकिन अगर वे ग़रीबी, भुखमरी के शिकार रहेंगे तो आपके द्वारा उत्पादित वस्तुओं का भारतीयों द्वारा उपभोग कराने का प्रयास बेकार साबित होगा।

व्यापार भारत की जनता की वर्तमान परिस्थिति में, आपके देश से आयात होने वाली सामग्रियों की मात्रा में कोई तेज़ प्रगति दिखाई नहीं पड़ती है। 3 करोड़ लोगों के बीच 4 करोड़ 90 लाख पौंड के निर्यात का अर्थ है जनसंख्या पर औसत 3 रुपये प्रति व्यक्ति का उपभोग। अगर प्रत्येक व्यक्ति 5 या 6 रु. दर से उपभोग करना शुरू करे, जो ग़रीब एशियाई मुल्कों के लिए भी एक सामान्य सा आकलन है, तो आपके निर्यात की मात्रा दोगुनी हो जायेगी और यह किसी भी दूसरे देश के साथ व्यापार से बड़ा व्यापार होगा। भारत के उत्पादित फलों पर ज़्यादा शुल्क लगाकर तथा उसके

संसाधनों का दोहन कर ब्रिटेन को लम्बे काल में कोई लाभ नहीं मिलने जा रहा है। भारत की जनता को समृद्ध बना कर ही, भारत के साथ आपका व्यापार फल-फूल सकता है।

4. वित्त एवं आर्थिक दोहन

मुझे अब सिर्फ़ भारत के वित्तीय प्रशासन के बारे में बात करनी है। वर्तमान वर्ष में भारत के पूरे राजस्व का आकलन 4 करोड़ 20 लाख स्टर्लिंग किया गया है।

मोटा-मोटी तौर पर इस राजस्व में से 2 करोड़ पौंड भूमि कर वसूली से और 2 करोड़ पौंड दूसरे करों से जिसमें नमक भी शामिल है और 20 लाख पौंड अफीम से आता है। दूसरे शब्दों में कहा जाय तो व्यापार एवं उद्योगों से राजस्व की प्राप्ति नगण्य है क्योंकि व्यापार और उद्योग पतनशीलता के दौर से गुज़र रहे हैं। राजस्व की बढ़ोतरी पर पीठ सहलाने की ज़रूरत नहीं है क्योंकि राजस्व की बढ़ोतरी का अर्थ समृद्धि से नहीं बल्कि यह जनता के भोजन की आपूर्ति पर बढ़ाया गया उत्पीड़क कर है। आप उस समय कृषि से जुड़े लोगों का ख़ून निकाल रहे हैं जब वो लगातार अकाल की मार से पीड़ित हैं और आप उस राजस्व का बड़ा हिस्सा निर्यात कर रहे हैं। आप भारत से हर वर्ष एक करोड़ 60 लाख स्टर्लिंग पौंड का दोहन कर रहे हैं। क्या आप समझते हैं कि कोई भी देश इस तरह की वित्तीय व्यवस्था में प्रगति कर सकता है? क्या आप समझते हैं कि इंग्लैंड द्वारा जिस वित्तीय व्यवस्था को चलाया जा रहा है, जिसके अन्तर्गत 2 करोड़ लोगों के भोजन के बराबर की राशि को बाहर भेजा जा रहा है, क्या यह भारत के प्रति न्यायसंगत आचरण है?

जैसा कि मैंने कहा है कि इस वर्ष भारत के राजस्व का आकलन मोटा-मोटी 4 करोड़ 20 लाख स्टर्लिंग है। इसमें 1 करोड़ 70 लाख सेना पर, 1 करोड़ 70 लाख नागरिक सेवाओं पर, 80 लाख अन्य खर्चे के रूप में ख़र्च किया जा रहा है। इसमें सबसे ज़्यादा पीड़ादायक सेना पर होनेवाला ख़र्च है। क्योंकि भारत में जो एक बड़ी सेना का रख-रखाव किया जा रहा है वह भारत की सुरक्षा के लिए नहीं है बल्कि एशिया एवं अफ्रिका में अपनी सत्ता को बरकरार रखने के लिए किया जा रहा है। अगर ऐसा है तो सेना पर रख-रखाव के ख़र्च का एक-एक हिस्सा ब्रिटेन को भुगतान करना चाहिए न कि अकाल पीड़ित भारतीय जनता पर बोझ डालकर सस्ते में सेना का रख-रखाव करना चाहिए।

5. अकाल एवं इसे रोकने के उपाय

मैंने भारत की आर्थिक स्थिति की चर्चा करते हुए अकाल के कारणों का उल्लेख किया है और इसके निदान की भी चर्चा की है। भूमि कर को तार्किक एवं सहनीय सीमा तक रखा जाना चाहिए। भारत के तमाम हिस्सों में सिंचाई का विस्तार करें, उद्योग एवं उत्पादन को पुनर्जीवित करें, वित्तीय दोहन पर रोक लगायें जो भारत को लगातार ग़रीबी की गर्त्त में डाल रहा है और जनता को अपनी समस्याएँ सुलझाने के लिए प्रशासन में आवश्यक हिस्सेदारी दें तो आप भविष्य में भारत में होने वाले अकाल की चर्चा उतना ही सुनेंगे जितना ब्रिटेन या ग्लागो नगर के अकाल के बारे में। एक साम्राज्य की अपनी ज़िम्मेदारियाँ एवं अपना गौरव है। भारत की जनता की खुशहाली एवं विकास ग्रेटब्रिटेन और पूर्व में उसके गौरवशाली अभियान की सबसे बड़ी ज़िम्मेदारियाँ हैं।

स्वामी विवेकानन्द (1863-1902)

स्वामी विवेकानन्द का जन्म 1863 में कलकत्ता के नरेन्द्रपुर ज़िले में हुआ था। वे एक हिन्दू सन्यासी थे एवं 19वीं शताब्दी के सन्त रामकृष्ण के मुख्य अनुयायी थे। उन्होंने भारतीय दर्शन के वेदान्त एवं योग दर्शन को पश्चिमी देशों में फैलाया एवं 19वीं शताब्दी में हिन्दू धर्म का पश्चिमी देशों में प्रचार किया। उन्होंने अपने देश में भी काफ़ी भ्रमण किया और हिन्दू धर्म और दर्शन का यहाँ भी प्रचार किया। 11 सितम्बर 1895 को शिकागो में वे विश्व धर्मसंसद में शरीक हुए और अपना ऐतिहासिक भाषण दिया। अपने यूरोप की कई यात्राओं के पश्चात 1902 में बंगाल के बेरूल मठ में उनकी मृत्यु हुई। यहाँ यह चर्चा करना समीचीन प्रतीत होता है कि वे अपना ख़राब स्वास्थ्य होने पर भी 1899 में सिस्टर निवेदिता के साथ धर्म प्रचार के लिए इंग्लैंड एवं अमेरिका गये थे।

उल्लेखनीय है कि शिकागो में धर्मसंसद को सम्बोधित करने के लिए स्वामी विवेकानन्द संयुक्त राज्य अमेरिका गये थे। वहाँ मिले अभूतपूर्व सम्मान से अभिभूत होकर वे वहाँ रुक गये और अमरीका के अलावे विभिन्न यूरोपीय देशों का भ्रमण किया। इस क्रम में उन्होंने ढेरों भाषण दिये एवं जाने माने बुद्धिजीवियों एवं दार्शनिकों के साथ धार्मिक विषयों पर बहसों में हिस्सा लिया। विवेकानन्द ने पश्चिमी जगत को बहुत नज़दीक से देखा और उसके सांस्कृतिक एवं भौतिक विकास से बहुत प्रभावित हुए। अपने चार वर्ष के अमरीका एवं यूरोप प्रवास के बाद वे 1897 में भारत लौटे, लेकिन वे अभी भी इस बात पर कायम थे कि भारत की संस्कृति बहुत उच्च स्तर की है। रामनाथपुरम (रामेश्वरम) में दिया गया भाषण उनके भारत लौटने के बाद का पहला भाषण है। वे भारत के भविष्य के प्रति पूरी तरह आशावान थे। हमारी मातृभूमि अपनी लम्बी गहरी निद्रा से जाग रही है और उसके बाद वे भारतीयों को सलाह देते हैं कि वे अपने बीच से धार्मिक चेतना एवं आध्यात्मिकता की तिलांजलि न दें। यह देश इसलिए ज़िन्दा है, इसके ज़िन्दा रहने का यही आधार है कि यह भगवान की तरफ़ देखता है जो धर्म और आध्यात्मिकता की खान है।

आशा का सन्देश

(रामनाथपुरम, 25 जनवरी, 1897)

सबसे लम्बी कालरात्रि अब समाप्त होनेवाली है। सबसे दुखद कठिनाइयों का अन्त होने जा रहा है। लाशों में जीवन का संचार दिखाई पड़ रहा है और हमें एक आवाज़ सुनाई पड़ रही है और धीरे-धीरे यह बढ़ती जा रही है और हिमालय की ठंडी हवाओं की तरह सोनेवाला जागने लगा है। यह आवाज़ मृत हड्डियों एवं अंगों में जीवन का संचार कर रही है और आलस्य भगा रही है। सिर्फ़ अन्धे ही इसे नहीं देख रहे हैं। यह आवाज़ हमारी मातृभूमि को उसके नींद से जगा रही है, अब कोई उसका प्रतिकार नहीं कर सकता है, अब वह सोने नहीं जा रही है कोई बाहरी ताकत अब उसे गुलाम बनाकर नहीं रख सकती है अब यह अनन्त विशालकाय देश अपने पैरों पर खड़ा हो रहा है।

रामनाड के महाराज अगर मेरे द्वारा अपने धर्म एवं मातृभूमि के बारे में पश्चिमी देशों में कोई कार्य दिया जाता है, अगर मैंने अपनी जनता के घरों में दबी अकूत सम्पदा, जिसके बारे में उन्हें पता नहीं है की तरफ़ उनका ध्यान आकृष्ट किया है या उनके दिलों में कुछ सहानुभूति जगाने का प्रयास किया हो—अगर वे प्यास से मर रहे हों या वे अज्ञानता में गन्दे पानी पी रहे हों तो मैं उन्हें उनके घर में लगातार फव्वारे से निकल रहे अमृत जल को पीने का आह्वान कर रहा हूँ, उन्हें मैं समझाना चाहता हूँ कि धर्म ही भारत का जीवन है और जब वह जीवन समाप्त हो जायेगा तो भारत की मृत्यु हो जायेगी। राजनीति, सामाजिक सुधार कुबेर द्वारा धन उड़ेल जाने के बावजूद भारत मर जायेगा। इसे बचाने का श्रेय आपके ऊपर है अगर इस दिशा में भारत में कोई कार्य किया गया है या वैसे किसी देश में जहाँ सह कार्य हुआ है महाराजा रामनाड वह आपके सौजन्य से हुआ है क्योंकि आपने ही मुझे यह विचार दिया और कार्य को आगे बढ़ाने के लिए प्रेरित किया। आपने अन्तर्मन से समझ लिया कि क्या होने जा रहा है और मुझे सहारा दिया हर समय मेरी सहायता की और कभी भी प्रोत्साहित करने से नहीं चूके। इसलिए मेरी सफलता पर सबसे पहले आपको खुश होने का अधिकार है और भारत लौटने पर सबसे पहले मैं आपकी भूमि पर लौटा हूँ। महान कार्य को अंजाम देना आश्चर्यजनक शक्ति का निर्माण करना है। हमें दूसरे राष्ट्रों को बहुत चीज़ों की शिक्षा देनी है। भारत दर्शन, आध्यात्मिकता, नैतिकता, मृदुलता, सज्जनता एवं प्रेम का देश है। इन तमाम मानवीय गुणों का अभी अस्तित्व है और दुनिया के बारे में अपने अनुभवों के आधार पर ठोस ज़मीन पर खड़ा होकर मैं घोषणा करता हूँ कि भारत इन तमाम मामलों में तमाम राष्ट्रों के बीच प्रथम और सबसे ऊँचा स्थान रखता है। अब आप इस छोटी परिघटना पर नज़र डालिए पिछले, चार-पाँच वर्षों में बड़े राजनीतिक परिवर्तन हुए हैं। विभिन्न देशों की वर्तमान संस्थाओं को बड़े-बड़े संगठन अन्दर से तहस-नहस कर रहे हैं और उन्हें इसमें कुछ हद तक सफलताएँ भी मिल रही हैं। हमारे देश के

कुछ लोगों ने इन संस्थाओं के बारे में कुछ नहीं सुना है। सिर्फ़ इतना ही नहीं कि शिकागों के धर्म संसद में भारत का एक संन्यासी भेजा गया। यह भी सुना है कि वहाँ उसका अच्छा स्वागत हुआ और उसके बाद से वह पश्चिम में ही कार्य कर रहा है। मैंने लोगों से कहते हुए सुना है कि हमारे लोग बहुत धीमी गति से चलते हैं, वे कोई शिक्षा प्राप्त करना नहीं चाहते और न तो सूचना प्राप्त करने के प्रति उत्सुक रहते हैं। एक समय तक मैं भी इसी मत को मानता था लेकिन मैं मानता हूँ सुनी-सुनायी बातों या विश्व घुमक्कड़ों और जल्दी में प्रतिक्रिया देनेवाले लोगों द्वारा लिखी गयी बहुत सी पुस्तकों के स्थान पर अनुभव से प्राप्त ज्ञान एक महान शिक्षक का काम करता है। यह अनुभव मुझे सिखाता है कि न तो वे अपने में सीमित हैं और न धीमे हैं बल्कि वे जानकारियों के बारे में उतने ही प्यासे हैं जितने कि इस धरती पर रहनेवाली दूसरी जातियाँ। प्रत्येक राष्ट्र को अपनी भूमिका निभानी है, और स्वाभाविक तौर पर अपनी जन्मगत विशिष्टताओं एवं व्यक्तित्व के साथ यह अपनी भूमिका निभाता है। ज़िन्दगी के वाद्ययन्त्र में प्रत्येक राष्ट्र का अपना सुर होता है जो इसकी जीवन्तता का प्रतिनिधित्व करता है, यही उसके रीढ़ की हड्डी है, आधार है और राष्ट्रीय जीवन का मूलाधार है। इस देवभूमि की आधारशिला, रीढ़ की हड्डी, जीवन केन्द्र धर्म है और एकमात्र धर्म है। दूसरों को राजनीति, व्यापार, ताकत एवं विपणन के माध्यम से धन की महिमा तथा भौतिक स्वतन्त्रता का बखान करने दीजिए लेकिन हिन्दू मानसिकता इन बातों को नहीं समझती है और इसे समझना भी नहीं चाहती है। उससे आप आध्यात्मिकता, धर्म, भगवान, आत्मा, शाश्वत सत्य, आध्यात्मिक स्वतन्त्रता की बात कीजिए मैं पूरे विश्वास के साथ कह सकता हूँ यहाँ का सबसे निचले तबके का किसान भी विश्व के बड़े दार्शनिकों से ज़्यादा ज्ञान रखता है। सज्जनो, मैंने अभी कहा है कि अभी भी हमारे पास दुनिया को सिखाने के लिए बहुत कुछ है। यही कारण है और यही मूलाधार है कि यह राष्ट्र ज़िन्दा है। सैकड़ों वर्षों तक दण्डित एवं हज़ारों वर्षों के विदेशी शासन एवं उत्पीड़न के बावजूद यह राष्ट्र ज़िन्दा है क्योंकि यह भगवान पर भरोसा रखता है जो धर्म एवं आध्यात्मिकता का खज़ाना है।

भारत के रास्ते में दो बड़ी बाधाएँ हैं। एक हमारा पुरातन पन्थ और दूसरा यूरोपीय सभ्यता। इन दोनों में से मैं अपना मत पुरातन पन्थ को देना चाहता हूँ न कि यूरोपीय व्यवस्था को। पुरातनपन्थी अज्ञानी हो सकते हैं, वह रूखा (भोंडा) हो सकता है लेकिन वह मनुष्य है, उसे आस्था है, वह क्षमतावान है, वह अपने पैरों पर खड़ा है। यूरोपीय सभ्यता वाले व्यक्ति रीढ़विहीन होते हैं प्रत्येक स्रोतों से एक-दूसरे से विपरीत विचारोंवाले एक पिण्ड के रूप में। ये विचार समाहित नहीं किये गये हैं, उन्हें जज़्ब नहीं किया गया है और वे बेसुरे हैं। उनके कार्य की शक्ति कहाँ से प्राप्त होती है। कुछ अंग्रेज़ों द्वारा पीठ थपथपाने से। उसके सामाजिक सुधार की बातें, कुछ सामाजिक लोकाचारों के विरुद्ध उनके द्वारा आग उगलना इन बातों को अंग्रेज़ों का समर्थन प्राप्त है। हमारे कुछ सामाजिक लोकाचार क्यों दोषपूर्ण हैं? क्योंकि यूरोपीय लोग ऐसा कहते हैं। वे यही कारण बताते हैं जिसे मैं मानने के लिए तैयार नहीं हूँ। अपने बल पर खड़े हो या मर जाओ। अगर दुनिया में कोई पाप है तो वह कमज़ोरी है। सभी तरह की कमज़ोरियों का त्याग करो क्योंकि कमज़ोरी ही पाप है और कमज़ोरी ही मृत्यु है। ये असन्तुलित जन्तु अभी तक खास व्यक्तित्व में नहीं ढले हैं, जिन्हें हम पुरुष, महिला या जानवर कहते हैं। चूँकि वे पुरातन पन्थी लोग सिर्फ़ मनुष्य थे। नीचे की जातियों से पूरी भक्ति के साथ स्वतन्त्रता का पाठ सीखो। अगर कोई महिला चमकती हुई कीमती पत्थर के समान है उससे विवाह करो चाहे वह निम्नतम जाति की क्यों न हो। हमारे महान ऋषि मुनि ने इस तरह के कानून बनाये। यह सत्य है अपने पैरों पर खड़े हो और जो तुम आत्मसात कर सकते हो उसे आत्मसात करो। याद

रखो हिन्दू होने के नाते राष्ट्रीय विचारों के सामने और सभी चीज़ दोयम दर्जे की है। सभी व्यक्तियों के जीवन का उद्देश्य है जो उसके पिछले कर्मों का फल है। आप सभी गौरवशाली राष्ट्र के अतीत हैं। हमारे करोड़ों पुरखे हमारे तामस कार्यों को देख रहे हैं इसलिए आप सचेत रहें। प्रत्येक बच्चा जिसने हिन्दू के रूप में जन्म लिया है उसका क्या उद्देश्य है? क्या आपने मनु की उस गौरवशाली घोषणा को नहीं पढ़ा है जिसमें उन्होंने कहा कि ब्राह्मणों का जन्म धर्म के खज़ाने की रक्षा के लिए हुआ है। जीवन की तमाम समस्याओं को उस एक प्रधान विषय से नीचे रखा जाना चाहिए। अतः एक पुरातन पन्थी व्यक्ति जो अपनी जाति की जीवन धारा से एवं आध्यात्मिकता से आप्लावित है और दूसरी ओर वैसा व्यक्ति जिसके हाथ झूठे पश्चिमी विचारों से भरे पड़े और जिसकी आध्यात्मिकता पर कोई पकड़ नहीं है, मुझे तनिक भी आशंका नहीं है कि यहाँ सभी इसी बात से सहमत होंगे कि हमें पहले का चयन करना चाहिए क्योंकि उसके अन्दर आशा की किरण है। उसे किसी चीज़ पर आस्था है इसलिए वह बचा रहेगा। दूसरा मर जायेगा। मेरे शब्दों पर ध्यान दीजिए, अगर आप उस आध्यात्मिकता को छोड़ देते हैं, उसे अलग करके अगर आप भौतिकवादी पश्चिमी सभ्यता की ओर बढ़ते हैं तो परिणामस्वरूप तीसरी पीढ़ी तक आपकी जाति विलुप्त हो जायेगी। राष्ट्र की रीढ़ ही टूट जायेगी। राष्ट्र का जो भव्य महल खड़ा है उसकी नींव कमज़ोर हो जायेगी परिणामस्वरूप चारों तरफ़ विनाश का नज़ारा होगा। अतः मित्रो हमें अपनी आध्यात्मिकता पर मज़बूत पकड़ बरकरार रखनी चाहिए। यह अकूत दान हमें पुरखों द्वारा प्राप्त हुआ है। क्या आपने किसी ऐसे देश का नाम सुना है जहाँ का सबसे बड़ा राजा अपनी मूल के बारे में राजा या किसी खूँखार डकैत का नाम लेता है बल्कि अधनंगे फकीरों का नाम लेता है जो जंगलों में रहा करते थे। क्या आपने किसी ऐसी भूमि का नाम सुना है? यही वो भूमि है। दूसरे बड़े देशों के बड़े पुरोहित अपना मूल किसी राजा के साथ जोड़ते हैं जबकि इस भूमि का बड़ा से बड़ा राजा अपना मूल किसी प्राचीन ऋषि के साथ जोड़ता है। अतः आप आध्यात्मिकता में विश्वास करते हैं या नहीं, आपको राष्ट्रीय जीवन के लिए आध्यात्मिकता में आस्था रखनी होगी और इसे बरकरार रखना होगा। उसके बाद आप अपना हाथ बढ़ाकर दूसरी जाति से जो प्राप्त कर सकते हैं उसे प्राप्त कीजिए लेकिन सब कुछ उस आदर्श ज़िन्दगी के हवाले कर देना चाहिए उसी से भविष्य में सुन्दर, गौरवशाली भारत का जन्म होगा। पिछले तमाम ऋषियों से बड़े ऋषियों का आगमन होगा और आपके पूर्वज न सिर्फ़ सन्तुष्ट होंगे बल्कि गर्वित होकर अपने महान एवं गौरवशाली पुत्रों को देखेंगे।

भाइयो, हम सभी कठिन कार्य में जुट जायें यह सोने का समय नहीं है। हमारे कार्यों पर ही भारत का भविष्य निर्भर करता है। वह वहाँ तैयार है और प्रतीक्षा कर रही है वह सिर्फ़ सो रही है उसे जगाइये और अपनी और ज़्यादा गौरवशाली पुनर्जाग्रत मातृभूमि को उसके शाश्वत सिंहासन पर बैठाइये।

महादेव गोविन्द रानाडे (1842-1901)

महादेव गोविन्द रानाडे का जन्म 1842 में नासिक के पास एक छोटे से कस्बे निफाड़ में हुआ था। इनकी शिक्षा बम्बई के एलिफिस्टन कॉलेज में प्रारम्भ हुई। उन्होंने बम्बई विश्वविद्यालय से ही बी.ए. आनर्स एवं एल.एल.बी की शिक्षा प्राप्त की। इनको 1893 में अनेक न्यायिक पदों पर काम करते हुए बम्बई उच्च न्यायालय का न्यायाधीश नियुक्त किया गया। इन्होंने प्रार्थना समाज की स्थापना की जो ब्रह्मसमाज से प्रेरित एक हिन्दूवादी आन्दोलन था। इस संस्था का मूल कार्य महाराष्ट्र में धार्मिक सुधार लाना था। वे राजनीतिक जीवन में काम करते हुए भारतीय राष्ट्रीय कांग्रेस के संस्थापक सदस्य बने। वे बाल गंगाधर तिलक के विरोधी थे एवं गोपाल कृष्ण गोखले के विश्वसनीय पात्र थे। उन्होंने समाज सुधार के काफ़ी काम किये जैसे बाल विवाह, विधवा मुंडन, विवाह के आडम्बरों पर निरर्थक ख़र्च आदि। उन्होंने विधवा विवाह पुनर्विवाह एवं स्त्री शिक्षा पर पूरा जोर दिया। धार्मिक सुधार के कार्यों में वे विवेकानन्द से सहमत नहीं थे।

वे भारत के राष्ट्र निर्माताओं में एक थे। उन्होंने सामाजिक सुधार के लिए निःस्वार्थ और अपूर्व लगन के साथ जनता की सेवा की। शुरू के दिनों में ही 18वीं शताब्दी के अन्त में भारतीय राष्ट्रीय कांग्रेस की स्थापना के बाद काफ़ी सक्रियता से राष्ट्र निर्माण एवं समाज सुधार के लिए काम किया। उनका जीवन इतना सादा था कि उनको लोग ऋषि कहते थे।

1899 में लखनऊ में एक सामाजिक सम्मेलन में रानाडे ने आधुनिक भारत बनाने की कल्पना प्रस्तुत की जो यहाँ प्रस्तुत है।

नये भारत का उद्भव

(1899)

वर्तमान परिस्थिति में हमारे सामने यह प्रश्न है कि महमूद द्वारा भारत पर हमले के बाद एवं अकबर के समय दो जातियों के बीच बलपूर्वक बने मेलजोल से क्या भारत की जनता को लाभ मिला? हमारे बीच बहुत से लोग हैं जो मानते हैं कि मुसलमानों के वर्चस्व से भारतीय चरित्र में भ्रष्टाचार एवं पतनशीलता का समावेश हुआ। अतः मुसलमानों के वर्चस्व काल को अपमान एवं दुख का काल समझना चाहिए। लेकिन जो राष्ट्र को आगे बढ़ाने या उसे पीछे ले जानेवाली शक्तियाँ हैं उनका सही मूल्यांकन करने से इन बातों का समर्थन नहीं किया जा सकता है।

इस पर आसानी से विश्वास नहीं किया जा सकता है कि भगवान के प्रदेश में रहने वाली विशाल जनसंख्या, विदेशी सत्ता के प्रभाव एवं जुए के नीचे सदियों तक रहने के लिए मजबूर हो गयी। हमें इस सत्ता के प्रभावों एवं हम पर थोपी गयी बन्दिशों द्वारा हमारी जाति के अन्दर पाई जाने वाली कमज़ोरियों को दूर करने में इसकी सेवाओं का आकलन करना चाहिए। एक बात तो निश्चित है 500 वर्षों के शासन के बाद मुग़ल साम्राज्य का अवसान हो गया और फिर से पंजाब और मध्य भारत के दूसरे हिस्सों में तथा दक्षिणी भारत में उन देशी जातियों के हाथ में सत्ता आ गयी।

अब इन सत्ताधारियों में वो कमज़ोरियाँ नहीं थीं जो मुसलमानों द्वारा आक्रमण के समय भारत के राजाओं में पायी जाती थीं। इसलिए इस आक्रमण और मुस्लिम सत्ता का सिर्फ़ नकारात्मक प्रभाव ही नहीं था बल्कि उनके ताकतवर देह और उनकी युद्ध कला से भी हमें सीखने को मिला जिसमें हम फिर से अपनी सत्ता कायम करने में सफल रहे।

मुग़ल साम्राज्य के पतन और विदेशी प्रवासियों के हाथों में सत्ता जाने के बाद, 18वीं सदी के शुरुआत में हमारे पास सैकड़ों उदाहरण हैं जिसके आधार पर साबित किया जा सकता है कि देशी जातियाँ अब ज़्यादा मज़बूत भारत का निर्माण कर रही थीं। एशिया और यूरोप से आनेवाले विदेशी यात्रियों ने 1000 से 1500 वर्षों के बीच जो भारत देखा था, 18वीं सदी का भारत उससे अलग था। अकबर के समय से भारत के पुनर्जीवन की शुरुआत हुई और चलकर यह मज़बूत चरित्र के रूप में सामने आया। अकबर के समय में ही संयुक्त भारत की सोच सामने आयी जिसमें हिन्दू और मुसलमान मिलकर अपने समान हितों के लिए एक विशाल भवन के निर्माण में जुट गये।

मुस्लिम हमलावर जिस तरह हिन्दुओं के रस्मो-रिवाज, धार्मिक मतों, पूजा करने के तरीकों तथा हिन्दू, मुसलमानों को म्लेच्छ, प्रदूषण फैलाने वाला बर्बर समझ कर घृणा का भाव रखते थे, वे धीरे-धीरे एक दूसरों के चरित्रों के अच्छे पहलुओं का आदर करने लगे।

अकबर ने सबसे पहले हिन्दू चरित्र की नैतिकता, निष्ठा और स्वामिभक्ति को पहचाना और

महसूस किया कि धार्मिक कट्टरता और उन्माद के सहारे सत्ता की नींव को मज़बूत नहीं किया जा सकता है। तत्काल उन्होंने उस समय के सबसे अच्छे लोगों को जमा किया जिसमें फैजी अबुल फज़ल और उनके पिता, मुबारक, इतिहासकार मिर्जा अब्दुर रहीम, निजामुद्दीन अहमद, बदायूँनी और अन्य शामिल थे। इन्हें हिन्दू धर्म-शास्त्रों, विज्ञान, दर्शन शास्त्र एवं महाकाव्यों के अनुवाद की ज़िम्मेदारी दी गयी। राजपूत जाति के गौरव के प्रति सम्मान प्रदर्शित करते हुए जयपुर एवं जोधपुर की राजकुमारियों से वैवाहिक सम्बन्ध कायम किये गये। नये सम्बन्धों की स्थापना से ये लोग मुग़ल साम्राज्य के समर्थक बन गये और महाराजा भगवान दास, उनका भतीजा, महान मानसिंह, राजा टोडरमल एवं अकबर के ब्राह्मण मित्र राजा बीरबल को उनके दरबार में सम्मानित स्थान दिये गये। दो जातियों के मिलन ने सौ वर्षों तक साम्राज्य का दिशा निर्देश किया।

अकबर द्वारा एक नये धर्म दीन-ए-इलाही की स्थापना की गयी। इसमें मुसलमान, हिन्दू एवं अन्य धार्मिक विश्वासों की अच्छी-अच्छी बातों को इसमें शामिल किया गया। अकबर ने चार विशेष अवसरों को छोड़कर धार्मिक विश्वास का प्रदर्शन करना बन्द कर दिया और रानियों द्वारा आयोजित सभी त्योहारों में हिस्सा लेना शुरू किया। अमानवीय आचरणों को निरुत्साहित कर तथा कभी-कभी सख्ती के जरिये एकता के सूत्र को मज़बूत करने का प्रयास हुआ। सतीप्रथा पर रोक लगाई गयी और पुनर्विवाह को प्रोत्साहित किया गया तथा रजस्वला के पूर्व विवाह पर प्रतिबन्ध लगा दिया गया। दो जातियों के बीच मिलन का यह सिलसिला अकबर, जहाँगीर, शाहजहाँ के शासन काल तक चला। शाहजहाँ का बेटा दाराशिकोह खुद एक ख्यातिप्राप्त लेखक था। उसने उपनिषदों का अनुवाद किया तथा ब्राह्मण धर्म को मुसलमानों के विश्वास के साथ तालमेल बिठाने का प्रयास किया। उसकी मृत्यु 1659 में हो गयी।

एक सौ वर्षों का इतिहास हिन्दू और मुसलमानों के बीच एकता का शान्ति काल है लेकिन औरंगज़ेब के सत्ता में आने के बाद परिस्थितियाँ बदल गयीं। हालाँकि औरंगज़ेब को अपने पूर्वजों की अच्छी परम्परा को कायम रखना पड़ा और जयसिंह एवं जसवंत सिंह उसकी सेना के प्रमुख सेनापति थे। उसके बेटे के शासनकाल में प्रदेशों का प्रशासन राजपूत, कायस्थ एवं अन्य प्रशासकों के हाथ में था। धार्मिक कट्टरता को इन राजपूत और हिन्दू प्रशासकों ने लगाम लगाकर रखा था। जज़िया कर लगाने के खिलाफ़ एक प्रशासक ने विरोध करते हुए लिखा था कि हिन्दू और मुसलमानों के भगवान एक ही हैं अतः दोनों धर्मों की रियाया के साथ समान व्यवहार होना चाहिए। लेकिन औरंगज़ेब ने इस पर ध्यान नहीं दिया इसलिए अकबर द्वारा निर्मित साम्राज्य औरंगज़ेब के जीवित रहने के समय ही टूट-टूटकर बिखर गया। औरंगज़ेब ने खुद अपनी गलती महसूस करते हुए अन्तिम समय में कहा था कि पूरा जीवन असफल रहा। दक्षिण में मराठा, उत्तर में सिक्ख और राजपूत राज्यों ने मुग़ल साम्राज्य को खंडित करने में योगदान दिया और बंगाल, अवध एवं डेक्कन हैदराबाद छोड़कर सम्पूर्ण भारत फिर से देशी रजवाड़ों के हाथ में आ गया। पतन और भ्रष्टाचार से पीड़ित होने के बजाय देशी जाति ने मुस्लिम शासन के समय मुस्लिम और हिन्दू राजनेताओं की सहिष्णुता एवं समानता के सन्देश से ताकत ग्रहण की। अशोक के समय से पुराने हिन्दू राजवंशों में एकता के आधार पर पैदा होनेवाली ताकत का अभाव था जिसके चलते वे इतनी आसानी से मुस्लिम हमलावरों के सामने पराजित हो गये। मुसलमानों के वर्चस्व से सैकड़ों तरीकों से हिन्दुओं को लाभ मिला। हिन्दू राज्यों से मुस्लिम शासकों को शासन करने की कला का ज़्यादा ज्ञान था। वे अपने साथ बेहतर युद्ध कला के साथ-साथ बारूद के प्रयोग को भी साथ लेकर आये। काग़ज़, मोमबत्ती, शीशा आदि से उन्होंने

परिचय कराया। उन्होंने संगीत, साज और आवाज़ को सँवारने में मदद की। उन्होंने दवा, नक्षत्र विज्ञान के ज्ञान से हमें अवगत कराया। उन्होंने पथों, जल संग्रहण क्षेत्रों, नहरों, पोस्ट आफिस एवं स्थापत्य कला से हमारा परिचय कराया। बागवानी की कला को विकसित किया और हमें नये फूलों, फलों से परिचित कराया। अकबर के शासन काल में टोडरमल द्वारा शुरू की गयी राजस्व प्रणाली आज तक कायम है। और भारत को दुनिया की एक इकाई के रूप में स्थापित किया। पिछले दिनों की तुलना में इतिहास का यह आगे बढ़ा हुआ काल था।

दो भिन्न संस्कृतियों के मिलने से विचार एवं दर्शन के क्षेत्र में एक-दूसरे से जुड़ने की प्रवृत्ति पैदा हुई। सूफ़ी आन्दोलन, हिन्दू संस्कृति से प्रभावित था। मोहर्रम और सन्तों की पूजा हिन्दू संस्कृति से सीधे तौर पर प्रभावित है। जाति, मूर्त्ति पूजा, बहुआस्तिकता, शुद्धता एवं प्रदूषण के बारे में हिन्दुओं और मुसलमानों की समझ एक-दूसरे की विरोधी थी। नानक का कहना था कि न तो हिन्दू और न मुसलमान, मैं तो निरंकार का उपासक हूँ। गुरुनानक ने हिन्दू, मुसलमान की एकता के अथक प्रयास किये। वैष्णव पन्थ ने परमात्मा की बात कही। और हिन्दू, मुसलमान दोनों को इस परमात्मा की उपासना का अधिकार है क्योंकि भगवान एक हैं।

हिन्दू, मुसलमानों के मेलजोल से उत्तर भारत में कुछ इस तरह के प्रभाव पैदा हुए। इससे दोनों समुदायों को लाभ मिला। लेकिन दक्षिण भारत में इस तरह का वातावरण पैदा नहीं हो सका। समय के बीतने के साथ दोनों समुदायों में चारित्रिक कमज़ोरियाँ बढ़ती गयीं अतः अन्य शासक के अन्तर्गत उनमें अनुशासन पैदा करने की ज़रूरत है। हिन्दू और मुसलमान पश्चिमी जगत की चुस्त-दुरूस्त व्यवस्था और नियमन वाली सत्ता से परिचित नहीं हैं। उनमें यांत्रिक कौशल, विज्ञान एवं शोध तथा नयी चीज़ों की खोज के लिए अपेक्षित उत्साह नहीं है। अतः शिक्षा के कार्य को पुनर्जीवित करने की ज़रूरत थी जो पिछले एक शताब्दी से जारी है और उसके परिणामों से हम सभी परिचित हैं।

अतः पिछले अनुभवों के आधार पर हिन्दू और मुसलमानों को अकबर के समय की एकता के साथ आगे बढ़ने की ज़रूरत है। हिन्दू और मुसलमानों के लिए स्पष्ट कर्तव्य निर्धारित है। महिलाओं की शिक्षा का पिछड़ापन, सहिष्णुता, आन्तरिक मतभेद, अपवित्र वाणी, विचार और आनन्द मनाने के समय उनके कार्यकलाप, बहुविवाह तथा विवाहों और अन्य अवसरों पर बड़े पैमाने पर पैसों को ख़र्च करना, सार्वजनिक जज़्बे का पतन तथा प्राकृतिक संसाधनों का सही प्रबन्धन तथा अन्य अनेक मुद्दों पर उन्हें एक साथ कार्य करने की ज़रूरत है।

उपर्युक्त सन्देश देने के लिए ही मैं आपके सामने उपस्थित हुआ था।

बाल गंगाधर तिलक (1856-1920)

महाराष्ट्र के रत्नागिरी ज़िले में 1856 में एक प्रसिद्ध संस्कृत विद्वान के घर में इनका जन्म हुआ। इन्होंने अपनी बी.ए. की परीक्षा पुणे के डेकेन कॉलेज से 1877 में पास की एवं बम्बई विश्वविद्यालय से कानून की परीक्षा 1879 में पास की। पुणे में अध्यापन करने के पश्चात वे पत्रकार बने। अपने मित्रो के साथ उन्होंने डेकेन एडुकेशन सोसायटी बनायी। बाद में वे प्रसिद्ध फर्गुसन कॉलेज में गणित के अध्यापक बने। तत्पश्चात उन्होंने धार्मिक एवं सांस्कृतिक स्वतन्त्रता के लिए आम जनता में प्रसार प्रचार शुरू किया। इसी क्रम में वे 1890 में भारतीय राष्ट्रीय कांग्रेस के सदस्य बने।

बंगाल बँटवारे के बाद वे स्वदेशी मूवमेंट में काफ़ी सक्रिय हो गये। वे गोखले की नरम नीतियों के विरुद्ध रहे एवं बिपिन चन्द्र पाल एवं लाला लाजपत राय के विचारों के नज़दीक रहे। उन्होंने केशरी पत्र का प्रकाशन एवं सम्पादन भी किया। देशद्रोह के मुक़दमे में उन्हें माडले जेल भेजा गया जहाँ वे 6 वर्षों तक क़ैद रहे। वहीं पर उन्होंने 'गीता रहस्य' की रचना की। जेल से 1914 में छूटने पर काफ़ी बीमार हो गये। तिलक 1916 में पुनः भारतीय राष्ट्रीय कांग्रेस के सदस्य बने और जिन्ना, एनी बेसेंट के साथ मिलकर ऑल इंडिया होम लीग की स्थापना की। वे रूसी क्रान्ति से प्रभावित थे और लेनिन की प्रशंसा किया करते थे। गाँधीजी को उन्होंने अहिंसा के रास्ते को छोड़ने की सलाह दी थी। गाँधीजी यद्यपि उन्हें गुरु मानते थे लेकिन उन्होंने अपना रास्ता नहीं बदला।

प्रस्तुत भाषण 5 मई, 1905 को बेलारी में उन्होंने दिया था जिसमें उन्होंने आधुनिक भारत में राष्ट्रीयता को मज़बूत करने की वकालत की थी।

पुराना एवं नया साम्राज्य

(1905)

भारत में हमें सोचने की ज़रूरत है कि देशभक्तों के कर्तव्य क्या हैं। पूर्व में भारत के बारे में, वर्तमान लेखकों ने लिखते हुए इसे राष्ट्रों का समूह बताया है। देशभक्ति एक गैर-अहंकारी गुण था और इसका उद्देश्य परोपकार था। हमें प्राचीन इतिहास से पता करना होगा कि छोटे राज्यों के प्रशासकों का आदर्श पारिवारिक सीमा से ऊँचा था या व्यक्तिगत आदर्श था। उन समयों में साम्राज्य का अर्थ आज के साम्राज्य के अर्थ से भिन्न है। आज के साम्राज्य का अर्थ है कि एक देश हिमालय से लेकर कैमरून तक की विभिन्न जातियों वाली रियाया एक ही कानून एवं नियमन के अन्तर्गत शासित है। इस तरह के साम्राज्य का अस्तित्व पहले कभी नहीं था। पुराने समय में सभी प्रदेशों को पूरी स्वायत्तता थी और पराधीनता के नाम पर धन का छोटा हिस्सा देना पड़ता था। साम्राज्य का अर्थ किसी प्रदेश की आन्तरिक प्रशासन का जिम्मा विदेशी सत्ता के हाथ में नहीं होता था। इतने विशाल देश के सभी प्रदेशों को एक समान हित एवं एक समान आदर्श के लिए काम करना है, ऐसी बात सोची नहीं गयी थी क्योंकि इसकी ज़रूरत नहीं थी। यह उनके पूर्वजों का कोई बौद्धिक दोष नहीं था। एक तरह की एकता एवं एक-दूसरे से सम्बन्ध थे लेकिन यह राष्ट्रीय एकता नहीं थी क्योंकि उस समय देश की परिस्थिति दूसरे तरह की थी। 250 वर्ष पहले मराठों को जिस तरह के आदर्श ने प्रेरित किया, उसका चरित्र मराठी राष्ट्रीयता था। इस तरह के आदर्श को आज संकीर्ण माना जायेगा। लेकिन हमें उस आदर्श पर ध्यान देना चाहिए जिसके अन्तर्गत एक नीति तय हुई जिसका महत्त्व पूरे देश में महसूस किया गया।

लेकिन आज के देशभक्तों का उद्देश्य इस तरह के प्रादेशिक एवं जातीय आदर्शों से पूरा नहीं होता है। अब इसकी सीमा को ज़्यादा उदार बनाना होगा और विस्तार देना होगा। जैसा कि लार्ड कर्जन ने कहा कि—ब्रिटिश शासन की स्थापना के बाद परिस्थितियाँ पूरी तरह बदल गयी हैं इसलिए आज एक सम्मिलित आदर्श की ज़रूरत है। भारत एक भौगोलिक अभिव्यक्ति था जो आज अंग्रेज़ों के हाथ में एक समान प्रशासन के अन्तर्गत आ गया है। एक राष्ट्र का निर्माण बहुत से तत्त्वों से मिलकर होता है। स्थानीयता, भाषा, साहित्य, धर्म और परम्परा। भारतीय देशभक्तों को पूछना चाहिए कि क्या भारत की जनता एक राष्ट्र है। सभी के ओठों पर जो उत्तर आये उससे पता चला कि भारत एक राष्ट्र है। यह उत्तर आत्म-प्रेम से वशीभूत या अपने को धोखा देनेवाला होगा। शायद हमारी इच्छा हमारे विचारों का पिता है। देशभक्ति के लिए आशा बहुत बड़ी चीज़ है और देशभक्तों को कभी निराशा नहीं होना चाहिए। भारत एक राष्ट्र है, इस प्रश्न पर विचार करने के समय बहुत से प्रश्न खड़े हो जाते हैं। एक व्यक्ति का मत है कि इतने प्रतिरोधी समुदायों के बीच से भारतीय

राष्ट्र का उदय नहीं हो सकता है। दूसरा व्यक्ति भारतीय रस्म-रिवाजों को समाप्त कर देना चाहता है। उद्योग चाहने वाला व्यक्ति पहले उद्योगों को पुनर्जीवित करने की माँग करता है क्योंकि उद्योगों से धन पैदा होगा और धन ही शक्ति है। राष्ट्रीयता के प्रश्न को सिर्फ़ एक कोण से नहीं देख सकते हैं, हमें सभी बातों के बारे में समग्रता से विचार करना होगा। ऐसा दुनिया में कोई सिद्धान्त नहीं है जिसके विरोधी न हों। बिलाशक यह सही है कि भाषा, जलवायु एवं धार्मिक विश्वास में अन्तर है लेकिन इन अन्तरों को अगर मिटा भी दिया जाय तो इस विशाल देश में फिर से कुछ न कुछ अन्तर पैदा हो जायेंगे।

कुछ कारकों को अगर सही ढंग से विकसित किया जाय तो अन्ततः यह राष्ट्रीयता का निर्माण करेगा। हिन्दू समाज शास्त्रों के बताये रास्ते पर चलता है। इन शास्त्रों को हर जगह एक पवित्र ग्रन्थ माना जाता है। उनका एक इतिहास है और वे एक साथ एक भूमि पर निवास करते हैं और ब्रिटिश शासन के बाद वे एक ही शासन के अधीन हैं। एक भारतीय देशभक्त के सामने कोई आसान कर्तव्य नहीं है। उन्हें कठिनाइयों से नहीं घबड़ाना चाहिए, क्योंकि ये तमाम कठिनाइयाँ मानवों द्वारा खुद निर्मित हैं और चरित्र का निर्माण इन्हीं कठिनाइयों से लड़कर होता है। देशभक्ति के आदर्श एवं वेदान्त के आदर्श में कोई विरोध नहीं है। बदली हुई परिस्थिति के अनुरूप ढालना ही, विकास है। एक जीवन्त संगठन के रूप में समाज का नयी परिस्थितियों के अनुरूप नहीं ढलना, अस्वाभाविक घटना होगी। भारतीय सामाजिक संगठन मृत संगठन नहीं है बल्कि यह गहरी नींद में सोया हुआ है। गहरी नींद का मतलब मृत्यु नहीं होता है और यह जल्दी या देर से ज़रूर जगेगा। भारत में देशभक्ति का अर्थ राष्ट्रीयता की भावना पैदा करना एवं जातियों को एक-दूसरे से जोड़ना है। सोच की सीमा का विस्तार हो, देशभक्ति की समग्र भावना प्राप्त की जाय और ब्रिटिश साम्राज्य का एक अच्छा सदस्य बनने का लक्ष्य हासिल हो। एक ऐसा सदस्य जिसे साम्राज्य के दूसरे सदस्यों की तरह सभी अधिकार एवं सुविधाएँ हासिल हों। एक-दूसरे की सहायता करते हुए, एक-दूसरे का सहयोग करते हुए, हमें साम्राज्य को गौरवान्वित करने के लक्ष्य की तरफ आगे बढ़ना चाहिए।

विकार-उल-मुल्क (मुश्ताक़ हुसैन) (1841-1917)

मुश्ताक़ हुसैन का जन्म 24 मार्च, 1841 को मेरठ में हुआ था। इन्होंने रुड़की से इंजिनियरिंग और फिर कानून की पढ़ाई की। वे काफ़ी दिनों तक अलीगढ़ युनिवर्सिटी के अवैतनिक सचिव रहे। वे दिसम्बर 1906 में मुस्लिम लीग के संस्थापक सदस्य रहे। 1908 में ब्रिटिश सरकार ने उन्हें नवाब की उपाधि दी थी। इनकी मृत्यु 27 जनवरी, 1917 को हुई।

लार्ड मिंटो द्वारा मुस्लिम संगठनों को काफ़ी प्रश्रय दिया गया। इसके पूर्व में सैयद अहमद ख़ाँ ने भारतीय मुसलमानों को अंग्रेज़ों के प्रति भक्ति दिखाने और कांग्रेस से दूर रहने की सलाह दी थी। 1906 में इन बातों का नतीजा हुआ मुस्लिम लीग का जन्म। इसके पूर्व 1905 के बंगाल विभाजन से अंग्रेज़ों पर काफ़ी दबाव पड़ा था और वे मुस्लिम समुदाय में एक नया मित्र पाकर खुश हुए और 1909 के कानून में उन्होंने मुसलमानों को अलग मताधिकार का तोहफा देकर हिन्दू और मुसलमानों में स्थायी बीज बोने का काम किया।

मुस्लिम प्रतिनिधि मंडल द्वारा शिमला में लार्ड मिंटो से मिलने के बाद अखिल भारतीय मुस्लिम लीग द्वारा ढाका में आयोजित सम्मेलन में वकार-उल-मुल्क द्वारा दिया गया भाषण एक स्वाभाविक परिणति थी। लार्ड मिंटो द्वारा दिखाई गयी सदाशयता एवं सहानुभूति ने मुसलमानों को संगठित होने के लिए प्रोत्साहित किया जिससे वे ब्रिटिश शासकों से अधिकतम लाभ हासिल कर सके। सर सैयद अहमद ख़ाँ ने भारतीय मुसलमानों के लिए पहले ही कर्तव्य निर्धारित कर दिया था। ब्रिटिश शासकों के प्रति स्वामिभक्ति दिखायें तथा कांग्रेस से दूर रहें। मुस्लिम लीग के उद्घाटन सत्र में अध्यक्ष ने इसी नीति की पुष्टि की। मुस्लिम लीग के उद्देश्यों को निर्धारित करते हुए तीन प्रस्ताव पारित किये गये। भारतीय मुसलमानों के बीच ब्रिटिश राज के प्रति स्वामिभक्ति, मुसलमानों के राजनीतिक हितों की रक्षा और उसे आगे बढ़ाना और अन्त में बिना इन चीज़ों के प्रति कोई पूर्वाग्रह दिखाये भारत के समुदायों के बीच शत्रुतापूर्ण भावना को बढ़ने से रोकना।

प्रस्तुत है मुस्लिम लीग के ढाका में आयोजित सम्मेलन में दिया गया श्री मुश्ताक़ हुसैन का भाषण।

मुस्लिम लीग का जन्म

(ढाका, 30 दिसम्बर, 1906)

मुस्लिम प्रतिनिधि मंडल द्वारा शिमला में लार्ड मिंटो से मिलने के बाद अखिल भारतीय मुस्लिम लीग द्वारा ढाका में आयोजित सम्मेलन में वकार-उल-मुल्क द्वारा दिया गया भाषण एक स्वाभाविक परिणति थी। लार्ड मिंटो द्वारा दिखाई गयी सदाशयता एवं सहानुभूति ने मुसलमानों को संगठित होने के लिए प्रोत्साहित किया जिससे वे ब्रिटिश शासकों से अधिकतम लाभ हासिल कर सके। सर सैयद अहमद ख़ाँ ने भारतीय मुसलमानों के लिए पहले ही कर्तव्य निर्धारित कर दिया था। ब्रिटिश शासकों के प्रति स्वामिभक्ति दिखायें तथा कांग्रेस से दूर रहे। मुस्लिम लीग के उद्‌घाटन सत्र में अध्यक्ष ने इसी नीति की पुष्टि की। मुस्लिम लीग के उद्देश्यों को निर्धारित करते हुए तीन प्रस्ताव पारित किये गये। (1) भारतीय मुसलमानों के बीच ब्रिटिश राज के प्रति स्वामिभक्ति, मुसलमानों के राजनीतिक हितों की रक्षा और उसे आगे बढ़ाना और अन्त में बिना इन चीज़ों के प्रति कोई पूर्वाग्रह दिखाये भारत के समुदायों के बीच शत्रुतापूर्ण भावना को बढ़ने से रोकना।

उस समय ब्रिटिश सरकार साँसत में थी। कर्जन ने समस्याओं का पहाड़ खड़ा कर दिया था। मिंटो को इससे निबटना था। 1905 के बंगाल विभाजन के बाद जनता में गुस्से की लहर फैल गयी थी और ब्रिटिश शासन के खिलाफ़ आन्दोलन शुरू हो गया था। 1857 के बाद यह ब्रिटिश सत्ता के सामने बड़ी चुनौती थी। इसने बहिष्कार और स्वदेशी का रूप ले लिया था (गाँधीजी ने बाद में बड़े स्तर पर इसका उपयोग किया) इसके साथ-साथ क्रान्तिकारी आन्दोलन भी चल रहे थे। इसके अलावे 24 दिसम्बर, 1906 को कलकत्ता में आयोजित कांग्रेस सम्मेलन में दादाभाई नौरोजी ने अपने अध्यक्षीय भाषण में 20 वर्ष के कांग्रेस अस्तित्व में आने के बाद पहली बार कांग्रेस का लक्ष्य स्वराज की घोषणा की। इससे ब्रिटिश शासन के लिए और भी चिन्ता पैदा कर दी। उन्हें मित्र चाहिए था और भारतीय मुसलमानों ने उन्हें उनकी अपेक्षा से ज़्यादा मदद कर दी। बदले में मुसलमानों को 1909 के कानून के रूप में अलग मतदाता होने का अधिकार मिल गया। इस कानून ने हिन्दू मुसलमानों के बीच स्थायी खाई पैदा कर दी।

सज्जनो, आज जिस बात के लिए आये हैं, उसकी आवश्यकता हम महसूस करते रहे हैं। जब भारत में राष्ट्रीय कांग्रेस की स्थापना हुई थी, उस समय भी हमें ऐसी आवश्यकता महसूस हुई थी। सर सैयद अहमद ख़ाँ जिसकी दूरदृष्टि एवं राजनेता वाले गुण के सभी कायल हैं, उन्होंने भी मुसलमानों को समझाने का प्रयास किया था कि उनका भविष्य, सुरक्षा एवं समृद्धि कांग्रेस से अलग रहने में ही निहित है। हालाँकि सर सैयद अहमद खान हमारे बीच नहीं हैं लेकिन अभी तक यह बात सही साबित हुई है। ज्यों-ज्यों समय बीत रहा है, मुसलमानों के बीच यह विश्वास दृढ़ होता जा रहा है

कि अपने राजनीतिक हितों की रक्षा एवं उन्हें आगे बढ़ाने के लिए उन्हें अपना अलग संगठन बनाना होगा। पाँच वर्ष पहले अक्तूबर 1901 में विभिन्न प्रदेशों के कुछ मुसलमान लखनऊ में जमा हुए और इस पर गहराई से विचार-विमर्श कर वे इस निर्णय पर पहुँचे कि इस तरह के संगठन का समय आ गया है। इसके बाद संयुक्त प्रान्त में इस तरह की संस्था के गठन की प्रक्रिया चल रही थी। बंगाल में हो रही नयी घटनाओं एवं राष्ट्रीय कांग्रेस के प्रत्यक्ष या अप्रत्यक्ष प्रभावों के साथ-साथ सरकार द्वारा विधान सभा में प्रतिनिधियों की संख्या बढ़ाने की इच्छा को देखते हुए एक समुदाय के रूप में मुसलमानों ने पिछले अक्तूबर में शिमला में महामहिम (वाइसराय) के पास एक प्रतिनिधिमंडल मिलने के लिए भेजा। उन्होंने महामहिम के सामने अपनी आवश्यकताओं एवं कठिनाइयों का ज़िक्र किया। प्रतिनिधिमंडल का महामहिम से मिलना एवं महामहिम द्वारा दिये गये उत्तर के बारे में अख़बारों में विस्तार से चर्चा हुई है, अब मैं उसपर कोई ज़्यादा बातें नहीं बोलना चाहता हूँ। आज जो काम मेरे हाथ में है उसे आगे बढ़ाने के पहले मैं यह कहना आवश्यक समझता हूँ कि ब्रिटिश प्रशासन का सामान्य सिद्धान्त जो भी हो और ब्रिटिश राष्ट्र की कृपा से भारतीय प्रजा के लिए जो भी अधिकार दिये गये हों एक हाल के शासक होने के नाते हम अपनी परम्पराओं को नहीं भूले हैं और हम लोग प्रजा और राजा के बीच के सम्बन्धों से पूरी तरह परिचित हैं। हमें यह स्वीकार करना चाहिए कि प्रजा का अधिकार राजा के प्रति स्वामिभक्ति से ही फूलता-फलता है। अतः मुसलमानों को अपना अधिकार माँगने के पहले सरकार के प्रति स्वामिभक्ति का परिचय देना चाहिए। भारत की पूरी जनसंख्या में 5वाँ हिस्सा मुसलमानों का है और जैसा कि दिखाई पड़ता है, अगर ब्रिटिश सत्ता लम्बे समय के बाद समाप्त हो जाती है तो भारत की सत्ता हमसे जनसंख्या में चार गुणा ज़्यादावाले समुदाय के हाथ में चली जायेगी।

सज्जनो, आप में से प्रत्येक कल्पना करें कि उस समय आपकी स्थिति क्या होगी। उस समय हमारी ज़िन्दगी, सम्पत्ति, सम्मान एवं आस्था सभी के लिए ख़तरा उत्पन्न हो जायेगा। अभी जब शक्तिशाली ब्रिटिश प्रशासन अपनी प्रजा की हिफाजत कर रहा है, उस समय भी हम मुसलमानों को अपने पड़ोसियों द्वारा अपने हितों को नुक़सान पहुँचाये जाने से बचाने के लिए गम्भीर कठिनाइयों का सामना करना पड़ रहा है। किसी ज़िले या प्रान्तों में इस तरह की घटनाएँ आम हैं। अब आप कल्पना कीजिए जब आप अपने पड़ोसियों की प्रजा हो जायेंगे उस समय आपको और अंग्रेज़ के वास्तविक या काल्पनिक पापों का जवाब देना पड़ेगा जिसकी मृत्यु दो शताब्दी पूर्व हो गयी। आपको उनके पापों का भी जवाब देना होगा जो मुसलमान विजेता औरंगज़ेब के पहले ही मर चुके हैं। मैं अपने पड़ोसियों की दुष्टतापूर्वक भावनाओं के बारे में सोचनेवाला अन्तिम व्यक्ति होऊँगा। मुझे यह कहने में कोई संकोच नहीं है कि कांग्रेस के नेताओं को ब्रिटिश सरकार या जाति के खिलाफ़ उनके समर्थको में बढ़ रहें शत्रुतापूर्ण व्यवहार को जल्दी से जल्दी दबाने का गम्भीर प्रयास करना चाहिए नहीं तो आज जो खुलेआम कहा जा रहा है वो कल देशद्रोह के रूप में आम घटनाएँ बन जायेंगी और तब भारत के मुसलमानों को इस विद्रोह को सरकार के साथ मिलकर मुकाबला करने के कर्तव्य के लिए बुलाया जायेगा।

हमारा अपने पड़ोसियों के प्रति यह कर्तव्य है कि जब तक हम उन्हें समझा सकते हैं और इस गलत रास्ते पर जाने से रोक सकते हैं यह कार्य हमें करते रहना चाहिए। एक पड़ोसी की हैसियत से यह हमारा कर्तव्य है हम अपने पड़ोसियों के साथ अच्छाई और सम्मान के साथ पेश आयें और अपने वैध अधिकारों एवं हितों की हिफाजत करते हुए बिना किसी पूर्वाग्रह के उनके साथ

सामाजिक समागम जारी रखें। हम उनके साथ सहानुभूति सम्बन्ध रखने के साथ-साथ सभी तरह के शत्रुतापूर्ण रुख का परित्याग करें। सज्जनो, मैं आगे बढ़कर कहना चाहता हूँ कि कांग्रेस और उनके समर्थकों के साथ हमारा कोई मतभेद या असहमति नहीं है बल्कि उन्होंने समान हितों के लिए जो अधिकार हासिल किये हैं उसका लाभ हमें भी मिला है, हम इस बात के लिए उन्हें धन्ववाद देते हैं। आज या भविष्य में हमारे और उनके बीच जिन-जिन बातों पर असहमति है वे उन माँगों से सम्बन्धित है जिससे ब्रिटिश सत्ता के लिए भारत में ख़तरा पैदा हो सकता है, उनके प्रयासों से हमारे हितों के लिए ख़तरा हो सकता है या वहाँ प्रजा द्वारा सत्ता के प्रति नरम रुख या सम्मान के साथ जुड़ा हो सकता है। अतः मैं कहना चाहता हूँ जो मुसलमान यहाँ संगठन बनाने के लिए इकट्ठे हुए हैं उनके राजनीतिक संगठन का मुख्य चरित्र नरम एवं सत्ता के सम्मान पर आधारित होना चाहिए।

मादाम भीखाजी कामा (1861-1936)

इंग्लैंड एवं फ्रांस में रहते हुए भारतीय स्वतन्त्रता के लिए संघर्ष करनेवाले क्रान्तिकारियों एवं राष्ट्रवादियों में से मादाम कामा सबसे प्रखर थीं। मादाम कामा का जन्म बम्बई में 24 सितम्बर, 1861 में एक पारसी परिवार में हुआ था जहाँ उनकी शिक्षा इंग्लिश स्कूल में हुई। 3 अगस्त, 1885 को इनकी शादी रुस्तम कामा से हुई। इन्होंने सामाजिक क्षेत्र में बहुत कार्य किया। भारत के निर्वाचित प्रतिनिधियों के रूप में मादाम कामा एवं सरदार सिंह राणा ने स्टुगार्ट (जर्मनी) में आयोजित अन्तर्राष्ट्रीय समाजवादी सम्मेलन में भाग लिया और संक्षेप में अपना भाषण दिया। अपने भाषण के बाद उन्होंने अपना राष्ट्रीय झंडा फहराया। किसी भारतीय द्वारा यह पहली बार फहराया गया। वर्तमान झंडे की तरह इसमें तीन रंग थे और इस प्रकार यह स्वतन्त्र भारत के झंडे की शुरुआत थी। भारत से निर्वासित दो भारतीयों के बारे में बोलते हुए उन्होंने लाला लाजपत राय एवं अजीत सिंह का नाम लिया। समाजवादी सम्मेलन में उन्होंने निम्नलिखित प्रस्ताव पेश किया–"भारत में ब्रिटिश शासन का कायम रहना अत्यन्त ही विनाशकारी एवं पूरे विश्व एवं भारत के स्वतन्त्रता प्रेमियों के लिए अत्यन्त घातक है।" सबों को उस उत्पीड़ित देश में निवास करनेवाले मानव जाति के पाँचवें हिस्से को गुलामी से आज़ाद करने के लिए सहयोग करना चाहिए क्योंकि सही सामाजिक स्थिति की माँग है कि कोई भी निरंकुश एवं अत्याचारी शासन के अधीन नहीं रहे। हिन्डमेन को छोड़कर ब्रिटिश प्रतिनिधियों ने प्रस्ताव का विरोध किया और सम्मेलन से बाहर चले गये लेकिन मादाम कामा द्वारा प्रतिनिधियों को सन्देश दे दिया गया जिससे ब्रिटिश प्रतिनिधियों को शर्मिन्दा होना पड़ा। इस प्रतिनिधिमंडल में रामसे मैकडोनाल्ड भी थे जो 1931-32 में गोलमेज सम्मेलन के समय ब्रिटेन के प्रधानमन्त्री भी थे। इस सम्मेलन में दुनिया भर के 100 प्रतिनिधियों ने हिस्सा लिया।

उनका उपर्युक्त भाषण उद्धृत है।

ब्रिटिश शासन विनाशकारी है

(स्टुगार्ट, 18 अगस्त, 1907)

दोस्तो, कामरेडो एवं समाजवादियो मैं यहाँ करोड़ों मूक हिन्दुस्तानियों की ओर से बोलने आयी हूँ जो ब्रिटिश सरकार एवं अंग्रेज़ पूँजीपतियों के भयानक अत्याचार का सामना कर रहे हैं। आप उस दूर देश की ग़रीबी की कल्पना नहीं कर सकते हैं जहाँ कि औसत आय तीन फार्दिग प्रति दिन है। तीन फार्दिग प्रतिदिन मुझे बतायें किस दूसरे देश की तुलना आप इस देश से कर सकते हैं। विश्व के किसी हिस्से में ऐसी स्थिति नहीं है। स्वाभाविक तौर पर आप मुझसे पूछेंगे कि आखिर इस ग़रीबी का कारण क्या है। मेरा उत्तर है कि इस देश से प्रत्येक वर्ष 3 करोड 5 लाख स्टर्लिंग पौंड़ बाहर ले जाया जा रहा है। हाँ इसे बाहर ले जाया जा रहा है और यह इंग्लैंड जा रहा है जिससे वह समृद्ध देश और समृद्ध बने जबकि हिन्दुस्तान में इस ग़रीबी के चलते 5 लाख लोग हर महीने मर रहे हैं और हिन्दुस्तान का मतलब है मानव जाति का पाँचवाँ हिस्सा। समाजवादियो जब मैं आपसे बोल रही हूँ, तो मैं मानवता के दरवाज़े पर दस्तक दे रही हूँ। आप बराबर उपनिवेशों पर बात कर रहे हैं लेकिन निर्भरता के बारे में क्यों नहीं? सबसे पहले मैं पूछना चाहती हूँ कि क्या समाजवाद में निर्भरता जैसा शब्द होना चाहिए? क्या यह वर्ग एवं वर्ग के बीच की लड़ाई नहीं है जहाँ मज़बूत प्रति वर्ष लाखो की संख्या में कमज़ोरों एवं पददलितों की हत्याएँ कर रहे हैं। समाजवादी भाइयो, बहनो, न्याय का पक्ष लीजिए और प्रत्येक समाजवादी सम्मेलन में भारत को सामने लाइये।

भारत से प्रतिनिधित्व की प्रतीक्षा न करें। इतने पीड़ित लोगों द्वारा ऐसा कुछ करना सम्भव नहीं है। वे ऐसे देश में प्रतिनिधि कैसे तय कर सकते हैं जहाँ स्वतन्त्रता का अस्तित्व नहीं है। एक ऐसा देश जिसकी जीवनी शक्ति को 3 करोड़ 5 लाख पौंड़ प्रतिवर्ष चूसकर इंग्लैंड ने खोखला कर दिया है। मैं आप तमाम मित्रो से मिन्नत करती हूँ कि कामरेड हिन्डमैन द्वारा इस सम्मेलन के लिए जो आलेख लिखा गया है उसे पढ़ें। कामरेड हिन्डमैन ने जीवनपर्यन्त भारत का अध्ययन किया है। बहुत वर्षों पहले उन्होंने जॉन मोरले को लिखते हुए भविष्यवाणी की थी कि भारत से इस धन राशि को प्रतिवर्ष बाहर ले जाने से वह देश को कंगाल बना देगा। उन्होंने लिखा कि यह बात नहीं चल सकती है और इसे जारी नहीं रखा जाना चाहिए। आज यह शब्दशः सच साबित हो रहा है। मित्रो, इस मुद्दे को अपने हाथों में लीजिए। छोड़ दीजिए कि भारतीय यहाँ उपस्थित हैं या नहीं। आप सभी जानते हैं कि रूस में क्या हो रहा है लेकिन आप हमारी पीड़ा को जानने की कोशिश नहीं करते हैं। हमारे लाखों लोग प्रतिवर्ष मर रहे हैं। रूस एवं पोलैंड के प्रति हमारी पूरी सहानुभूति है अतः मुझे गलत न समझा जाय। मैं उनकी भयानक पीड़ा से परिचित हूँ, लेकिन मुझे सच कहने की इजाज़त दीजिए, भारत की पीड़ा और ज़्यादा है। आप प्रत्येक सम्मेलन में भारत के लिए प्रस्ताव

पारित कीजिए। मैं सिर्फ़ नैतिक समर्थन की माँग करती हूँ। हम अपने अधिकारों की प्राप्ति के लिए खुद लड़ेंगे। आप समाजवादियों को सिर्फ़ इतना कहना है कि आप नौकरशाही, अत्याचार, पूँजीपति अंग्रेज़ों के खिलाफ़ हैं। आप घोषणा करें कि आप करोड़ों पीड़ित भारतीयों के पक्ष में हैं। एक और बात मैं कहना चाहूँगी कि एक झूठी सुनवाई के आधार पर हमारे दो ज्ञान के आलोक से आलोकित देशभक्त निर्वासित हैं और पिछले तीन महीनों से बर्मा में नज़रबन्द हैं। यह सिर्फ़ भारत में अन्याय एवं अत्याचार के खिलाफ़ बोलने, लिखने तथा भारत के आर्थिक सवालों पर बोलने, लिखने के लिए कह रही हूँ। मैं आप मित्रो के सामने भारत का छोटा राष्ट्रीय ध्वज फहरा रही हूँ और आपको न्याय के लिए लड़ने का अनुरोध करती हूँ। मैं आपसे कामरेड हिन्डमैन द्वारा इस सम्मेलन के लिए लिखे गये आलेख को पढ़ने का अनुरोध करती हूँ। मैं एक बार फिर से इस भारतीय राष्ट्रीय ध्वज को लहराती हूँ और इसे समाप्त करने के पूर्व मैं आशा करती हूँ कि मैं अपने जीवन काल में भारतीय गणतन्त्र की स्थापना कर सकूँगी।

बिपिन चन्द्र पाल (1858-1932)

बिपिन चन्द्र पाल का जन्म 1858 में हबीगंज (बंगलादेश) में और इनकी मृत्यु 73 वर्ष की आयु में 1932 में हुई। वे ब्रह्मसमाज एवं भारतीय राष्ट्रीय कांग्रेस के पदाधिकारी रहे। भारत के स्वाधीनता आन्दोलन में इनका काफ़ी योगदान रहा। इनकी शिक्षा और अध्यापन दोनों ही चर्च मिशन सोसायटी कॉलेज में हुई जिसका नाम अब सेंट पाल कैथिड्रल मिशन कॉलेज है। उस ज़माने में यह कलकत्ता विश्वविद्यालय से सम्बद्ध था। बिपिन चन्द्र पाल भारतीय राष्ट्रीय कांग्रेस के माध्यम से स्वतन्त्रता संघर्ष में रहे एवं वे कांग्रेस में गरम दल के रूप में चर्चित रहे।

बिपिन चन्द्र पाल एक शिक्षक, पत्रकार एवं लेखक थे। उन्होंने भारतीय स्वाधीनता के लिए लाला लाजपत राय और तिलक के साथ काम किया जिसके कारण इनलोगों को लाल, बाल और पाल कहा गया। वे सुरेन्द्रनाथ बनर्जी से प्रभावित थे और 1913 में कांग्रेस के होमरूल आन्दोलन में शामिल हुए और जेल भी गये। उन्होंने प्रसिद्ध विचारकों राजा राम मोहनराय, के.सी. सेन, अरबिन्दो, टैगोर, एनी बेसेंट आदि के विचारों का गहन अध्ययन किया। उनका समाचार-पत्र 'हिन्दू रिव्यू' चर्चित रहा। इन्होंने 1920 में असहयोग आन्दोलन का विरोध किया था।

1857 की क्रान्ति के पश्चात् अंग्रेज़ों ने भारत को शस्त्रविहीन बनाने की योजना बनाई। इस योजना के अन्तर्गत 1879 में उन्होंने आर्म्स एक्ट बनाया। उनकी सोच थी कि भारत को शस्त्रविहीन करने के पश्चात् एक छोटी आधुनिक फ़ौज के माध्यम से उस पर राज किया जा सकता है। 1887 में कांग्रेस अधिवेशन में बिपिन चन्द्रपाल का यह भाषण प्रस्तुत है जिसके माध्यम से उन्होंने आर्म्स एक्ट को समाप्त करने की अपील की थी।

स्वदेशी एवं स्वराज

(मद्रास में दिया गया भाषण, 29 मई, 1907)

जब मैं पहली बार 1887 में कांग्रेस के मंच पर आया, जिसे कांग्रेस के मंच से मेरा पहला भाषण कहा जा सकता है, मैंने घोषणा की कि मैं न तो जनतांत्रिकों में से जनतांत्रिक हूँ और न तो प्रगतिवादियों में से एक प्रगतिवादी हूँ। इसके साथ ही मैंने कहा कि न तो मेरा जनतन्त्र और न मेरा प्रगतिवाद किसी भी तौर पर ब्रिटिश सरकार के प्रति मेरी निष्ठा को कम कर सकता है। यह 1887 की बात है और इस बात को मैंने अपने पूरे विश्वास और अपनी आन्तरिक इच्छा के साथ कहा था। मैं नहीं समझता हूँ कि एक पराधीन राष्ट्र के लिए किसी कूटनीति की ज़रूरत है। कूटनीति, विचारों एवं उद्देश्यों तथा भावनाओं एवं मतों को छिपाने का नाम है, जो दो शक्तिशाली राज्यों के बीच समझौते के दौरान होता है। यह सरकार और उसकी रियाया के बीच आवश्यक नहीं है, जबतक कि वह प्रजा (रियाया) समय के परिपक्व होने से पूर्व ही विद्रोह के लिए पूरी तरह तैयार हो। उस अवस्था में कूटनीति का अपना महत्त्व है। लेकिन प्रजा के लिए मैं किसी कूटनीति में विश्वास नहीं करता हूँ। एक प्रजा के लिए उसकी अपनी राजनीति हो सकती है लेकिन उसकी कोई कूटनीति नहीं होती है। और जब मैंने अपने जनतांत्रिक एवं प्रगतिवादी विचारों के साथ ब्रिटिश सरकार के प्रति निष्ठावान होने की घोषणा की, और इसी वैचारिक सत्य को इस पीढ़ी के लोग और हमारे देश के शिक्षित लोग स्वीकार करते हैं। उस समय हमारा लालन-पालन इसी विचार के साथ हुआ है कि हमारी मुक्ति एवं हमारे देश की मुक्ति इंग्लैंड के ही हाथों होगी। हम उन दिनों भारत में विश्वास करते थे कि इंग्लैंड का भारतीय अभियान सोचा-समझा एक ईश्वरीय अभियान था। मैं आज भी विश्वास करता हूँ कि यह ईश्वरीय अभियान है लेकिन अब इसके पूर्व में 'सोचा समझा' वाला विशेषण को मिटा रहा हूँ। लेकिन 1887 में हम सबलोग समझते थे कि इंग्लैंड सोच समझकर ईमानदारी के साथ भारत की राजनीतिक मुक्ति के लिए काम कर रहा है। हमारा विश्वास था कि वह हमें अपने हाथों से उठाकर दुनिया के राष्ट्रों के बीच सही स्थान पर पहुँचा देगा। लार्ड रिपॅन द्वारा शुरू किये गये स्वशासन की नीतियों एवं संगठनों के धीरे-धीरे विस्तार, विधान परिषदों के सुधार एवं विस्तार, इस देश के लोगों की बड़ी संस्था को नागरिक सेवाओं में शामिल कर, हमारे लिए सेना की नौकरियों का द्वार खोलकर, हमारे स्वतन्त्र नागरिकता की माँगों को मानकर तथा राष्ट्रीय सेना संगठित करने के अधिकार देकर इंग्लैंड हमें धीरे-धीरे एक स्वतन्त्र राष्ट्र बनने का प्रशिक्षण देगा। 1887 में हम ऐसा विश्वास करते थे। हम मेकाले की उस घोषणा में विश्वास करते थे जब उसने कहा था कि—'अगर ऐसा दिन आता है जब इंग्लैंड द्वारा कला, विज्ञान, दर्शन एवं पश्चिम के आदर्शों में शिक्षित एवं प्रशिक्षित भारतीय जनता अपने खुद के ऊपर शासन का अधिकार माँगेगी। अगर उसकी इच्छा इंग्लैंड के तरह की

स्वतन्त्र संस्थाओं की होगी, अगर ऐसा दिन आता है इंग्लैंड उसे अपने इतिहास का सबसे गौरवशाली दिन मानेगा। यह घोषणा मेकाले द्वारा की गयी है और राजनेताओं द्वारा इस देश और समुद्र के उस पार से की गयी है। हम लोगों ने इन घोषणाओं पर ध्यान दिया है। हमने उन्हें आध्यात्मिक सत्य की तरह स्वीकार किया है। हमने स्वीकार किया है कि अगर हम सिर्फ़ इंग्लैंड पर अपनी राजनीतिक मुक्ति के लिए निर्भर करें, उसके दिशा-निर्देशों को मानें, अपने प्रशिक्षण के लिए उसके हाथों अपने को सुपुर्द करें, तब एक ऐसा दिन आयेगा जबकि उसके दिशा-निर्देश पर, उसकी सहायता से हम अपनी सबसे ऊँची, सबसे अच्छी एवं सबसे गहरी राजनीतिक आकांक्षाओं को पूरा करते हुए दुनिया के स्वतन्त्र देशों के बीच एक स्वतन्त्र देश के रूप में स्थापित होंगे।

80 के दशकों तक हम इसी विश्वास के साथ जीते रहे। यही वह विश्वास था जिसने भारतीय राष्ट्रीय कांग्रेस की गतिविधियों को तेज़ किया। हमारे पूर्व के तमाम राजनीतिक आन्दोलनों के पीछे यही विश्वास काम कर रहा था। मैं आपके सामने यह सवाल रखना चाहता हूँ कि क्या आज आपका यह विश्वास है? पिछले 20 वर्षों में इस विश्वास की हत्या कर दी गयी है। महाशय, मैं एक और प्रश्न करना चाहता हूँ, क्या साम्राज्य के अधीन स्व-शासन एक व्यावहारिक विचार है? इसका अर्थ क्या होगा? इसका अर्थ या तो हमारे लिए कोई वास्तविक स्व-शासन नहीं होगा और इनको इंग्लैंड का वास्तविक प्रभुत्व होगा। क्या हम स्व-शासन की छाया से सन्तुष्ट होंगे? अगर नहीं तो क्या इंग्लैंड अपनी प्रभुत्व की छाया से सन्तुष्ट होगा? इंग्लैंड अपनी छाया वाले प्रभुत्व से सन्तुष्ट नहीं होगा और हम लोग छाया वाले स्व-शासन को स्वीकार नहीं करते हैं। अतः भारत के स्व-शासन एवं इंग्लैंड के प्रभुत्व के बीच कोई समझौता नहीं हो सकता है।

हमारा कार्यक्रम है कि हम देश में इस तरह कार्य करें, जनता के संसाधनों को इस तरह एक साथ करें, देश की शक्ति को इस तरह संगठित करें, समुदायों में स्वतन्त्रता की भावना को इस तरह पैदा करें कि हम इन तमाम क़दमों से हमारे खिलाफ़ खड़ी किसी भी ताकत को अपने सामने झुका सकें।

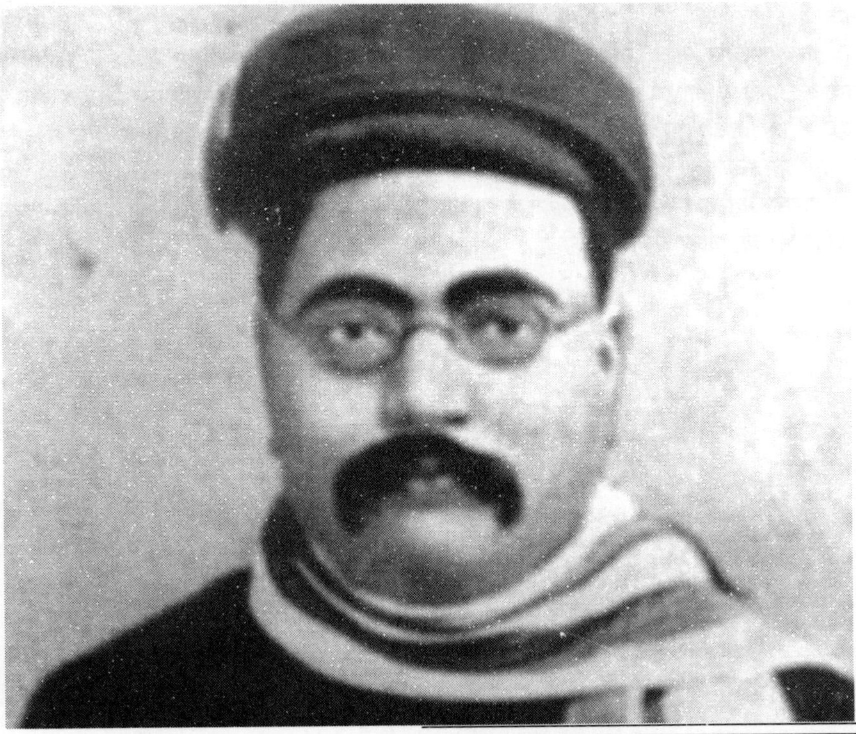

गोपाल कृष्ण गोखले (1866-1915)

गोपाल कृष्ण गोखले का जन्म बम्बई में 1866 में हुआ था। यद्यपि वे एक साधारण मराठी परिवार के थे। उनकी शिक्षा-दीक्षा के लिए परिवार ने काफ़ी प्रयत्न किया और उन्होंने एलफिस्टन कॉलेज बम्बई से बी.ए. की परीक्षा पास की। बाद में वे फर्गुसन कॉलेज बम्बई में ही अध्यापक बने।

वे 1889 में कांग्रेस के सदस्य बने थे और महादेव गोविन्द रानाडे की दीक्षा में रहे। उन्होंने उस वक़्त के अन्य नेताओं के साथ मिलजुल कर काम किया जिनमें तिलक, दादाभाई नौरोजी, बिपिन चन्द्र पाल, लाला लाजपत राय एवं एनी बेसेंट प्रमुख हैं। आगे चलकर बाल गंगाधर तिलक और उनमें कुछ मतभेद उभरे। तिलक क्रान्तिकारिता के प्रभाव में उग्र राष्ट्रवाद की ओर झुके हुए थे जबकि गोखले शान्त और सामान्य सुधारक के रूप में कार्य कर रहे थे। 1905 में कांग्रेस अध्यक्ष बनने के पश्चात उन्होंने शिक्षा का प्रचार-प्रसार करने के लिए सर्वेण्ट ऑफ पीपुल सोसायटी की नींव डाली जिसने शिक्षा के क्षेत्र में विद्यालयों एवं पुस्तकालयों को मज़बूत करने का काम किया।

महात्मा गाँधी के प्रारम्भिक दिनों में जब वे अफ्रीका से कानून की शिक्षा प्राप्त कर भारत लौटे इन्होंने उन्हें दीक्षित करने का कार्य किया। गाँधीजी ने भी आगे चलकर गोखले को अपना गुरु माना है। इस तरह से गोखले मुहम्मद अली जिन्ना के भी गुरु रहे जब जिन्ना को हिन्दू-मुस्लिम एकता का प्रतीक माना जाता था। स्वाधीनता संघर्ष की विभिन्न गतिविधियों में भाग लेते हुए 49 वर्ष की आयु में ही 19 फ़रवरी, 1915 को उनकी मृत्यु हो गयी। गोखले अपने सक्रियता के चन्द वर्षों में ही ब्रिटिश सरकार को प्रभावित करने में सफल रहे जिससे भारत शिक्षा के क्षेत्र में काफ़ी लाभान्वित हुआ।

प्रस्तुत भाषण 9 फ़रवरी, 1907 को लखनऊ में दिया गया भाषण है जिसमें उन्होंने स्वदेशी आन्दोलन की भरपूर वकालत की है।

स्वदेशी आन्दोलन

(लखनऊ में दिया गया भाषण, 9 फ़रवरी, 1907)

पिछले दो वर्षों में पूरे देश में स्वदेशी भावना का तेज़ी से विकास, वर्तमान समय की सबसे आनन्ददायक पहचान है। मैंने यहाँ एक बार से ज़्यादा इस बात को कहा है लेकिन इसे फिर से दुहराने की ज़रूरत है कि स्वदेशीवाद का उच्चतम रूप सिर्फ़ औद्योगिक आन्दोलन नहीं है, बल्कि यह देश के तमाम जीवन को प्रभावित करता है। स्वदेशीवाद उच्चतम स्तर पर मातृभूमि के प्रति गहरा लगाव, आन्तरिक भावनाओं और खुले रूप में समग्र प्रेम का नाम है। और प्रेम की यह भावना सिर्फ़ एक गतिविधि के साथ ही दिखाई नहीं पड़ती है बल्कि सभी गतिविधियों में दिखाई पड़ती है, यह मनुष्य को पूरी तरह अपनी गिरफ़्त में लेता है और यह तब तक चुप नहीं बैठता है जब तक वह मनुष्य को ऊँचे स्तर तक नहीं पहुँचा देता है। अब मैं पहली बात जो इस आन्दोलन के बारे में कहने जा रहा हूँ कि यह आन्दोलन अब बरकरार रहेगा। हमारे ऐसे आन्दोलन हुए हैं जो कुछ समय के लिए कुछ हल्ला मचाते हैं और उसके बाद समाप्त हो जाते हैं और पीछे कोई स्थायी चिह्न भी छोड़कर नहीं जाते हैं। मैं समझता हूँ कि स्वदेशी आन्दोलन के साथ ऐसा नहीं होने जा रहा है और मेरा यह पक्का विश्वास है कि इस आन्दोलन में ही हम अन्ततः भारत की मुक्ति का रास्ता पायेंगे।

सज्जनो, जैसा कि रानाडे ने एक बार बताया कि एक व्यक्ति का दूसरे व्यक्ति पर औद्योगिक वर्चस्व विदेशी लोगों के वर्चस्व की तुलना में कम ध्यान आकृष्ट करता है। औद्योगिक वर्चस्व कम दिखलाई पड़ती है और यह छिपे तौर पर कार्य करता है। राजनीतिक वर्चस्व की हानि सतह पर दिखाई पड़ता है। हम देखते हैं कि विदेशी जाति सभी शक्तियों एवं शासन सूत्रों पर एकाधिकार स्थापित कर रही है और जनता को अपने अधीन रख रही है। ये ऐसे तथ्य हैं जो हम अपने रोज़-बरोज की ज़िन्दगी में हर रोज़ देखते एवं अनुभव करते हैं। मानवता के लिए मानव हितों की तुलना में मानवीय भावनाएँ ज़्यादा महत्त्व रखती हैं और जब आपकी भावनाएँ पराधीनता की हालत में विभिन्न दिशाओं में चोट खाती हैं तो उनके अन्दर प्रतिक्रिया होगी ही– मेरा अर्थ किसी पर ग़ैरज़रूरी तोहमत लगाना नहीं है– उनके विचार आपको रात और दिन कचोटते हैं और लगातार इस तथ्य से परिचय कराते हैं कि आप विदेशी जुए के अन्तर्गत जी रहे हैं। दूसरी ओर एक व्यक्ति पर दूसरे व्यक्ति द्वारा औद्योगिक वर्चस्व एक खूबसूरत मुखौटे में आ सकता है। जैसा कि भारत के साथ हुआ है कि अगर विदेशी वर्चस्व बने-बनाये वस्तुओं– ऐसी वस्तुएँ– जो समुदाय के रोज-बरोज की माँगों से जुड़ी हों, तो आप इस वर्चस्व का स्वागत करते हैं। आप इन वस्तुओं के प्रति ललक एवं इसकी खूबसूरती के शिकार हो जाते हैं। और जब यह कमज़ोरी कुछ सीमा के बाहर चली जाती है, तब आपका ध्यान इसकी ओर जाता है। ठीक यही बात भारत के साथ हुई है। जैसे ही इस देश की जनता को पश्चिमी शिक्षा दी

गयी, उनकी पहली सोच राजनीतिक स्थिति की दिशा में गयी। निश्चय ही उन्होंने अपनी सामाजिक संस्थाओं के बारे में भी सोचा। जो लोग पिछले 50 वर्षों के इतिहास से परिचित हैं, उन्हें इस बात की जानकारी है कि राजनीतिक एवं सामाजिक सुधार का संघर्ष साथ-साथ शुरू हुआ। लेकिन आज के अवसर पर मैं अभी उन बातों में जाना नहीं चाहता हूँ। मैं सिर्फ़ बताना चाहता हूँ कि इंग्लैंड द्वारा भारत पर औद्योगिक वर्चस्व की बात उस समय लोगों के दिमाग़ में नहीं आयी। किसी भी तरह से यह विचार उस तरह से स्पष्ट रूप से मस्तिष्क में नहीं आयी जैसा कि राजनीतिक वर्चस्व की बात। इसका परिणाम यह हुआ कि हमारी गतिविधियों की मुख्य धारा राजनीतिक आकांक्षाओं की पूर्त्ति की दिशा में बढ़ती रही और 22 वर्ष पूर्व जब लोगों के राजनीतिक विकास के लिए कांग्रेस अस्तित्व में आयी तो उस समय औद्योगिक वर्चस्व की बात पर उतना ध्यान नहीं दिया गया जितना ध्यान दिया जाना चाहिए था। हालाँकि कुछ नेताओं के दिमाग़ में यह बात थी। लेकिन अब औद्योगिक समस्याओं एवं इसके महत्त्व पर ध्यान दिया जा रहा है। लेकिन अब हम इस दिशा में इतनी तेज़ी से जा रहे हैं कि लगता है कि इसकी छाया में राजनीतिक मुद्दे पीछे छूट जायेंगे जबकि राजनीतिक समस्या ही औद्योगिक समस्या के मूल में है। सज्जनो, जब हम इंग्लैंड द्वारा भारत पर औद्योगिक वर्चस्व के बारे में बातें करते हैं तो हम पाते हैं कि ब्रिटिश शासन का यह सबसे अस्वीकार्य परिणाम है। दूसरे मामलों में कुछ लाभ और हानि दोनों बातें हैं।

यह ऐसी कहानी है जिसमें वर्षों तक हमारा ख़ून चूसा जाता रहा। यह एक बहुत बड़ी आर्थिक बुराई है और जबतक इसे बड़े पैमाने पर कम न किया जाय तो हमारे लिए खुशी का कोई सवाल नहीं है। आख़िर में आप एक छोटी पूँजी से क्या कर सकते हैं? आपको इस तथ्य के पीछे नहीं भागना चाहिए जो समय-समय पर सुनाई पड़ती है कि यहाँ, वहाँ कोई औद्योगिक इकाई खड़ी की जा रही है। यह संघर्ष इससे बहुत बड़ा है। यह संघर्ष एक बौने आदमी और विशाल राक्षस के बीच है। अगर आपको पश्चिमी देशों के लोगों के संसाधनों के बारे में थोड़ी भी जानकारी हो तो आपको अनुभव होगा कि इस आर्थिक क्षेत्र में हमारे सामने कितनी बड़ी समस्या है।

यह परिस्थिति हमें अपनी मातृभूमि की सेवा में समर्पण और आत्म त्याग की माँग करती है। और इस तरह की सेवा से बड़ी, पवित्र कौन सी सेवा हो सकती है? भारत के लिए काम करने का मतलब अपनी जन्मभूमि, अपने पिता की भूमि, अपने बच्चों की भूमि के लिए कार्य करना है।

श्री अरबिन्दो (1872-1950)

श्री अरबिन्दो का पूरा नाम अरबिन्दो घोष था। उनका जन्म 15 अगस्त, 1872 को कलकत्ता में हुआ था। वे प्रारम्भिक शिक्षा के पश्चात इग्लैंड के कैम्ब्रिज कॉलेज में आई.सी.एस बनने के लिए शिक्षा प्राप्त करने गये। लौटने पर इनका पहला झुकाव राजनीति की ओर हुआ और ब्रिटिश हुकूमत ने इन्हें जेल में डाल दिया। बाद में साक्ष्य के अभाव में उन्हें छोड़ दिया। उनकी अनेक पुस्तकों के अलावा 'दी लाइफ डिवाइन' उनकी मुख्य साहित्यिक कृति है। उन्होंने वेद, उपनिषद् और भगवद् गीता पर भी कई पुस्तकें लिखी। उन्हें साहित्य में नोबेल प्राइज के लिए 1943 में और शान्ति के क्षेत्र में नोबेल प्राइज के लिए 1950 में नामाकित किया गया था। 5 दिसम्बर, 1950 को इनके द्वारा स्थापित पांडिचेरी आश्रम में उनकी मृत्यु हुई।

संक्षेप में भारत के राजनीतिक क्षेत्र में श्री अरबिन्दो थोड़ी देर के लिए चमके (1906-1910) और उसके बाद आध्यात्मिकता के क्षेत्र में विलीन हो गये, लेकिन इस छोटे से समय में उन्होंने स्वतन्त्रता आन्दोलन पर अपनी गहरी छाप छोड़ी। वे क्रान्तिकारियों के गुरु बन गये और उन्हें दुस्साहसिक कार्य करने के लिए प्रोत्साहित किया। उन्होंने अपनी लेखनी और भाषण से बंगाल के ही नहीं बल्कि देशभर के राष्ट्रवादियों की गतिविधियों को निर्देशित किया। यह बंगाल के विभाजन के समय पैदा हुए राजनीतिक झंझावात का समय था। मई 1908 में अलीपुर बम कांड में उन्हें 38 क्रान्तिकारियों के साथ गिरफ़्तार किया गया लेकिन सी.आर.दास के ओजस्वी बचाव के कारण एक वर्ष बाद रिहा कर दिये गये।

बारिसाल ज़िला के झलकारी में आयोजित सम्मेलन में रिहाई के तुरन्त बाद नीचे दिया गया भाषण है। अपने भाषण में उन्होंने भारत सरकार के सचिव जॉन मोरले एवं ब्रिटिश सरकार की आलोचना करते हुए बड़ी संख्या में बंगाली निर्दोष एवं सम्मानित नागरिकों को निर्वासित करने की कार्रवाई की निन्दा की है।

एक राष्ट्र के रूप में हमारा विनाश नहीं होगा

(बारिसाल, 19 जून, 1909)

प्रिय देशवासियो, बारिसाल एवं बेकरगंज के प्रतिनिधियो एवं आमजनो, सबसे पहले मैं अपना इतना बड़ा स्वागत करने के लिए आपके प्रति व्यक्तिगत आभार प्रकट करता हूँ। एक वर्ष से मैं अपने देश के भाई-बन्धुओं के प्यार से वंचित होकर एकांतवास करता रहा हूँ। आपके इस आत्मिक स्वागत से मैं अभिभूत हूँ, इतना अभिभूत दूसरी परिस्थितियों में नहीं हो सकता था। यह मेरे लिए खास क्षण है, जब बारिसाल में मेरा ऐसा स्वागत हुआ है। जब मैं इस ज़िले में बेकरगंज की ज़मीन पर आता हूँ तो मैं किसी साधारण मिट्टी से नहीं जुड़ता हूँ। इस मिट्टी को इतिहास में पवित्र एवं यादगार बनाया गया है। जब मैं बारिसाल आता हूँ तो मैं माँ के द्वारा चुने गये मन्दिर में आता हूँ। मैं राष्ट्रीय भावना के पवित्र पीठस्थान में आता हूँ। मैं अश्विनी कुमार दत्त की जन्मभूमि एवं कार्यस्थल पर आता हूँ।

बारिसाल की कठिनाइयाँ

मैं प्रान्तीय सम्मेलन में चौथी बार शामिल होने बारिसाल आया हूँ। तबसे तीन वर्ष बीत गये हैं। ये झंझावातपूर्ण वर्ष रहे हैं और इसने देश में तनाव पैदा किया। ये तनाव उन वर्षों से रहे हैं जब इतिहास का निर्माण हो रहा था और जब भारत पुनर्जन्म की प्रक्रिया से गुजर रहा था। अतीत में जो घटनाएँ घट रही हैं, वह इस खाली कुर्सी से पता चलता है। (अश्विनी कुमार की खाली कुर्सी की ओर इंगित करते हुए)। इन लगातार वर्षों में एक के बाद एक उत्पीड़न की घटनाएँ हुई हैं और लोगों ने ढेरों कुर्बानियाँ दी हैं। आपको आपनी देशभक्ति, स्वदेशी एवं बहिष्कार के संगठन की सफलता के लिए दण्डित किया गया। अपने विशाल हृदयवाली देशभक्तिपूर्ण भावना के साथ झालाकारी के महाजनों ने कर-बोझ उठाया।

निर्वासन

और अब निर्वासन की बात पर आयें। आपको उन लोगों के निर्वासन का दुख झेलना पड़ता है जिनकी देशभक्ति एवं त्याग पर आपको नाज़ है। बारिसाल ज़िले की निर्वासितों में भारी भागीदारी है। जिस व्यक्ति का नाम उनकी देशभक्ति एवं देश के निर्माणकर्ता के रूप में देशवासियों के ओठों पर रहेगा, उन अश्विनी कुमार दत्त को आपके हाथों से छीन लिया गया। उनके सक्रिय एवं प्रतिबद्ध साथी को आपके हाथों से छीन लिया गया। प्रेम से परिपूर्ण हृदयवाले हमारे देशभक्त साथी जिन्हें मुझे व्यक्तिगत साथी कहने का हक प्राप्त है– मनोरंजन गुहा, उन्हें भी आपके हाथ से छीन लिया गया है। उन्हें

क्यों देश निकाला दिया गया है? उनका क्या कसूर था? क्या बारिसाल का कोई आदमी कह सकता है कि या जिन्होंने अश्विनी कुमार दत्त को देश निकाला भेजा है, कि उनकी कार्रवाइयाँ गौरवान्वित होने लायक नहीं हैं? क्या कोई कृष्ण कुमार मित्र की किसी एक कार्रवाई का नाम ले सकता है जो उनके सम्मान पर कालिख पोतने का काम करता हो? उनके ऊपर आरोप लगाये गये हैं—जो आरोप अस्पष्ट एवं शर्मनाक हैं। जिस कानून के अन्तर्गत देश निकाला दिया गया है, उसे संसद ने अति प्राचीन, विसंगतियोंवाला नियम कहकर आधुनिक समय में लागू करने के लिए उपयुक्त नहीं मानते हुए हटा दिया है। जब इस नियम के उपयोग पर हमले हुए और भारत सरकार द्वारा इसके उपयोग किये जाने को चुनौती दी गयी तो लार्ड मोरले ने, जो भारत पर शासन करते हैं और जिनके हाथ में पूरी सत्ता है और जिन्हें हमें ब्रिटेन का राजनेता समझना चाहिए, राजनेता की तरह नहीं बल्कि महामहिम के रूप में उत्तर दिया, "किसी भी कानून की किताब में लिखे कानून की तरह यह एक अच्छा कानून है।" महाशय मोरले 'अच्छा कानून' का क्या मतलब समझते हैं। कुछ मायने में सभी कानून अच्छे हैं अगर ये स्थापित प्राधिकार द्वारा पारित किए गए हों। अगर कोई कानून स्वदेशी कपड़े खरीदना दण्डनीय अपराध मानता हो और वह कानून सभा द्वारा पारित हो तो महाशय मोरले उसे अच्छा कानून कहेंगे। अतीत में इस तरह के कानून पारित किये गये हैं। लेकिन क्या यह एक अच्छा कानून होगा या न्याय या कानून का मखौल होगा। लार्ड मोरले इसे अच्छा कानून कहेंगे। हम इसे कानूनहीन कानून या गैर-ईमानदार कानून कहेंगे और शब्द के सही अर्थ में यह कानून ही नहीं है।

हमारा विरोध

इस आन्दोलन की माँग क्या है, यह अनजाने भय से उत्पन्न कोई काल्पनिक समझ नहीं है बल्कि कानून के असली उद्देश्य से प्रेरित है। हम क्या चाहते हैं? हम राष्ट्र के रूप में अपने जीवन की सफलता देखते हैं। यह शब्द स्वराज है जिससे यूरोपीय भयभीत हैं। जब वे इसे सुनते हैं तो इसे स्वाधीनता के अर्थ में लेते हैं। इसका अर्थ स्वतन्त्रता है और यूरोपीय लोग समझते हैं कि यहाँ के लोग विद्रोह कर देंगे। उन्हें हर झाड़ी में बम दिखाई पड़ता है और जो स्वयंसेवक अकालपीड़ितों की सेवा करते हैं, वे यूरोपीय लोगों को विद्रोही दिखाई पड़ते हैं। स्वराज उपनिवेश की तरह की कोई सत्ता नहीं है। यह हमारे राष्ट्र की कल्पना है। यही हम प्राप्त करना चाहते हैं। इसे प्राप्त करना ही जीवन है और इससे अलग होना विनाश के रास्ते पर जाना है। हम इस उद्देश्य को पूरा करने से पीछे नहीं हटेंगे और जो इस रास्ते में हमसे टकरायेगा, वह चूर-चूर होकर समाप्त हो जायेगा।

नवाब सलीमुल्लाह (1871-1915)

नवाब सलीमुल्लाह का जन्म ढाका में 1871 में हुआ था। यह ढ़ाका के चौथे नवाब थे और ब्रिटिश राज्य में प्रमुख मुस्लिम राजनीतिज्ञ थे। 1905 में ये बंगाल के बँटवारे के पक्षधर थे। यह ढाका विश्वविद्यालय के संस्थापक थे। इन्होंने शिक्षा के क्षेत्र में काफ़ी काम किया एवं बहुत से शैक्षणिक संस्थानों की स्थापना की। वे ईस्ट बंगाल एवं आसाम विधान परिषद् के भी सदस्य रहे। वे 1913 से अपनी मृत्यु (1915) तक बंगाल विधान सभा के भी सदस्य रहे।

बंगाल का बँटवारा 16 अक्तूबर, 1905 से प्रभावी हुआ हालाँकि स्वदेशी एवं बहिष्कार के रूप में इसका विरोध पहले ही शुरू हो गया था। बंगाल के बँटवारे की योजना वाइसरॉय महामहिम लार्ड कर्जन के दिमाग की उपज थी। यह सिर्फ़ प्रशासनिक कारणों से ही नहीं बल्कि राजनैतिक कारणों से बंगाल बँटवारे का प्रस्ताव किया गया था। कर्जन राष्ट्रवादियों के प्रभाव को रोकने के लिए एक और मुस्लिम बहुसंख्यक प्रान्त का निर्माण करना चाहते थे। वर्ष 1903 में पहली बार उन्होंने बँटवारे का संकेत दिया था। कुछ बदलाव के साथ सरकारी तौर पर यह प्रस्ताव 1904 में प्रकाशित हुआ। जनता की प्रतिक्रियाओं का मूल्यांकन करने के लिए कर्जन ने बंगाल के बहुत से पूर्वी जिलों की यात्राएँ कीं। इन यात्राओं के दौरान बँटवारे के लाभों के बारे में अपने भाषणों के माध्यम से मुसलमानों को सहमत कराने की कोशिश की। वे उस क्षेत्र के प्रभावशाली लोगों से भी मिले, जिसमें सबसे महत्त्वपूर्ण ढाका के नवाब सलीमुल्लाह थे। बैठक के बाद नवाब सलीमुल्लाह मुस्लिमों द्वारा बँटवारे के लिए किये जा रहे आन्दोलन के समर्थक नेता के रूप में उभरे। उनकी सेवा के बदले भारत सरकार ने अत्यन्त कम ब्याज पर उन्हें 14 लाख रुपयों का ऋण दिया। उस समय नवाब दिवालिएपन के कगार पर थे, क्योंकि उनका रहन-सहन अत्यन्त ही भड़कीला और खर्चीला था। नवाब ने बंगाल के बँटवारे में महत्त्वपूर्ण भूमिका निभाई। मुस्लिम लीग के अधिवेशन में उनको इसीलिए अध्यक्ष बनाया गया जिससे वे देश के दुखी मुसलमानों की व्यथा व्यक्त करें।

नीचे दिये गये अपने भाषण में जहाँ उन्होंने राजधानी को कलकत्ता से दिल्ली स्थानान्तरित करने के निर्णय का स्वागत किया है वहीं बंगाल के बँटवारे को निरस्त करने की बात को बंगाल के मुसलमानों के लिए खासतौर पर और देश के मुसलमानों के लिए आम तौर पर घोर अन्याय कहा है।

अखिल भारतीय मुस्लिम लीग के पाँचवें अधिवेशन में अध्यक्ष की हैसियत से ढाका के नवाब सलीमुल्लाह द्वारा दिया गया भाषण।

बंगाल का एकीकरण

(कलकत्ता, 3 मार्च, 1912)

सिर्फ़ 5 वर्ष पहले 1906 में ढाका में मुस्लिम लीग की उद्घाटन बैठक हुई थी। मुझे आशा है कि आप मुझे इस बात के लिए क्षमा करेंगे, क्योंकि मेरे पैतृक घर ढाका में मुस्लिम लीग का जन्म हुआ था और मैं भाग्यशाली हूँ कि मुझे उसकी शुरुआती तौर पर पहल लेने का मौका मिला था और इस बात के लिए मैं गौरवान्वित महसूस करता हूँ। भद्रजनो, विभिन्न विषयों एवं कार्यक्रमों की ओर औपचारिक रूप से बढ़ने के पहले, मैं अपना यह कर्तव्य समझता हूँ कि मैं एक घटना का जिक्र करूँ जिसने इस महादेश के विभिन्न इतिहास खंडों के हृदयों को इतना आन्दोलित किया है, जिसकी पहले कोई जानकारी नहीं है। आप जानते हैं कि अभी हाल में महामहिम सम्राट और साम्राज्ञी भारत की जनता के प्रति प्रेम के चलते तमाम तरह के कष्टों को सहकर भारत की यात्रा पर आये।

मैं आपको इस अवसर पर आयोजित दरबार और समारोह के बारे में ज़्यादा बताकर आपका समय बर्बाद नहीं करना चाहता हूँ। हृदय को उल्लसित करनेवाली यह घटना भारतीय जनता का सबसे अमूल्य धरोहर होगी और भारतीय इतिहास का यह सबसे चमकता अध्याय होगा। दूसरे मामलों पर बात करने के बदले अब मैं सीधे तौर पर दरबार द्वारा की गयी उस घोषणा की ओर ध्यान आकृष्ट करना चाहता हूँ, दुर्भाग्यवश उससे मुसलमानों का हृदय उदासी से भर गया है तथा बंगाल के मुसलमानों के घरों में भी उदासी छा गयी है। लेकिन मैं इन घोषणाओं में से चार घोषणाओं के बारे में एक के बाद एक चर्चा करूँगा।

पहली बात है राजधानी को कलकत्ता से दिल्ली स्थानान्तरित करने के सम्बन्ध में। पूर्व बंगाल के हम लोग राजधानी के प्रभाव से चिन्तित नहीं हैं बल्कि हम इस बात से खुश हैं कि संयुक्त एवं पंजाब प्रान्तों के हमारे भाई इससे लाभान्वित होंगे। हमें इस बात से खुशी है कि भारत का भविष्य निर्माण करने वाले उच्चाधिकारी मुस्लिम बुद्धिजीवियों की गतिविधियों के केन्द्र अलीगढ़ के साथ बहुत ही नजदीकी सम्बन्ध बनाकर रख सकेंगे। इस तरह के मुस्लिम बुद्धिजीवियों की गतिविधियों के केन्द्र संयुक्त प्रान्त में ही पाये जाते हैं। और उसी तरह से पंजाब के जांबाज मर्दवादी मुसलमान भी वहाँ नजदीक में रहेंगे। हम उनके साथ अपनी खुशी का इजहार करते हैं और अल्लाह से प्रार्थना करता हूँ कि इस तरह राजधानी का कलकत्ता से दिल्ली स्थानान्तरण जैसे युगान्तरकारी बदलाव से सभी तबकों के लोगों के लिए अच्छा हो तथा इस घटना से उस क्षेत्र में इस्लाम की प्रगति का नया दौर शुरू हो, जिससे हमारे समुदाय को पुनः गौरव प्राप्त हो सके। फिर से इस्लाम का हृदय धड़कना शुरू हो। जैसे ही ऐतिहासिक नगरी दिल्ली पुनर्जीवित होगी और उसकी पुरानी गरिमा लौटेगी और ब्रिटिश सत्ता के अधीन इस्लाम का प्राचीन गौरव फिर से पुनर्जीवित होगा, जिससे हमारी भविष्य

की पीढ़ियाँ हमारे पूर्वजों की तरह संस्कृति, प्रगति एवं सभ्यता के झंडे को उठाकर आगे बढ़ सकेंगी, जबकि मुस्लिम सम्राटों के महान ताकतवर झंडे दिल्ली के कंगूरों पर शान से लहरा रहे थे।

मैं दरबार द्वारा दूसरी घोषणा के बारे में अपनी तीखी बात कहने के लिए मजबूर हूँ क्योंकि इस बार मेरी चुप्पी का गलत अर्थ लगाया जायेगा—मेरा अर्थ है बँटवारे को निरस्त करने की घोषणा। बँटवारे ने हमें पुनर्जागृत होने का मौका दिया, उसने हमारे हृदयों में नवजीवन का संचार किया, जिसने पूर्वी बंगाल के हमारे समुदाय के विभिन्न तबकों को रोमांचित कर दिया। भद्रजनो मैं आशा करता हूँ कि आप हमारे आश्वासन पर विश्वास करेंगे कि पूर्वी बंगाल के मुसलमानों ने बँटवारे का समर्थन हिन्दुओं के प्रति अपनी शत्रुता के लिए नहीं किया और न तो सरकार के उकसावे पर किया बल्कि हमने समझा कि प्रशासन की नयी व्यवस्था हमारे समुदाय के विकास के लिए बड़े अवसर प्रदान करेगी। हमने अपने अन्य विकास के लिए उन अवसरों का कितना उपयोग किया, उसके बारे में बातचीत करना बेकार है। बँटवारे के छः वर्षों (1905-1911) के बीच की बातें अब पूर्व बंगाल के जिलों के इतिहास का हिस्सा बन गयी हैं।

हमारे प्रति बुरी भावना रखने वाले लोगों की समझ थी कि बँटवारे से पूर्व बंगाल के मुसलमानों की लम्बे समय से उपेक्षित माँगें आगे आ जायेंगी, हालाँकि हमें जो न्यायपूर्ण हिस्सा मिलना चाहिए था, उससे ज़्यादा हम नहीं माँग रहे थे। हमने जो थोड़ा-बहुत प्राप्त किया इससे उनको घाटा उठाना पड़ा। एकाधिकार प्राप्त लोगों से बलपूर्वक हासिल छोटा हिस्सा जो चाहे कितना भी अन्यायपूर्ण हो, —उससे वे बँटवारे के बाद हमारे शत्रुओं की भावनाओं को अच्छी तरह समझ लेंगे। अतः यह स्वाभाविक था कि उनलोगों ने बँटवारे के खिलाफ़ जोरदार आन्दोलन चलाया, जिससे बँटवारे को निरस्त कर फिर से पुरानी व्यवस्था बहाल की जा सके। इस आन्दोलन की तीव्रता तथा आन्दोलनकारियों के कुछ हिस्से जिस ऊँचाई तक जाकर हिंसात्मक गतिविधियों के जरिये अपना छिपा गुस्सा सरकार के खिलाफ़ प्रदर्शन निकाला, मैं उन घटनाओं का जिक्र नहीं करना चाहता हूँ, क्योंकि वे तमाम घटनाएँ सार्वजनिक तौर पर घटी हैं जो इतिहास का हिस्सा बन जायेंगी।

देशद्रोहपूर्ण लेखों के साथ-साथ मंचों से क्रान्तिकारी भाषण दिये गये तथा आन्दोलनकारियों की टुकड़ियों द्वारा पूरे देश में घूम-घूम कर युवाओं के ग्रहणशील मस्तिष्कों में, अराजकतावाद की जानलेवा जहर डाला गया। सरकार के प्रति अपना विरोध जताने के लिए आर्थिक मुद्दे के नाम पर ब्रिटिश मालों का बहिष्कार करना शुरू किया और इस तरह से देश की अबोध जनता में ब्रिटेन और उसकी जनता के खिलाफ़ उत्तेजना पैदा करने की कोशिश की गयी। कुछ समय के लिए ऐसा लगा कि पूरा बंगाल हिंसात्मक क्रान्ति के आगोश में चला गया है और वहाँ शान्ति नाम की चीज नहीं रह गयी है। इन हिंसात्मक आन्दोलन के कारणों का पता करना ज़्यादा कठिन नहीं था। आन्दोलनकारियों ने खुद आरोप लगाया कि दो अलग-अलग प्रशासनों के अधीन करने से बंगाली भावनाओं पर कुठारा घात हुआ है और सरकार उन्हें अल्पसंख्यक बनाकर उनके हितों को चोट पहुँचाना चाहती है। यह अत्यन्त निराशाजनक बात है कि इस तरह की देशद्रोहपूर्ण कार्रवाइयों एवं हिंसात्मक आन्दोलन के पक्ष में दिये गये झूठे तर्कों को सरकार द्वारा मान लिया गया और इतने सूझ-बूझ वाले राजनीतिज्ञ महामहिम आगा खान ने इस पर विश्वास कर लिया।

स्वाभाविक तौर पर मुसलमानों ने आन्दोलन में हिस्सा लेने से इन्कार कर दिया, क्योंकि यह उनकी निष्ठापूर्ण भावनाओं के इतने विरोध में था और यह आन्दोलन ऐसे कदमों के खिलाफ़ हो रहा था जो उनके हितों के लिए अत्यन्त लाभकारी था। आन्दोलनकारियों ने उन्हें अपनी निष्ठा से

अलग होकर आन्दोलन में शामिल करने के लिए तमाम कोशिशें की लेकिन वे सफल नहीं हुए। दोनों समुदायों के बीच कडुआहट पैदा हो गयी। यह कड़वाहट कोई बँटवारे के कारण नहीं पैदा हुई जैसा कि भारत सरकार की सोच है बल्कि मुसलमानों ने सरकार के खिलाफ़ देशद्रोहपूर्ण कार्रवाइयों में हिस्सा नहीं लिया यही कड़वाहट की जड़ में था।

तत्काल भारत सरकार ने बँटवारे को निरस्त करने की घोषणा की। प्रशासनिक बातों को ध्यान में रखते हुए यह फैसला लिया गया, लेकिन इसको इस तरह लागू किया गया जिससे पता चलता है कि यह हंगामे एवं आन्दोलन के कारण लिया गया फैसला है।

पूर्व बंगाल के मुसलमानों के लिए बँटवारे को निरस्त करने का अर्थ है कि बँटवारे के बाद हमारे लिए जो अवसरों के द्वार खुले थे, जिससे हम अपना आत्मविकास कर सकते थे, उससे हम वंचित हो गये। यह सिर्फ़ विकास के अवसरों से वंचित करने का ही सवाल नहीं है बल्कि सरकार ने हमसे बगैर सलाह-मशविरा के बँटवारे को निरस्त करने का फैसला जिस तरीके से लिया, उसने हमें ज़्यादा दुःख पहुँचाया है। इस घोषणा के बाद भी हमने अपना नियन्त्रण नहीं खोया और सरकार के इस प्रशासनिक कदम के खिलाफ़ आन्दोलन खड़ा कर सरकार को अपमानित करने का प्रयास नहीं किया, क्योंकि इस प्रशासनिक कदम को सम्राट की सहमति प्राप्त थी। हम आशा करते हैं कि हम सम्प्रभु सम्राट के प्रति अपनी सही निष्ठा एवं आज्ञाकारिता का उदाहरण प्रस्तुत करने में सफल रहे हैं।

सरोजिनी नायडू (1879-1949)

सरोजिनी नायडू चट्टोपाध्याय जो बाद में सरोजिनी नायडू बनीं, का जन्म 1879 में हैदराबाद में हुआ था। उनकी शिक्षा किंग्स कॉलेज लन्दन कैम्ब्रिज एवं मद्रास विश्वविद्यालयों में हुई। वे राजनीतिज्ञ होने के साथ-साथ कवयित्री भी थीं। वे अपने जीवन-भर भारतीय राष्ट्रीय कांग्रेस के नेतृत्व में आज़ादी की लड़ाई में शामिल रहीं। उनके एक भाई वीरेन्द्र नाथ चट्टोपाध्याय क्रान्तिकारी गतिविधियों में रहे और दूसरे भाई हरेन्द्र नाथ चट्टोपाध्याय कवि, नाटककार एवं अभिनेता रहे। सरोजिनी नायडू बंगाल के बँटवारे (1905) के वक्त स्वाधीनता की लड़ाई में शामिल हुईं। वे गोपाल कृष्ण गोखले, रवीन्द्र नाथ टैगोर, मोहम्मद अली जिन्ना, ऐनी बेसेंट, रामा स्वामी अय्यर, महात्मा गाँधी एवं जवाहरलाल नेहरू के राजनीतिक सम्पर्क में रहीं। 1915 से 1918 के बीच उन्होंने सारे भारत का भ्रमण किया एवं महिला सशक्तीकरण की वक़ालत की। 1917 में ऐनी बेसेंट के साथ लन्दन महिलाओं की तरक्की की वक़ालत करने वूमेन्स इण्डियन एसोसिएशन की ओर से गयीं। उन्होंने 1925 में कानपुर में कांग्रेस अधिवेशन की अध्यक्षता की। पुनः 1929 में पूर्वी अफ्रीकन कांग्रेस की अध्यक्षता की जो साउथ अफ्रीका में आयोजित हुआ था। 1930 में नमक सत्याग्रह में भाग लेने के बाद 1931 में गाँधीजी और मालवीयजी के साथ राउंड टेबुल कॉन्फ्रेन्स में हिस्सा लिया। भारत छोड़ो आन्दोलन में काफ़ी दिनों जेल में रहीं। आज़ादी के बाद वे उत्तर प्रदेश की राज्यपाल बनीं।

प्रस्तुत भाषण उन्होंने 10 दिसम्बर, 1915 को बम्बई कांग्रेस में दिया था जिसमें उन्होंने महिलाओं के अधिकारों की वक़ालत की है।

भारत के लिए स्व-शासन

(बम्बई कांग्रेस में दिया गया भाषण, 10 दिसम्बर, 1915)

विभिन्न वक्ताओं द्वारा मेरे सामने स्व-शासन के आदर्शों की व्याख्या एवं उन्हें खूबसूरती के साथ अपनी वक्तृत्व कला के जरिये विस्तार से बताने के बाद उनके द्वारा पारिभाषित स्व-शासन के आदर्शों के बारे में उनके भाषणों पर जोर देने या उनका गुण-गान करने के लिए मेरे शब्दों की आवश्यकता नहीं है। ये सभी वक्तागण इस विषय के तथा स्व-शासन की प्राप्ति के लिए इनके द्वारा की गयी सेवाएँ मेरी तुलना में बहुत ज़्यादा हैं। चूँकि यहाँ पर उपस्थित बहुत से लोगों की इच्छा है कि आपके बीच से कोई महिला, भारत माँ की कोई बेटी अपनी बहनों की ओर से आवाज़ उठाकर स्व-शासन के इस प्रस्ताव का समर्थन करे, मैं आपके सामने भारत की करोड़ों बहनों सिर्फ़ हिन्दू ही नहीं, बल्कि मुसलमान, पारसी एवं अन्य बहनों की ओर से प्रत्येक मनुष्य की इच्छा एवं लक्ष्य, स्व-शासन के समर्थन में बोलने के लिए खड़ी हुई हूँ। आज की यह विशाल सभा भारतीय महासंघ के लघुरूप का प्रतिनिधित्व करती है, जिसकी कल्पना हम भविष्य में करते हैं। कवियों को दी गयी आँखों एवं स्पन्दित हृदयों से हम उस स्वप्न को देखते हैं। उन अपेक्षाओं, इच्छाओं की तरंगों, उन प्रार्थनाओं के आधार पर हम इस स्वप्न को साकार करने के लिए अपने जीवन का हर पल न्योछावर कर देंगे। आपका स्वप्न क्या है? आपके संकल्प के शब्दों में क्या होना चाहिए? एक स्वतन्त्र एवं स्व-शासित जनता के रूप में जिन विशेषाधिकारों की माँग कर रहे हैं, उसके साथ कौन-सी ज़िम्मेदारियाँ हैं? मैं उन विशेषाधिकारों की चर्चा नहीं कर रही हूँ बल्कि उन विशेषाधिकारों के साथ जो ज़िम्मेदारियाँ जुड़ी हुई हैं, मैं उसकी चर्चा कर रही हूँ। वो ज़िम्मेदारियाँ क्या हैं? आपके सम्मान के साथ जो बड़ा भार आपके ऊपर आने वाला है, जो अधिकार आपने माँगा है, पर क्या उन अधिकारों को आपने अपना लक्ष्य (भाग्य) और भारत के बच्चों का लक्ष्य बनाया है?

दोस्तो, मेरे ऊपर विश्वास करें, जैसा कि एक वक्ता ने हमारे सामने कहा है कि यह हमारे राष्ट्र के इतिहास का मनोवैज्ञानिक क्षण है। पहली बार शताब्दियों के राजनीतिक विरोधों, धार्मिक आस्थाओं, जातियों के बीच पैदा होने वाले तीखे विवादों, शताब्दियों से चल रहे झगड़ों एवं खून-खराबे के बाद यह हमारे लिए मनोवैज्ञानिक क्षण है, जब हिन्दू और मुसलमान इस सर्वसमावेशी शहर में एक-दूसरे के सहयोग के लिए जुटे हैं। एक साथ जुड़कर एक राष्ट्रीयता का निर्माण करने, एकता के उद्देश्य एवं भावनाओं के साथ सामूहिक प्रयास के जरिये सफलता पाने के लिए जुटे हैं, जिसके बगैर कल का कोई भारत नहीं हो सकता है।

यह हमारे ऊपर अन्तिम कार्यभार है, इस प्रस्ताव की अन्तिम जिम्मेदारी जिसे इतने अच्छे ढंग से प्रस्तावित किया गया है और इसका समर्थन किया गया है। आप जिस स्व-शासन की माँग कर

रहे हैं, उसका उद्देश्य क्या है। क्या आपकी इच्छा है कि इस या उस समुदाय के बहुसंख्यक या अन्य समुदायों के विशेषाधिकार को बचा कर रखा जाय तथा जातियों या धार्मिक आस्थाओं वाले अल्पसंख्यकों को अलग कर दिया जाय? नहीं, आप ऐसे स्व-शासन की माँग कर रहे हैं, जिसमें आप अपना राष्ट्रीय पुनर्जीवन, राष्ट्र के प्रति अपने कर्तव्यों का निर्वहन जिससे आप न सिर्फ़ राजनैतिक परतन्त्रता की तानाशाही से ही स्वतन्त्र होंगे बल्कि अपने समुदाय एवं जाति के प्रति उन सूक्ष्म एवं ज़्यादा भयानक एवं निन्दनीय पूर्वाग्रहों एवं स्वार्थों से भी मुक्त होंगे। समय एवं जज़्बे के उद्भव में क़ैद होते हुए तथा स्व-शासन के अधिकार को प्राप्त करने की लालसा, मैं आपसे एक क्षण की चुप्पी के बाद यह कहने के लिए नहीं कह रही हूँ कि "हमने अन्तिम लक्ष्य प्राप्त कर लिया है। क्योंकि मुझे ऐसा लगता है कि हम शायद निराशा से न घिर जायें, जब तक हम भारतीय संघ के खुले दरवाज़े प्रवेश न करें और एकता की उस राष्ट्रीय भावना को जागृत न करें जो जाति एवं धार्मिक आस्थाओं के बीच कोई भेदभाव नहीं मानती है।

अगर मैं आपके सामने संयुक्त भारत के प्रतिनिधि के रूप में खड़ी हूँ तो इसीलिए कि भारतीय नारियाँ आपके कदमों के साथ खड़ी हैं। इस बात को सुलझाने के लिए इससे ज़्यादा और प्रमाणों की ज़रूरत नहीं है कि एक जिम्मेदारीपूर्ण स्व-शासन के लिए भारतीय महिलाओं की आवाज़ को सुनने का जो मौलिक न्याय प्रदान किया है, वह भारत के पुरुषों की दृष्टि, मार्ग, प्रयास एवं चाहत को प्रदर्शित करता है।

मैं नहीं समझती हूँ कि महिलाओं के मताधिकार क्या हों? इसके विश्लेषण के विस्तार में जाने की ज़रूरत है। लेकिन मैं कहूँगी कि पुरुषों को अपने तमाम अधिकारों में महिलाओं को शामिल करना चाहिए। उन्हें याद रखना चाहिए कि महिलाओं एवं पुरुषों के अधिकार अखंडित हैं। महिलाओं के अधिकार अचेतावस्था में हैं, करीब-करीब अचल अवस्था में, लेकिन इसे पुनर्जीवित करना है। पुरुषों को यह बात माननी चाहिए कि पुरुष-महिला मृत्यु के द्वार तक पहुँच कर राष्ट्र का निर्माण करते हैं। पुरुषों के अधिकारों की तरह, महिलाओं का भी यह देखने का अधिकार है कि कैसे राष्ट्र उसका सम्मान करता है। याद रखें कि राष्ट्र के सम्मान के लिए भारतीय महिलाएँ हर दिन मृत्यु के द्वार तक पहुँचती हैं, जिससे भारतीय जनता दशाब्दियों तक स्वतन्त्र जन्म ले सके।

उन्होंने अपनी पहचान की भावना इस भूमि के दुश्मनों के साथ विकसित कर ली है। वे विदेशी भूमि को अपने पवित्र स्थानों के रूप में देखते हैं, क्योंकि उन्होंने अपने पूर्वजों की इस भूमि के तमाम राष्ट्रीय सम्बन्धों से अपने को मुक्त कर लिया है और मानसिक रूप से हमलावरों के साथ मिल गये हैं। अतः यह केवल आस्थाओं का परिवर्तन नहीं है बल्कि राष्ट्रीय पहचान में भी बदलाव है। मातृभूमि को कठिनाइयों में छोड़कर, शत्रुओं के खेमे में शामिल होना, अगर देशद्रोह नहीं तो क्या है।

रवीन्द्रनाथ टैगोर (1861-1941)

अन्तर्राष्ट्रीय ख्याति के विद्वान रवीन्द्रनाथ टैगोर का जन्म 7 मई 1861 को कलकत्ता में हुआ था। वे लेखक होने के साथ-साथ पेण्टर भी थे। इनके परिवार का मूल जैसोर ज़िले में था जो अब बांग्लादेश में है। उन्होंने 8 वर्ष की उम्र से ही कविता लिखने की शुरुआत कर दी थी। 16 वर्ष की उम्र में अपनी एक पुस्तक 'भानो सिंहमा' प्रकाशित की। इनकी प्रसिद्ध पुस्तकें हैं गीतांजली, गोरा, जन-गण-मन, सान्ध्य संगीत, रवीन्द्र संगीत, आमार सोनार बांग्ला। आगे चलकर इन्होंने विश्व भारती विश्वविद्यालय एवं शान्तिनिकेतन की स्थापना की जो एक आश्रम होते हुए भी विश्वविद्यालय की तरह काम करता है। 1930 में वे प्रसिद्ध वैज्ञानिक आइन्सटाइन से मिले। वे गाँधीजी और पंडित जवाहरलाल नेहरू से स्वाधीनता आन्दोलन के मुद्दे पर विचार-विमर्श करते रहते थे। भारत के एक महान सुपुत्र के रूप में उनकी मृत्यु 7 अगस्त 1941 को हुई।

स्पष्टतः रवीन्द्रनाथ टैगोर भारत के बड़े बुद्धिजीवियों में से एक थे। वे एक कवि, लेखक और भारत की चेतना के वाहक थे। वे 1913 में नोबेल पुरस्कार प्राप्त कर विश्वपटल पर आ गये। उन्होंने इस प्रसिद्धि का लाभ उठाकर चीन, जापान, अमेरिका, ब्रिटेन और यूरोप की यात्राएँ कीं और भाषण दिये। भाषण देने के लिए की जानेवाली यात्राओं का उद्देश्य शान्तिनिकेतन के लिए कोष इकट्ठा करना था। टैगोर अन्तर्राष्ट्रीय स्तर पर चर्चित व्यक्ति थे और दुनिया की आँखों में वे राष्ट्रीय पहचान एवं भारतीय संस्कृति के वाहक थे।

राष्ट्रवाद पर टैगोर ने तीन भाषण जापान, अमेरिका में थोड़े से बदलाव के साथ विभिन्न स्थानों पर दिए। जिस भाषण को यहाँ प्रस्तुत किया गया है, वह भारत के बारे में है। इस भाषण में टैगोर भारत की समस्याओं की तुलना पश्चिमी जगत में उपस्थित समस्याओं से करते हैं। वे भविष्य में अमेरिका द्वारा विश्व स्तर पर निभाई जाने वाली भूमिका को यूरोप से अलग करके देखते हैं। उनके अनुसार, यूरोप के पास मस्तिष्क से काम करने की आदत है और उसकी परम्पराएँ हैं। लेकिन अमेरिका अभी तक किसी निष्कर्ष पर नहीं पहुँचा है और यह अतीत की परम्पराओं से अछूता है।

टैगोर के अनुसार, भारतीय राष्ट्रवाद की समस्या जाति से जुड़ी हुई है जो कि एक सामाजिक समस्या है न कि राजनीतिक। इस समस्या के समाधान के लिए उसे पश्चिम की नकल नहीं करनी चाहिए बल्कि अपने भविष्य का रास्ता खुद ही तलाशना चाहिए।

भारत में राष्ट्रवाद

(ओहियो, 30 दिसम्बर, 1916)

भारत में हमारी वास्तविक समस्या राजनीतिक नहीं, बल्कि सामाजिक है। यह परिस्थिति सिर्फ़ भारत में ही नहीं अन्य देशों में भी मौजूद है। मेरी किसी खास राजनीतिक हितों में रुचि नहीं है। पश्चिमी आदर्शों पर राजनीति का वर्चस्व है, हम आज उसकी नकल कर रहे हैं। हमें याद रखना चाहिए कि यूरोप में शुरू से जातीय एकता थी और वहाँ के निवासियों के लिए प्राकृतिक संसाधन अपर्याप्त थे, इसीलिए वहाँ की सभ्यता ने स्वाभाविक तौर से राजनीतिक एवं कारोबारी हमलावर रुख अपनाया है। एक तरफ आन्तरिक तौर पर उनके यहाँ कोई जटिलता नहीं थी लेकिन दूसरी ओर उनके अपने पड़ोसी मज़बूत एवं खून चूसने वाले थे। अपने बीच पूरी एकता तथा दूसरों के प्रति शत्रुता एवं सचेत नजर में उन्होंने अपनी समस्याओं का हल ढूँढ़ा। पूर्व के समय में उन्होंने अपने को संगठित किया और लूटने का काम किया और आज के समय में भी यही सोच कायम है। वे संगठित होकर पूरी दुनिया का शोषण करते हैं।

भारत के इतिहास के सबसे शुरुआती दौर में भारत के पास लगातार अपनी समस्याएँ रही हैं। यह जाति से जुड़ी समस्या है। प्रत्येक देश को अपने लक्ष्य के प्रति सचेत रहना चाहिए और हम भारतवासियों को यह समझना चाहिए कि जब हम राजनीतिक होना चाहते हैं तो हमारी हास्यास्पद स्थिति हो जाती है, क्योंकि हम उस लक्ष्य को प्राप्त करने में अभी तक असफल रहे हैं जो हमारे सामने रखा गया था। जातियों (राष्ट्रीयताओं) को एकताबद्ध करने का वर्षों से जो प्रयास कर रहे हैं, वैसी ही समस्या का अमेरिका को भी सामना करना पड़ रहा है। इस देश में बहुत से लोग हमसे पूछ रहे हैं कि भारत में जाति (कास्ट) विभाजन का क्या हो रहा है। लेकिन मुझसे यह सवाल पूछा जाता है तो इसके पीछे एक श्रेष्ठता का भाव होता है। मैं अमेरिकी आलोचकों से थोड़े से सुधार के साथ यही सवाल पूछता हूँ। आपने रेड इंडियनों एवं नीग्रो आबादी के साथ कैसा व्यवहार किया है। आपने अपने को अन्य जातीयताओं से अलग रखने के लिए हिंसात्मक रास्ते अपनाये हैं, लेकिन जब तक आप अमेरिका में इन समस्याओं को सुलझाते नहीं हैं, तब तक आपको भारत पर प्रश्न उठाने का कोई अधिकार नहीं है।

तमाम बड़ी कठिनाइयों के बावजूद, भारत ने इस दिशा में कुछ कार्य किये हैं। उसने जातीयताओं के बीच तालमेल का रास्ता अपनाया है, उनके बीच जो वास्तविक अन्तर है, उसे स्वीकारते हुए, एकता का आधार ढूँढ़ा है। यह आधार हमें नानक, कबीर, चैतन्य जैसे सन्तों द्वारा सभी भारतीय जातीयताओं के लिए एक ईश्वर की शिक्षा से मिला है।

अगर हम अपनी समस्याओं का हल ढूँढ़ लेते हैं तो हम विश्व की समस्याओं का हल ढूँढ़ने में

भी मदद करेंगे। भारत का जो अस्तित्व रहा है, वही आज विश्व का अस्तित्व है। आज विज्ञान के आविष्कारों के जरिये पूरा विश्व एक हो रहा है। ऐसे क्षण आ रहे हैं जब राजनीति के इतर आप एकता का आधार ढूँढ़ लेंगे। अगर भारत अपनी समस्याओं का हल ढूँढ़ ले तो यह मानवता के लिए एक योगदान होगा। सिर्फ़ एक इतिहास है जो मनुष्य का इतिहास है। सभी देशों का इतिहास इस बड़े इतिहास का सिर्फ़ अध्याय है। और हम भारत के लोग इस महान लक्ष्य के लिए पीड़ित होने पर भी सन्तुष्ट हैं।

प्रत्येक व्यक्ति को अपने से प्यार होता है। अतः उसके अन्दर का क्रूर स्वभाव अपने हितों की पूर्त्ति के लिए दूसरे से लड़ाई करने के लिए प्रेरित करता है। लेकिन मनुष्य में एक-दूसरे की सहायता एवं सहानुभूति की अन्तर्धारा भी है। जिनके अन्दर यह ऊँची नैतिक शक्ति नहीं है और जो दूसरे से जुड़ नहीं सकते हैं, वे समाप्त हो जाते है या पतित अवस्था में रहते हैं। वैसे मनुष्य जिनके अन्दर सहयोग का मज़बूत जज़्बा है, वही जीवित रहते हैं। इसलिए शुरुआती समय से हम देखते हैं कि मनुष्यों को चाहे तो एक-दूसरे के साथ संघर्ष का रास्ता चुनना पड़ता है या सहयोग और जुड़ने का। इतिहास के आरंभ में जब प्रत्येक देश की भौगोलिक सीमा सीमित थी, इस तरह की समस्याओं का आयाम छोटा था। इस तरह के छोटे से क्षेत्र में रहनेवाले लोगों के बीच एकता का भाव स्थापित करना पर्याप्त था। वे एक साथ मिलकर दूसरे के साथ संघर्ष करते थे। लेकिन यही वो नैतिक जज़्बा था जो उनकी महानता का सही आधार था और इसने उनकी कला, विज्ञान एवं धर्म को आगे बढ़ने में मदद की। शुरुआती समय में एक जातीयता के लोगों को एक साथ आनेवालों की संख्या के बारे में सोचना पड़ता था। जिन लोगों ने इन तथ्यों को सही तौर पर ग्रहण किया, उन्होंने इतिहास में अपना नाम दर्ज़ कराया।

आज के समय का यह महत्त्वपूर्ण तथ्य है कि मनुष्य की भिन्न-भिन्न जातीयताएँ एक दूसरों के करीब आ गयी हैं। समस्या यह है कि विभिन्न समूहों वाले लोग एक-दूसरे से लड़ते रहेंगे या आपस में सहयोग का कोई रास्ता तलाशेंगे। क्या उनके बीच लगातार प्रतिस्पर्द्धा होगी या सहयोग। मुझे यह कहने में कोई हिचकिचाहट नहीं है कि जिनके पास प्रेम की नैतिक शक्ति है तथा आध्यात्मिक एकता की दृष्टि है, जिनके अन्दर बाहरी व्यक्तियों के खिलाफ़ शत्रुता का कोई भाव नहीं हो और अपने को दूसरों की स्थिति में रखकर देखने की सहानुभूतिपूर्ण दृष्टि हो, वही इतिहास में अपना स्थान अक्षुण्णु बनाये रखने में कामयाब होगा। जो लोग लगातार लड़ाई का भाव विकसित करते रहेंगे, वे समाप्त हो जायेंगे। हमारे सामने यही समस्या है और हमें अपनी उच्च मानवीय प्रकृति के जरिये इसका हल ढूँढ़ कर अपनी मानवता प्रमाणित करनी है। दूसरों को चोट पहुँचाने और उनके हमलों को परास्त करने के लिए विशालकाय संगठन और दूसरों को अपने साथ खींच कर रुपये बनाने की कोशिश हमें मदद नहीं करेगी। इसके विपरीत, अपनी पीड़ादायक शक्ति, उस पर ख़र्च होने वाली राशि और उसका मानवता पर पड़नेवाला मारक प्रभाव, हमारी सभ्यता के बड़े रास्ते की हमारी स्वतन्त्रता में भयानक बाधा उत्पन्न करेंगी।

पश्चिम को इन सब बाधाओं से पार पाकर आध्यात्मिक ऊँचाई तक पहुँचना है और मैं सिर्फ़ यही समझता हूँ कि अमेरिका ईश्वर और मनुष्य की इस आशा को फलीभूत करने के प्रयास को अपना लक्ष्य बनाये। आपका देश अपेक्षाओं का देश है, आपके पास जो है, उससे कुछ अलग प्राप्त करने की अपनी इच्छा है। यूरोप के पास उसके मस्तिष्क की खास आदतें और उसकी परम्पराएँ हैं। लेकिन अमेरिका अभी तक किसी निष्कर्ष पर नहीं पहुँचा है। मैं महसूस करता हूँ कि वह अतीत

की परम्परा के पदचाप से वंचित है और उसके युवाओं द्वारा किये जा रहे प्रयोगों का मैं कायल हूँ। गौरव की बुनियाद अतीत के बजाय भविष्य में है। अगर किसी के अन्दर चपलता की शक्ति है तो उसे अमेरिका से प्रेम होगा, जो होना चाहिए। अमेरिका पूर्व को पश्चिम की सभ्यता से परिचित करानेवाला भविष्य का देश है। यूरोप ने मानवता में अपना विश्वास खो दिया है। वह अविश्वासी एवं बीमार हो गया है।

सिर्फ़ अपनी आदतों से मुक्ति ही नहीं बल्कि तमाम गंदे इतिहास से मुक्ति के जरिए ही भविष्य की सभ्यता का परचम उठाया जा सकता है। यूरोप के सभी महान राष्ट्रों द्वारा दुनिया के हर हिस्सों में लोगों को पीड़ित किया है। इसने न सिर्फ़ उनकी नैतिक सहानुभूति का ही गला घोंटा है बल्कि उसकी बौद्धिक सहानुभूति को भी जो कि दूसरी जातीयताओं को समझने के लिए बहुत ही महत्त्वपूर्ण है, क्षति पहुँचाई है। अंग्रेज़ भारत को कभी भी सही ढंग से नहीं समझ सकते हैं, क्योंकि उनका दिमाग इस देश में रुचि नहीं लेता है। अगर आप इंग्लैंड की तुलना जर्मनी और फ्रांस से करें तो आप पायेंगे कि इसने सबसे छोटी संख्याओं में भारतीय साहित्यों एवं दर्शनों का अध्ययन करने वाले विद्वानों को पैदा किया है, जिनके अन्दर सहानुभूतिपूर्ण अन्तर्दृष्टि हो। यह उपेक्षा और घृणा स्वाभविक है, क्योंकि यह सम्बन्ध अस्वाभाविक और राष्ट्रीय स्वार्थ एवं गर्व पर आधारित है। लेकिन आपकी इतिहास के प्रति अरुचि है और इसीलिए आप जापान को पश्चिमी सभ्यता की जानकारी देने में सहयोग कर सके। इसीलिए चीन अपने दौर के सबसे अँधेरे दौर में आपकी तरफ देख रहा है। वस्तुतः आप महान भविष्य की तमाम जिम्मेदारियों को ढो रहे हैं, क्योंकि आप अतीत की पदचाप से मुक्त हैं। अतः धरती के तमाम देशों में अमेरिका को भविष्य के प्रति पूरी तरह जागरूक रहना है। उसकी दृष्टि कभी धूमिल न हो तथा मानवता में उसका विश्वास युवाओं की ताकत के आधार पर मज़बूत होना चाहिए। अमेरिका और भारत में समानान्तर धारा है, और यह है विभिन्न जातियों को एकसूत्र में बाँधने की धारा।

हम अपने देश के अन्दर विभिन्न जातीयताओं के बीच एकता का सूत्र तलाश रहे हैं जो वास्तविक एकता का आधार बनेगा। किसी भी राष्ट्र को राजनीतिक एवं कारोबारी आधार पर एकता स्थापित करने का ऐसा हल पर्याप्त नहीं मालूम पड़ेगा। मनुष्य के विचार एवं शक्ति ही आध्यात्मिक एकता की खोज करेंगे, उन्हें ही मनुष्य अनुभव करेगा और उसका उपदेश देगा।

भारत में राष्ट्रीयता के रूप में कोई चीज कभी मौजूद नहीं रही है। हालाँकि मुझे बचपन से यह बताया गया है कि राष्ट्रमूर्त्ति पूजा भगवान एवं मानवता की पूजा से बड़ी चीज है। मैं विश्वास करता हूँ कि मैं इस शिक्षा से आगे आ गया हूँ और मेरा यह पक्का विश्वास है कि ऐसी शिक्षा जो एक देश को मानवता के आदर्शों से ऊँचा स्थान देती है, उसके खिलाफ़ संघर्ष करके ही भारत को प्राप्त किया जा सकता है। यूरोप के पास अपना अतीत है। अतः यूरोप की ताकत उसके इतिहास में निहित है। भारत में हमें इस बात के लिए तैयार होना चाहिए कि हम दूसरे लोगों के इतिहास से उधार नहीं ले सकते हैं और अगर हम अपने इतिहास को झुठलाते हैं तो यह आत्महत्या के समान होगी। अगर आप कोई ऐसी चीज उधार में लेते हैं जो आपके जीवन से जुड़ी हुई है, तो इससे आपका जीवन कुचला जाता है। अतः मेरा विश्वास है कि भारत की पश्चिमी जगत की सभ्यता से तुलना बेमानी है। लेकिन हमारे ऊपर जो अपमान का बोझ लादा गया है, उसकी भरपाई हमें अपना खुद का भविष्य तलाशने से ही होगी।

ऐनी बेसेंट (1847-1933)

ऐनी बेसेंट का जन्म 1847 में एक मध्यम वर्गीय परिवार में लंदन में हुआ था। उनके पिता आयरलैंड के रहने वाले थे। उन्होंने फ्रैन्क बेसेंट नाम के पादरी से शादी की। एनी बेसेंट शुरू में बच्चों के लिए कहानियों की किताबें लिखती थीं। आगे चलकर इन्हें अपने पति से बहुत से मुद्दों पर मतभेद हुए और 1873 में दोंनो अलग हो गये।

वे औरतों के मौलिक अधिकार के लिए धर्म-निरपेक्षता, जनसंख्या नियन्त्रण, फेबियन समाजवाद के लिए संघर्ष करती रहीं। विश्व विख्यात लेखक बर्नाड शॉ की वे कुछ दिन शिष्या रहीं और उनसे समाजवाद के सबक लिए। लंदन में बेकारी के खिलाफ़ भाषण देते हुए 1887 में वे गिरफ्तार हुईं। आगे चलकर वे थियोसोफिकल सोसायटी की अध्यक्ष बनीं और 1893 में पहली बार भारत आयीं।

ऐनी बेसेंट ब्रिटेनवासियों के उस छोटे से समूह का प्रतिनिधित्त्व करती थीं, जिन्होंने भारत की मुक्ति के लिए अपना जीवन समर्पित कर दिया। यहाँ तक कि उन्हें "होमरूल" सहित अन्य गतिविधियों के लिए क़ैद भी किया गया।

कलकत्ता में आयोजित 31वें कांग्रेस अधिवेशन में अध्यक्षीय भाषण देते हुए उन्होंने भारतीय अर्थव्यवस्था एवं अन्य भारतीयों पर युद्ध के होनेवाले प्रभावों पर विस्तार से प्रकाश डाला। उनके द्वारा तथ्यों एवं आँकड़ों की प्रस्तुति अत्यंत ही आँख खोलनेवाली है। उन्होंने भारत द्वारा "होमरूल" की माँग पर भी विस्तार से प्रकाश डाला। भारतीय राष्ट्रीय कांग्रेस के अध्यक्ष निर्वाचित होने के पूर्व बाल गंगाधर तिलक के साथ मिलकर ऐनी बेसेंट ने "होमरूल" आन्दोलन के जरिये पूरे देश को ऊर्जावान बना दिया था। ऐनी बेसेंट ने स्वतन्त्रता आन्दोलन को गति प्रदान करने का काम किया।

कांग्रेस अधिवेशन में दिया गया उनका भाषण अत्यंत ही ओजपूर्ण था। भारतीयों ने कभी भी इस तरह की भावनाओं को महसूस नहीं किया था। सम्मेलन की शुरुआत रवीन्द्रनाथ टैगोर के माँ की आरती के गीत से शुरू हुई जिसके संगीत एवं जोश ने दर्शकों को पूरी तरह मुग्ध कर दिया। पहली दो पंक्तियाँ निम्नलिखित थीं–

माँ तुमने हमें ज़िन्दगी दी है
हम इस सम्मान की रक्षा अपनी
समस्त शक्ति एवं इच्छा से करें।

होमरूल क्यों?

(कलकत्ता, 26 दिसम्बर, 1917)

जिस युद्ध के झंझावात में एक राष्ट्र के बाद दूसरा राष्ट्र खिंचा चला आ रहा है, वह चौथे वर्ष में पहुँच चुका है। संचार माध्यमों पर प्रतिबंध के चलते बाहरी देशों की सरकारों के लिए इस युद्ध की अवधि के बारें में भविष्यवाणी करना असंभव है। एक राजनीतिज्ञ के रूप में नहीं बल्कि आध्यात्मिक कानून के छात्र के रूप में मैं कह सकती हूँ, इसका अन्त निश्चित है। इस युद्ध का उद्देश्य है तानाशाही सत्ता का नाश, एक राष्ट्र द्वारा दूसरे राष्ट्र को गुलाम बनाने की कार्रवाई को समाप्त करना और प्रत्येक राष्ट्र के लिए भगवान द्वारा प्रदत्त स्वशासन एवं स्वविकास के लिए नींव तैयार करना। इसके साथ-साथ राष्ट्र के हितों के अनुरूप व्यक्तिगत हितों को सुरक्षा प्रदान करना।

जब ब्रिटेन ने अपने हाथ में हथियार उठाया तो यह छोटे राष्ट्रों की सुरक्षा में उठाया गया। यह सुरक्षा संधियों के जरिये एवं महान सिद्धान्तों के जरिये संरक्षित था। इस घटना ने भारत एवं अंग्रेज़ी शासन के अधीन देशों में हलचल पैदा कर दी। वे बिना किसी हिचक के बिना देरी किये इंग्लैंड के पक्ष में खड़े हो गये।

उन्होंने स्वतन्त्रता के सिपाही, पुराने इंग्लैंड की आवाज़ सुनी और इससे उनका हृदय प्रफुल्लित हो गया। ग्रेट बिटेन की छोटी सेना के अलावे कोई भी तैयार नहीं था। ग्रेट बिटेन की सेना की तैयारी के पीछे लार्ड हार्डिंग की मेधा और दूरदृष्टि थी। लार्ड हार्डिंग के त्वरित निर्णय से भारत की सेना को इस लड़ाई में मौका दिया गया।

वर्ष 1885 से कांग्रेस ने लगातार सेना पर बढ़ रहे ख़र्च का विरोध किया, लेकिन कांग्रेस की आवाज़ वर्गीय इच्छा के रूप में विद्रोह की आवाज़ बन गयी और भारत के शिक्षित समुदाय की आवाज़ बन गयी जो सही मायने में देशभक्त एवं भारतीय जनों का सबसे अच्छा साथी था। एक के बाद एक वर्षों में कांग्रेस सेना पर बढ़ रहे ख़र्च पर विरोध जाहिर करती रही। इन वर्षों के निष्फल विरोध के बाद वर्ष 1902 में ब्रिटिश सेना के वेतनमान में की गयी वृद्धि की निन्दा की गयी, क्योंकि इससे भारत के राजस्व पर 7,86,000 पौंड़ प्रतिवर्ष का अतिरिक्त भार पड़ा। इस निन्दा प्रस्ताव में कहा गया कि ब्रिटिश सेनावाहिनी बहुत बड़ी है, जैसा कि दक्षिणी अफ्रीका एवं चीन में बड़ी संख्या में कार्यरत सेना को वापस बुलाने के रूप में देखा जा सकता है। 1859 एवं 1904 के बीच भारतीय सेना सात युद्धों एवं अभियानों में शामिल हुई। 1863 में भारतीय सेना में 1,40,000 लोग एवं 65,300 श्वेत अधिकारी थे।

4 अगस्त को महान युद्ध की शुरुआत हुई और उसी महीने सितंबर की शुरुआत में भारत ने दो पैदल सेनाएँ एवं एक घुड़सवार वाहिनी तीन डिवीजन सेना को सैनिक अभियानों पर भेजा। दूसरी

घुड़सवार वाहिनी नवंबर में फ्रांस में इस अभियान में शामिल हुई। पहली वाहिनी सैनिकों की कमी को पूरा नहीं की जा सकती थी। लार्ड हार्डिंग ने बहुत कारुणिक ढंग से इन बातों को रखा उस गौरवशाली पैदल सेना के डिवीज़न के बहुत कम लोग बचे हैं। यह सच है कि उनके घर वीरान है, लेकिन जिन बातों के लिए वे फ्रांस में मृत्यु को प्राप्त हुए, उससे उनके बच्चों को भारत में स्वतन्त्रता का सुख नसीब होगा। ब्रिटिश साम्राज्य के लिए भारतीय सेना एक बड़ी परिसम्पति थी और युद्ध में भारत के योगदान को अगर मापा जाय तो यह याद रखना चाहिए कि भारतीय सेना का गठन जल्दीबाज़ी में नहीं किया गया था बल्कि वह पूरी तरह से सुसज्जित तथा सभी तरह के साजो-सामान की आपूर्ति से परिपूर्ण थी। सेना के रखरखाव पर भारत को बड़ी धनराशि ख़र्च करनी पड़ती थी। शान्ति के समय समृद्धि के लिए एवं युद्ध के समय सुरक्षा के लिए ग्रेट ब्रिटेन को जितना भारत की ज़रूरत है, उतनी ही ज़रूरत भारत को ग्रेट ब्रिटेन की है। महाशय मांटेग्यू ने सही कहा है कि युद्ध के समय सैनिक साजो-सामान के लिए शान्ति के समय स्वतन्त्रता की ज़रूरत है। अतः मैं दोनों देशों के हितों में कहना चाहूँगी कि युद्ध की सीख भारत के लिए "होमरूल" है।

भारत के नये जज़्बे के कारण

पूर्व और पश्चिम के बीच सामान्य संवाद के कारण तथा अंग्रेज़ी शिक्षा, साहित्य और आदर्शों के प्रभाववश यूरोपिय यात्राओं ने भारतीय मानस में बड़ा परिर्वतन किया है। भारत में अंग्रेज़ों को इस विचार का त्याग करना चाहिए कि उनके हितों की रक्षा के लिए 3,653,999.000 स्टर्लिंग पौंड ख़र्च के साथ भारत पर वर्चस्व आवश्यक है। वे अमेरिका पर वर्चस्व की बात नहीं करते हैं, क्योंकि उन्होंने वहाँ 688,078,000 स्टर्लिंग पौंड़ का निवेश किया है। उसी तरह अरजेन्टाइन गणतन्त्र पर भी वे वर्चस्व की बात नहीं करते हैं क्योकि वहाँ उन्होंने 26,98,08,000 स्टर्लिंग पौंड़ निवेश किया है। किस निवेश के आधार पर वे भारत पर वर्चस्व कायम करने की बात करते हैं? ब्रिटेनवासियों के लिए ब्रिटेन प्राकृतिक बात है! पाउंड लेकिन भारतवासियों के लिए भारत गलत है, यहाँ तक कि देशद्रोहपूर्ण बात है।

भारत के रुख में परिवर्तन हुआ है, लेकिन किसी को यह शंका नहीं होनी चाहिए कि उस रुख में परिर्वतन की 'होमरूल' प्राप्त करने की प्रतिबद्धता में किसी तरह की कमी है। भारत के लोग शान्ति चाहते हैं, लेकिन यह शान्ति सम्मान के साथ होनी चाहिए और इस शान्ति का अर्थ स्वतन्त्रता है, अगर स्वतन्त्रता नहीं दी जाती है तो इसके लिए जुझारू संघर्ष शुरू हो जायेगा।

श्वेत जाति की श्रेष्ठता के विश्वास में कमी

आर्यसमाज और थियोसोफिकल सोसाइटी ने अपनी सभ्यता, अपने अतीत, वर्तमान के प्रति सम्मान तथा भविष्य के प्रति आत्मविश्वास के प्रति गौरवान्वित होने के लिए नेतृत्व प्रदान किया। उन्होंने पश्चिम की नकल की भेड़चाल का विरोध किया और सिर्फ़ उन मूल्यों को आत्मसात करने के लिए प्रेरित किया जो कीमती और उपयोगी हैं। विवेकानन्द को जहाँ भारत के प्रति अगाध प्रेम था, वहीं वे पश्चिम की भौतिकवादी प्रगति से हुई बुराइयों के प्रति सजग थे। नये सामाजिक आन्दोलन के नेताओं ने वेदान्त की उच्चतम अवस्था को आध्यात्मिक-सामाजिक आकांक्षाओं की पूर्ति का साधन बनाया।

भारत होमरूल की माँग क्यों करता है

भारत 'होमरूल' की माँग निम्नलिखित कारणों से करता है। एक अत्यंत आवश्यक एवं महत्त्वपूर्ण है, लेकिन दूसरा महत्त्वपूर्ण लेकिन ज़्यादा जोरदार है। पहली बात है कि स्वतन्त्रता सभी राष्ट्रों का जन्मसिद्ध अधिकार है। दूसरी बात है कि उसके महत्त्वपूर्ण हितों को ब्रिटेन का मुखापेक्षी बना दिया गया है। उसके संसाधनों का इस्तेमाल उसकी आवश्यकताओं की पूर्ति के लिए नहीं हो रहा है। सेना पर ख़र्च किये जानवाले पैसों के ख़र्च की चर्चा ही पर्याप्त है। यह स्थानीय रक्षा पर ख़र्च नहीं किया जाता है बल्कि साम्राज्य की सुरक्षा पर ख़र्च किया जाता है।

भारत का अधिकार

सवाल यह नहीं है कि शासन अच्छा है या बुरा। कोई भी श्रेष्ठ शासन हो, लेकिन स्वतन्त्र आदमी का सम्मान एवं उसकी गरिमा उसे विदेशी सत्ता के खिलाफ़ विद्रोह करना सिखाती है।

भारतीयों को एक मौका दें

हम सिर्फ़ इतना कहना चाहते हैं कि आप आम जनता को शिक्षित करने, स्वास्थ्य सुविधा मुहैया कराने एवं जनता तक समृद्धि लाने में सफल नहीं हुए हैं। क्या यह समय नहीं है कि जापान और अन्य राष्ट्रों की तरह भारतीयों को भी अपने देश के लिए काम करने का मौका दिया जाय? हमें बार-बार कहा गया है कि भारत जनतांत्रिक संस्थाओं के विकास के अनुकूल नहीं है। यहाँ बराबर सर्वोच्च सत्ता के हाथों शासन की बागड़ोर रही है, लेकिन तथ्यों के आधार पर यह इतिहासकारों का मत नहीं बल्कि पूर्वाग्रहग्रस्त भारतीय सेवा के पदाधिकारियों का है। भारतीय जनता अपने कार्यों को खुद करने के लिए पूरी तरह सक्षम है। हमें भारतीयों द्वारा ज़्यादा से ज़्यादा कार्य करने के लिए प्रोत्साहित करना चाहिए।

इधर-उधर के सुधार

कांग्रेस के अस्तित्व काल से ही जब छोटे-मोटे सुधारों की बात की जाती रही है, मैं उस पर प्रकाश डालना नहीं चाहती हूँ। बहुसंख्यक कांग्रेसी एक ही चीज के बारे में माँग करते-करते थक चुके हैं और वे समझते हैं कि 'होमरूल' पर केन्द्रित होना ज़्यादा अच्छा है। चूँकि जनता के हाथ में शक्ति होगी अतः वे बुरे कानूनों से छुटकारा पाकर अपने लिए अच्छा कानून बना सकते हैं।

भारत को स्वतन्त्र देखना राष्ट्रों के बीच उसका मस्तक ऊँचा होना उसके पुत्र, पुत्रियों का हर जगह सम्मानित होना, अपने महान अतीत के प्रति निष्ठावान होना और ज़्यादा महान भविष्य की रचना में शामिल होना– क्या इसके लिए कार्य करना एक पवित्र कार्य नहीं है? इसके लिए पीड़ित होना मृत्यु प्राप्त करना पवित्र कार्य नहीं है? क्या कोई ऐसी भूमि है जो अपनी आध्यात्मिकता के प्रति इतना प्रेम, साहित्य के प्रति इतनी प्रशंसा का भाव, अपने साहसिक कार्यों के प्रति श्रद्धा रखती है, जो इस गौरवशाली राष्ट्र के अंदर है। इसी के गर्भ से जन्म लेकर आर्य जातियाँ इंग्लैंड और अमेरिका में रहकर आज पूरी दुनिया का नेतृत्व कर रही हैं। कुरुक्षेत्र में उसकी तलवार टूटने के बाद भारत को जिस पीड़ा का सामना करना पड़ा है, वैसी पीड़ा किसी देश ने नहीं भोगी है। यूरोप एवं एशिया के लोगों ने इसकी सीमाओं में घुसकर इसके नगरों को उजाड़ दिया और उसके राजाओं के ताज को

भू-लुंठित कर दिया। वे इसे जीतने आये, लेकिन इस देश ने उन्हें आत्मसात कर लिया। आज उसी घुले-मिले लोगों से मिलकर यह राष्ट्र बना है। इसमें सिर्फ़ अपने ही गुण नहीं है बल्कि दुश्मनों द्वारा लाये गये गुण भी मिल गये हैं, जिसने धीरे-धीरे दुर्गुणों को बहिष्कृत कर दिया है।

हज़ारों वर्षों के इतिहास वाला भारत जिसने अपनी सभ्यता का उत्थान एवं पतन देखा है, अतीत की महान सभ्यता पृथ्वी की गर्त्त में दफन है। विजय-पराजय के चक्र से निकलते हुए भारत बरकरार रहा है। राष्ट्रों के बीच यह बार-बार सूली पर चढ़ा है, लेकिन आज यह पुनर्जीवित हो रहा है। अब यह अमर गौरवशाली भारत चिर युवा, आत्मनिर्भर, मज़बूत, स्वतन्त्र भारत के रूप में उभरेगा और जो एशिया के चमकदार वैभवशाली प्रकाश के रूप में पूरे विश्व को आलोकित करेगा।

बाल गंगाधर तिलक (1856-1920)

महाराष्ट्र के रत्नागिरी ज़िले में 1856 में एक प्रसिद्ध संस्कृत विद्वान के घर में इनका जन्म हुआ। इन्होंने बी.ए. की परीक्षा पुणे के डेकेन कॉलेज से 1877 में पास की एवं बम्बई विश्वविद्यालय से कानून की परीक्षा 1879 में पास की। पुणे में अध्यापन करने के पश्चात ये पत्रकार बने। अपने मित्रो के साथ उन्होंने डेकेन एडुकेशन सोसायटी बनाई। बाद में वे प्रसिद्ध फर्गुसन कॉलेज में गणित के अध्यापक बने। तद्‌पश्चात उन्होंने धार्मिक एवं सांस्कृतिक स्वतन्त्रता के लिए आम जनता में प्रसार-प्रचार शुरू किया। इसी क्रम में वे 1890 में भारतीय राष्ट्रीय कांग्रेस के सदस्य बने।

बंगाल बँटवारे के बाद वे स्वदेशी मूवमेंट में काफ़ी सक्रिय हो गये। वे गोखले की नरम नीतियों के विरुद्ध रहे एवं बिपिनचन्द्र पाल एवं लाला लाजपत राय के विचारों के नजदीक रहे। उन्होंने 'केशरी' पत्र का प्रकाशन एवं सम्पादन भी किया। देशद्रोह के मुकदमे में उन्हें मांडले जेल भेजा गया जहाँ वे 6 वर्षों तक कैद रहे। वहीं पर उन्होंने 'गीता रहस्य' की रचना की। जेल से 1914 में छूटने पर काफ़ी बीमार हो गये। तिलक 1916 में पुनः भारतीय राष्ट्रीय कांग्रेस के सदस्य बने और जिन्ना, ऐनी बेसेन्ट के साथ मिलकर ऑल इंडिया होम लीग की स्थापना की। वे रूसी क्रान्ति से प्रभावित थे और लेनिन की प्रशंसा किया करते थे। गाँधीजी को उन्होंने अहिंसा के रास्ते को छोड़ने की सलाह दी थी। गाँधीजी यधपि उन्हें गुरु मानते थे, लेकिन उन्होंने अपना रास्ता नहीं बदला।

बाल गंगाधर तिलक एक अप्रतिम भारतीय थे, जिन्होंने छः साल की जेल यातना अपने लेखों के कारण उठाई। जेल से लौटने पर 1916 में उन्होंने होमरूल की स्थापना की, क्योंकि उनकी नज़र में भारतीय राष्ट्रीय आन्दोलन कमज़ोर पड़ रहा था। होमरूल लीग की स्थापना की पहली वर्षगाँठ पर 1917 में दिया गया नासिक में उनका भाषण प्रस्तुत है, जिसमें उन्होंने 'स्वराज हमारा जन्म सिद्ध अधिकार' कहकर आज़ादी की घोषणा की।

स्वराज हमारा जन्मसिद्ध अधिकार

(नासिक, 17 मई, 1917)

मैं स्वभाव से जवान हूँ, भले ही शरीर से वृद्ध हूँ। मैं युवावस्था के इस विशेषाधिकार को गँवाना नहीं चाहता। जो कुछ भी आज मैं कहने जा रहा हूँ, वह सर्वदा तरुण है। शरीर भले ही वृद्ध, जर्जर एवं नष्ट हो सकता है, परन्तु आत्मा अमर होती है। इसी तरह यदि हमारे स्वराज्य के क्रिया-कलापों की गति में कमी आ जाती है, तब अन्तरात्मा की स्वतन्त्रता जो कि शाश्वस्त एवं अविनाशी है, पीछे छूट जायेगी और यही हमारे लिए आज़ादी को सुनिश्चित करेगी। स्वराज हमारा जन्मसिद्ध अधिकार है। जब तक यह मुझमें जागृत रहेगा, मैं वृद्ध नहीं हूँ। इस भावना को न कोई हथियार काट सकता है, न अग्नि जला सकती है, न जल भिगो सकता है और न हवा इसे सुखा सकती है। हम लोग स्वराज्य की माँग करते हैं और हम लोग इसे अवश्य प्राप्त करेंगे। राजनीति का विज्ञान वही है, जो स्वराज्य से समाप्त होता है, न कि वह जो दासता से खत्म होता है। राजनीति का विज्ञान ही देश का वेद है, आपकी आत्मा है, और मैं इसे सिर्फ़ जागृत करना चाहता हूँ। मैं उस अन्धविश्वास को समाप्त करना चाहता हूँ, जो अज्ञानी, धूर्त और स्वार्थी लोगों के द्वारा धारण किया गया है। राजनीति विज्ञान के दो भाग हैं। प्रथम भाग ईश्वरीय एवं द्वितीय भाग शैतानिक है। किसी राष्ट्र की दासता का निर्माण दूसरा भाग करता है। राजनीति विज्ञान के शैतानिक भाग का कोई नैतिक औचित्य नहीं हो सकता। वह राष्ट्र जो इसे उचित करार देता है, ईश्वर की नज़र में पाप का भागी है। कुछ लोग साहस करते हैं और कुछ लोग साहस नहीं करते हैं, उन चीज़ों की घोषणा करने के लिए, जो उनके लिए हानिकारक होती हैं। राजनीतिक और धार्मिक शिक्षण इसी सिद्धान्त का ज्ञान देने में शामिल है। धार्मिक और राजनीतिक शिक्षण पृथक नहीं है, यद्यपि वे ऐसा प्रतीत होते हैं, विदेशी शासन के कारण। सारे दर्शन राजनीति विज्ञान में शामिल हैं।

स्वराज्य का अर्थ कौन नहीं जानता? कौन नहीं इसे चाहता? क्या आप पसन्द करेंगे कि मैं आपके घर में प्रवेश कर जाऊँ और आपके रसोईघर पर अधिकार जमा लूँ? मुझे घरेलू मामलों की व्यवस्था का अवश्य अधिकार है। हम लोगों से कहा गया कि हम लोग स्वराज्य के काबिल नहीं हैं। एक शताब्दी के व्यतीत हो जाने के बाद भी अंग्रेज़ी हुकूमत हम लोगों को स्वराज्य के योग्य नहीं मानती। अब हम लोग खुद को योग्य बनाने के लिए खुद ही प्रयास करेंगे। असंगत बहानेबाज़ी प्रदान करना, किसी प्रकार के लालच का प्रतिकार करना और दूसरे को ऐसा मौका प्रदान करना अंग्रेज़ी राजनीति को कलंकित करने के समान है। इंग्लैंड भारत की मदद से वेल्जियम जैसे छोटे से राज्य को बचाने की कोशिश कर रहा है। तब यह कैसे कहा जाता है कि हमारे देश में स्वराज्य नहीं है? वे लोग जो हममें दोष ढूँढ़ते हैं, वे लालची लोग हैं। लेकिन कुछ ऐसे लोग भी हैं, जो सर्वदयावान

ईश्वर में भी दोष ढूँढ़ लेते हैं। हम लोगों को अवश्य ही किसी की चिन्ता किये बगैर राष्ट्र की आत्मा को बचाने के लिए कठिन परिश्रम करना चाहिए। हमारे देश की भलाई इसी जन्मसिद्ध अधिकार की रक्षा करने में है। कांग्रेस ने इस स्वराज्य के प्रस्ताव को पारित किया है।

व्यावहारिक राजनीति में हमारे स्वराज्य की इच्छा का प्रतिकार करने के लिए कुछ तुच्छ आपत्तियाँ उठायी जाती हैं। हमारे अधिकांश लोगों की निरक्षरता उन आपत्तियों में से एक है, परन्तु मेरे विचारानुसार इसे अपने मार्ग में बाधा के तौर पर नहीं आने देना चाहिए। हम लोगों के लिए यह कहना पर्याप्त होगा कि हमारे देश के निरक्षर लोगों के पास मात्र स्वराज्य की अस्पष्ट विचार-धारा है, उसी तरह से जैसे ईश्वर के बारे में उनलोगों की अस्पष्ट धारणा है। वे लोग जो अपने निजी मामलों को कुशलतापूर्वक निबटा लेते हैं, वे अशिक्षित हो सकते हैं, परन्तु मूर्ख नहीं हो सकते। वे उतने ही बुद्धिजीवी होते हैं, जितना एक शिक्षित व्यक्ति। और अगर वे तत्क्षण मुद्दों को समझ सकते हैं, तो उन्हें स्वराज्य के सिद्धान्त को समझने में या ग्रहण करने में कोई कठिनाई नहीं होती है। अगर निरक्षरता सभ्य कानून की दृष्टि में अयोग्यता नहीं है, तो अकारण प्रकृति के नियम में ऐसा क्यों होना चाहिए। अशिक्षित लोग भी हमारे भाई हैं, उन्हें भी ये ही अधिकार हैं और वे भी इसी भावना से प्रेरित हैं। अतएव हम लोग अपने कर्तव्य से आबद्ध हैं कि हम सभी लोगों को जागरूक करें। परिस्थितियाँ बदल गयी हैं और अनुकूल हैं। आवाज़ उठ रही है कि 'अभी नहीं तो कभी नहीं।' ईमानदारी और संवैधानिक आन्दोलन अकेले नहीं हैं, जो आपलोगों से उम्मीद की गयी है। पीछे नहीं हटें और आत्मविश्वास के साथ अन्तिम मुद्दे को प्रभु के हाथों में सौंप दें।

मदन मोहन मालवीय (1861-1946)

पं. मदन मोहन मालवीय का जन्म 25 दिसम्बर, 1861 को हुआ था और उनकी मृत्यु 12 नवम्बर, 1946 को हुई। उनकी शिक्षा-दीक्षा इलाहाबाद यूनिवर्सिटी एवं कलकत्ता यूनिवर्सिटी में हुई। वे भारत के महान शिक्षाविद थे, जिन्होंने भारतीय स्वाधीनता आन्दोलन में सक्रिय रहने के साथ-साथ वाराणसी में प्रसिद्ध बनारस हिन्दू यूनिवर्सिटी की स्थापना की। वे चार बार भारतीय राष्ट्रीय कांग्रेस के अध्यक्ष बने। 1934 में कांग्रेस छोड़कर हिन्दू महासभा की स्थापना की। वे कई समाचार पत्रों के संचालक रहे। साथ ही साथ वे बनारस हिन्दू विश्वविद्यालय के कुलपति भी रहे। वे लाला लाजपत राय और जवाहरलाल नेहरू के साथ सायमन कमीशन का विरोध करने में भी शामिल थे। बीच में अल्पसंख्यकों को अलग मताधिकार देने के विरोध में वो कांग्रेस से अलग हो गये और माधव श्री अणे के साथ मिलकर 1934 में कांग्रेस नेशनलिस्ट पार्टी भी बनाई। पूर्व में उन्होंने कुछ दिन इलाहाबाद में वकालत भी की किन्तु चौरी-चौरा गोलीकांड के विरुद्ध वकालत छोड़कर वे देश सेवा में लग गये थे।

प्रस्तुत भाषण दिल्ली कांग्रेस अधिवेशन में उन्होंने अध्यक्षपद से दिया था, जो द्वितीय विश्वयुद्ध के बाद हुआ था।

स्व-अधिकार वाले राज्य की माँग

(दिल्ली कांग्रेस में अध्यक्षीय भाषण, 26-31 दिसम्बर, 1918)

इस कांग्रेस सत्र के महत्त्व पर जोर देने की आवश्यकता नहीं है। हम भारत के साम्राज्य की इस प्राचीन राजधानी में मिल रहे हैं जो अपनी ऐतिहासिक परम्पराओं एवं संगठनों के लिए प्रसिद्ध है। यह हमारे मस्तिष्क में विचारों के तूफान लाती है, जिसके दौर से हमारा देश गुजरा है। वो खुशी एवं ग़मों के दौर, गौरव एवं आत्महीनता के दौर। इन बातों पर विचार रखने की मेरी उत्कट आकांक्षा है, लेकिन मैं इस स्थान पर ऐसा नहीं करूँगा। हम लोग वैसे समय में मिल रहे हैं जबकि सभ्य विश्व इतिहास के सबसे बड़े एवं खून-खराबे वाले युद्ध की समाप्ति का जश्न मना रहा है। युद्ध शुरू होने के समय भारत की इंग्लैंड के सामने रखने के लिए बहुत-सी शिकायतें थीं। लेकिन भारत ने ब्रिटेन की न्यायप्रियता एवं स्वतन्त्रता में विश्वास नहीं खोया है। और जैसे ही इंग्लैंड के महामहिम महाराजाधिराज तथा भारत के सम्राट का सन्देश आया कि वे स्वतन्त्रता एवं अधिकारों और कर्तव्यों की संधि की रक्षा के हित में अपनी तलवार उठाने के लिए बाध्य हुए हैं, भारत ने अपनी तमाम शिकायतों को दरकिनार करते हुए, अपने विरोधों को दबाते हुए, भारत की जनता एवं राजकुमारों ने इंग्लैंड के हितों के साथ जोड़ लिया जो कदम इंग्लैंड ने सच्चाई एवं स्वतन्त्रता के हितों में उठाये हैं। हमारी राष्ट्रीय परम्पराओं एवं हमारी राष्ट्रीय आकांक्षाओं ने जो दृष्टिकोण हमें प्रदान किया है, उसी के चलते यह संभव हुआ।

आपको याद होगा कि युद्ध के सम्बन्ध में हमारे योगदान की चर्चा करते हुए, महाशय लार्ड जार्ज ने कहा था कि भारत की आवश्यकताओं को भुलाया नहीं जायेगा। देवियो एवं सज्जनो, आज की परिस्थिति में भारत एक कठिन परिस्थिति में है। भारत की जनता–हिन्दू, मुस्लिम, पारसी एवं ईसाई–भारत की महान सभ्यता की वारिस है। डेढ़ सौ वर्ष पहले सम्पूर्ण भारत भारतीय शासकों के अधीन था। उस समय यह पतनशीलता एवं आन्तरिक अव्यवस्था के दौर से गुजर रहा था जो दूसरे राष्ट्रों के इतिहास में भी पाई जाती है। असाधारण घटनाचक्र के कारण जिनकी जड़ें भारत के उन दिनों के हालात के बीच थीं, भारत का शासन उन लोगों के हाथों में चला गया जो भारत से 6 हज़ार मील दूर भारत की जातियों, धर्म एवं सभ्यता से अनजान थे। जैसा कि हमेशा कहा जाता रहा है कि शब्द के साहित्यिक अर्थ के मुताबिक भारत कभी भी जीता नहीं गया। भारतीय सैनिकों एवं सहयोगियों की मदद से अंग्रेज़ भारत की प्रमुख शक्ति बन गये। पिछली आधी शताब्दी से अधिक समय से उदार रुख वाले अंग्रेज़ एवं भारतीय इंग्लैंड से "भारत, भारतीयों के लिए" की नीतियों को अपनाने तथा प्रशासन का भारतीयकरण करने और भारतीयों को अपने कार्यों की प्रशासनिक देखभाल खुद करने का अवसर एवं ताकत प्रदान करने की माँग कर रहे थे। युद्ध के 30 वर्ष पहले भारतीय

राष्ट्रीय कांग्रेस अस्तित्व में आई और अपने जन्म काल से ही इसने जनता के हाथों स्व-शासन सौंपने की माँग की। मैं इन तथ्यों की ओर ध्यान इसलिए खींचना चाहता हूँ कि हम लोग युद्ध के पहले से ही स्व-शासन के अधिकार के लिए अपनी माँग रख रहे थे। युद्ध और बाद की घटनाएँ एवं इसके परिणामों के चलते हम स्व-शासन की माँग नहीं कर रहे हैं। अगर युद्ध नहीं होता, स्व-शासन के बारे में हमारी माँग, हमारे अधिकार को सामान्य न्याय के रूप में बहुत पहले मान लिया जाना चाहिए था।

यह मध्याह्न के प्रकाश की तरह स्पष्ट है कि जागृत जनमत एकमत से सरकार से माँग करता है कि जिम्मेदार शासन का सिद्धान्त भारत सरकार के शासन में लागू करने के साथ-साथ प्रांतों में भी यह सुधार लागू करना चाहिए। केन्द्रीय सरकार के यहाँ कार्यों का बँटवारा होना चाहिए। कुछ कार्य केन्द्र के लिए आरक्षित हो और कुछ कार्य प्रदेशों में स्थानान्तरित कर देना चाहिए। यह सुधार का पहला कदम होगा। जागृत जनमत भारत में वित्तीय स्वतन्त्रता की माँग करता है।

यह एकमत से माँग करता है कि भारत सरकार की कार्यपालिका का आधा हिस्सा भारतीय लोगों से भरा होना चाहिए। यह एकमत से माँग करता है कि लोकप्रिय संसदों में अपना अध्यक्ष एवं उपाध्यक्ष चुना जाय। यह एकमत से न्यायपालिका के कार्य को कार्यपालिका से अलग करने की माँग करता है। यह एकमत से सामान्य संवैधानिक अधिकारों, जैसे प्रेस की स्वतन्त्रता, आम-सभा तथा खुली न्यायिक सुनवाई की रक्षा होनी चाहिए, हालाँकि इसे अन्तिम रूप से लागू करने के तरीकों के बारे में मत भिन्नता है।

हम ऐसे लोग हैं, जिन्होंने जे.सी. बोस जैसे वैज्ञानिक, रवीन्द्र नाथ टैगोर जैसे कवि, सर बी. आयंगार एवं रासबिहारी बोस जैसे वकील, सर टी. माधव राव एवं सर सालास्जेग जैसे प्रशासक, सर सैयद महमूद एवं तेलंग जैसे उच्च न्यायालय के न्यायाधीश, दादा भाई नौरोजी, राना डे, फीरोज़ शाह मेहता एवं जी.के. गोखले जैसे देशभक्त एवं सार्वजनिक व्यक्ति, जे.एन. टाटा एवं उनके अनुरूप पुत्र दोराबजी टाटा जैसे उद्योगपति, तथा एम.के. गाँधी जैसा मानवता का सेवक तथा सभी तरह के युद्ध मैदानों में अपनी जान लुटाने वाले सैनिक पैदा किये हैं। क्या हम स्व-शासन के योग्य नहीं हैं? हमारे घाव को कुरेदा नहीं जायेगा जो आजतक हमारे जन्मसिद्ध अधिकार और स्व-शासन के अधिकार से वंचित रखकर किया जाता रहा है और स्व-शासन का अधिकार भारत को सुपुर्द किया जायेगा।

मोतीलाल नेहरू (1865-1931)

पंडित मोतीलाल नेहरू (1865-1931) जवाहरलाल जी के पिता थे, जिन्होंने इलाहाबाद उच्च न्यायालय में वकालत की। केन्द्रीय विधानसभा के सदस्य बने। 1919-1920 में अमृतसर और कलकत्ता में कांग्रेस अधिवेशन की अध्यक्षता की। असहयोग आन्दोलन में उन्हें गिरफ्तार कर लिया गया था। यद्यपि ये गाँधीजी के नजदीक थे लेकिन इन्होंने चौरीचौरा काण्ड के बाद 1922 में उनकी तीव्र आलोचना की। इन्होंने चितरंजन दास से मिलकर 1923 में स्वराज्य पार्टी की स्थापना की। सायमन कमीशन के पश्चात् इन्होंने भारतीय संविधान का एक प्रारूप तैयार किया था, जिसका विरोध जवाहरलाल नेहरू और सुभाषचन्द्र बोस ने किया।

स्वराज्य पार्टी के माध्यम से वे केन्द्रीय विधान सभा में चुन गये और वहाँ विरोधी दल के नेता बने। 1926 में उन्होंने डोमनियन स्टेटस की माँग की किन्तु सेन्ट्रल असेम्बली द्वारा अस्वीकृत किये जाने के बाद वे अपने साथियों के साथ पुनः कांग्रेस में लौट आये। गाँधीजी के इशारे पर उन्होंने 1929 में कांग्रेस का अध्यक्ष पद अपने यशस्वी पुत्र जवाहरलाल नेहरू को सौप दिया।

प्रस्तुत भाषण उन्होंने अमतृसर कांग्रेस अधिवेशन में दिया था।

स्वतन्त्रता की पवित्रभूमि

(अध्यक्षीय भाषण, अमृतसर कांग्रेस, 27-30 दिसम्बर, 1919)

प्रतिनिधि साथियो,

जिस तूफानी मौसम से हम गुजर रहे हैं, उस समय भारतीय राष्ट्रीय कांग्रेस जैसे बड़े जहाज की कप्तानी करना, एक अद्वितीय सम्मान है।

पिछले वर्ष जब हम दिल्ली में मिले थे, उस समय तक महान युद्ध का अन्त हो चुका था और हम लोग आगे की ओर आशा भरी नजरों से देख रहे थे। एक बड़ा शान्ति का दौर आयेगा जो लम्बे समय तक टिका रहेगा और वह अपने साथ सभी राष्ट्रीयताओं की स्वतन्त्रता का सन्देश लेकर आयेगा। हमारे लिए जो बहुत से वादे किये गये थे, उन्हें पूरा करने का वक्त आ गया। यूरोप एवं अमेरिका के राजनेताओं द्वारा जो नीतियाँ तय की गयी थीं उसके अनुरूप, कांग्रेस ने अपने देश के लिए आत्म-निर्णय का अधिकार माँगा। शान्ति लौट आई है, कम से कम थोड़ी-सी, लेकिन इसने जीतने वालों को थोड़ा ही चैन दिया है। राजनेताओं द्वारा किये गये वादे थोथे साबित हुए हैं। जिन सिद्धान्तों के लिए युद्ध लड़े गये, उन्हें भुला दिया गया है। भारत के लिए शान्ति का पहला फल रौलेट एक्ट एवं मार्शल कानून था। युद्ध इन बातों के लिए नहीं लड़ा गया था। इन बातों के लिए लाखों लोगों ने अपनी कुर्बानियाँ नहीं दी थीं। इसलिए यह आश्चर्य की बात नहीं है कि शान्ति आने के बाद जनता में उत्साह पैदा नहीं हुआ है और भारत की विशाल जनता ने शान्ति समारोहों में हिस्सा लेने से इन्कार कर दिया है।

उत्पीड़न एवं आतंकवाद ने कभी भी किसी राष्ट्र के जीवन की हत्या नहीं की है। वे सिर्फ़ असंतोष को बढ़ावा देते हैं और उसे भूमिगत गतिविधियों की ओर ढकेल देते हैं, जिससे वे गलत तरीके का इस्तेमाल करते हैं और कभी-कभी वह हिंसात्मक अपराध के रूप में फूट पड़ता है। और यह फिर से उत्पीड़न को आमंत्रित करता है और यह दुश्चक्र जारी रहता है। कोई भी हिंसा एवं राजनीतिक अपराध का समर्थन नहीं करेगा, उसकी निंदा करेगा। लेकिन हमें भूलना नहीं चाहिए कि यह लगातार उत्पीड़न का प्रत्यक्ष परिणाम है। कार्यपालिका की निर्लज्जता के चलते जिसने असंतोष के प्रति अपनी आँखे मूँद ली हैं और एक पागल साँड की तरह जो इसके रास्ते में आने का साहस करता है, उस पर यह हमला करता जाता है।

रौलेट अधिनियम तो बुरा था ही, लेकिन जिस वातावरण में वह तैयार किया गया था उसने इसे और ज़्यादा बुरा बना दिया। इस रोग से लड़ने के लिए महात्मा गाँधी ने महान सत्याग्रह आन्दोलन शुरू किया। हमारी राजनीति में एक नयी शक्ति का समावेश हुआ। एक ऐसी शक्ति जिसमें महान संभावनाएँ थीं। भारत की जनता अचानक जाग उठी और यह सत्याग्रह का सन्देश सबसे निरीह लोगों

के घरों तक पहुँच गया। हम लोगों में से कुछ सत्याग्रह के संकल्प के शब्दों से पूरी तरह सहमत नहीं थे और हममें से बहुत लोग समझते थे कि अभी नागरिक अवज्ञा का समय नहीं आया है। लेकिन कुछ ही लोग शायद इस सिद्धान्त की मूल बातों से असहमत हो सकते थे। ये सिद्धान्त जिन्हें मैं समझता हूँ, सत्य, निर्भयता एवं अहिंसा थे। और इसके साथ मैं जोड़ना चाहता हूँ कि यह हर व्यक्ति का अधिकार है कि वह किसी कानून को मानने से इन्कार करे जो उसके अन्तस के विरुद्ध हो। और सत्य का सम्मान करते हुए वह ऐसी बातों के सामने सिर नहीं झुका सकता है। और इस तरह के विरोध के परिणामों को झेलने के लिए तैयार रहे। यह वहाँ के लिए खास है, जहाँ जनता की इच्छा के विरुद्ध कानून पारित किये जाते हैं।

मैंने ऊपर में जिन गुणों की चर्चा की है, उसे आप सत्याग्रह या कोई अन्य नाम दें, आवश्यक हैं, अगर हमें दुनिया के राष्ट्रों के बीच अपना सही स्थान हासिल करना है। हम स्वतन्त्र नहीं होंगे या स्वतन्त्रता पाने के लायक नहीं होंगे, अगर हमारे पास वो गुण बड़ी मात्रा में न हो। जब तक हम सत्य में विश्वास नहीं करते हैं और भय का त्याग नहीं करते हैं, तबतक हम गुलामी के मनोविज्ञान से बाहर नहीं आ सकते हैं, जो पीढ़ी-दर-पीढ़ी उत्पीड़न का परिणाम है और जो हमारी बुरी विरासत है। और हिंसा कभी हमें प्राप्त नहीं कर सकती है। हिंसा पश्चिम का हथियार है और हम कभी भी सशस्त्र बल से स्वतन्त्रता प्राप्ति की आशा नहीं कर सकते हैं। अगर हम ऐसा कर भी सके तो यह खोखली विजय होगी जो हमें पददलित करेगी और हमें पीड़ित करेगी और हमें इस स्वतन्त्रता का आनन्द उठाने के लायक नहीं बनने देगी। हम उसी तरह के पापों को विकसित करेंगे, जिसके खिलाफ़ आज हम संघर्ष कर रहे हैं और अपनी बारी आने पर फिर वही उत्पीड़न शुरू कर देंगे।

मेरा विश्वास है कि अंग्रेज़ ब्रिटिश शासन की न्यायप्रियता के प्रति गौरवान्वित हैं और अपनी ख्याति के प्रति चौकन्ने हैं। हाल के दिनों में पंजाब के बारे में बहुत लिखा गया है और बहुत कुछ लिखना बाकी है। लेकिन इस वर्ष जो घटनाओं का ज्वार आया, उससे जो पाठ हम और अंग्रेज़ सीख सकते हैं, स्पष्ट है। हमारे लिए वे लगातार प्रयास के रास्ते पर बढ़ने, त्याग एवं अग्निपरीक्षा के रास्ते पर बढ़ने का पाठ पढ़ाते हैं। यही रास्ता हमारे लक्ष्य तक पहुँचने का है। अंग्रेज़ों के लिए वे इसी बार-बार दुहराये गये सत्य का पाठ पढ़ाते हैं कि निरंकुशता उन्हें पतित बनाती है जो उसका इस्तेमाल करते हैं। उनसे ज़्यादा जो उसके शिकार होते हैं। इसलिए स्वतन्त्रता की हिफाजत करनेवाला पुराना इंग्लैंड अपने प्रभुत्व के हिस्सों में अलग-अलग रूप धारण करता है। इंग्लैंड ने छोटी राष्ट्रीयताओं की स्वतन्त्रता के लिए युद्ध की शुरुआत की, उसके बावजूद उसकी सत्ता के अधीन एक बड़ा राष्ट्र अभी तक परतन्त्र है।

हम विचार की स्वतन्त्रता, कार्य की स्वतन्त्रता, अपने भाग्य की रचना की स्वतन्त्रता और ऐसे भारत के निर्माण की स्वतन्त्रता जो उसकी जनता की चेतना के अनुकूल हो, चाहते हैं। लेकिन वह दिन अभी दूर है। हमारे सामने एक कठिन रास्ता है जो बाधाओं एवं गड्डों से भरा हुआ है। हम सत्य के निर्देश एवं लबों पर साहस का नाम लेकर आगे बढ़ें, जबतक कि हम पवित्र भूमि तक पहुँच न जायें।

कोलोनियल वेगवुड (1872-1943)

अमृतसर में 13 अप्रैल 1919 को हुए जलियाँवाले बाग के हत्याकांड से सभी परिचित हैं। जनरल डायर सैकड़ों निरीह एवं शस्त्रविहीन जनता की मौत का कारण था किन्तु ब्रिटिश सरकार और जनता ने उसे प्रशंसा पत्र दिया। ब्रिटेन की संसद ने प्रशंसा प्रस्ताव को 232 के पक्ष एवं 131 के विरोधी मतों से पारित किया। स्पष्टतः ब्रिटेन में भी कुछ लोग थे जिन्होंने उपरोक्त प्रस्ताव के विरोध में अपना मत दिया एवं इस नरसंहार की निन्दा की। उन्हीं लोगों में कर्नल वेगवुड का नाम आता है। कर्नल वेगवुड ने ब्रिटिश संसद में उपरोक्त नरसंहार के विरुद्ध अपनी आवाज़ उठाई। उनका ब्रिटिश संसद में दिया हुआ भाषण उद्धृत है।

जलियाँवाला बाग

(लन्दन, 15 दिसम्बर, 1919)

अमृतसर हत्याकाण्ड और ब्रिटेन का भारत के प्रति कर्तव्य के मुद्दे पर मैं सवाल उठाना चाहता हूँ। दुर्भाग्यवश उस हत्याकाण्ड का विस्तृत विवरण हम लोगों को भलीभाँति ज्ञात है। कुछ अपवादों को छोड़कर अंग्रेज़ी प्रेस ने भी इन बातों पर अंग्रेज़ी दृष्टिकोण अख्तियार किया है। जो घटित हुआ उससे सम्पूर्ण देश दुखी था। हम संसद की सुनी हुई बातों से नहीं, बल्कि मुख्य कर्त्ता के साक्ष्य के आधार पर बताना चाहते हैं। यहाँ जाँच-पड़ताल एक तुच्छ प्रमाण के रूप में परिणत होगी। इस तथ्य को निश्चित रूप से सही सन्दर्भ में रखा जाना चाहिए। वास्तव में क्या घटित हुआ? एक धार्मिक त्योहार का मौका था और हज़ारों पंजाबी अमृतसर गये हुए थे। ब्रिटिश पदाधिकारीगण चिन्तित थे और 9 अप्रैल को उपायुक्त ने कुख्यात डॉ. सत्यपाल एवं किचलु को घेर लिया था और उन्हें उठा ले गये थे। खबर फैल गयी और उनके अनुयायी बड़ी तायदाद में उन्हें छोड़ने की माँग करते हुए उपायुक्त के पास गये। इस प्रतिनियुक्ति को सैन्य टुकड़ियों द्वारा रोका गया, जो सैन्य टुकड़ियाँ लाठीधारी थीं। परिणामस्वरूप सैन्य टुकड़ी ने गोलियाँ चलाईं और कुछ प्रदर्शनकारियों पर गोलियाँ दागीं। उनकी लाशों पर भाषणबाजी हुई, और भीड़ ने मोड़ ले लिया और तीन अंग्रेज़ों की हत्या कर दी तथा एक महिला की पिटाई की। इस तरह के दंगे को कोई माफ नहीं करेगा। दसवें दिन संध्या के समय जनरल डायर अमृतसर पहुँचा, और उपायुक्त ने उसे सिविल अधिकार सुपुर्द कर दिया। उन्होंने मौखिक रूप से एक उद्घोषणा जारी की कि सभाएँ नहीं होनी चाहिए। दो दिन के बाद तक न तो कोई दंगा हुआ और न ही कोई हत्या जनरल डायर को मालूम हुआ कि जलियाँवाला बाग में कोई सभा होने वाली है। वे पचास सैनिकों की टुकड़ी के साथ वहाँ के लिए कूच कर गये, जिसमें आधी ब्रिटिश, आधी भारतीय और कुछ खास संख्या में गोरखे अपने खुकरी शस्त्रों के साथ थे। जलियाँवाला बाग एक खुली जगह है, लगभग आधा मील वर्गाकार, जिसका एक ही प्रवेश द्वार है, जो तीन व्यक्तियों के प्रवेश करने-भर ही चौड़ाई लिये है। सैनिक टुकड़ी प्रवेश कर गयी और एक कचरे की ढेर पर पंक्तिबद्ध हो गयी। दीवारें सात फीट ऊँची थीं, और अगल-बगल के घरों से लोग घिरे थे। तीन रास्ते थे, जिनसे होकर लोग गुजर सकते थे। सैनिक टुकड़ियों के प्रवेश करने के तीस सेकन्ड के अन्दर ही जनरल डायर ने गोली चलाने का आदेश दे दिया, और लोगों की भीड़, जिसमें अनुमानित लोगों की संख्या पाँच हजार से बीस हजार थी, वे ज़मीन पर बैठे थे और शान्तिपूर्ण तरीके से भीड़ में ही भाषण सुन रहे थे, जिन पर गोलियाँ चला दी गयीं। सैनिक टुकड़ियों द्वारा लोगों पर चलायी गयी गोली के परिणाम को हम लोग नहीं जानते हैं। लेकिन हम लोग यह जरूर जानते हैं कि डायर के अपने अनुमान के अनुसार दस मिनट तक लगातार गोली चलने से चार सौ से पाँच सौ

तक लोग मारे गये और लगभग पन्द्रह सौ लोग घायल हो गये। लोग क्या कर सकते थे? वे बच नहीं सके। वे वैसे लोग थे, जिन्होंने किसी तरह की हिंसा नहीं की थी और उन्हें किसी तरह की चेतावनी भी नहीं दी गयी थी। वे वैसे ही लोग थे, जिन पर गोलियाँ दागी गयीं। दस मिनट के बाद गोलियाँ समाप्त हो गयीं और सैनिक टुकड़ियाँ वापस हो गयीं और पन्द्रह सौ जख्मी लोगों को वहीं छोड़ दिया। वे लोग दो दिनों तक वहीं पड़े रहे, प्यास से मरते रहे, मिट्टी खाते रहे, खून बहाकर मरते रहे और उनकी देखभाल करने वाला कोई नहीं था। वैसे सम्बन्धी जो आसपास रहते थे, आये और मरे हुए और मरते हुए लोगों के बीच की ढेर से कुछ घायल लोगों को उठाकर ले गये, लेकिन देहाती अभागे लोग अपने जख़्मों के कारण दुःखद ढंग से मरते रहे। 1919 में ब्रिटिशकालीन भारत में यही घटना घटी थी। एक ब्रिटिश खिलाड़ी ने कुछ कष्ट उठाया और देखने का समय निकाला कि एक जख़्मी तीतर को उसके संकट से निकाला गया, लेकिन ये जख़्मी लोग दो दिनों तक धीरे-धीरे मरते रहे और लेटे रहे। जरा सोचिये इसका क्या मतलब होता है। अंग्रेज़ों के इतिहास में इस तरह की कभी कोई घटना नहीं घटी थी और न हमारे भारत के साथ इन सम्पूर्ण सम्बन्धों में ऐसा कुछ हुआ था। ब्रिटिश लोगों की ख्याति की निन्दा के लिए यदि आपको कुछ पाना है तो इसके लिए सदियों पीछे जाना होगा। सामान्य अंग्रेज़ी वर्णमाला की पुस्तक में एकमात्र साधारण व्यक्ति, जो भारत के ब्रिटिश शासन को जानता है, वह है कलकत्ता का ब्लैक होल और कानपुर का हत्याकांड, जहाँ एक कुआँ लाशों से भरा हुआ था। यहाँ से शताब्दियों बाद आप पायेंगे कि भारतीय बच्चे यहाँ लाये जाते थे, ठीक उसी तरह से, जिस तरह से वे अभी कानपुर के कुएँ को देखने के लिए लाये जाते थे।

(सम्माननीय सदस्य : 'आपने क्या किया होता') मैंने हत्याएँ नहीं की होतीं। जरा सोचिये, इन सबों का क्या मतलब होता है। आप वहाँ एक मकबरा बनवा देंगे और प्रतिवर्ष शहीदों के मजारों पर जुलूस निकाले जायेंगे। अंग्रेज़ लोग भी वहाँ जायेंगे और नंगे सिर वहाँ खड़े होंगे। इस घटना से आपने जातियों को बाँट दिया है, जो एक-दूसरे को प्यार करते थे। एक सही प्रतिष्ठित सज्जन ने जो नींव डाली थी, जो इस ब्रिटिश साम्राज्य को वास्तविक सहयोग की ओर ले जाता, लेकिन उसे नष्ट कर दिया गया।

यह न केवल नष्ट हुआ है, बल्कि इसने हमारी ख्याति को पूरी दुनिया में नष्ट किया है। आप जानते हैं कि क्या घटित होगा। सभी ब्लैक गार्ड्स जो अमेरिका में रहते हैं, जब नीग्रो जाति के लोगों को पीटते हैं, तो वे लोग यही कहते हैं, "अहा, तूने भारत में इसी तरह का काम किया था।" रूस में भी जब मार-काट की घटना घटती है, तो वे लोग भी यही कहेंगे कि "हम लोगों ने ऐसा कुछ नहीं किया, जो आप लोगों ने भारत में किया था," और जब हम लोग तुर्कों से कहते हैं, "आपने तो अमेरिकियों के साथ हत्याकाण्ड किया," तो वे लोग यही कहेंगे कि "हम लोग यह कामना करते हैं कि काश! हम लोगों को मौका मिलता कि पाँच हजार लोग एक साथ होते और सबों को सीधे शूट कर दिया जाता।" यही आपलोगों का स्वागत है, जो आपलोगों को मिलेगा। दुनिया के सम्मानित लोग सोचेंगे कि वास्तव में इंग्लैंड यही पसन्द करता है, जो अमृतसर में घटी और वह घटना निश्चित तौर से अंग्रेज़ी घटना थी। जर्मनी के लोगों ने भी बेल्जियम में ऐसा खराब काम नहीं किया था। यह हमेशा हमें अपमानित करता है। भारत सचिव मांटेग्यू का कथन है कि मैंने कभी ऐसा मामला नहीं देखा है, जहाँ इतनी सारी कटौती सदन में लायी गयी थी, जिसकी जाँच-पड़ताल एक निष्पक्ष ट्रिब्यूनल के द्वारा की जा रही है।

मैं नहीं समझता कि जनरल डायर के द्वारा प्रयोग किये गये शब्दों में इतनी विभिन्नताएँ हैं।

उन्होंने जो कुछ कहा है, उससे वे खुद ही दोषी हैं। 'सूट करें या न करें, इस पर मैंने तीस सेकेंड नहीं लिया।' उन्होंने खुद ही कहा था कि उन्होंने उन लोगों पर फायर किया, कि यदि वे लोग तितर-बितर हो गये होते, तो वे वापस आ सकते थे। उन्होंने साफ-साफ कहा था कि हिंसा करके भीड़ को दबाना या लोगों को गोली मारना हिंसात्मक नहीं है, क्योंकि उस कार्य से आतंक पैदा किया जा सकता था और भविष्य में दंगा रोका जा सकता था। लोगों को गोली मारने को हम लोगों ने न्याय संगत नहीं माना है, इसलिए नहीं कि वे अपने जीवन को खतरे में डाल रहे थे, बल्कि इसलिए किया था, ताकि भविष्य में बगैर गोली चलाये ही, ऐसा आतंक पैदा किया जा सके।

लाला लाजपत राय (1865-1928)

लाला लाजपत राय ने 1913 ई. में भारत छोड़ दिया था और भारत छोड़ने के लिए उन्होंने निम्नलिखित कारण बताये थे। मैंने महसूस किया कि मेरे घर की चाहरदीवारी के अंदर मेरे साथ रहनेवाला मेरा नौकर भी मेरी जासूसी कर रहा है। जीवन असहनीय हो गया और मैं अपनी नींद और भूख गवाँ बैठा और इसलिए मैंने भारत छोड़ने का निर्णय ले लिया। इसके पहले 1907 में वे अजीत सिंह के साथ पंजाब उपनिवेशीकरण विधेयक एवं पानी की बढ़ी हुई दरों के खिलाफ़ आन्दोलन चलाने के चलते मान्डले जेल में निर्वासित कर दिये गये थे।

वे जापान के रास्ते इंग्लैंड गये और जब प्रथम विश्व युद्ध जुलाई 1914 में शुरू हो गया तो वे अमेरिका के लिए रवाना हो गये और वहाँ 6 वर्षों तक रहे। वहाँ उन्होंने भारत के पक्ष में बड़ा प्रचार अभियान चलाया और 1917 में 'इंडियन होमरूल लीग' की स्थापना की। इंग्लैंड और अमेरिका में उन्होंने बहुत से प्रमुख व्यक्तियों के साथ मित्रता कायम की और उनकी माध्यम से भारत के हितों के लिए सहायता प्राप्त करने का प्रयास किया। गाँधीजी ने उनकी मृत्यु पर शोक सन्देश लिखते हुए कहा कि वे अन्तर्राष्ट्रीयतावादी थे और इसलिए यूरोपीय मानस पर उनकी पकड़ थी। यूरोप और अमेरिका में उनके मित्रो की बड़ी टोली थी। वे उनसे प्रेम करते थे, क्योंकि वे (यूरोपीय) उन्हें (लाला लाजपत राय) जानते थे। अमेरिका में लिखी गयी उनकी किताबें भारत में खूब पढ़ी जाती थी। 6 वर्षों के आत्म निर्वासन के बाद जब वे 20 फरवरी को मुम्बई पहुँचे तो उनका नायक के रूप में स्वागत किया गया और उन्हें एक के बाद एक स्वागत समारोहों में जाना पड़ा।

शान्दाराम चौल में पहुँचने के बाद यह पहले स्वागत समारोह में उनके द्वारा दिया गया स्वतः स्फूर्त भाषण था। यह हृदय से दिया गया भाषण था। उस ज़माने के अन्य नेताओं की तरह वे एक प्रभावशाली वक्ता थे।

स्वतन्त्रता की ओर

(मुम्बई, 20 फरवरी, 1920)

मेरे लिए यह समय और मौका देश की राजनीतिक परिस्थिति पर अपना मत व्यक्त करने का नहीं है। इस विषय पर बोलने के लिए मुझे आपसे कुछ समय प्राप्त करने की दरकार है। लेकिन मेरे लिए यह खुशी की बात है कि मैंने अपनी विदेश यात्रा के दौरान कुछ मूलभूत सत्यों का साक्षात्कार किया है जो मैं सन्देश के रूप में युवा भारत के सामने रखना चाहता हूँ। मेरे दोस्तो, मुझे यह मौलिक सिद्धांत के रूप में मानना चाहिए कि हिन्दू-मुसलमानों की एकता हमारे राजनैतिक भविष्य के लिए बहुत बड़ी परिसम्पत्ति है। हमें इसे सिर्फ़ राजनीतिक ज़रूरतों के लिए स्वीकार नहीं करना चाहिए बल्कि अपनी आस्था के मौलिक सिद्धांत के रूप में स्वीकार करना चाहिए। इसे हमें मृत्युपर्यन्त अंगीकार करना चाहिए और जब तक हम स्वतंत्रता प्राप्त नहीं कर लेते हैं, उसी समय तक नहीं बल्कि उसके बाद भी हम एक साथ भाई की तरह रहेंगे, एक साथ मिलकर काम करेंगे, एक साथ प्रतिरोध में शामिल होंगे और एक साथ जीत हासिल करेंगे। यह हमारे मूलभूत सिद्धांत का पहला अध्याय है और इसे आस्था के रूप में हमें स्वीकार कर लेना चाहिए।

अब हम दूसरे अध्याय की चर्चा करें। मैं आपको कहना चाहूँगा कि किसी दूसरे पर विश्वास करने के बजाय अपने पर विश्वास करें। आप अपने ही प्रयासों से उँचा उठ सकते हैं। याद रखें कि राष्ट्रों का निर्माण अपने बल पर होता है। हम सहयोग, सुझाव, दिशानिर्देशों का स्वागत करेंगे, लेकिन हम संरक्षण एवं आज्ञा का प्रतिरोध करेंगे। हम लोग बच्चे नहीं हैं। हमारे पास अतीत के 6 हजार वर्षों की बुद्धिमता है। मैंने करीब- करीब पूरी दुनिया की यात्रा की है और मैंने कम से कम जापान, इंग्लैंड, अमेरिका तीन देशों के स्वशासन वाली सरकारों को देखा है। आप जान लीजिए कि सिर्फ़ आधुनिक ज्ञान को छोड़कर हम इस पृथ्वी पर किसी से कमतर नहीं हैं। हम किस मामले में कमतर हैं? हमारी इकट्ठा होने की क्षमता में कमी है। हम लोग आधुनिक समय को स्वीकार करने के मामले में पीछे तथा आधुनिक राजनय को समझने में पीछे हैं। अगर हम बड़े पैमाने पर झूठ बोलने की कला जानते, अगर हम अतीत को पीछे छोड़कर हिंसा का सहारा लेते, अगर हम ये तमाम कार्य कर सकते तो जो आज के समय में विश्व में शक्ति का प्रतिनिधित्व करता है तो बड़े राष्ट्रों द्वारा हमें स्वशासन का सही उत्तराधिकारी समझा जाता। हम लोगों में इन गुणों का अभाव है। इन तमाम गुणों को मैं सिर्फ़ एक गुण में सीखने के लिए कहना चाहता हूँ। हम एक सही रास्ते पर चलनेवाले राष्ट्र के रूप में रहे हैं, और सही रास्ते पर चलते रहेंगे, और इसी रास्ते पर चलकर जीतेंगे। मैं आपसे अपनी सभ्यता के प्रति निष्ठावान बने रहना देखना चाहता हूँ। सत्य की खोज करें, सत्य बोलें और सत्य आधारित कार्रवाई करें और मैं कहना चाहता हूँ कि आप विजयी होंगे। आधुनिक विश्व प्रबंध

पर आधारित है। आधुनिक राजनीति श्रेष्ठता एवं नीचता पर आधारित है। हम किसी को नीच या श्रेष्ठ नहीं मानते हैं, हम अपने देश के लिए वैसी कोई माँग नहीं करते हैं जो पृथ्वी पर बसे किसी व्यक्ति को हम दे नहीं सकते। हम सिर्फ़ समानता की माँग करते हैं, और कुछ नहीं। कुछ मित्र हैं जो साम्राज्यवाद के नाम से मोहित हो जाते हैं। वे महान साम्राज्यवादी व्यवस्था के हिस्सेदार बनना चाहते हैं, मैं यह नहीं चाहता हूँ।

देवियो और सज्जनो, मनुष्य द्वारा बनाये गये शब्दों में सबसे ज़्यादा दुर्भावनापूर्ण, पापपूर्ण और आपराधिक शब्द अगर कोई है तो वह साम्राज्यवाद है। मैं ऐसी किसी साम्राज्यवादी व्यवस्था का हिस्सेदार नहीं बनना चाहता हूँ। मैं अपने देश के लिए सबसे पहले ब्रिटिश कॉमनवेल्थ और बाद में राष्ट्रों के बीच समानता की माँग करता हूँ। ग्रेट ब्रिटेन के साथ हमारे जुड़ाव के चलते हम वैसे ब्रिटिश राजनेताओं, राजनीतिज्ञों, चिंतकों एवं मज़दूरों के साथ सहयोग करना चाहते हैं जो ब्रिटिश साम्राज्य को ब्रिटिश कॉमनवेल्थ में बदल सके। दुनिया के आन्दोलन आनेवाली घटनाओं की प्रतिच्छाया है और अगर ब्रिटिश साम्राज्य ब्रिटिश कॉमनवेल्थ में नहीं बदलता है तो वो समाप्त हो जायेगा, जैसा कि अन्य साम्राज्यों के साथ हुआ है। मेरे प्रिय दोस्तो, कुछ लोग हैं जो हमें बताते हैं कि दूसरों के मतों का बहुत अर्थ नहीं है। वे हमें बताते हैं कि जो ब्रिटिश शासक हैं, उन्हीं की बात हमारे विश्वास के लिए सच है। मैं इस उक्ति को स्वीकार नहीं करता हूँ।

चित्तरंजन दास (1869-1925)

देशबंधु चितरंजन दास का जन्म विक्रमपुर (ढाका) बंगलादेश में हुआ था। वे बी.एम. दास के पुत्र थे। यह परिवार अपनी सक्रियता के लिए सारे देश में जाना जाता है। इन्होंने लंदन से बैरिस्टर की परीक्षा पास की और कलकत्ता में आकर 1909 में वकालत शुरू की।

ब्रिटिश राज्य के विरुद्ध अपने संघर्ष में इन्होंने कई अखबार निकाले। इन्होंने आज़ादी की लड़ाई में बढ़-चढ़कर हिस्सा लिया। 1925 में इनकी मृत्यु हुई। सुभाषचन्द्र बोस इनके मुख्य शिष्यों में थे। कुछ दिन से स्वास्थ्य कारणों से दार्जिलिंग में रहे, जहाँ महात्मा गाँधी भी उनसे मिलने गये थे। 1925 में इनकी अन्त्येष्टि में गाँधीजी भी शरीक हुए थे।

1909 में अलीपुर बमकेस में इन्होंने अरविन्दो घोष की वकालत की, जिससे इनको प्रसिद्धि मिली। 1919 से 1922 के बीच इन्होंने असहयोग आन्दोलन में बढ़-चढ़ कर हिस्सा लिया एवं मोतीलाल नेहरू के साथ 1923 में स्वराज पार्टी की स्थापना की। प्रस्तुत है नागपुर में भारतीय राष्ट्रीय कांग्रेस की अधिवेशन में इनका भाषण, जिसमें इन्होंने असहयोग आन्दोलन का सशक्त समर्थन किया था।

असहयोग आन्दोलन पर प्रस्ताव

(1920)

अध्यक्ष महोदय, देवियो और सज्जनो,

मैं आपके सामने असहयोग आन्दोलन के पक्ष में प्रस्ताव रखने के लिए खड़ा हुआ हूँ। मैं आपके सामने उस प्रस्ताव को पढ़ता हूँ।

वर्तमान सरकार के बारे में कांग्रेस का मत है कि इस सरकार ने इस देश का विश्वास खो दिया है कि देश की जनता अब स्वराज को स्थापित करने के लिए कृतसंकल्प है, कि भारत की जनता पिछली कांग्रेस के विशेष अधिवेशन के पूर्व अपने अधिकारों एवं स्वतन्त्रताओं की सही तौर पर स्वीकृति हासिल करने में नाकाम रही है और अपनी बहुत-सी शिकायतों एवं गलतियों खासकर खिलाफ़त आन्दोलन एवं पंजाब के सम्बन्ध के मुद्दों को सुलझाने में असफल रही है। अब यह कांग्रेस, कलकत्ता अधिवेशन में असहयोग एवं अहिंसात्मक आन्दोलन के पक्ष में पारित प्रस्तावों का पुनर्समर्थन करते हुए वर्तमान सरकार के साथ स्वेच्छया सम्बन्धों को त्याग कर किसी योजना के एक हिस्से या सम्पूर्ण हिस्से के प्रति अपने अहिंसात्मक असहयोग की घोषणा करती है तथा दूसरी ओर करों की अदायगी नहीं करेगी। इन आन्दोलनों की तिथि की घोषणा या तो भारतीय राष्ट्रीय कांग्रेस या अखिल भारतीय कांग्रेस समिति करेगी। और इस बीच पूरे देश को तैयार करने के लिए प्रभावी कदम उठाये जाते रहने चाहिए।

मैं आपको तमाम पवित्र बातों की कसम देते हुए चाहता हूँ कि इस प्रस्ताव को बिना किसी विरोधी स्वर के एक स्वर से पारित करें। आपको राष्ट्र के सामने अपने भगवान प्रदत्त अधिकारों, जो अधिकार अस्तित्व में हैं, उन्हें हासिल करना होगा, का उद्घोष करना होगा। अधिकार अस्तित्व में है, क्योंकि यह ज़िन्दगी का साश्वत कानून है। लेकिन पृथ्वी के प्रत्येक पुरुष, महिला एवं प्रत्येक राष्ट्र को उन्हें हासिल करना पड़ता है। आप महसूस करें कि आपने उन अधिकारों को हासिल कर लिया है तो नौकरशाही या कोई तन्त्र आपके रास्ते में बाधक नहीं बन सकता है। मैं नौकरशाही से कहना चाहता हूँ कि हम लोगों ने तय कर लिया है कि हम उसे यह स्वीकार करने के लिए बाध्य करें कि हमने अधिकार हासिल कर लिया है। भगवान हमें इस प्रस्ताव को पारित करने की शक्ति प्रदान करें, बल्कि इसके महान विचार को प्राप्त करने के लिए आगे बढ़ें जो इस प्रस्ताव में अभिव्यक्त है।

मानवेन्द्र नाथ राय (1887-1954)

क्रान्तिकारी मानवेन्द्र नाथ राय का जन्म 1887 में बंगाल के चौबीस परगना ज़िले में हुआ था। बंगाल में क्रान्तिकारी नेताओं की धूम मची हुई थी। उस जमाने में बंकिमचन्द्र चटर्जी, विवेकानन्द एवं नरेन भट्टाचार्य (एम.एन. राय का पुराना नाम) काफ़ी सक्रिय थे। 1905 में बंगाल के बँटवारे के वक्त जो आन्दोलन खड़ा हुआ था, उसमें इन्होंने बढ़-चढ़ कर हिस्सा लिया था जिस कारण उन्हें स्कूल से निकाल दिया गया। राय ने अपने क्रान्तिकारी विचारों के साथ यूरोप में भ्रमण किया। तब तक वे क्रान्तिकारी साम्यवादी विचारों से लैस हो चुके थे।

17 अक्टूबर, 1920 को ताशकन्द में एम.एन. राय ने भारतीय कम्युनिस्ट पार्टी की नींव डाली–, जिसके वे सचिव चुने गये। श्री राय ने प्रस्तुत भाषण कम्युनिस्ट इन्टरनेशनल के द्वितीय अधिवेशन में मास्को में 26 जुलाई, 1920 को दिया था। उनका कहना था कि साम्राज्यवाद के विरुद्ध कोई भी आन्दोलन तभी सफल हो सकता है जबकि उसका नेतृत्व श्रमिक वर्ग के हाथ में हो।

भारत में साम्यवाद

(मास्को, 26 जुलाई, 1920)

ब्रिटिश भारत के एक प्रतिनिधि के रूप में मैंने कांग्रेस एवं आयोग के समक्ष खास पूरक विषयों को पेश किया, उन्हें यह उद्देश्य रखकर कि वे प्रकाशित नहीं किये गये हैं, सरेआम करना चाहिए।

अन्तरराष्ट्रीय साम्यवाद के सम्बन्ध को पूँजीवादी साम्राज्यवाद शासित देशों, उदाहरणार्थ भारत एवं चीन से विशेष रूप से निश्चित करना थर्ड इंटरनेशनल की द्वितीय कांग्रेस के समक्ष एक सर्वाधिक अहम सवाल है। विश्व क्रान्ति का इतिहास इस सम्बन्ध की सही समझ के अपरिहार्य होने से एक निश्चित स्थल पर पहुँच जाता है।

एक मुख्य स्रोत, जिससे कि यूरोपीय पूँजीवाद अपनी प्रमुख ताकत का विस्तार करता है, औपनिवेशिक अधिकार एवं अधीनता में दृष्टिगोचर होता है। विस्तृत बाज़ार एवं उपनिवेशों में व्यापक स्तर पर हो रहे शोषण पर नियन्त्रण के बगैर यूरोप की पूँजीवादी ताकतें अल्पकाल के लिए भी अपने अस्तित्व को कायम नहीं रख सकतीं। साम्राज्यवाद का गढ़ इंग्लैंड, एक शताब्दी पूर्व से ही माँग से अधिक उत्पादन से पीड़ित है। परन्तु उसके अधिशेष उत्पादों को बिक्री एवं अनवरत बढ़ रहे उद्योगों के लिए कच्चे मालों के स्रोत हेतु उसके द्वारा विस्तृत औपनिवेशिक अधिकार अर्जित किये जा रहे हैं, इंग्लैंड का पूँजीवादी ढाँचा अपने ही बोझ से बहुत पहले ही कुचल जायेगा। एशिया और अफ्रीका के करोड़ों-करोड़ लोगों को गुलाम बनाकर अंग्रेज़ी साम्राज्यवाद ब्रिटिश सर्वहारा वर्ग को पूँजीपति वर्ग के अधीन रखने में कामयाब होता है।

उपनिवेशों में हासिल किया गया वर्गीय वर्चस्व का अत्यधिक लाभ है, और बाद में यह स्थिति तब तक कायम रहेगी जब तक कि अत्यधिक लाभ के इस स्रोत को हटा नहीं दिया जाये। यूरोपीय कामगार वर्ग के लिए पूँजीवादी आदेश को मात देना सहज नहीं होगा।

अपनी मातृभूमि में सर्वहारा क्रान्ति के साथ औपनिवेशिक साम्राज्य को ध्वस्त करना, यूरोप में पूँजीवादी प्रणाली को मात देना होगा। फलतः अन्तर्राष्ट्रीय साम्यवाद को अपनी क्रियाशीलता के दायरे का विस्तार अवश्य करना चाहिए। इसे उन क्रान्तिकारी ताकतों के साथ भी सम्बन्ध कायम करना चाहिए, जो कि साम्राज्यवाद को मात देने के लिए कार्य कर रहे हैं। यदि ये दो ताकतें समन्वित हो जाएँ, तो विश्व क्रान्ति की अन्तिम कामयाबी निश्चित है।

अन्तरराष्ट्रीय साम्यवाद विश्व क्रान्तिकारी सर्वहारा वर्ग की संकेन्द्रित अभिलाषा है। इसका मक़सद पूँजीवादी व्यवस्था को मात देने एवं साम्यवाद को स्थापित करने के लिए पूरी दुनिया के कार्यशील वर्ग को संगठित करना है। अन्तरराष्ट्रीय तृतीय (थर्ड इंटरनेशनल) एक संघर्षशील दल है, जिसे दुनिया के समस्त देशों की क्रान्तिकारी ताकतों को जोड़ने के काम को अवश्य प्रोत्साहित करना चाहिए।

राजनीतिज्ञों के एक समूह के हावी होने तथा मध्यवर्गीय संस्कृति से गर्भपूरित होने से अन्तरराष्ट्रीय द्वितीय (सेकेंड इंटरनेशनल) औपनिवेशिक मामले के महत्त्व का मूल्यांकन करने में विफल रहा। उनके लिए यूरोप से बाहर की दुनिया का अस्तित्व नहीं है। वे यूरोप सहित गैर-यूरोपीय देशों में क्रान्तिकारी आन्दोलन के समन्वय की ज़रूरत को नहीं समझ सकते। उपनिवेशों में क्रान्तिकारी आन्दोलनों को नैतिक एवं भौतिक सहायता प्रदान करने के स्थान पर अन्तरराष्ट्रीय द्वितीय (सेकेंड इंटरनेशनल) के सदस्यगण स्वयं ही साम्राज्यवादी बन गये।

विदेशी साम्राज्यवाद पूर्व में निवास करने वाले लोगों पर, उनके सामाजिक एवं आर्थिक विकास को प्रतिबन्धित करते हुए थोप दिया गया, साथ ही, यूरोप तथा अमेरिका में रहने वाले उनके मित्रों के आसपास भी थोपा गया। उपनिवेशों में औद्योगिक विकास पर प्रतिबन्ध लगाने की साम्राज्यवादी नीति के कारण यहाँ हाल-फिलहाल तक सर्वहारा वर्ग अस्तित्व में नहीं आ सका। भारी मात्रा मे आबादी अशिक्षित रखी गयी। इस नीति के नतीजतन प्रत्येक अधीनस्थ व्यक्ति में अन्तर्निहित विद्रोह की भावना ने थोड़े शिक्षित मध्यम वर्ग में अपनी अभिव्यक्ति प्राप्त की। विदेशी प्रभुत्व ने सामाजिक शक्तियों के स्वतन्त्र विकास को बाधित कर दिया, इसलिए इसे पलट देना उपनिवेशों में क्रान्ति की दिशा में पहला कदम है। उपनिवेशों में विदेशी शासन को पलट देने में सहायता करना देशी मध्यवर्गीय राष्ट्रीय अभिलाषाओं का समर्थन करना नहीं है, बल्कि वहाँ गला घोंटे हुए सर्वहारा वर्ग के मार्ग को खोलना है।

उपनिवेशों में मुक्ति आन्दोलन राष्ट्रवादियों के संकीर्ण दायरे में सीमित नहीं है। अधिकांश उपनिवेशों में संगठित क्रान्तिकारी दल अस्तित्व में आये, जिन्होंने कार्यशील जनसमूहों के साथ निकट सम्बन्ध कायम करने का प्रयत्न किया। उपनिवेशों में क्रान्तिकारी आन्दोलन के साथ अन्तर्राष्ट्रीय साम्यवाद का सम्बन्ध इन दलों अथवा समूहों के माध्यम से ही चरितार्थ होगा, क्योंकि वे अपने अलग-अलग देशों में कार्यशील वर्ग के अगुआ हैं। वे आज बहुत विस्तृत नहीं हैं, परन्तु वे आवाम की अभिलाषाओं का ख्याल रखते हैं, तत्पश्चात् वे क्रान्ति का अनुसरण करते हैं। विभिन्न साम्राज्यवादी देशों में साम्यवादी दलों को उपनिवेशों के इन सर्वहारा दलों के संसर्ग में काम करना चाहिए, और उन्हें सामान्य क्रान्तिकारी आन्दोलनों में नैतिक एवं आर्थिक समर्थन करना चाहिए।

मुख़्तार अहमद अंसारी (1880-1936)

मुख़्तार अहमद अंसारी भारत में एक राष्ट्रवादी राजनीतिक नेता थे। वे एकमात्र ऐसे व्यक्ति थे, जिन्होंने स्वाधीनता आन्दोलन में भारतीय राष्ट्रीय कांग्रेस और मुस्लिम लीग की अध्यक्षता की। वे जामिया मिल्लिया विश्वविद्यालय के संस्थापकों में थे एवं 1928 से 1936 तक उसके कुलपति रहे। शुरू में मद्रास मेडिकल कॉलेज से मेडिकल परीक्षा पास की और छात्रवृत्ति मिलने पर उन्होंने लंदन जाकर एम.डी और एम.एस की डिग्री हासिल की। उन्होंने लंदन में कुछ अस्पतालों में सर्जन के रूप में काम किया, जिसमें चारींग क्रास हॉस्पीटल प्रमुख है। आज भी उनकी स्मृति में उस अस्पताल में अंसारी वार्ड कायम है।

डॉ. अंसारी इंग्लैंड में रहते हुए भी भारतीय स्वाधीनता आन्दोलन में शरीक हुए। दिल्ली आकर वे कांग्रेस और मुस्लिम लीग दोनों के सदस्य बने। 1916 के लखनऊ पैक्ट में भी उन्होंने योगदान दिया। वे खिलाफ़त आन्दोलन के समर्थक थे। वे कांग्रेस के महासचिव बने और 1927 में उसकी अध्यक्षता की। जिन्ना की सक्रियता के बाद वे गाँधीजी के काफ़ी करीब रहे। 1936 में उनकी मृत्यु हुई।

प्रस्तुत आलेख खिलाफ़त आन्दोलन के पक्ष में गाँधी एवं अली बन्धुओं के सहयोग से डॉ. अंसारी ने तैयार किया था, यद्यपि मालवीय और जिन्ना ने अपने को इससे अलग रखा यह पत्र 19 जनवरी 1920 को वाइसराय चेम्सफोर्ड को दिया गया था। इस आन्दोलन ने हिन्दुओं या मुसलमानों में किसी को भी प्रभावित नहीं किया और यह आन्दोलन राष्ट्र और कांग्रेस दोनों के लिए घातक सिद्ध हुआ। अन्त में टर्की में खलीफा को कमाल पाशा द्वारा आयोजित आन्दोलन ने उखाड़ फेंका।

खिलाफत आन्दोलन

(दिल्ली, 19 जनवरी, 1920)

अमृतसर में आयोजित खिलाफ़त सम्मेलन के अत्यन्त महत्त्वपूर्ण सत्र द्वारा अधिकृत खिलाफ़त शिष्टमंडल के हम सदस्यगण महामहिम की छत्रछाया में उनकी सरकार की महत्त्वपूर्ण मसलों पर उनकी सहानुभूति और पूर्ण सहयोग की गुज़ारिश करते हैं। खिलाफ़त सम्मेलन ने कई बार प्रस्ताव पारित किया कि एक शिष्टमंडल सर्वप्रथम इंग्लैंड भेजा जाये और महामहिम एवं उनके मन्त्रियों के समक्ष उपस्थित किया जाये तथा एक स्पष्ट वक्तव्य के द्वारा उन बन्धनों, जो प्रत्येक मुस्लिम की आस्था या उनकी संयुक्त इच्छाओं से जुड़ी हैं, जिन्हें भारतीय मुसलमान अपने हृदय में सँजोये हुए हैं, को बन्धन मुक्त किया जाये। अन्य मुद्दे जैसे मुसलमानों का जजिरत-उल-अरब के प्रत्येक भाग पर नियन्त्रण, पावन स्थलों पर खिलाफ़त का संरक्षण एवं ओटोमन साम्राज्य की अखण्डता पर भी विचार किया जाये। ऐसी इच्छा किसी भी समय यथार्थ एवं सराहनीय होगी, लेकिन विद्यमान गम्भीर स्थिति को मद्दे नज़र रखते हुए, जो संकट का रूप धारण कर रही है, उसे रोका जाये। इसने शीघ्रता और हठधर्मिता को ग्रहण कर लिया है जिसने हमें आदरपूर्ण अभिव्यक्ति के लिए बाध्य किया है, उस पर महामहिम की एजेंसी के माध्यम से अंकुश लगाया जाये।

हम लोग आदर के साथ सलाह दे सकते हैं कि इस विषम परिस्थिति में सबसे महत्त्वपूर्ण बात है, कि इस संयुक्त साम्राज्य के केन्द्रीय अधिकारीगण पूर्णतः जागरूक हों। इस साम्राज्य के राजनेता से जो सबसे कम हम लोग अपेक्षा रखते हैं, वे धार्मिक बन्धनों और सत्तर मिलियन भारतीय मुसलमानों की उत्कृष्ट भावनाओं और उनके ही देश के सहवासी हिन्दू, जो लगभग 250 मिलियन हैं, उन पर पूर्ण विचार उन्हें करना चाहिए। युद्ध के दौरान इन भावनाओं एवं सहानुभूतियों पर एक या दूसरे कारण से पर्याप्त दबावपूर्ण अभिव्यक्ति नहीं दी गयी है। हम लोग कहने से ज़्यादा पश्चाताप करते हैं कि धार्मिक बाध्यता, जिसका जिक्र हमें पहले स्पष्ट रूप से बल देकर करना चाहिए था, नहीं किया जा सका जो एक समूह के धार्मिक सिद्धान्तों के प्रचार-प्रसार के उद्देश्य से महत्त्वपूर्ण है और जिसे दूसरे विदेशी शासक वर्ग के विश्वास के सम्बन्धों को स्पष्ट करना चाहिए।

भारतीय मुसलमानों की वफ़ादारी भारत के दूसरे समुदायों से अपनी सम्प्रभुता के प्रति कम नहीं थी और पूरे अंग्रेज़ी शासन काल के दौरान एक दौलत के रूप में इसकी पहचान की गयी। इस सत्य को भी स्वीकार किया जाता है कि यह विश्वास उन लोगों की धार्मिक स्वतन्त्रता की पूर्णता के संरक्षण पर अवलम्बित था। अगर सरकार को स्मरण दिलाना यह आवश्यक नहीं होता कि मुसलमानों की वफ़ादारी और प्रत्येक भारतीय समुदाय की वफ़ादारी कायम रहती, जब तक कि उनकी वफ़ादारी पर सन्देह नहीं किया गया होता, यही हम लोगों की समझ है। फिर भी संयुक्त और संगठित ताकतें

तथा इस्लाम लोगों के उसूल एक-दूसरे से मेल खाते हैं, हम लोग आदरपूर्वक निवेदन करते हैं कि न्याय और योग्यता, जो एक माँग की तरह और जो मानव के द्वारा अपरिवर्तनीय हैं, उसे पेश किया जाये। वह इस्लाम जो तेरह सदियों से कभी नहीं परिवर्तित हुआ है, और जिसे परिवर्तन की सम्भावना और आवश्यकता थी, अपने परिवेश के प्रत्येक परिवर्तन के सापेक्ष में जब आवश्यक परिवर्तन, जिसके माध्यम मुस्लिम विचारधारा साम्राज्यवादी माँगों के लिए तैयार रहते थे, इसके माध्यम से हम लोग नम्रतापूर्वक आग्रह करते हैं कि सच्चे साम्राज्यवाद उन्हें अपने साम्राज्य में समुचित तरजीह दें। इस्लामी कानून बहुत ही महत्त्वपूर्ण है और स्वभावतः बाँधने की प्रवृत्ति, जिसे बदला नहीं जा सकता है, संयुक्त और संगठित ताकतों के माध्यम से, सांसारिक लिप्साओं में संलग्न हो जाते हैं। कुछ सीमाएँ जो अल्लाह द्वारा निर्धारित की गयी हैं, उनका उल्लंघन कोई नहीं करेंगे, लेकिन मुसलमान अपनी धार्मिक पाबन्दियों का दृढ़ता से पालन करते हैं, वे आदरपूर्वक कबूल करते हैं और वास्तविक साम्राज्यवादी हित भी इस्लामी मार्ग की ओर इशारा करते हैं। युद्ध का अन्त हो सकता है, लेकिन शान्ति अभी भी दूर और सन्देहपूर्ण है तथा हम लोग शाही शक्तियों से यही गुजारिश करते हैं कि इस्लामी मैत्री और भारतीय वफ़ादारी को कम न किया जाये। एक ऐसा समझौता भारतीय मुसलमानों एवं गैर-मुसलमानों को जो स्वीकार नहीं है, अब प्रसन्नतापूर्वक पुनर्संगठित होकर एवं कंधा से कंधा मिलाकर शान्ति नहीं लायेगा, क्योंकि यह न्याय और सन्तोष की समझ उत्पन्न नहीं करेगा। कोई भी मुसलमान जो मुक्ति की उम्मीद और इबादत करता है, आगे शान्ति के बारे में नहीं जानता और अगर वह शान्ति की अपेक्षा रखता है, तो उसे इस्लाम के उसूल को अपनाकर प्राप्त कर सकता है, चाहे परिणाम कुछ भी हो। अगर इसके विरुद्ध भारतीयों का दिल उनकी उदार प्रवृत्ति के कारण जीत लिया जाये और जो राष्ट्रमण्डल के एक सदस्य के रूप में अपनी समस्याओं को व्यवस्थित करता है, और मुस्लिम समुदाय जो अपनी इस्लामिक अवधारणाओं एवं बन्धनों की तारीफ करता है, के माध्यम से दोनों के बीच समन्वय सम्भव है। मुस्लिम भावनाओं की आधी दुनिया ग्रेट ब्रिटेन के पीछे होगी। इस दुनिया की कोई भी शक्ति इसके (भारत) अधिकार एवं इसके साम्राज्य के अधिकार से इन्कार नहीं कर सकता है।

मुहम्मद अली जिन्ना (1876-1948)

मोहम्मद अली जिन्ना एक सर्वविदित नाम है जिनके नेतृत्व में पाकिस्तान का निर्माण हुआ। राजनीति के अपने शुरुआती दिनों में वे कांग्रेस और गाँधीजी के समर्थक थे। किन्तु 1940 के बाद उन्होंने अपना विचार बदला और वे भारत विभाजन के समर्थक बन गये। 1906 से 1920 तक भारतीय राष्ट्रीय कांग्रेस के सदस्य रहे, 1913 से 1947 तक ऑल इंडिया मुस्लिम लीग के सदस्य हो गये। उनका जन्म 25 दिसम्बर 1876 में हुआ था और उनकी मृत्यु पाकिस्तान के गर्वनर जनरल के रूप में 1948 में हुई। शिक्षा के क्षेत्र में उन्होंने लंदन से बॉर एट लॉ की डिग्री ली। 1916 में लखनऊ पैक्ट के वक्त वे हिन्दू-मुस्लिम एकता के कट्टर समर्थक नेता थे। 1940 के बाद वे इस विचार के हो गये की भारतीय मुसलमानों को एक अलग राज्य की ज़रूरत है। द्वितीय विश्वयुद्ध के वक्त जब कांग्रेस के अधिक नेता गिरफ्तार कर लिए गये थे, लीग के नेताओं को अपनी बात को मजबूती के साथ रखने का मौका मिला। अन्त में कांग्रेस और मुस्लिम लीग आज़ादी के वक्त संयुक्त भारत के प्रस्ताव पर सहमत न हुई और देश का विभाजन हिन्दुस्तान और पाकिस्तान के रूप में हो गये। भारत एक धर्मनिरपेक्ष राष्ट्र बना, किन्तु जिन्ना पाकिस्तान को धर्मनिरपेक्ष राज्य न बना सके।

कलकत्ता में कांग्रेस और मुस्लिम लीग का संयुक्त अधिवेशन खिलाफ़त आन्दोलन के पक्ष में 1920 में आयोजित हुआ जिसमें गाँधी, जिन्ना, ऐनी बेसेंट, लाजपत राय, मोतीलाल नेहरू, शौकत अली, अबुल कलाम आजाद आदि उपस्थित थे। इस सम्मेलन में जिन्ना ने स्पष्ट रूप से कहा कि गाँधी जी द्वारा चलाए गए असहयोग आन्दोलन के हम पक्षधर नहीं हैं। बाद में दिसम्बर 1920 में कांग्रेस के नागपुर अधिवेशन में जिन्ना ने गाँधी जी का विरोध करते हुए कांग्रेस का बहिष्कार किया और वे पुनः लौटकर नहीं आये। प्रस्तुत भाषण जिन्ना ने 7 दिसम्बर, 1920 को कलकत्ता में कांग्रेस और मुस्लिम लीग के संयुक्त अधिवेशन में दिया था।

खिलाफत आन्दोलन और मुसलमान

(कलकत्ता, 7 सितम्बर, 1920)

हम सभी लोग उस परिस्थिति पर विचार करने के लिए यहाँ जमा हुए हैं, जिससे सन्धि विराम पर हस्ताक्षर करने के बाद सरकार की गतिविधियों में परिवर्तन आया है। पंजाब नरसंहार के बाद सर्वप्रथम रॉलेट बिल आया और तब ऑटोमन साम्राज्य के खिलाफ़त के प्रस्ताव आये। उसमें से एक हमारी स्वतन्त्रता पर आघात करता है, जबकि दूसरा हमारी आस्था पर। हर एक देश के दो सिद्धान्त और कुछ अनिवार्य कार्य करने के लिए होते हैं—एक अन्तर्राष्ट्रीय नीति में अपनी आवाज़ को उठाने के लिए एवं दूसरा सर्वोच्च न्याय के आदर्श एवं मानवता को आन्तरिक रूप से न्याय के आदर्श एवं मानवता को आन्तरिक रूप से बनाकर रखने के लिए। लेकिन किसी को अपनी पूर्ण सन्तुष्टि हेतु प्रशासन उसके हाथों में होना अनिवार्य है। जैसा कि हम लोगों के अन्तर्राष्ट्रीय विषयों पर भारत का प्रतिनिधित्व उसके महामहिम इंग्लैंड सरकार के राजा द्वारा होता है, यद्यपि हमारे दो भारतीय प्रतिनिधि हमारा प्रतिनिधित्व करने के लिए उनकी सरकार में हैं। वे न तो निर्वाचित हैं और न ही भारत के प्रमाणित (अधिकृत) प्रतिनिधि हैं। नतीजा यह है कि मुसलमानों के एक होने एवं प्रधानमन्त्री द्वारा पावन प्रतिबद्धता को तोड़ने के बावजूद टर्की देश पर जघन्य अपराध और हिंसा के आरोप लगाये गये। ऑटोमन साम्राज्य ने आज्ञापत्र के छद्म रूप में लूटने और मित्र राष्ट्र से पृथक होने का काम किया। इसके लिए ईश्वर को धन्यवाद कि सभी इसके नियम से वाकिफ़ हो गये कि हम लोग न तो भारत सरकार में और न ही इंग्लैंड के उस महामहिम राजा में, जो भारत का अन्तर्राष्ट्रीय विषयों में प्रतिनिधित्व करते हैं, विश्वास करेंगे।

मिस्टर गाँधी ने असहयोग के कार्यक्रम को रखा, जिसका समर्थन खिलाफ़त सम्मेलन के अधिकारी ने देश के सन्दर्भ में किया। यह अब आपलोगों पर निर्भर करता है कि या तो आप इस सिद्धान्त पर विचार करें या इसके विस्तार को अस्वीकृत करें, इस योजना की प्रक्रिया आपकी आत्मा पर आघात पहुँचायेगी। यह मात्र आप पर निर्भर करता है कि आप अपनी शक्ति का आकलन इस प्रश्न के दोनों पहलुओं का मापन किसी निर्णय पर पहुँचने से पूर्व करें। अगर एक बार आपने मार्च करने का निर्णय ले लिया, तो किसी भी परिस्थिति में पीछे नहीं हटना है।

इसी स्थिति में शिमला स्थित ओलम्पियन, अर्थात जो स्वयं एक सन्तुष्ट वायसराय है, जो विकल्प के तौर पर हम बदनसीब मुसलमानों के प्रति सहानुभूति दिखाता है और महात्मा गाँधी की मूर्खतापूर्ण योजना पर पश्चाताप करता है और जिसकी किलेबन्दी एक पात्र के रूप में उनकी सरकार द्वारा की गयी। यह दृष्टिकोण का परिवर्तित रूप है, जिसके माध्यम से हम लोग उत्कृष्ट मुहावरेदार युद्ध के समय की बातें सुनें कि भारतीय सोने को खोज कर दुर्भाग्य से टर्की को तोड़ने एवं रॉलेट

ऐक्ट की बेड़ियाँ खरीदने के लिए किया गया। एक-पर-एक अपमानजनक उत्तरोत्तर मायूसी, जख्म के ऊपर जख्म ने लोगों के विनाश का मार्ग प्रदर्शित किया। इसी से रूस में बोल्शेविक क्रान्ति का मार्ग प्रशस्त हुआ, इसी से आयरलैण्ड में सिन फिनवाद का उदय हुआ और हो सकता है कि यह भारत की आज़ादी का मार्ग प्रशस्त करे।

सुधार के असन्तोषप्रद गुण, जो मि0 मांटेग्यू और लॉर्ड चेम्सफोर्ड के पक्षपात से उत्पन्न हुए, वे अपने ही नियम के द्वारा नष्ट हो गये। लॉर्ड चेम्सफोर्ड की सरकार के प्रभाव के अन्तर्गत जो काम हुए, जो स्वतन्त्रता का आज्ञापत्र हमें मिला, और वह आज्ञापत्र स्वतन्त्रता की भरपाई नहीं करता। भारतीयों को उपसेनाध्यक्षों और राज्यपालों के पदों पर आसीन किया जा सकता है और इसी उद्देश्य से वायसराय बनाया गया। यह मात्र अनुज्ञप्ति है, स्वतन्त्रता नहीं। हम लोग वास्तविक राजनीतिक स्वतन्त्रता चाहते हैं, न कि सरकार में ओहदा चाहते हैं। रॉलेट ऐक्ट को नवीन परिषद् के समक्ष पारित करने में व्यापक विचार-विमर्श करने के बजाय जल्दीबाजी की गयी। सरकार की नीति को स्पष्ट करना चाहिए था। जब पंजाब में इस रॉलेट ऐक्ट के खिलाफ़ संवैधानिक तरीकों से प्रदर्शन किया गया, तब यह उपसेनाध्यक्ष के भाग्य पर निर्भर रहा कि इसे बेईमानी से खुले विद्रोह के रूप में चित्रित किया जाए। मात्र उसकी प्रशासनिक प्रतिभा ऐसी कल्पना कर सकती थी कि ऐसा देश जहाँ लोगों को बर्बरतापूर्वक शस्त्रविहीन किया गया है, खुला विद्रोह कर सकते हैं। मात्र उसकी कायरतापूर्ण भावना ही सैनिक शासन लागू करने की माँग कर सकती थी। उसके अनुसार हथियार के बिना बदला नहीं लिया जा सकता। सैनिक शासन (मार्शल लॉ) लागू किया गया। वह तरीका एवं परिस्थितियाँ, जो घोषणा की गयी, उसका उद्देश्य प्रशासन का आकलन इस तरह से करना था कि मात्र पंजाब का ही नहीं, बल्कि पूरे भारत की राजनीतिक स्वतन्त्रता और राजनीतिक जीवन को लोगों में आतंक फैलाकर नष्ट किया जाये। हंटर समिति के प्रतिवेदन का बहुत बड़ा हिस्सा घोर लज्जाजनक नमूना है कि जब तक अंग्रेज़ों और भारतीयों के बीच तनाव रहेगा, उचित न्याय नहीं हो सकता। भारत सरकार विशिष्ट उत्साह एवं विनम्रतापूर्वक इस प्रस्ताव को राज्य सचिव को भेजे, इसके व्यवहारों की चर्चा करते हुए, उस तथ्य पर पर्दा डालकर कि इस फैसले को पारित करने में वे लोग एक आरोपी की भूमिका में हैं। उस पावन भूमि का क्या जिस पर चन्द्रमा, तारे और नीले-सुनहरे बॉस्पोरस हैं, इसकी पूँजी जब्त कर ली गयी और खलीफा को बन्दी बना लिया गया, इसके द्वारा विजित क्षेत्र को मित्र राष्ट्रों की सेना ने छलपूर्ण शर्तों के तहत अधिग्रहण कर लिया। यह मौत का पैगाम है, न कि सन्धि का। ये सब महापराध है। जो जोर-जोर से चिल्ला रहे हैं और हम लोग घातक अप्रत्याशित परिस्थितियों का सामना कर रहे हैं, उस सबका समाधान सहज नहीं है और कठिनाइयाँ अनेकानेक हैं। लेकिन मैं लोगों को यह नहीं कहता कि वे गलतियों की पुनरावृत्ति करते जायें। सरकार से मैं यह कहता हूँ कि वह (सरकार) लोगों को उदासीनता की ओर अग्रसर न करे, नहीं तो असहयोग आन्दोलन की नीति के अलावा कोई विकल्प उनलोगों के लिए नहीं रह जायेगा, जो कि गाँधी जी का कार्यक्रम था।

मैं ज़्यादा देर तक आपको रोकना नहीं चाहता हूँ, लेकिन इससे पहले कि मैं बैठ जाऊँ, मैं केवल यह कहना चाहूँगा कि हम लोगों के एकजुट रहने पर ही हमारा अस्तित्व कायम रहेगा, जबकि बिखरे रहने पर हमारा पतन निश्चित है। आपकी परिचर्चा के आद्योपांत मैं आपसे गुज़ारिश करता हूँ कि आप उक्त दर्शन को नहीं खोयें। मैं आश्वस्त हूँ कि मुस्लिम लीग का प्रत्येक सदस्य अपने आदर्श कर्तव्यों का निर्वाह करेगा, जो उसका अपने समुदाय एवं मुल्क के लिए निर्धारित है। आपके विचार

और परिचर्चा के दौरान भले ही मतान्तर हो, लेकिन हंम लोग एक-दूसरे को अवश्य तरजी़ह दें, क्योंकि हर कोई अपनी मातृभूमि, अपने घर एवं मुल्क के लिए अच्छा कर रहा है। इस भावना के साथ मैं आप लोगों से यह कहना चाहूँगा कि आप अपने ही विचार के साथ आगे बढ़ें। मुझे शक नहीं है कि सामूहिक बुद्धि अर्थात् संयुक्त बुद्धि, जो कि मुसलमानों की उत्तम बुद्धि है, किसी भी समस्या का समाधान ढूँढ़ने में सर्वथा असफल रहेगी, जो जीवन-मृत्यु के विषय पर अर्थात् खिलाफ़त के सवाल पर मुसलमानों के दृष्टिकोण से विचार करते हैं। मुझे सन्देह नहीं है कि 70 मिलियन से भी ज़्यादा मुसलमान, जिनका नेतृत्व बुद्धिमान और ज्ञानी समुदायों द्वारा किया जाता है, वे कामयाब होंगे।

मौलाना अबुल कलाम आज़ाद (1888-1958)

इनका जन्म 11 नवम्बर 1888 को सऊदी अरब में हुआ था। आजाद खिलाफ़त मूवमेन्ट के नेता के रूप में उभरे और गाँधीजी के सम्पर्क में आये। 35 वर्ष की उम्र में 1923 में वे भारतीय राष्ट्रीय कांग्रेस के अध्यक्ष बने। पुनः वे 1940 से 1945 तक भारतीय राष्ट्रीय कांग्रेस के अध्यक्ष रहे। उन्हीं की अध्यक्षता में 1942 के अंग्रेज़ो भारत छोड़ो आन्दोलन का सूत्रपात हुआ था। वे एकमात्र भारतीय स्वाधीनता आन्दोलन के मुस्लिम नेता थे, जिन्होंने भारत के विभाजन के विरुद्ध आवाज़ अन्त-अन्त तक उठाते रहे। वे स्वाधीनता आन्दोलन की लड़ाई में 1930 और 1942 में लम्बे समय तक ब्रिटिश जेल में रहे।

प्रस्तुत भाषण भारतीय राष्ट्रीय कांग्रेस के विशेष अधिवेशन में 1923 में दिल्ली में दिया गया था। आज़ादी के बाद वे भारत के प्रथम शिक्षामन्त्री बने और शिक्षा के क्षेत्र में उन्होंने सराहनीय कार्य किया। मृत्युपरांत 1992 में उन्हें भारतरत्न की उपाधि दी गयी।

मौलाना अबुल कलाम आज़ाद (1888-1958) भारतीय राष्ट्रीय कांग्रेस के उन मुस्लिम नेताओं में अग्रणी थे, जिन्होंने भारत की एकता का अन्त-अन्त तक समर्थन किया। उन्होंने भारतीय राष्ट्रीय कांग्रेस के विशेष अधिवेशन (1923) की अध्यक्षता, की जिसमें दिया हुआ उनका भाषण यहाँ उद्धृत है।

साम्प्रदायिक सौहार्द एवं राष्ट्रीयता

(अध्यक्षीय भाषण, विशेष कांग्रेस अधिवेशन, दिल्ली, 1923)

निर्धारित समय से पहले इस ऐतिहासिक स्मारक में अपना अधिवेशन आयोजित करना आवश्यक हो गया है, क्योंकि हम अपने स्वाधीनता आन्दोलन के महत्त्वपूर्ण क्षणों में हैं। हमारे सामने जो कठिनाइयाँ आने वाली है उसके हल के लिए हमें सोचने की ज़रूरत है। अगर मैं कहूँ कि हमारे सामने इस समय की कठिनाइयाँ एवं कर्तव्य कांग्रेस के इतिहास में अप्रत्याशित हैं, तो सिर्फ़ मैं यहाँ उपस्थित प्रत्येक व्यक्ति की भावनाओं को आवाज़ दे रहा होऊँगा। तीन वर्ष पूर्व जब आप इसी तरह के अधिवेशन में कलकत्ते में जमा हुए थे, वह हमारे इतिहास का महत्त्वपूर्ण क्षण था। वह ऐसी महत्त्वपूर्ण परिस्थिति थी जब कोई राष्ट्र स्वाधीनता के युद्ध की आधिकारिक घोषणा करता है। आज का दिन राष्ट्र के उन समयों की याद दिलाता है जब कि राष्ट्रों को सिर्फ़ युद्ध की घोषणाओं से जुड़े मुद्दों को ही सुलझाना नहीं पड़ता है बल्कि उन घोषणाओं से पैदा होने वाली उलझावपूर्ण एवं निर्णायक मुद्दों को भी सुलझाना पड़ता है, जब हम लोग उन दिनों मिले, तब हम सिर्फ़ युद्ध के शुरू होने की बात से चिन्तित थे और आज आप उसके परिणामों के प्रति उत्सुक हैं। उस दिन आप अपनी यात्रा की शुरुआत करने वाले थे, आज आपको रास्ते में खोने का डर सता रहा है।

बिलाशक, हमारे सामने बहुत ही कठिन कर्तव्य है। लेकिन हमारा विश्वास अडिग है। हमें अपने तरीकों के ऊपर शक हो सकता है, लेकिन लक्ष्य के लिए नहीं। हमारा साधारण प्रयास, सत्य एवं न्याय प्राप्त करना है और हम लोग पृथ्वी पर भगवान द्वारा प्रदत्त सबसे उचित कार्य कर रहे हैं। हालाँकि हमारी कठिनाइयों से भरी यात्रा तकलीफदेह हो सकती है, लेकिन यह हमें निराशा में नहीं डुबो सकती है। हमें विश्वास करना चाहिए कि हमारे उद्देश्य की प्राप्ति के लिए शुरू की गयी यात्रा में हमें जो भगवान का आशीर्वाद प्राप्त है, उसने हमारे जैसे कमजोर एवं असहायों को साहस प्रदान किया और हमारी यात्रा के पूरे दौर में वे हमारी रक्षा कर रहे हैं और वे तबतक रक्षा करते रहेंगे जबतक हम अपनी मंजिल तक नहीं पहुँच जाते हैं।

अगर मुझे हाल की घटनाओं और समस्याओं पर बोलना हो तो मैं बोलने की अपेक्षा चुप रहना पसंद करूँगा। अब शायद कुछ और नयी बात कहने को नहीं रह गयी जो नयी रोशनी दे सके या हमें नयी दिशा दे सके। एक ऐसा दौर था जब नौकरशाही के अन्याय के खिलाफ़ बोलना ही राष्ट्रीय भावना की अभिव्यक्ति हुआ करता था। बाद में आलोचना ने शिकायत का रूप लिया और फ़िर वह प्रतिरोध में बदल गया। अब किसी भी अन्याय के खिलाफ़ हम हल्ला करने लगे। अब बातें इस बिन्दु पर पहुँच गयी है, जहाँ हमें अपना निर्णय अपने आप लेना है। इतना अन्याय देखने के बाद हम इसके आदी हो गये हैं जैसे कि यह हमारे रोज़-बरोज़ की ज़िन्दगी का हिस्सा हो। अब अन्याय

के बारे में बोलना गैर-जरूरी हो गया है और यहाँ तक कि इसकी चर्चा करना भी हमारे ज्ञान के प्रति अनादर होगा। नंगी वास्तविकता हमारी आँखों के सामने है। हमारे लिए आश्चर्य की कोई बात नहीं रह गयी और न कोई नकाब अब उलटना बाकी रह गया है। हमें थोड़ा भी शक नहीं है कि जो घटनाएँ हमारे सथ घट रही हैं, वो लगातार घटती रहेंगी जबतक हम इसे बदलने की पहल न करें। हम ऐसी सरकार के साथ उलझ रहे हैं जो पूरी तरह अन्यायपूर्ण है। और अगर यह आज भी मज़बूत बनी हुई है तो यह अपनी आन्तरिक शक्ति की बदौलत नहीं है। यह इसलिए है कि हमारी उपेक्षा ने इसकी नींव को मज़बूत बनाया है। अन्याय इस व्यवस्था के अन्दर समाया हुआ है यह कोई दुर्घटना नहीं है। हमें न तो आश्चर्य करना चाहिए और न क्रोधित होना चाहिए, हमें इसे यहाँ से भगाने के लिए पूरी ताकत से काम करना चाहिए।

सज्जनो, आप जो पहली बात मुझसे अपेक्षा रखते हैं वह आपकी ओर से उस घटना से पैदा होने वाली आनन्द की भावना का उद्‌गार है, जिसका आपके राष्ट्रीय आन्दोलन के साथ आश्चर्यजनक परन्तु गौरवशाली सम्बन्ध है और जो आपके राष्ट्रीय इतिहास का एक महत्त्वपूर्ण अध्याय है। यह भगवान की इच्छा थी कि दो दूर-दूर खड़े पूर्वी देश न्याय एवं स्वतन्त्रता के नाम पर एक-दूसरे से ऐसे जुड़े हुए होंगे जबकि एक का दर्द दूसरा महसूस करेगा और एक में से किसी का विजयी होना दोनों के लिए आनन्द मनाने वाली बात होगी। पूर्व के ये ऐसे कौन से दो राष्ट्र हैं जो न्याय और स्वतन्त्रता की खोज में एक-दूसरे के इतने करीब आ गये। पहला तो भारत है, जिसने अपनी स्वाधीनता की माँग के साथ-साथ तुर्की के लिए आत्म-निर्णय एवं स्वतन्त्रता की माँग की। अपनी स्वाधीनता की माँग के साथ-साथ इस्लामी खिलाफ़त की हिफाज़त की माँग की।

तुर्की, जहाँ नव-राष्ट्रवाद की किरण फूटी है उसने चमत्कार की तरह पूरी दुनिया को चकाचौंध कर दिया है। उसकी विजयी देशभक्ति का ज़्ज्बा पूरे पूर्व विश्व में फैल गया है जो अपने साथ नयी ज़िन्दगी एवं नयी आशाएँ लेकर आया है।

हमें याद रखना चाहिए कि इतिहास के पन्नों पर इसी तरह की घटनाओं का जो महत्त्व है, इसके नायकों को इस बात का पता नहीं होता है। हम लोग भी एक क्रान्तिकारी दौर से गुजर रहे हैं जो उन तमाम हालात को पूरा करता है, इतिहासकारों के मुताबिक जो महान क्रान्तियों को जन्म देता है। विश्व तेजी से एक नये युग की ओर आगे बढ़ रहा है। आज तक जिन चीजों को अकाट्‌य सत्य समझा जाता था, वह आज अपने अन्दर से हिल चुका है। इस विश्व की सीमाएँ धुँधली पड़ रही हैं जिस तरह से विश्वासों एवं सिद्धांतों की सीमाएँ। बहुत-सी ऊँचाइयाँ ध्वस्त हुई हैं और गहरी खाइयों ने अपनी सतहों को ऊँचा किया है। अधिकतम ऊँचाइयों पर पहुँच कर नीचे गिरने लगी हैं। निराशा में डूबी सदमों भरी रात अपनी अन्तिम सीमा तक पहुँच चुकी है। उसके बाद सुबह की किरण का फूटना निश्चित है।

काज़ी नज़रुल इस्लाम (1899-1976)

काजी नज़रुल इस्लाम संयुक्त बंगाल के एक प्रसिद्ध क्रान्तिकारी कवि हुए, जिनका जन्म 24 मई 1899 को एक बंगाली मुस्लिम परिवार में पुरुलिया (पश्चिम बंगाल) में हुआ था। वे महान क्रान्तिकारी कवि हुए जिनके राष्ट्रगीतों के चलते 1922 में ही अंग्रेज़ों ने उन्हें गिरफ्तार कर लिया था। अपनी गिरफ्तारी के सिलसिले में उन्हें मुख्य न्यायिक दंडाधिकारी के सम्मुख पेश किया गया। कोर्ट में दिया गया उनका वक्तव्य यहाँ प्रस्तुत है।

ये अपनी कविताओं एवं क्रान्तिकारी गीतों के लिए काफ़ी प्रसिद्ध हुए। साथ में इन्होंने थियेटर के क्षेत्र में भी काम किया। इन्होंने बंगाली, संस्कृत एवं अरबी का गहन अध्ययन किया। बंगाल में इनके काम पर विश्वविद्यालय की भी स्थापना हुई है। यधपि इनकी शिक्षा सिर्फ़ 10वीं तक हुई थी, लेकिन अपने स्वाध्याय से इन्होंने भारत में संगीत, साहित्य, नाटक, शास्त्रीय संगीत आदि में अपना स्थान बनाया। इनकी मृत्यु 1976 में ढाका (बांग्लादेश) में हुआ। वे बंगाली संस्कृति के सबसे प्रसिद्ध वाहक बने और अपने गीतों के माध्यम से पूरे उन्होंने बंगाल एवं बांग्लादेश को जागृत किया।

एक राजनैतिक कैदी का बयान

(1923)

मेरे खिलाफ़ आरोप है कि मैं राजशाही के खिलाफ़ विद्रोह कर रहा हूँ। अतः आज मैं शहंशाह के न्यायालय द्वारा दोषी करार दिया गया कैदी हूँ। एक तरफ शहंशाह की सत्ता है, दूसरी तरफ आकाश में फूटता हुआ प्रकाशपूँज है। एक तरफ शहंशाह के हाथ में सत्ता का प्रतीक चिह्न है तो दूसरी तरफ सत्य है, जिसके हाथ में न्याय का प्रतीक चिह्न है। राजा की तरफ वेतनभोगी कर्मचारी हैं और मेरी तरफ राजाओं के राजा, सभी न्यायाधीशों के न्यायाधीश, शाश्वत सत्य खुद भगवान हैं। किसी ने मेरे न्यायाधीश को चुना नहीं है। इस सर्वोच्च न्यायाधीश की नजर में राजा और उसकी प्रजा, अमीर और ग़रीब, सुखी या दुखी सभी समान हैं। उसकी गद्दी के अगल-बगल शाही सत्ता और भिखमंगे रहते हैं। उसका कानून न्याय है, धर्म है। यह किसी विजयी आदमी द्वारा हारे हुए लोगों के खिलाफ़ बनाया गया कानून नहीं है। यह विश्व भर के मानवों द्वारा सत्य को समझने के आधार पर बनाया गया कानून है। यह साश्वत सत्य है। यह सर्वशक्तिमान भगवान का कानून है। राज्य के पक्ष में एक छोटे अणु के आकार का निर्माण है और मेरी ओर संसार के निर्माण के पहले, अनन्त एवं अदृश्य निर्माणकर्त्ता हैं। राजा के पीछे की सत्ता महत्त्वहीन है और मेरे पीछे शिव हैं। राजा के पीछे जो लोग हैं, उनका लक्ष्य उनका व्यक्तिगत आर्थिक हिस्सा है। हमारे पक्ष में सत्य है जिसे हम परमानन्द की प्राप्ति कहते हैं। राजा का सन्देश एक बुलबुले की तरह है और मेरा असीम सागर के समान है। मैं एक कवि हूँ। मैं भगवान के द्वारा अबतक न बोले गये सत्य के बारे में बोलने के लिए भेजा गया हूँ, एक आकारविहीन रचना को आकार देने के लिए भेजा गया हूँ। भगवान एक कवि की आवाज़ के माध्यम से बोलते हैं। यह सत्य का सन्देश है, भगवान का सन्देश है। एक राजा के न्यायालय में इसे देशद्रोह करार दिया जा सकता है, लेकिन न्याय के न्यायालय में, वह सन्देश न्याय के ख़िलाफ नहीं है, सत्य के खिलाफ़ नहीं है। एक राज्य न्यायालय में इस सेदेश को दण्डित किया जा सकता है लेकिन धर्म के आलोक में, न्याय के द्वार पर यह निर्दोष, बेदाग, साफ-सुथरा एवं कभी न बुझने वाला सत्य की तरह है।

सत्य अपने को प्रकट करता है। कोई क्रोधित नजर या शाही दंड इसे दबा नहीं सकता है। मैं अनन्तकाल तक अपनी खोज करनेवाला वाद्ययन्त्र हूँ। एक ऐसा वाद्ययन्त्र जिसमें शाश्वत सत्य का धुन बजती रही है। मैं भगवान के हाथ का वाद्ययन्त्र हूँ। वाद्ययन्त्र टूट सकता है, लेकिन भगवान को कौन तोड़ सकता है? जहाँ सत्य है वहीं भगवान है—यह सदा से है और सदा बना रहेगा। आज जो भगवान के सन्देश के सामने बाधा उत्पन्न कर रहा है, जो इसे चुप करना चाहता है, वह भी एक बड़ा ही छोटा महत्त्वहीन शक्तिशाली, भगवान का बनाया हुआ हिस्सा है। यह भगवान की कृपा,

उनकी उपस्थिति, उनकी इच्छा से वह यहाँ है और कल यहाँ नहीं रह सकता है। आदमी की मूर्खता की कोई सीमा नहीं है। वह अपने निर्माणकर्त्ता को ही दण्डित करना एवं जेल में डालना चाहता है। लेकिन एक दिन यह घमंड आँसुओं में डूब जायेगा। खैर, मैं कह रहा था कि मैं सत्य को उजागर करने वाला एक यन्त्र हूँ। हो सकता है कि कोई क्रूर सत्ता उस यन्त्र को जेल में डाल दे या उसे नष्ट कर दे। लेकिन जो उस यन्त्र को बजाता है, उस वाद्ययन्त्र में शिव के सन्देश को बजाता है, उसे कौन कैद कर सकता है? मैं मरणशील हूँ लेकिन भगवान अमर हैं। मैं, राजा, मर जायेंगे—क्योंकि मेरे जैसे कितने विद्रोही मर चुके हैं और उसी तरह कितने राजा मर चुके हैं। लेकिन सत्य को कभी दबाया नहीं जा सका है, और न तो भगवान के सन्देश की हत्या की जा सकी है। आज इसी तरह वे प्रकट हो रहे हैं और अनन्तकाल तक प्रकट होते रहेंगे। हमारी दण्डित आवाज़ फिर किसी की आवाज़ से प्रकट होगी। मेरी मुरली को छीन कर रख लेने से उसके संगीत की आवाज़ बन्द नहीं होगी। मैं वह संगीत दूसरी मुरली से बजा सकूँगा, मैं कोई दूसरी मुरली फिर बना लूँगा। मुरली में संगीत नहीं है, संगीत मेरे दिल में है और मुरली का निर्माण करने के कौशल से जुड़ा हुआ है। अतः न तो मुरली को और न उसके संगीत को दोषी करार देना चाहिए। यह दोष मुझ पर मढ़ा जाना चाहिए, मैं जो मुरली बजाने वाला हूँ। उसी तरह से जो सन्देश मेरे मुँह से बाहर आया है, उसके लिए मैं उत्तरदायी नहीं हूँ। यह न तो मेरी गलती है और न मेरे वाद्ययन्त्र की। यह तो ऊपरवाले की गलती है जो मेरी आवाज़ के जरिये अपना वाद्ययन्त्र बजा रहा है। अतः मैं इस राज्य का विद्रोही नहीं हूँ, यह तो वह है जो वाद्ययन्त्र बजा रहा है। कोई ऐसी राजसत्ता या दूसरा भगवान नहीं है जो उसे दण्डित कर सके। अभी तक कोई जेल या पुलिस ऐसी नहीं बनी है जो उसे दण्डित कर सके। राज्य द्वारा नियोजित अनुवादक ने सिर्फ़ इसकी भाषा का अनुवाद किया है, उसके जीवनतत्व का अनुवाद नहीं किया है। अनुवाद सिर्फ़ राज्य के खिलाफ़ विद्रोह को अभिव्यक्त करता है, क्योंकि अनुवाद का उद्देश्य सिर्फ़ राजा को खुश करना है। मेरा लेखन सत्य शक्ति एवं जीवन तत्व की अभिव्यक्ति है। मेरा उद्देश्य वैश्विक मानवता के सबसे उत्पीड़ित, दुखीजनों की ओर से भगवान की पूजा करना है। मैं सत्य बरसाने वाला भगवान का आँसू हूँ। मैंने केवल एक राजा के खिलाफ़ विद्रोह नहीं किया है, यह अन्याय के खिलाफ़ विद्रोह है।

मैं जानता हूँ और मैंने देखा भी है कि मैं ही सिर्फ़ इस न्यायालय में दण्डित रूप में नहीं हूँ बल्कि मेरे पीछे सबसे सुन्दर सत्य, भगवान खड़े हैं। युगों से वे ऐसे राजनैतिक बन्दियों के पीछे खड़े रहे हैं जो उनके सत्य के सिपाही हैं। सरकार द्वारा नियोजित न्यायाधीश सत्य का न्यायाधीश नहीं हो सकता है। जब ईसा को सूली पर चढ़ाया गया, गाँधी को जेल में बन्द किया गया, उस न्याय के नाटक के समय भी भगवान दण्डित लोगों के पीछे खड़े थे। न्यायाधीश भगवान को देख नहीं सके। न्यायाधीश और भगवान के बीच सम्राट खड़े थे। सम्राट के डर से उनकी चेतना एवं उनकी दोनों आँखें बन्द हो गयीं। नहीं तो वे भय एवं तेज से काँपते रहते, नीला पड़ जाते और अपनी कुर्सी सहित जलकर भस्म हो जाते। न्यायाधीश को पता है कि मैंने जो कहा है और लिखा है, वह भगवान की नजर में अन्यायपूर्ण नहीं है। लेकिन संभवतया वे मुझे दण्डित करेंगे क्योंकि, वे 'सत्य' के पक्ष में नहीं हैं, वे राजा के पक्ष में है। वे स्वतन्त्र नहीं हैं, वे राज्य के नौकर हैं। मैं पूछना चाहता हूँ कि आखिर यह न्याय कोठरी किसकी है? राजा का है या धर्म का? क्या न्यायाधीश राजा के प्रति उत्तरदायी है या अपनी आन्तरिक चेतना या 'सत्य' या भगवान के प्रति उत्तरदायी है। इन न्यायाधीशों को न तोहफा देता है? राजा या भगवान? धन या आत्म संतोष?

मैंने सुना है कि मेरे न्यायाधीश कवि हैं। मुझे इस बात से बहुत खुशी मिली है। एक विद्रोही कवि का न्याय एक कवि न्यायाधीश करेंगे? लेकिन इस उम्रदराज न्यायाधीश को दिन के अन्त में अन्तिम नाव पर बैठने के लिए पुकार रहा है, जबकि सुबह की लाली मेरा अभिनन्दन कर रही है। न्यायाधीश को मृत्यु पुकार रही है और मुझे मेरा जीवन पुकार रहा है। मैं नहीं कह सकता हूँ कि हम दोनों में से एक का डूबता सितारा दूसरे का उगता हुआ सितारा कहाँ मिलेगा। लगता है, मैं फिर से अटपटी बातें बोल रहा हूँ। आज भारत पराधीन है। इसके लोग गुलाम हैं। यही सबसे बड़ा सच है। इस राज्य में गुलाम को गुलाम, अन्याय को अन्याय कहना देशद्रोह है। यह न्याय का शासन नहीं हो सकता है। सत्य को जबरन झूठ में बदलना, न्याय को अन्याय में बदलना, रात को दिन में बदलना, क्या सत्य इसे बर्दाश्त करता रहेगा? क्या यह शासन सदैव चल सकता है? इतने लम्बे समय तक यह इसलिए संभव हुआ, क्योंकि सत्य पर पर्दा पड़ा हुआ था। लेकिन आज सत्य का खुलासा हो गया है। किसी की भी जाग्रत आत्मा इस सत्य का दर्शन कर सकती है। मैंने अन्यायपूर्ण शासन द्वारा सत्य पर लगी चोट की आह को आवाज़ दी, इसीलिए मैं विद्रोही हूँ? यह पृथ्वी एवं स्वर्ग के सभी उत्पीड़ित जनों की एकताबद्ध जोरदार आवाज़ है? मैं जानता हूँ कि असीम पीड़ा से उत्पन्न शोर सिर्फ़ मेरा नहीं है बल्कि यह पूरी दुनिया की पीड़ा की आवाज़ है। इस क्रन्दन को मुझे धमका कर या मेरी हत्या करके बन्द नहीं किया जा सकता है। अचानक किसी दूसरी आवाज़ में यह सन्देश जोरदार ढंग से सुनाई पड़ेगा। भारत की पराधीनता के बजाय अगर इंग्लैंड भारत द्वारा शासित होता और अगर इंग्लैंड की उत्पीड़ित जनता अपनी मातृभूमि की स्वतन्त्रता के लिए उत्सुक होती और अगर उस समय मैं न्यायाधीश की कुर्सी पर बैठा होता और न्यायाधीश महोदय मेरी तरह कठघरे में खड़े होकर जो बात कह रहे होते, वही बात मैं कह रहा हूँ।

मुझे अपने ऊपर पूरा विश्वास है। जिसे मैंने अन्यायपूर्ण उत्पीड़न माना है, झूठ माना है, मैंने उसे उसी रूप में लोगों के सामने रखा है। मैंने न तो किसी को खुश रखने के लिए और न तो कोई प्रशंसा या समर्थन हालिस करने के लिए ऐसा किया है। मैंने सिर्फ़ राजा के अन्याय के खिलाफ़ ही विद्रोह नहीं किया है बल्कि मेरे सत्य की तलवार ने समाज, जाति एवं राष्ट्र के खिलाफ़ भी हमला किया है। इसके लिए मुझे घर के भीतर और बाहर बहुत तरह के अपमान, तिरस्कार एवं हमलों का सामना करना पड़ा है। लेकिन मैंने अपने सत्य का दामन नहीं छोड़ा है, लालच में मैंने अपनी व्यक्तिगत सोच को बेचने का काम नहीं किया है। मैंने सदा जीवन से प्राप्त आत्मसंतोष को छोटा नहीं समझा, क्योंकि मैं भगवान का प्यारा हूँ, सत्य का वाद्ययन्त्र हूँ। मैं एक कवि हूँ, मेरी आत्मा, सत्य देखने वाले महात्मा की आत्मा की तरह है। मेरा जन्म असीम सुख की प्राप्ति के लिए हुआ है, जिसकी व्याख्या नहीं की जा सकती है। यह मेरा अहं नहीं है बल्कि आत्म-परिचय एवं आत्म-विश्वास के सत्य को महसूस करना है। हमें अन्ध-विश्वास के सत्य को महसूस करना है। मैं अन्ध-विश्वास के रूप में झूठ, लालच, राजा या जनता के भय को स्वीकार नहीं कर सकता हूँ। मैं आतंक बर्दाश्त नहीं कर सकता हूँ। तब मेरे भगवान मुझे त्याग देंगे। मेरे शरीर के इस पूजाघर में जाग्रत भगवान की जगह है और जनता इस भगवान की पूजा करती है, उसके प्रति विनयशील है। इस मन्दिर का क्या होगा जब भगवान इसे छोड़ देंगे? इसमें कौन आयेगा? इसीलिए मेरी आवाज़ में शिव का ताण्डव है, हाथ में आकाशीय प्रकाशपूँज चमचमा रहा है, और झंडे के पीछे भगवान के मन्दिर में नारायण का विनाश नृत्य हो रहा है।

विनाश का यह नृत्य नये सृजन की पृष्ठभूमि है। अतः मैं लगातार भयमुक्त होकर अपने सिर

को ऊँचा रखते हुए झंडे को पकड़े हुए उनके नगाड़े को बजाता रहा। मैंने असीम शक्तिशाली शिव की तेज चुभती आवाज़ सुनी, मैंने उनके लाल नेत्रों के निर्देश को समझा। मैंने तत्काल समझ लिया मैं वैश्विक स्तर पर सत्य की रक्षा एवं न्याय प्राप्त करने वाला सिपाही हूँ। उन्हें पता है कि मेरी छाती पर ही पहला वार होगा। कैद से छूटने के बाद अपनी छाती पर घाव के चिह्न एवं फाँसी पर चढ़ाये जाने के बाद मेरे ललाट पर खून के छींटों के साथ उनके (भगवान) पैरों पर अपना सिर रखूँगा। तब उनके द्वारा पिलाये गये अमृत से मुझे शान्ति एवं प्रेरणा मिलेगी। उस दिन मैं फिर से उनकी तलवार की छाया में सत्य के पक्ष में खड़ा हो जाऊँगा। सुनहली सुबह के आनन्द की अनुभूति के विश्वास, जेल जीवन को हँसी और संगीत से सराबोर कर देगा। मैं अमर पिता का पुत्र हूँ। भगवान ने मुझे लोहे के डंडे को कीमती पत्थरों एवं सोने में बदलने की ताकत दी है। चूँकि भगवान मेरे साथ है, अतः मुझे कोई भय नहीं है और न कोई पछतावा है। मेरे अधूरे कर्तव्यों को कोई दूसरा पूरा करेगा। सत्य को दबाया नहीं जा सकता है। मेरे हाथ का प्रकाशपूँज भगवान के हाथ में आग का गोला बन जायेगा, जो आतंक और अन्याय को जलाकर राख कर देगा। उस अग्निमय हवाई जहाज के कप्तान खुद शिव होंगे। अतः कोई भय की ज़रूरत नहीं है। मेरी कैदी माँ ने अपने कपूत को अपनी छाती से लगाने के लिए बुलाया है। मैं नहीं जानता हूँ कि इस अभागे बच्चे के लिए पराधीन, असहाय माँ की छाती में उसकी कोई जगह है। अगर है तो मैं आँसू भरे नेत्रों से न्यायाधीश को धन्यवाद दूँगा। मैं फिर से आश्वासन देना चाहता हूँ कि मैं भयभीत नहीं हूँ और न कोई पछतावा है। मैं अमर पिता का पुत्र हूँ। मैं जानता हूँ कि सत्य को पीड़ित करने का अन्त समय आ चुका है। अतः सत्य में ही मेरा भविष्य है।

सुभाष चन्द्र बोस (1897-1945)

सुभाष चन्द्र बोस का जन्म 23 जनवरी 1897 को कटक में हुआ था। सुभाष चन्द्र बोस की अधिकतर शिक्षा इंग्लैंड में हुई, जहाँ उन्हें 1920 में आई.सी.एस. का पद मिला, किन्तु 1921 में ही उन्होंने इस पद से इस्तिफा दे दिया और स्वराज्य पार्टी में पं. मोतीलाल नेहरू और चितरंजन दास के नेतृत्व में सम्मिलत हुए। 1923 में अखिल भारतीय युवा कांग्रेस के अध्यक्ष बने। 1924 से 1927 तक जेल में रहे, किन्तु अन्य नेताओं से मतभेद होने से उन्होंने इस्तीफा दे दिया। वे भारतीय राष्ट्रीय कांग्रेस में काम करते रहे और 1938-39 में कांग्रेस अध्यक्ष बने, किन्तु 1939 में गाँधीजी और कांग्रेस नेताओं से मतभेद के कारण कांग्रेस से इस्तीफा दे दिया। 1941 में वे जर्मनी गये। वहाँ मई 1942 में उनकी मुलाकात हिटलर से हुई। कांग्रेस ने उनके देशप्रेम की सराहना की किन्तु उनके द्वारा अपनाये गये स्वराज के तरीके से अपने को दूर रखा 1943-1944 में आजाद हिन्द फौज की स्थापना की। कहा जाता है कि 1945 में प्लेन दुर्घटना में उनकी मृत्यु हुई।

प्रस्तुत है महाराष्ट्र प्रादेशिक सम्मेलन, पूना में 3 मई 1928 को उनका दिया हुआ भाषण।

स्वतन्त्र भारत का स्वप्न

(पूना, 03 मई, 1928)

वर्तमान नीतियों एवं कार्यक्रमों के बारे में अपना विचार पेश करने के पहले मैं कुछ मौलिक समस्याओं को उठाना चाहता हूँ और उनके उत्तर देने की कोशिश करता हूँ। विदेशियों द्वारा यह बात कभी-कभी कही जाती है कि भारतीयों में जो नयी जागृति पैदा हुई है, वह पूरी तरह विदेशी मूल की है जिसे बाहरी आदर्शों एवं तरीकों से प्रेरणा मिली है। यह किसी भी तरह से सत्य नहीं है। मैं एक क्षण के लिए भी इस तथ्य से इन्कार नहीं करता हूँ कि पश्चिम के प्रभाव ने हमें बौद्धिक एवं मानसिक निष्क्रियता से ऊपर उठने में मदद की है। लेकिन इस प्रभाव ने हमारे अन्दर फिर से आत्मविश्वास भर दिया है और इसके परिणामस्वरूप जिस आन्दोलन का जन्म हुआ है, वह खरा स्वदेशी आन्दोलन है। भारत लम्बे समय तक अन्धानुकरण के पारंपरिक दौर से गुजरता रहा है और अगर मनोवैज्ञानिक भाषा में कहें तो क्रिया की प्रतिच्छाया का अनुसरण करते रहे हैं। अब उसने अपनी आत्मा को पुनः प्राप्त कर लिया है और अपने राष्ट्रीय आन्दोलन को राष्ट्रीय नीतियों के अनुरूप एवं राष्ट्रीय आदर्शों की रोशनी में पुनर्गठित कर रही है। मैं सर फ्लिनडर्स पेट्री की इस बात से सहमत हूँ कि सभ्यताएँ मनुष्यों की तरह विकसित होती हैं और एक दिन चक्रीय तरीके से मृत्यु को प्राप्त होती हैं। सभी सभ्यताओं के लिए एक खास समय निर्धारित है। मैं इस बात से भी उनसे सहमत हूँ कि कोई खास सभ्यता अपनी ज़िन्दगी समाप्त करने के बाद पुनः जन्म ले सकती है। जब यह पुनर्जन्म होता है तो उसकी जीवनी शक्ति बाहर से नहीं, अन्दर से आती है। क्या इस तरह से कहा जा सकता है कि भारतीय सभ्यता ने बार-बार जन्म लिया है और अपने हर चक्र की समाप्ति के बाद अपनी तमाम पौराणिक ख्याति के साथ आज भी युवा एवं ताज़ा है। हमारे खिलाफ़ यह आरोप लगाया गया है कि चूँकि जनतन्त्र एक पश्चिमी संस्था है, भारत ने जनतांत्रिक या अर्द्ध जनतांत्रिक संस्थाओं को स्वीकार कर पश्चिमीकरण अपना लिया है। अज्ञानता एवं बेइज्जती एक साथ नहीं चल सकती है। जनतन्त्र किसी भी तरह से पश्चिमी संस्था नहीं है। यह एक मानवीय संस्था है। जब भी मनुष्य ने राजनीतिक संस्थाओं का विकास करना शुरू किया, इसी खूबसूरत संस्था का विचार उसके मन में आया भारत का प्राचीन इतिहास इस तरह की जनतांत्रिक संस्थाओं के उदाहरणों से भरा पड़ा है। भारत के गाँवों एवं शहरों के प्रशासन में भी जनतन्त्र को लागू किया गया। जहाँ तक ग्रामीण स्व-शासन का सवाल है, हमें भारत के लोगों को ग्राम पंचायतों के बारे में बताने की ज़रूरत नहीं है—प्राचीन काल में ये जनतांत्रिक ही नहीं, उच्च स्तर के सामाजिक-आर्थिक सिद्धान्त भी भारतीय इतिहास में अज्ञात नहीं हैं।

मैं आज की परिस्थिति में अपने देशवासियों एवं खासकर अपने युवा दोस्तों को राष्ट्रवाद पर एक से ज़्यादा हल्कों से हो रहे हमले के बारे में चेतावनी देना चाहता हूँ। सांस्कृतिक अन्तर्राष्ट्रीयतावाद

की दृष्टि से राष्ट्रवाद की एक संकीर्ण, स्वार्थी एवं हमलावर के रूप में आलोचना की जाती है, उसे संस्कृति के क्षेत्र में अन्तर्राष्ट्रीयतावाद को बढ़ावा देने के रास्ते में बाधक समझा जाता है। इन आरोपों का मेरे पास उत्तर है कि भारतीय राष्ट्रवाद न तो संकीर्ण है, न स्वार्थी और न हमलावर है।

राष्ट्रवाद पर दूसरा हमला अन्तर्राष्ट्रीय साम्यवाद या अन्तर्राष्ट्रीय श्रम-संगठनों की ओर से हो रहा है। यह हमला न सिर्फ़ विचारणीय नहीं है बल्कि यह अचेतन रूप से हमारे विदेशी शासकों के हितों की सेवा करता है। आज ज़िन्दगी जीनेवाले लोगों को यह बात स्पष्ट रूप से समझ लेनी चाहिए कि भारत को नये आधार पर पुनर्निर्मित करने के पहले, चाहे यह समाजवादी या और कुछ हों, हमें पहले अपने भाग्य का फैसला करने का अधिकार अपने हाथ में लेना होगा। जबतक भारत, ब्रिटेन के पाँवों पर बिछा रहेगा, हमें हमारा अधिकार नहीं मिलेगा। अतः यह राष्ट्रीयतावादी एवं गैर-राष्ट्रीयतावादी कम्युनिस्टों के सामने प्रमुख कर्तव्य है कि जितनी जल्दी हो, भारत की राजनीतिक मुक्ति हासिल की जाय।

मित्रो, आप हमें एक क्षण के लिए क्षमा करेंगे। मैं आपसे आग्रह करता हूँ कि आज की वास्तविकताओं से आँखें फेरकर, भविष्य को देखने की कोशिश करें जो हमारे सामने दिखाई पड़ रहा है। हमें अपने हृदय में झाँककर देखना चाहिए कि हम किस चीज के पीछे भाग रहे हैं, जिससे कि हम और हमारी आनेवाली पीढ़ियाँ आदर्श की उस रोशनी में जी सके, और हमारे कार्यों की दिशा को उस रूप में आकार दे सकें।

जहाँ तक मेरा सवाल है, मैं एक स्वतन्त्र संघीय जनतन्त्र का समर्थक हूँ। यही मेरे लिए मेरा अन्तिम लक्ष्य है। भारत को खुद अपना भाग्य तय करना होगा और इसे औपनिवेशिक स्व-शासन एवं स्व-धिकार शासन से सन्तुष्ट नहीं होना चाहिए। हम ब्रिटिश साम्राज्य के अधीन क्यों रहें? हमारी जाति विदेशियों द्वारा थोपे गये बचपन की ज़िन्दगी से निकलकर बड़ी हो चुकी है और वह सिर्फ़ अपनी देखभाल ही नहीं कर सकती है बल्कि एक स्वतन्त्र इकाई के रूप में कार्य कर सकती है। भारत, कनाडा, दक्षिणी अफ्रीका या आस्ट्रेलिया नहीं है। भारतीय एक पूर्व प्रदेश की जाति है, जिसका एक अलग रंग है और भारत एवं ग्रेट ब्रिटेन के बीच कुछ भी समान नहीं है, जिससे यह समझा जा सके कि ब्रिटिश साम्राज्य के अन्तर्गत प्रभुत्ववाला गृहशासन भारत के लिए एक सही प्रस्तावित गठबंधन है। बल्कि ब्रिटिश साम्राज्य के अन्तर्गत रहने से भारत को हानि होगी। ब्रिटिश प्रभुत्व के अधीन इतने लम्बे समय तक रहने के बाद इंग्लैंड के साथ सम्बन्धों को लेकर उसे अपने आत्महीनता बोध से छुटकारा पाना मुश्किल होगा; और ब्रिटिश शोषण का विरोध करना भी मुश्किल होगा, अगर हम ब्रिटिश साम्राज्य के अभिन्न अंग बने रहते हैं।

लाला लाजपत राय (1865-1928)

लाला लाजपत राय ने 1913 में भारत छोड़ दिया था और भारत छोड़ने के लिए उन्होंने निम्नलिखित कारण बताये थे—मैंने महसूस किया कि मेरे घर की चाहरदीवारी के अंदर मेरे साथ रहनेवाला मेरा नौकर भी मेरी जासूसी कर रहा है। जीवन असहनीय हो गया और मैं अपनी नींद और भूख गवाँ बैठा और इसलिए मैंने भारत छोड़ने का निर्णय ले लिया। इसके पहले 1907 में वे अजीत सिंह के साथ पंजाब उपनिवेशीकरण विधेयक एवं पानी की बढ़ी हुई दरों के खिलाफ़ आन्दोलन चलाने के चलते मांडले जेल में निर्वासित कर दिये गये थे।

वे जापान के रास्ते इंग्लैंड गये और जब प्रथम विश्वयुद्ध जुलाई 1914 में शुरू हो गया तो वे अमेरिका के लिए रवाना हो गये और वहाँ 6 वर्षों तक रहे। वहाँ उन्होंने भारत के पक्ष में बड़ा प्रचार अभियान चलाया और 1917 में 'इंडियन होमरूल लीग' की स्थापना की। इंग्लैंड और अमेरिका में उन्होंने बहुत से प्रमुख व्यक्तियों के साथ मित्रता कायम की और उनके माध्यम से भारत के हितों के लिए सहायता प्राप्त करने का प्रयास किया। गाँधी ने उनकी मृत्यु पर शोक सन्देश में लिखते हुए कहा कि उनकी राष्ट्रीयता अन्तर्राष्ट्रीयतावादी थी और इसलिए यूरोपीय मानस पर उनकी पकड़ थी। यूरोप और अमेरिका में उनके मित्रो की बड़ी टोली थी। वे उनसे प्रेम करते थे, क्योंकि वे (यूरोपीय) उन्हें (लाला लाजपत राय) जानते थे। अमेरिका में लिखी गयी उनकी किताबें भारत में खूब पढ़ी जाती थीं। 6 वर्षों के आत्म-निर्वासन के बाद जब वे 20 फरवरी को मुम्बई पहुँचे तो उनका नायक के रूप में स्वागत किया गया और उन्हें एक के बाद एक स्वागत समारोहों में जाना पड़ा।

इंग्लैंड की टोरी सरकार ने 8 नवंबर 1927 को जॉन साइमन की अध्यक्षता में एक रॉयल सवैधानिक आयोग का गठन किया था। (अध्यक्ष के नाम पर इसका नाम साइमन कमीशन पड़ा) आयोग के सातों सदस्य ब्रिटिश संसद के सदस्य थे और सभी समान रूप से भारत के बारे में अज्ञानी थे। भारत सरकार द्वारा 1919 में पारित कानून के आधार पर इस कमीशन का गठन किया गया था। कानून के अनुसार जो सुधार लागू किये गये हैं, 10 वर्ष के बाद समीक्षा के आधार पर आगे क्या कार्रवाई की जाय, इसका निर्धारण करना था। कमीशन के गठन पर भारतीयों में दुख और आक्रोश की लहर थी, क्योंकि इसमें किसी भी भारतीय को शामिल नहीं किया गया था। जिस कमीशन के जरिये भारत के भविष्य के संविधान को तैयार करना था, उसमें किसी भारतीय को शामिल नहीं किया जाना आरंभिक तौर पर अतार्किक था। भारतीय राष्ट्र के निर्णयानुसार, साइमन कमीशन के बहिष्कार के निर्णय को भारी सफलता मिली। 3 फरवरी 1928 को जब साइमन कमीशन के सदस्य मुम्बई पहुँचे तो भारत के महत्त्वपूर्ण शहरों में पूर्ण हड़ताल हो गयी और साइमन वापस जाओ के नारे के साथ बड़े-बड़े प्रदर्शन हुए।

भारतीय जनता जहाँ एक ओर सड़कों पर प्रदर्शन कर रही थी, वहीं लाला लाजपत राय ने विधान परिषद् में अपने शक्तिशाली तर्कों के जरिये साइमन कमीशन के बहिष्कार के पक्ष में एक प्रस्ताव पेश किया। सभा में प्रस्ताव को चुने गये गैर-सरकारी प्रतिनिधियों का भारी समर्थन प्राप्त हुआ और प्रस्ताव 62 के मुकाबले 68 मतों से पारित हो गया। भारतीयों की भावनाओं को परिषद् में सफलतापूर्वक बतलाने के बाद लाला लाजपत राय ने लाहौर में प्रदर्शनकारियों का नेतृत्व किया और इस क्रम में एक ब्रिटिश अधिकारी द्वारा उन्हें छाती पर मारने के कुछ दिनों बाद उनकी मृत्यु हो गयी।

प्रस्तुत प्रस्ताव लालजी द्वारा एक सभा में रखा गया था, जिसमें वे साइमन कमीशन का तर्क संगत विरोध करते हैं।

साइमन आयोग

(नयी दिल्ली, 16 फरवरी, 1928)

मेरे नाम से जो प्रस्ताव सामने है, उसे मैं पेश करने के लिए आपके सामने खड़ा हूँ। सार्वजनिक कर्तव्य निभाने के क्रम में मैंने इतनी अधिक जिम्मेवारी का एहसास कभी नहीं किया था जो इस प्रस्ताव को पेश करने के क्रम में कर रहा हूँ। शुरू में मैं अपनी कार्रवाई के कारणों के बारे में संक्षेप में बात रखूँगा। पहला कारण है कि जिस सरकार ने इस कमीशन का गठन किया है, उसके औचित्य में ही मेरा विश्वास नहीं है। मेरा उसमें विश्वास क्यों नहीं है, यह मैं बाद में बताऊँगा। दूसरी बात है कि मुझे कमीशन की क्षमता पर भी विश्वास नहीं है। मैं सर साइमन को ब्रिटिश राष्ट्र के एक बहुत ही सक्षम सदस्य के रूप में स्वीकार करता हूँ और मैं कमीशन के सदस्यों को उनकी अच्छी भावनाओं एवं उद्देश्यों के लिए पूरा-पूरा श्रेय देता हूँ, लेकिन उन्हें नामित करने के रूप में भारत के इतिहास एवं भारतीय राजनीति के बारे में उनकी अज्ञानता को जो आधार बनाया गया है, वह मेरी राय में उनको दिये गये कार्य की जिम्मेवारी को पूरा करने में उनकी सबसे बड़ी अक्षमता है। भारत की समस्याएँ इतनी विशाल एवं जटिल हैं कि अगर स्वर्ग से उतरकर भगवान भी आ जायें तो वे भी इतने कम समय में उसका निवारण नहीं कर सकेंगे, जितना समय कमीशन के पास है। इस कम समय में कमीशन के सदस्य कोई चमत्कारी अनुशंसा नहीं कर सकते हैं जो इंग्लैंड और भारत दोनों को स्वीकार्य हो। मेरी समझ है कि वे नौकरशाही द्वारा दिये गये तथ्यों को ग्रामोफोन में कैद कर लेंगे और बाद में इंग्लैंड के अन्य लोगों से सलाह-मशविरा करके दूसरे ग्रामोफोन में अपनी अनुशंसाएँ दे देंगे। जिस तरह अपने कार्यों को पूरा करने के लिए वे गुपचुप तरीके से काम कर रहे हैं, वह मेरे वक्तव्य को सही साबित करता है। वे जनता के बीच जाने से भयभीत हैं और अपनी गतिविधियों की जानकारी उसे नहीं दे रहे हैं। वे एक जगह से दूसरी जगह गुपचुप तरीके से जा रहे हैं और वे एक रहस्य के आवरण में ढ़ंके हुए हैं। इसी से पता चलता है कि जो लोग उन्हें दिशा निर्देश दे रहे हैं, वे वही चुनेंगे जो वे कमीशन के सामने रखना चाहते हैं। मेरे कार्य का तीसरा कारण है कि मुझे भारतीय समस्याओं को सुलझाने की कमीशन की योग्यता में विश्वास नहीं है। मैं विवादित विषयों की जाँच के लिए कमीशन के गठन के औचित्य को समझ सकता हूँ लेकिन मैं कमीशन की इस योग्यता पर सवाल उठाना चाहता हूँ जो किसी राष्ट्र द्वारा स्वशासन की क्षमता को जाँचने का काम करे और उसके लिए संविधान तैयार करे, जबकि उस तरह का संविधान बनाने का अधिकार सम्बन्धित राष्ट्र का है। मेरी समझ में भारत की समस्या कमीशन के दायरे से बाहर है। यह इंग्लैंड और भारत के प्रतिनिधियों द्वारा सुलह-समझौते की भावना से निबटाया जाना चाहिए और उसी समझौते के आधार पर समस्या सुलझाई जा सकती है, जिस पर अन्ततः संसद द्वारा मुहर लगाई जायेगी।

संक्षेप में, इस पृष्ठभूमि के बाद मैं सरकार के सचिव द्वारा कमीशन के पक्ष में दिये गये तर्कों पर बात करूँगा। सचिव ने बहुत-सी बातें कही हैं। एक बात जो उन्होंने कही है कि संसद और सिर्फ़ संसद का ही विशेषाधिकार है कि वह इस सवाल पर निर्णय ले। उनके अनुसार संसद ने ईस्ट इंडिया कंपनी के हाथ से शासन अपने हाथ में लेकर भारत को अराजकता से बचाया और अगर आज अंग्रेज़ भारत छोड़कर चले जायें तो भारत फिर से भीषण अराजकता के द्वार में फँस जायेगा। दुर्भाग्यवश अराजकता के बारे में हमारे और सचिव के बीच भारी विरोध है। उन्होंने भारत एवं इंग्लैंड के बीच महान एवं गौरवशाली सम्बन्धों की चर्चा की है। इंग्लैंड की समझ में यह महान एवं गौरवशाली हो सकता है, लेकिन भारत की दृष्टि में यह श्रीहीन एवं दुर्भाग्यपूर्ण है। मैं इस बात को स्वीकार नहीं करता हूँ कि इंग्लैंड के भारत के साथ सम्बन्ध से भारत के लिए कुछ अच्छा हुआ है। हमारे और सचिव के बीच यही प्रमुख अन्तर है।

वे अराजकता की बात करते हैं, इससे बड़ी अराजकता क्या हो सकती है जब विदेशियों या विदेशी समूहों द्वारा बन्दूक की नोक पर कानून की अराजकता थोपी गयी हो। किसी भी आत्म-सम्मान वाले राष्ट्र के लिए यह सबसे बड़ी थोपी गयी अराजकता है। इससे बड़ी अराजकता और क्या हो सकती है कि जिन लोगों के लिए सरकार गठित की गयी है, बनाई गयी है, उन्हें अपने भाग्य के निर्धारण में कोई भागीदारी नहीं दी गयी है और न उनकी कोई आवाज़ सुनी गयी है। इससे बड़ी अराजकता और कुछ भी नहीं हो सकती है। सभी तरह की अराजकताओं के बाद एक व्यवस्थित सरकार सत्ता में आती है। धमकियों से कोई विकास नहीं होता है। हम लोग अराजकता की इन धमकियों से नहीं डरते हैं। मैं जिस स्थिति में इस सभा भवन में हूँ, वहाँ मैं कह सकता हूँ कि ब्रिटिश शासकों के वापस जाने से जो परिस्थिति पैदा होगी, उससे मैं भयभीत नहीं हूँ। मैं सबसे बुरी परिस्थिति के लिए तैयार हूँ। इससे बुरी स्थिति और क्या हो सकती है जिस परिस्थिति में हम रह रहे हैं। हम लोग जितनी कल्पना कर सकते हैं, उससे ज़्यादा ग़रीबी एवं पतनशीलता के गर्त्त में पहुँच चुके हैं। इससे नीचे और कहाँ तक जाया जा सकता है। अगर ब्रिटिश सरकार सोचती है कि उसके वापस होने से हम आपस में लड़ने लगेंगे तो मैं उस परिस्थिति का भी स्वागत करूँगा, क्योंकि कुछ दिनों की लड़ाई-झगड़े के बाद यहाँ तक कि खून-खराबे के बाद हम एक सरकार बना लेंगे जो हमारे हाथों बनेगी और बाद में हम उसमें सुधार ला सकते हैं। यूरोपीय समूहों के लोग हम पर हँस रहे हैं। मेरा उत्तर है कि आप ठठाकर हँस लें, क्योंकि आप ऐसे चित्रकार हैं जो अपना ही चित्र उकेरते हैं। अगर आप हमारी स्थिति में होते तो आप हँसे नहीं होते बल्कि रोते रहते। अब कृपया दो वर्षों तक हम देखेंगे कि कौन हँसता है और कौन रोता है।

नोटः : प्रस्ताव—यह सभा महामहिम की परिषद् को सूचित करती है कि वर्तमान संविधान एवं कानूनी कमीशन इस सभा को पूरी तरह अस्वीकार्य है। अतः इस सभा को कमीशन से किसी भी स्तर पर किसी भी रूप में कोई लेना-देना नहीं होगा।

सरदार वल्लभ भाई पटेल (1875-1950)

सरदार वल्लभ भाई का जन्म 31 अक्टूबर, 1875 को गुजरात में हुआ था। उन्होंने भारत में मुख्तारशिप की परीक्षा पास की और फौजदारी मुकदमे में काम करने लगे। बाद में वे अपने कमाए हुए पैसे से लंदन गये और बैरिस्टर बन कर वापस लौटे। वे एक सामाजिक सुधारक के साथ-साथ आज़ादी की लड़ाई के बड़े योद्धा साबित हुए। किसान आन्दोलन में काम करते-करते 1934 और 1937 में उन्होंने कांग्रेस के नेतृत्व में अपना स्थान बना लिया। वे 1942 में भारत छोड़ो आन्दोलन में गिरफ्तार भी हुए। आज़ादी मिलने के बाद वे भारत के उप-प्रधानमन्त्री बने। विद्रोही देशी रियासतों का भारत में एकीकरण करने में उनकी महत्त्वपूर्ण भूमिका थी, जिस कारण उन्हें लौह पुरुष भी कहा जाता है। 30 जनवरी 1948 को गाँधीजी के हत्या की बाद प्रधानमन्त्री जवाहरलाल नेहरू की हिचकिचाहट के बावजूद उन्होंने राष्ट्रीय स्वयं सेवक संघ को प्रतिबंधित किया।

सरदार वल्लभ भाई पटेल के भाषण बराबर संक्षिप्त एवं तथ्यपूर्ण होते थे। वे कार्रवाईपसंद व्यक्ति थे और लंबी-चौड़ी तकरीर नहीं देते थे। नीचे का भाषण अहमदाबाद में दिया गया था। नागरिकों द्वारा उनको लोगों के सामने पेश करने बाद यह भाषण दिया था। यह उनकी खास पहचान थी। वे बिना हिचक गाँधी को अपना गुरु स्वीकार करते हैं। वे गाँधी के अन्य चेलों से अलग बहुत ही नम्र प्रवृत्ति के हैं। जिस बारदोली सत्याग्रह ने उन्हें 'सरदार' बनाया, उसका श्रेय वे खुद लेना नहीं चाहते हैं। बात यह है कि अपने लौहपुरुष की पहचान के साथ गाँधी की अहिंसा की सूली को अपनी गर्दन में लटकाये वे कैसे चलते रहे, यह आश्चर्यजनक बात है। हालाँकि बाद के वर्षों में दोनों के बीच कुछ मतभेद पैदा हो गये थे, लेकिन पटेल गाँधी के शिष्य बने रहे और अपने लम्बे सम्बन्धों के दौर में उनके लिए बड़ी ताकत का स्रोत बने रहे। 30 जनवरी 1948 को गाँधी से मिलनेवालों में पटेल सबसे अन्तिम व्यक्ति थे।

गाँधी उनके गुरु

(अहमदाबाद, 09 जुलाई, 1928)

अहमदाबाद के नागरिकों ने मेरी पहचान के रूप में गाँधी का मुख्य शिष्य बताया है, मेरी कामना है कि मैं इस लायक होता। मैं जानता हूँ कि मैं इस लायक नहीं हूँ। मैं जानता हूँ कि हमें इस लायक बनने के लिए अनेक बार जन्म लेना पड़ेगा। आप हमारे प्रति स्नेह में इतने अभिभूत हो गये कि आपने मेरे लिए इतनी बड़ी भावना को अभिव्यक्त किया है, जिसे मैं संकोच के साथ ही स्वीकार कर सकता हूँ। आपने महाभारत में द्रोणाचार्य के भील शिष्य के बारे में सुना होगा। उसे द्रोणाचार्य से सीधे शिक्षा ग्रहण करने का मौका नहीं मिला था बल्कि वह मिट्टी से बनी अपने गुरु की प्रतिकृति की पूजा करता था। अपनी भक्ति के चलते उसने वो सब हासिल कर लिया जो द्रोणाचार्य उसे सिखाते। वस्तुतः उसने द्रोणाचार्य के दूसरे शिष्यों से ज़्यादा सीखा इसकी व्याख्या कैसे की जाय। यह एकदम आसान है। उन्होंने अपने गुरु की पूजा शुद्ध हृदय, भक्तिभाव एवं पूरी आस्था से की। अतः उसके पास मौलिक गुण था जो आवश्यक था। मेरे मामले में मेरी पहुँच गुरु के पास थी, आप मुझे जिनका शिष्य कहते हैं। अतः उनका प्रमुख शिष्य होने के पहले मुझे शंका है कि उनके बहुत से शिष्यों में से एक शिष्य होने लायक हूँ या नहीं। अगर मुझमें वह क्षमता होती तो मैं अभी तक वो तमाम चीजें प्राप्त कर लेता जो आप मेरे लिए भविष्य में प्राप्त कर लेने की आशा करते हैं। मुझे पूरा विश्वास है कि इस देश में गाँधीजी के अनेक शिष्य हैं, जिन्होंने उन्हें कभी नहीं देखा है, लेकिन उनकी शिक्षाओं को पूरी तरह आत्मसात कर लिया है। लोग कहते हैं कि गाँधीजी के जाने के बाद क्या होगा। मुझे इसका कोई भय नहीं है। उस समय तक वे सब कुछ प्राप्त कर लेंगे जो उन्होंने प्राप्त करने का निश्चय किया है। जो बच जायेगा वह मेरे-आपके लिए प्राप्त करने के लिए बच जायेगा। अगर हम ऐसा करते हैं तो उन्हें कोई पश्चाताप नहीं होगा। उन्होंने हमें वो सब कुछ दिया है जो दे सकते थे और अब यह हमारे आपके लिए है, हम अपना कर्तव्य पूरा करें।

आप बारदोली की घटना को लेकर जो सम्मान हमें दे रहे हैं, मैं उस लायक नहीं हूँ। भारत के किसानों की स्थिति बिछावन पर पड़े बीमार व्यक्ति की तरह है, जिसकी बीमारी ठीक होनेवाली नहीं है और वह सिर्फ़ इस दुनिया को छोड़नेवाला है और इस उम्मीद में है कि कोई संन्यासी दवा दे दे जिससे चमत्कारी तौर पर ठीक हो जाय। मैंने एक सूत्र की तरह संन्यासी की दवा किसानों तक पहुँचाई है। अगर किसी को सम्मान देने की ज़रूरत है तो सम्मान दवा देनेवाले को देना चाहिए।

उस बीमार व्यक्ति को भी सम्मान देना चाहिए, जिसने स्वनियन्त्रण रखा, जिसके बगैर दवा कारगर नहीं होती। अगर कोई दूसरा सम्मान लायक है तो वह हमारे सहयोगी हैं, जिन्होंने गम्भीर अनुशासन प्रदर्शित किया और जिनका मुझमें पूर्ण विश्वास था। मैंने अपने सहयोगियों को प्रशिक्षित नहीं किया था। अगर हमारे पास गुजरात में ऐसे लोग हों जिन पर हम गौरवान्वित हो सकते हैं, तो इसका श्रेय भी गाँधीजी को ही जाता है।

मुख़्तार अहमद अंसारी (1880-1936)

मुख़्तार अहमद अंसारी भारत में एक राष्ट्रवादी राजनीतिक नेता थे। वे एकमात्र ऐसे व्यक्ति थे जिन्होंने स्वाधीनता आन्दोलन में भारतीय राष्ट्रीय कांग्रेस और मुस्लिम लीग की अध्यक्षता की। वे जामिया मिल्लिया विश्वविद्यालय के संस्थापकों में थे एवं 1928 से 1936 तक उसके कुलपति रहे। शुरू में मद्रास मेडिकल कॉलेज से मेडिकल परीक्षा पास की और छात्रवृत्ति मिलने पर उन्होंने लंदन जाकर एम.डी और एम.एस की डिग्री हासिल की। उन्होंने लंदन के कुछ अस्पतालों में सर्जन के रूप में काम किया, जिसमें चारींग क्रॉस हॉस्पीटल प्रमुख है। आज भी उनकी स्मृति में उस अस्पताल में अंसारी वार्ड कायम है।

डॉ. अंसारी इंग्लैंड में रहते हुए भी भारतीय स्वाधीनता आन्दोलन में शरीक हुए। दिल्ली आकर वे कांग्रेस और मुस्लिम लीग दोनों के सदस्य बने। 1916 के लखनऊ पैक्ट में भी उन्होंने योगदान दिया। वे खिलाफ़त आन्दोलन के समर्थक थे। वे कांग्रेस के महासचिव बने और 1927 में उसकी अध्यक्षता की। जिन्ना की सक्रियता के बाद वे गाँधीजी के काफ़ी करीब रहे। 1936 में उनकी मृत्यु हुई।

1927 में ब्रिटिश संसद द्वारा गठित साइमन कमीशन को लेकर नेहरू रिपोर्ट एक राष्ट्रीय जवाब था। 7 सदस्यीय सदस्यों तेजबहादुर सप्रू, अली इमाम, सुभाषचन्द्र बोस, जी.आर प्रधान, शुएब कुरैशी, एम.एस. अणे, एम.आर. जयकर, एन.एम. जोशी, मंगल सिंह और अध्यक्ष के रूप में मोतीलाल नेहरू की कमिटी द्वारा यह रिपोर्ट तैयार की गयी थी। मई 1928 में अखिल भारतीय सर्वदलीय सम्मेलन मुम्बई में कमिटी गठित की गयी थी। इस रिपोर्ट द्वारा दो प्रमुख भारत के लिए डोमिनियन स्टेटस तथा अलग निर्वाचक समूह के बदले विधानसभाओं में समुदाय के आधार पर प्रतिनिधित्व की अनुशंसाएँ की गयी थीं। नेहरू रिपोर्ट कोई सम्पूर्ण संविधान नहीं था, लेकिन इसमें वर्तमान संविधान की बहुत सी विशेषताओं की कल्पना की गयी थी। हालाँकि समझ के स्तर पर यह एकदम मौलिक नहीं था। इसमें कनाडा एवं आस्ट्रेलिया के संविधानों के साथ-साथ कॉमनवेल्थ ऑफ इंडिया बिल से उदारतापूर्वक उधार लिया गया था। कॉमनवेल्थ ऑफ इंडिया बिल को ऐनी बेसेंट ने वर्ष 1925 में ब्रिटिश संसद में पेश करने की असफल कोशिश की थी। 1928 में जब नेहरू रिपोर्ट प्रकाशित हुई तो प्रतिक्रियावादी मुसलमानों के कुछ हल्कों को छोड़कर सबों ने इसकी खुलकर तारीफ की। सर्वदलीय कन्वेंशन के अध्यक्ष एम.ए.अंसारी द्वारा नीचे के दिये गये भाषण के जरिये उन्होंने प्रतिनिधियों से इस रिपोर्ट को स्वीकार करने की अपील की। लेकिन जिन्ना ने उसमें तीन संशोधन पेश किये जो पराजित हो गये।

भारतीय संविधान के रूप में नेहरू रिपोर्ट

(कलकत्ता, 22 दिसम्बर, 1928)

हम लोग इस राष्ट्रीय कन्वेंशन में नेहरू कमिटी द्वारा भविष्य के लिए तैयार किये गये भारतीय संविधान के सम्बन्ध में पूरे देश की ओर से अन्तिम निर्णय लेने के लिए जमा हुए हैं। हमारे पास इस पर विचार करने के लिए पर्याप्त समय था और मुझे यह बताने में खुशी हो रही है कि करीब-करीब पूरे देश ने इस अवसर का उपयोग इस तरीके से किया जो भारत के तमाम शुभेच्छुओं तथा इस कमिटी के सदस्यों के लिए खासतौर पर आनन्ददायक है। मैं ऐसा नहीं मानता कि देश को एक पक्का दस्तावेज़ मिल गया। यह ऐसा नहीं है और यह भारतीय संविधान का अन्तिम शब्द भी नहीं है, जैसा कि इसके लेखकों ने खुद कहा है। प्रस्तावित संविधान न तो सम्पूर्ण है, लेकिन यह कम भी नहीं है। इसके अन्तर्गत सभी मान्यता प्राप्त दलों की सहमति है और इसे अगले स्तर की प्रगति न समझकर, इसे तात्कालिक कदम समझना चाहिए।

इस सम्बन्ध में आलोचना की अपेक्षा थी। इस संविधान में जिस डोमिनियन स्टेटस की अनुशंसा की गयी है, उसके बारे में देश के अन्दर जो विवाद पैदा हुआ है, उसके बारे में हम सब लोगों को पता है। हम लोगों के बीच अल्पसंख्यकों के अधिकारों के बारे में भी खूब बहस हुई है। इस तरह के बहुत से उदाहरण हैं जो बताते हैं कि नेहरू कमिटी की अलग-अलग अनुशंसाओं को सर्वानुमति से स्वीकार नहीं किया गया था। और मैं इसी बात पर जोर देना चाहता हूँ कि इस देश में कुछ ही लोग हैं जो इसका विरोध करते हैं, क्योंकि वे संविधान की एक-आध धाराओं का विरोध करते हैं। वस्तुतः मैं नम्रता से कह सकता हूँ यही इस मसौदे के सही होने का प्रमाण है। इस सोच के साथ विचार करने पर मुझे इस बात पर आश्चर्य नहीं होता है कि मसौदे की सही आलोचना और समर्थन होना चाहिए क्योंकि नेहरू कमिटी का लक्ष्य उदार एवं अतिवादी, दोनों के हितों को प्राप्त करने का प्रयास रहा है। एक दौर में यह बहस एक गम्भीर मोड़ लेनेवाले थे। लेकिन इस खतरे को तत्काल रोक दिया गया, जिसके लिए तमाम विरोधी विचारों वाले राजनेताओं एवं देशभक्तों की भूमिका रही है। यह अपेक्षित था, क्योंकि यह मसौदा न्यूनतम लक्ष्यों को हासिल करने की बात कर रहा था। लेकिन यह अधिकतम हितों की बात करने वालों को रोक नहीं रहा था। भारतीय राष्ट्रीय कांग्रेस के सदस्य होने के नाते, इसके द्वारा निर्धारित पूर्ण स्वाधीनता के लक्ष्य को हासिल करने की प्रतिबद्ध ता के चलते, मैं इस कमिटी के मसौदे की अनुशंसाओं को पूरा समर्थन दे रहा हूँ। सबसे पहले मैं न्यूनतम लक्ष्य का स्वागत करता हूँ क्योंकि इससे हमारे अन्तिम लक्ष्य को प्राप्त करने की प्रतिबद्ध ता कम नहीं होती है और ऐसा करके मैं संयुक्त प्रयासों का समर्थन कर रहा हूँ, जिसके आधार पर भारत अपनी स्वतन्त्रता हासिल कर सके। मैं तमाम कांग्रेसजनों से इस प्रश्न को इस तरह के

नजरिये से देखने की ज़रूरत पर जोर दे रहा हूँ। मसौदे को स्वीकार करके हम कुछ खोते नहीं हैं बल्कि हम ज़्यादा प्राप्त करते हैं।

साम्प्रदायिक समस्या के बारे में की गयी अनुशंसाओं की गहरी जाँच हुई है जो प्रशंसनीय है। लेकिन उन अनुशंसाओं ने कुछ हिस्सों में विरोध पैदा किया है जो मेरी समझ के अनुसार वे अनुशंसाओं के वास्तविक महत्त्व से अनिभिज्ञ हैं और अल्पसंख्यकों के प्रतिनिधित्व के सिद्धान्तों एवं अल्पसंख्यकों के अधिकारों के बारे में भ्रमित हैं। कोई इससे इनकार नहीं करता है कि अल्पसंख्यकों के अधिकार हैं और इन अधिकारों से विश्व के दूसरे देशों में उन्हें सुरक्षित किया गया है। संविधान का मसौदा भारत के अल्पसंख्यकों को यूरोप के नये राज्यों के गठन के बाद 'लीग ऑफ नेशन्स' द्व ारा जातीयता आधारित अल्संख्यकों को दिये गये अधिकारों एवं सुरक्षा से ज़्यादा अधिकार एवं सुरक्षा प्रदान करता है। लेकिन हमें संवैधानिक पचड़े का शिकार नहीं होना चाहिए। जैसा कि 'लीग ऑफ नेशन्स' की कमिटी ने अभी हाल में कहा है कि अल्पसंख्यकों की सुरक्षा का आधार बहुसंख्यकों की अल्पसंख्यकों को निचोड़कर सफल नहीं हो सकता है बल्कि देश के प्रति प्रतिबद्धता, देशभक्ति और सार्वजनिक जज़्बे पर निर्भर करता है। मैं इस सम्बन्ध में एक चेतावनी भी देना चाहता हूँ। संवैधानिक सुरक्षा अक्षमता के लिए पुरस्कार की तरह है। जितना अधिक अल्पसंख्यकों के लिए ये सुरक्षा कवच होंगे, उतनी ही ज़्यादा वे इसकी माँग करेंगे। अगर आप प्रतिस्पर्द्धा के स्वतन्त्र जज़्बे के लिए तैयार नहीं होंगे और दान के प्रावधानों पर जियेंगे तो हमारी अज्ञानता, अक्षमता एवं कट्टरता को बढ़ाने में मदद करेंगे और जिन्होंने इसका आधा-अधूरा समर्थन किया है, वे इसको मज़बूत करने का काम करेंगे। मुझे इस मानसिकता को समझना मुश्किल है कि संविधान के मसौदे में जितना दिया गया है उससे अधिक की माँग ऐसे की जा रही है, मानो यह जीवन-मरण का मामला हो। मैं आशा करता हूँ कि कन्वेंशन में होने वाले बहस-मुबाहसे के बाद जो अभी एक स्वाभविक उत्तेजना का माहौल है वह समाप्त जो जायेगा।

अच्छा हो या बुरा आज भाग्य ने हमें ऐसी परिस्थिति में ला खड़ा किया है जिस समय हमारे द्वारा उठाया गया कोई भी गलत कदम हमें संकट में डाल देगा और एक सही कदम हमारी स्वतन्त्रता का आधार तैयार करेगा। एक समुदाय के प्रति निष्ठा से ज़्यादा हमारी इस देश के प्रति निष्ठा है। और हमें एक क्षण के लिए भूलना नहीं चाहिए कि इस बहस के दौरान हमारी राष्ट्रीय देशभक्ति की परीक्षा होगी। मैं भगवान से प्रार्थना करता हूँ कि मातृभूमि के हित में हमारे अन्दर प्राप्त करने की भावना से ज़्यादा त्याग करने की शक्ति पैदा करे। और आज हम एक खास तबके के प्रतिनिधि के रूप में जो दे रहे हैं, हम फिर एक भारतीय बनकर लौटेंगे।

जवाहरलाल नेहरू (1889-1964)

जवाहरलाल नेहरू का जन्म 14 नवम्बर 1889 को इलाहाबाद में हुआ था। वे प्रसिद्ध बैरिस्टर पंडित मोतीलाल नेहरू के पुत्र थे, जिनका परिवार कश्मीर से घूमते-फिरते इलाहाबाद में बस गया। उनके पिता मोतीलाल नेहरू भारत के प्रसिद्ध वकील थे, साथ ही साथ भारतीय राष्ट्रीय आन्दोलन में भी वे सक्रिय थे। नेहरू ने भी ट्रिनिटि कॉलेज कैम्ब्रिज से स्नातक एवं इनर टेम्पुल लंदन से बैरिस्टर की परीक्षा पास की। भारत लौटने पर उन्होंने इलाहाबाद उच्च न्यायालय में वकालत की शुरू की। स्वाधीनता आन्दोलन में वे 20-25 वर्ष की उम्र में ही कूद पड़े। 1920 में वे कांग्रेस में वामपंथी नेताओं के सम्पर्क में रहे। गाँधीजी ने उन्हें अपना पूरा समर्थन दिया और वे 1929 में कांग्रेस अध्यक्ष निर्वाचित हुए। इसी सम्मेलन में पूर्ण स्वराज्य की घोषणा उनके द्वारा की गयी। आगे चलकर वे कई बार जेल गये और 1942 की अगस्त क्रान्ति में उन्होंने अग्रणी भूमिका अदा की। स्वतन्त्रता के बाद वे भारत के प्रथम प्रधानमन्त्री बने।

भारतीय राष्ट्रीय कांग्रेस के वार्षिक सम्मेलन में नेहरू द्वारा दिया गया भाषण उनके महत्त्वपूर्ण भाषणों में से एक है और इसने भारतीय राष्ट्रीय आन्दोलन को नया मोड़ दिया। एक वर्ष पूर्व कलकता कांग्रेस में 'डोमिनियन स्टेटस' की माँग का स्थान पूर्ण स्वराज ने ले लिया। उनके भाषणों में दूसरे मुद्दे परिषदों के बहिष्कार एवं जन-आन्दोलनों की शुरुआत से जुड़े हुए थे। 31 दिसम्बर की मध्य रात्रि को रावी के तट पर तालियों की गड़गड़ाहट के बीच तिरंगा फहराया गया और जो प्रस्ताव पारित किये गये थे, वे भी समान रूप से महत्त्वपूर्ण थे। 26 जनवरी 1930 स्वाधीनता दिवस के रूप में घोषित किया गया और आमजनों द्वारा पूर्ण स्वराज के संघर्ष की प्रतिज्ञा ली गयी। इस प्रतिज्ञा को पूरे देश के करोड़ों लोगों के बीच पढ़कर सुनाया गया। इस पूरी घटना के परिणामस्वरूप 8 वर्षों बाद फिर से राजनैतिक पटल पर गाँधी का उदय हुआ और उन्होंने जवाहरलाल नेहरू एवं सुभाषचन्द्र के नेतृत्व में देश का लक्ष्य पूर्ण स्वराज जैसे क्रान्तिकारी मुद्दे के साथ जोड़ दिया।

पूर्ण स्वराज की घोषणा

(लाहौर, 29 दिसम्बर, 1929)

आज हम जिन प्रमुख समस्याओं का सामना कर रहे हैं, उस पर बहस करेंगे और आपके निर्णय भारतीय इतिहास की धारा बदल सकती है लेकिन सिर्फ़ आपके सामने ही समस्याएँ नहीं हैं जिसका आप सामना कर रहे हैं। सम्पूर्ण विश्व के सामने एक प्रश्नचिह्न है और प्रत्येक देश एवं प्रत्येक व्यक्ति उससे घिरा हुआ है। कोई कह नहीं सकता कि भविष्य के गर्भ में क्या है, लेकिन हम विश्वास के साथ कह सकते हैं कि एशिया और, यहाँ तक कि भारत विश्व की नीतियाँ तय करने में बड़ी भूमिका निभायेंगे। यूरोप द्वारा थोड़े समय के वर्चस्व का अन्त होनेवाला है और वह रुचि एवं गतिविधियों का केन्द्र नहीं रह गया है। अब भविष्य अमेरिका एवं एशिया के पक्ष में है। अब यह समय आ गया है जब सर्वदलीय योजना को लागू करने के लिए 1 वर्ष का अतिरिक्त समय दिया गया था। अब वह समय खत्म हो गया है और अब कांग्रेस को स्वाधीनता के पक्ष में घोषणा करते हुए इसे प्राप्त करने के तरीकों पर विचार करना चाहिए। हम भारत के ग़रीबों के शोषण को बन्द करना चाहते हैं और वास्तविक सत्ता चाहते हैं न कि सिर्फ़ कार्यालय की चाभी।

इस कांग्रेस में क्या बात है? सहयोग की शर्तें पूरी नहीं की गयी हैं। क्या हम तब तक सहयोग कर सकते हैं जब तक वास्तविक स्वतन्त्रता की कोई गारंटी न हो। क्या हम तब तक सहयोग करें जब तक हमारे संग्रामी का हमें आश्वासन दिया जाय या सिर्फ़ कार्यनीतिक तौर पर हमसे लाभ लेने की कोशिश की जाय। बन्दूक की नोंक पर शान्ति कायम नहीं की जा सकती है और अगर हम विदेशी लोगों द्वारा शासित रहेंगे तो कम से कम हम इसके लिए सहमति न दें। अगर कलकता कांग्रेस की बात सही है तो हमारे पास एक ही लक्ष्य है। वह लक्ष्य स्वाधीनता है। हमारे बीच स्वाधीनता डोमिनियन स्टटेस के बीच बहुत विवाद था और इस पर झगड़े भी हुए हैं, लेकिन असली सवाल सत्ता पर विजय है, इसको नाम जो भी दिया जाय। मैं नहीं समझता हूँ कि 'डोमिनियन स्टटेस' का कोई भी रूप भारत को वास्तविक सत्ता प्रदान करेगा। सही सत्ता की परख देश पर कब्जा करनेवाली सेना की वापसी और अर्थतन्त्र पर उनके नियन्त्रण की समाप्ति से ही होगी, अतः हमें इन्हीं बातों पर केन्द्रित करना चाहिए और बाकी बातें अपने आप हो जाएँगी।

अतः आज मैं भारत की पूर्ण स्वतन्त्रता के लिए खड़ा हूँ। यह कांग्रेस कभी ब्रिटिश संसद द्वारा हमें निर्देशित करने के अधिकार को मानती है और न कभी मानेगी। हम इसके सामने कोई अनुरोध नहीं कर रहे हैं, लेकिन हम संसद से और उसके माध्यम से विश्व के मानवीय मूल्यों के रक्षकों के सामने घोषणा करना चाहती हैं कि हम किसी विदेशी वर्चस्व के सामने समर्पण करने के लिए तैयार नहीं हैं। आज या कल हम इतने शक्तिशाली नहीं हो सकते हैं कि हम अपनी इच्छा को मजबूती

से व्यक्त कर सकें। हम अपनी कमजोरियों के प्रति सचेत हैं। हमारे अंदर कोई झूठा घमंड नहीं है और न तो हम अपनी ताकत की डींग हाँकते हैं, लेकिन किसी को भी हमारी ताकत एवं हमारी प्रतिबद्धता के अर्थ को समझने में भूल नहीं करनी चाहिए। इंग्लैंड को तो खासतौर पर नहीं। उसी तरह, इसके परिणामों की पूरी जानकारी के साथ हम इसे शुरू करेंगे और उसके बाद पीछे लौटने का कोई सवाल ही नहीं होगा। एक महान राष्ट्र को लम्बे समय तक रोककर रखा जा सकता है और जब एक बार मस्तिष्क स्पष्ट हो जाय और लोग प्रतिबद्ध होकर काम शुरू कर दें, अगर आप हम असफल होते हैं और कल सफलता नहीं मिलती है तो परसों हमें सफलता मिलेगी। इसके लिए कौन-सा कार्यक्रम हो? मुक्ति के लिए कोई भी बड़ा आन्दोलन आज की परिस्थिति में एक जन आन्दोलन होना चाहिए। सिर्फ़ संगठित विद्रोह को छोड़कर आन्दोलन शान्तिपूर्ण होना चाहिए, चाहे एक दशक पहले का असहयोग आन्दोलन हो या आधुनिक समय का आम हड़ताल हो, इसका आधार शान्तिपूर्ण संगठन एवं शान्तिपूर्ण कार्रवाई है। अगर मुख्य आन्दोलन शान्तिपूर्ण है तो उसी दौर में कोई हिंसात्मक आन्दोलन लोगों के ध्यान को हटा सकता है और मुख्य आन्दोलन को कमजोर कर सकता है। एक ही समय में अगल-बगल दो आन्दोलनों को एक साथ नहीं चलाया जा सकता है। हमें चुनाव करना है और चुने हुए आन्दोलन के प्रति सख्ती से निष्ठावान रहना है। इस कांग्रेस के पास चुनाव के लिए क्या है? मुझे कोई शंका नहीं है और मैं पूरी तरह निश्चित हूँ कि हम सिर्फ़ शान्तिपूर्ण आन्दोलन का ही चुनाव करेंगे।

क्या हमें असहयोग आन्दोलन के कार्यक्रम को दुहराना चाहिए? यह जरूरी नहीं है, लेकिन मूल विचार वही रहना चाहिए। परिस्थितियों के अनुरूप कार्यक्रमों एवं कार्यनीतियों को तय करना चाहिए और अभी कांग्रेस के लिए विस्तार से इस पर चर्चा करना जरूरी नहीं है। यह कार्यकारिणी और अखिल भारतीय कांग्रेस कमिटी का कार्य है, लेकिन नीतियों को तय कर लेनी चाहिए। पुराने कार्यक्रम के अनुसार हमें परिषदों, न्यायालयों एवं विद्यालयों का बहिष्कार करना था। इससे आगे बढते हुए सेना की सेवा में जाने से इन्कार तथा टैक्स की अदायगी पर रोक था, जब राष्ट्रीय संघर्ष अपनी ऊँचाई पर था मैं यह नहीं समझ सकता हूँ कि इन कार्यों में लगे लोग कैसे न्यायालय और विद्यालय जायेंगे, लेकिन मैं अभी भी समझता हूँ कि न्यायालय एवं विद्यालयों के बहिष्कार का इस समय नारा देना गैर-बुद्धिमतापूर्ण घोषणा होगी। विधान परिषद् के बहिष्कार को लेकर बहुत विवाद हुए थे और इस सवाल पर कांग्रेस दो फाड़ हो गयी थी। हमें इस विवाद को पुनर्जीवित करने की ज़रूरत नहीं है, क्योंकि आज की परिस्थिति पूरी तरह अलग है। लेकिन आज मैं कांग्रेस से सम्मानपूर्वक निवेदन करूँगा कि परिषद् के प्रति एक ही नीति हो सकती है, वह है परिषद् का सम्पूर्ण बहिष्कार।

इस संघर्ष के लिए हमें सक्षम तन्त्र की ज़रूरत है। हमारी कांग्रेस का संविधान एवं संगठन बहुत ही अराजक एवं धीमा हो गया है और संकट का सामना करने के उपयुक्त नहीं है। बड़े प्रदर्शनों का समय बीत गया है। हम शान्तिपूर्ण लगातार प्रतिरोध की तरफ जाना चाहते हैं। इसके लिए संगठन की कतारों में कठोर अनुशासन की ज़रूरत है। हमारा प्रस्ताव कार्रवाई के लिए पारित किया जाना चाहिए। कांग्रेस की वास्तविक सदस्य संख्या चाहे जितनी छोटी हो, यह मज़बूत होगी अगर यह अनुशासित ढंग से कार्य करे। प्रतिबद्ध छोटी अल्पसंख्यक टुकड़ियों ने राष्ट्रों के भाग्य बदल दिये हैं। भीड़ से बहुत कुछ नहीं हो सकता है। स्वतन्त्रता हमसे धैर्य एवं अनुशासन की माँग करती है, हम सबों को बड़े लक्ष्य के लिए अपने को समर्पित कर देना चाहिए।

भगत सिंह (1907-1931) एवं बी.के. दत्त (1910-1965)

भगत सिंह को सभी लोग जानते हैं कि वे एक महान क्रान्तिकारी वीर और निडर लड़ाकू थे। उनका जन्म 1907 में पंजाब के लायलपुर ज़िले में हुआ था। उन्होंने नौजवान भारत सभा और बाद में हिन्दुस्तान सोशलिस्ट रिपब्लिकन एसोसियेशन बनाया और वे उसी माध्यम से स्वाधीनता आन्दोलन में भाग लेते रहे। लाला लाजपत राय की मृत्यु का बदला लेने के लिए उन्होंने अपने साथी बटुकेश्वर दत्त के साथ केन्द्रीय विधान सभा में बम फेंका। वे लोग पकड़ लिए गये, किन्तु सारे भारत में उनकी प्रसिद्धि हुई।

असेम्बली बम केस में भगत सिंह एवं बी.के. दत्त पर मुकदमा स्वाधीनता आन्दोलन के इतिहास में महत्त्वपूर्ण स्थान रखता है। यहाँ उनका पूर्ण बयान उद्धृत है जिससे उन्होंने बम फेंकने का निर्णय लिया। बम फेंकने के पश्चात् वे भाग सकते थे, किन्तु उन्होंने पकड़ा जाना ही श्रेयष्कर समझा। मुकदमे में दोनों को आजन्म कारावास मिला। बाद में भगत सिंह को राजगुरु एवं सुखदेव के साथ एक-दूसरे केस में फाँसी दे दी गयी। उद्धृत बयान से पंडित नेहरू इतने विचलित हुए कि उन्होंने इस बयान को कांग्रेस बुलेटिन में भी छापा।

असेम्बली बम केस

(दिल्ली, 6 जून, 1929)

हम लोगों पर कुछ संगीन आपराधिक आरोप लगाये गये, और इस स्थिति में अधिकार के तहत हम लोग अवश्य अपने कृतित्व की व्याख्या करें।

इस सन्दर्भ में निम्नलिखित सवाल उठते हैं—

1. क्या बम कक्ष में फेंके गये, और यदि फेंके गये तो क्यों?
2. क्या निचली अदालत द्वारा लगाया गया आरोप सही था या नहीं?

प्रथम प्रश्न के प्रथम अनुभाग में हम लोगों का जबाव सकारात्मक है, लेकिन तथाकथित चश्मदीद गवाह झूठी कसम खाते हैं और चूँकि हम लोग अपने उत्तरदायित्व में एक निश्चित सीमा तक विमुख नहीं होते हैं, मान लें कि हम लोगों के उनके प्रति कथन की जाँच प्रदर्शन के माध्यम से की जाये, तो हम लोग यह संकेत कर सकते हैं कि सार्जेन्ट टेरी का हम लोगों में से किसी एक से पिस्तौल छीनने का प्रमाण बनावटी झूठ है, क्योंकि हम लोगों में से किसी के पास भी उस समय पिस्तौल नहीं थी, समर्पण करने के लिए। उसी समय हम लोग लोक अदालत की निष्पक्षता और अदालत की न्यायिक प्रवृत्ति की पहचान करते हैं।

हम लोगों के प्रथम प्रश्न के अगले अनुभाग के जबाव में हम लोग विवश हो जाते हैं, कुछ विस्तार पूर्ण और स्पष्ट ब्यौरा अपने लक्ष्य या उन परिस्थितियों के बारे में देने के लिए, जो आज एक ऐतिहासिक घटना बन गयी है। हम लोगों को कुछ पुलिस पदाधिकारियों, जो कि कारावास में भ्रमण करते थे, के द्वारा कहा गया कि लॉर्ड इरविन द्वारा दोनों सदनों के संयुक्त अधिवेशन के सम्बोधन में घटना का जिक्र किसी खास व्यक्ति के खिलाफ़ न होकर किसी संस्था पर निर्देशित था, हम लोग तत्परता से पहचान गए कि घटना की प्रशंसा वास्तव में सही रूप में की गयी। हम लोग मानवता के मामले में अग्रणी हैं। किसी खास व्यक्ति के खिलाफ़ कोई ईर्ष्या नहीं है, हम लोग मानव-जीवन को पवित्र मानते हैं, जिसका वर्णन शब्दों में नहीं किया जा सकता। हम लोग विनम्रतापूर्वक दावा करते हैं कि देश के इतिहास, उनकी स्थितियाँ एवं उसकी आकांक्षाएँ एक गम्भीर विद्यार्थी से ज़्यादा नहीं हैं। हमें पाखंड से नफरत है। हम लोगों का वास्तविक विरोध उस संस्था के खिलाफ़ था, जो अपने जन्म से ही अवगुणों एवं शरारतपूर्ण शक्ति के प्रदर्शन में मदद करती थी, इसीलिए हम लोग आश्वस्त थे कि यह मात्र भारतीयों के अपमान एवं असहाय स्थिति को प्रदर्शित करेगा और यह गैर-जबावदेह तथा निरंकुश शासन की चरम सीमा को लाँघने का प्रतीक होगा। बार-बार राष्ट्रीय माँग के रूप में जनप्रतिनिधियों द्वारा मात्र रद्दी की टोकरी प्राप्त करने के अन्तिम लक्ष्य पर बल दिया गया। सदन द्वारा पारित विधिवत प्रस्तावों को नफ़रत की भावना से पैरों तले कुचल डाला गया, जिसे तथाकथित

भारतीय संसद कहा जाता है। जो प्रस्ताव दमनकारी एवं निरंकुश कार्रवाइयों को निरस्त करने के लिए पारित किये गये, उन्हें नफरतभरी भावनाओं एवं सरकार की कार्रवाइयों एवं प्रस्तावों को मात्र कलम की शक्ति से निर्वाचित विधायिका के सदस्यों द्वारा सिरे से खारिज कर दिया गया। संक्षेप में, हम लोग किसी संस्था के अस्तित्व हेतु न्याय की प्राप्ति में पूर्णतः असफल रहे। इसकी तमाम भव्यता विद्यमान रहने के बावजूद जिसका गठन करोड़ों भारतीयों द्वारा पसीनें की गाढ़ी कमाई से किया गया था, वह मात्र खोखला और शरारतपूर्ण प्रदर्शन था।

हम लोगों ने लोगों के हृदयविदारक कष्ट को जाहिर करने के लिए, जिनके पास कोई दूसरा चारा नहीं था, संसद कक्ष के फर्श पर उन लोगों की ओर से बम गिराया हम लोगों के बम गिराने का मक़सद अनसुनी करने वालों को अपनी आवाज़ सुनाना एवं असावधान लोगों को समय रहते हुए चेतावनी देना था। हम लोगों ने उन लोगों को जो बगैर सावधानी बरते रफ्तार से चलकर अपने आगे खतरे का कब्र खोद रहे हैं, उन्हें खतरे का संकेत दिया है। हम लोगों ने आदर्श अहिंसा के युग के अन्त को चिह्नित किया है, जिसकी निरर्थकता पर भावी पीढ़ी बगैर सन्देह के विश्वास करेगी।

हम लोगों ने अगले अनुच्छेद में आदर्श अहिंसा की अभिव्यक्ति का इस्तेमाल किया है, जिसकी व्याख्या की आवश्यकता है। जब शक्ति का इस्तेमाल आक्रामक तरीके से किया जाता है, तब यही हिंसा है और ाह इसीलिए नैतिक ढंग से अन्यायोचित है, लेकिन अगर इसे आगे वैध ढंग से इस्तेमाल किया जाये, तो इससे इसका नैतिक औचित्य सिद्ध होता है। हर हाल में शक्ति का विलोपन एक कल्पना स्वरूप है, और जो नया आन्दोलन देश में उत्पन्न हुआ है, जिसको हम लोगों ने आरम्भ से ही चेता दिया है, वह उस आदर्श से प्रेरित है, जिसका मार्गदर्शन गुरु गोविन्द और शिवाजी, कमाल पाशा और रिजा खान, वाशिंगटन और गैरीबाल्डी एवं लैफे और लेनिन ने किया। जैसा कि दोनों विदेशी सरकार और भारतीय जनता के नेतागण मालूम पड़ता है कि इस आन्दोलन की ओर से अपनी आँखें मूँदे हुए है, हम लोगों ने चेतावनी को अपने कर्तव्य के रूप में महसूस किया, जिसे अनसुनी नहीं किया गया, हमने इस प्रश्न में अभी तक घटना के पीछे के लक्ष्य (उद्देश्य) को उजागर किया है और हम लोग अवश्य ही अपने इरादे के दायरे को परिभाषित करेंगे।

हम लोगों में उनके या सभा के अन्य व्यक्तियों के प्रति कोई व्यक्तिगत ईर्ष्या या द्वेष नहीं है, जिन्हें हल्की चोटें आयी हैं। इसके विरुद्ध हम लोग दुहराते हैं कि हम लोग मानव जीवन को पवित्र मानते हैं, जिसका वर्णन शब्दों में नहीं किया जा सकता है, और शीघ्र ही हम लोग अपने जीवन को दूसरे को कष्ट पहुँचाने की अपेक्षा अपने जीवन को मानवता की सेवा में समर्पित कर देंगे। हम लोग सर जॉन साइमन की हत्या घात लगाकर कर सकते थे, जिसके भाग्यहीन आयोग के तमाम जिम्मेवार लोगों द्वारा नफरत फैलाई गयी, जो उस समय राष्ट्रपति दीर्घा में बैठे हुए थे। यद्यपि कि ये सारी चीजें हम लोगों के इरादे के विरुद्ध थीं, और बम ने ज़्यादा कुछ नहीं किया। जिस उद्देश्य से इन्हें बनाया गया था, और इनका चमत्कार जान-बूझकर एक सुरक्षित जगह पर फेंकने में समाहित था। हम लोगों ने जो कुछ भी किया, उसकी सजा को भुगतने के लिए जान-बूझकर अपने-आप को समर्पित कर दिया और साम्राज्यवादी शोषकों को अहसास कराया कि वे व्यक्तिगत तौर पर लोगों को मारकर उनकी भावनाओं को नष्ट नहीं कर सकते हैं। ऊपर वर्णित महत्त्वहीन इकाइयों को रौंदकर किसी राष्ट्र को नष्ट नहीं किया जा सकता है। हम लोग उस ऐतिहासिक सबक (पाठ) पर बल देना चाहते हैं, जिसे (फ्रांस की राज्यक्रान्ति को) लेटर-डे-कोर्ट और बैस्टाइल दुर्ग भी कुचल नहीं पाया। फाँसी की सजा एवं साइबेरियन माइन्स भी रूस की क्रान्ति का शमन नहीं कर पाये। खूनी रविवार

और ब्लैक एवं तांस आयरलैण्ड के स्वतन्त्रता आन्दोलन को दमित करने में नाकामयाब रहे। क्या अध्यादेश एवं सुरक्षा विधेयक भारतीय स्वतन्त्रता की ज्वाला को बुझा सकते हैं? षड्यन्त्रकारी मुकदमे मनगढ़ंत खोजे गये और बनाये गये तथा उन युवकों, जो ऊँचे ख्वाब पाले हुए थे, की गिरफ्तारी भी क्रान्तिकारी मार्च (यात्रा) को रोक नहीं पायी। लेकिन यदि समय पर दी गयी चेतावनी की अनदेखी नहीं की गयी होती, तो लोगों की सामान्य जीवन की पीड़ा कम होती। हम लोगों ने चेतावनी देने का काम अपने जिम्मे लिया और इस कर्तव्य को पूरा किया।

मोहनदास करमचन्द गाँधी (1869-1948)

मोहनदास करमचन्द गाँधी, जिन्हें महात्मा गाँधी के नाम से हम सभी जानते हैं, का जन्म 2 अक्टूबर 1869 को पोरबन्दर में हुआ था। आज़ादी के पश्चात 30 जनवरी 1948 को राष्ट्रीय स्वयं सेवक के सदस्य नाथुराम गोडसे ने बिरला भवन दिल्ली में उनकी हत्या कर दी, जिससे सारा देश मर्माहत हो उठा। स्पष्टतः वे हिन्दू मुस्लिम एकता के समर्थक थे और भारत विभाजन से काफ़ी आहत थे। गाँधी और उनके समर्थकों द्वारा अहमदाबाद से डाण्डी तक की यात्रा (माचं) नागरिक अवज्ञा आन्दोलन की शुरुआत की तरह की गई थी। असहयोग आन्दोलन की असफलता के बाद गाँधीजी नेपथ्य में चले गये थे। दस वर्षों के अलगाव के बाद वे फिर से सामने आये और कांग्रेस के नेता बन गये। उन्होंने भाषण या प्रस्ताव के जरिये नागरिक अवज्ञा आन्दोलन की शुरुआत नहीं की बल्कि एक यात्रा के जरिये शुरुआत की जो स्वतन्त्रता आन्दोलन की अनोखी घटना है। अपने आप में यह छोटी घटना थी, लेकिन गाँधी जानते थे कि समर्थकों के साथ उनकी यह लम्बी यात्रा भारत के अपढ़ ग्रामीणों में संघर्ष का जज़्बा पैदा कर देगी और बाद में पूरा राष्ट्र और विश्व के अनेक हिस्सों को भी झकझोर देगी। गाँधी को बिम्बों की समझ के साथ-साथ उसके प्रयोग का भी ज्ञान था।

नमक कर एक अच्छा मुद्दा था। गाँधी ने लार्ड इर्विन को एक पत्र लिखकर नमक पर कर समाप्त करने की माँग की जो ग़रीबों पर बोझ था। पत्र में उन्होंने लिखा कि अगर नमक कर समाप्त नहीं किया जाता है तो वे नागरिक अवज्ञा आन्दोलन के रूप में सत्याग्रह की शुरुआत करेंगे। वाइसराय ने व्यक्तिगत तौर पर उनके लम्बे पत्र का जवाब नहीं दिया। उनके सचिव ने कुछ शब्दों का निरुत्साहित करनेवाला जवाब दिया। अब बात आगे बढ़ गयी थी। गाँधी यात्रा पर जायेंगे, नमक कानून तोड़ने और उसके परिणामों का सामना करेंगे।

गाँधी अपने समर्थकों के साथ अहमदाबाद के साबरमती आश्रम से समुद्र तट पर एक वीरान गाँव डाण्डी की यात्रा पर निकल पड़े। उस गाँव में कभी लाईट हाउस हुआ करता था। पूर्व में विस्तार से योजना बनाई जा चुकी थी। उस क्षेत्र के सबसे लोकप्रिय नेता सरदार पटेल को पूर्व में ही यात्रा में शामिल होने वाले लोगों, गुजरनेवाले रास्तों के गाँवों का तथा गाँववालों द्वारा यात्रा में शामिल लोगों की अच्छी तरह से आवभगत की पूरी तैयारी के लिए भेज दिया गया था। सरकार सशंकित हो गयी और 7 मार्च को सरदार पटेल को गिरफ्तार कर तीन महीनों के लिए जेल में बन्द कर दिया गया। लेकिन उनकी गिरफ्तारी के पूर्व ही सारा इंतजाम कर लिया गया था। 12 मार्च 1930 को यात्रा की शुरुआत हुई और 6 अप्रैल को डाण्डी में खत्म हुई। गाँधी ने वहाँ चुटकी-भर नमक उठाया और कानून तोड़ने का काम किया तथा नागरिक अवज्ञा आन्दोलन की शुरुआत की। वह चुटकी-भर नमक बाद में 1600 रु. में बिकी। 241 मील की इस यात्रा को टेढ़े-मेढ़े धूल-भरे रास्ते से चलकर पूरा करने में 24 दिनों का समय लगा। इस यात्रा ने पूरे देश में आन्दोलन की आँधी पैदा कर दी। अब देश के समुद्री क्षेत्रों के अलावे आंतरिक हिस्सों में बर्तनों में नमक तैयार किया जाने लगा। विदेशी वस्त्र एवं शराब बेचनेवाली दूकानों के आगे पिकेटिंग किया गया। परिणामस्वरूप 60 हजार कांग्रेस कार्यकर्त्ता गिरफ्तार हुए। डाण्डी यात्रा ने गाँधी को देश का अविवादित नेता बना दिया।

डाण्डी मार्च

(अहमदाबाद, 11 मार्च, 1930)

संभवतया आपके लिए यह मेरा अन्तिम भाषण होगा। अगर मुझे कल सुबह सरकार यात्रा करने की अनुमति देती है तो साबरमती के पवित्र तट पर यह मेरा अन्तिम भाषण होगा। संभवतया यह मेरे जीवन के अन्तिम शब्द हों। मैंने कल ही आपको बता दिया था कि जो मुझे कहना है। आज मैं आपको अपने और अपने साथियों की गिरफ्तारी के बाद आपको क्या करना है, इसी सुझाव तक अपने की सीमित रखूँगा। जलालपुर की यात्रा के कार्यक्रम को जिस तरह तैयार किया गया है, उसे पूरा किया जाना चाहिए। इस कार्य के लिए स्वयंसेवकों को जोड़ने का काम गुजरात तक ही सीमित रखना चाहिए। पिछले पन्द्रह दिनों में जो हुआ उसमूं कभी नहीं होनी चाहिए, यहाँ तक कि अगर हम सभी गिरफ्तार भी हो जायें। हम लोगों ने अपने तमाम संसाधनों का उपयोग अहिंसात्मक संघर्ष को आगे बढ़ाने के लिए उपयोग में लाने की प्रतिज्ञा की है। किसी को भी गुस्से में कोई गलती न करने दें। यह मेरा विश्वास एवं मेरी प्रार्थना है। मेरी कामना है कि मेरे ये शब्द देश के कोने-कोने तक पहुँच जाएँ, अगर मैं और हमारे साथी मृत्यु को प्राप्त होते हैं तो हमारा कार्य पूरा हो जायेगा। उसके बाद यह कांग्रेस की कार्यकारिणी की जिम्मेदारी है कि वह आपका नेतृत्व करे और आपको रास्ता दिखाये। अब उसके नेतृत्व को स्वीकार करना आप पर निर्भर करता है। यही कार्यकारिणी समिति के प्रस्ताव का एकमात्र अर्थ है। आन्दोलन की कमान अभी भी हमारे उन्हीं सहयोगियों के हाथों में होगी जिनकी आस्था अहिंसा में है। निश्चय ही कांग्रेस कारवाइयों के रास्ते को चुनने के लिए स्वतन्त्र होगी। जब तक मैं जलालपुर नहीं पहुँच जाता हूँ, तब तक मुझे कांग्रेस ने जो प्राधिकार सौंपा है, उसके खिलाफ़ कुछ नहीं होना चाहिए, लेकिन जैसे ही मेरी गिरफ्तारी हो जाय तो पूरी जिम्मेवारी कांग्रेस के हाथों में चली जायेगी। जिन लोगों की अहिंसा में आस्था है, वे चुपचाप न बैठें। कांग्रेस से मेरा सम्बन्ध टूट जायेगा, जैसे ही मैं गिरफ्तार हो जाऊँगा, उस समय स्वयंसेवकों को जोड़ने के काम में कोई सुस्ती नहीं आनी चाहिए। जहाँ भी संभव हो, नमक कानून के खिलाफ़ नागरिक अवज्ञा आन्दोलन को शुरू कर देना चाहिए।

तीन तरह से कानून का उल्लंघन किया जा सकता है। गैरकानूनी नमक रखना तथा उसे बेचना भी एक अपराध है। इस नमक को खरीदनेवाला भी समान तौर पर दोषी होगा। प्राकृतिक नमक के गोदामों को समुद्री किनारे से हटा देना भी कानून का उल्लंघन है। आप इन तीन चीजों में से कोई भी रास्ता चुन सकते हैं और नमक के एकाधिकार को तोड़ सकते हैं। लेकिन हम लोगों को इसी कार्य से सन्तुष्ट नहीं हो जाना चाहिए जहाँ कहीं भी कांग्रेस कमिटी है। उसकी तरफ से नमक कानून तोड़ने की किसी भी काईवाई पर कोई प्रतिबंध नहीं है। वे कुछ भी कर सकते हैं, अगर उन्हें अपने

ऊपर आत्मविश्वास है। यह उनका अधिकार है, बल्कि यह उनका कर्तव्य है। विश्व ऐसे लोगों के उदाहरणों से भरा पड़ा हैं जो अपने आत्मविश्वास के बल पर नेतृत्व प्रदान कर सके। हम लोग जिन्हें स्वराज पाने की ललक है और उसे पाने के लिए अधीर हैं, उन्हे भी वैसा ही आत्मविश्वास होना चाहिए। हमारी कतार बढ़ेगी और हमारे हृदय मज़बूत होंगे, जब सरकार द्वारा हमारी गिरफ्तारियों की संख्या में वृद्धि होगी।

किसी को भी इस बात का भ्रम नहीं होना चाहिए कि मेरी गिरफ्तारी के बाद कोई देशवासियों को दिशा-निर्देशित करनेवाला नहीं होगा। मैं ही नहीं बल्कि पं. जवाहरलाल नेहरू आपके दिशा निर्देशक हैं। उनमें नेतृत्व की क्षमता है। हालाँकि जो भयमुक्त हैं और आत्मप्रवंचक नहीं हैं, उन्हें नेता की ज़रूरत नहीं है, लेकिन अगर हमारे अंदर ये गुण नहीं है तो जवाहरलाल भी हमारे अंदर इसे पैदा नहीं कर सकेंगे। इसके अलावे बहुत-सी बातें की जा सकती हैं। शराब और विदेशी सामानों की बिक्री करनेवाली दूकानों के सामने लोगों को जाने से और सामान खरीदने से रोका जा सकता है। हमारे पास यथेष्ट शक्ति है। हम कर देना रोक सकते हैं। वकील अपना कार्य छोड़ सकते हैं, आम जन मुकदमों से अलग रहकर न्यायालय का बहिष्कार कर सकते हैं। सरकारी सेवक अपने पदों से इस्तीफा दे सकते हैं। स्वतन्त्रता की समस्याओं का यह सबसे आसान हल है। अभी तक टैक्स अदा कर उपनाम रखकर, सरकारी विद्यालयों में पढ़ने के लिए बच्चों को भेजकर जो लोग सहयोग कर रहे हैं वे ये सारा सहयोग वापस ले सकते हैं, लोग असहयोग के और रास्ते ढूँढ़ सकते हैं और महिलायें भी पुरुषों के कंधे से कंधा मिलाकर संघर्ष में शामिल हो सकती हैं।

आप इसे मेरी इच्छा के रूप में देख सकते हैं। मैं यात्रा या जेल जाने के पहले आपको इन बातों से अवगत करा देना चाहता था। मैं समझता हूँ कि कल सुबह या उससे पहले जो युद्ध शुरू हो रहा है, उसे बीच में छोड़ा नहीं जाना चाहिए। अगर मैं युद्ध शुरू होने के पहले गिरफ्तार कर लिया जाऊँ, मैं उत्सुकतापूर्वक इस बात की प्रतीक्षा करूँगा कि हमारी टुकड़ी भी गिरफ्तारी देने के लिए तैयार है। मुझे इस बात का विश्वास है कि भारत में ऐसे बहुत से लोग हैं जो मेरे द्वारा आज शुरू किये गये कार्य को पूरा करने के लिए तैयार हैं।

हमें अपने कार्य की सच्चाई एवं अपने अस्त्र की पवित्रता पर विश्वास है और जहाँ साधन स्वच्छ है, वहाँ भगवान अपना आशीर्वाद देने के लिए उपस्थित रहते हैं और जहाँ ये तीनों जुट जाएँ वहाँ हार असंभव हो जाती है। एक स्वतन्त्र या गिरफ्तार सत्याग्रही बराबर विजयी होता है। वह तभी पराजित होता है जब वह सत्य, अहिंसा को छोड़ देता है और अपनी आंतरिक आवाज़ को सुनना बन्द कर देता है और अगर किसी सत्याग्रही की पराजय होती है तो इसका कारण वह खुद है। भगवान आपको आशीर्वाद दें और आपके संघर्षों के रास्ते की सभी बाधाओं को दूर करें। हम सब मिलकर यही प्रार्थना करें।

मोहम्मद इक़बाल (1877-1938)

मोहम्मद इक़बाल का जन्म 9 नवम्बर, 1877 को सियालकोट, पंजाब में हुआ था एवं उनकी मृत्यु 21 अप्रैल, 1938 को लाहौर में हुई।

वर्ष 1905 में "सारे जहाँ से अच्छा हिन्दोस्ताँ हमारा" कविता लिखनेवाले इक़बाल पूरे भारत में प्रसिद्ध हैं। उसी वर्ष वे अपनी उच्च शिक्षा के लिए इंग्लैंड गये। वे इंग्लैंड में तीन वर्षों (1905-08) तक रुके, लेकिन लौटने के बाद वे एक बदले हुए व्यक्ति थे। वे एक कट्टरवादी मुसलमान बन गये थे और अन्तर्राष्ट्रीय इस्लामावाद के समर्थक हो गये थे और उन्होंने तराने-मिल्ली नाम से एक कविता लिखी, जिसके शब्द थे "चीनो-अरब हमारा, हिन्दुस्ताँ हमारा, मुस्लिम हैं हम वतन है सारा जहाँ हमारा'।

20वें दशक के उत्तरार्द्ध में वे मुस्लिम लीग के सक्रिय सदस्य हो गये और जिन्ना के करीबी बन गये। 1929 में वे मुस्लिम लीग द्वारा गठित 'नेहरू रिपोर्ट' विरोधी कमिटी के सदस्य थे। मुस्लिम लीग के इलाहाबाद सम्मेलन में अध्यक्ष की हैसियत से दिया गया उनका भाषण किसी के लिए आश्चर्य की बात नहीं रह गयी थी। इस भाषण में उन्होंने भारत के अंदर मुस्लिम भारत की माँग की थी। अपने भाषण में वे ज़ोर देकर कहते हैं कि उत्तर-पश्चिम सीमा प्रांत की संगठित इकाई ही मुसलमानों का अन्तिम लक्ष्य होगा। इक़बाल के भाषण के बाद मुसलमानों के लिए अलग गृह प्रदेश की माँग जोर पकड़ने लगी। कैम्ब्रिज विश्वविद्यालय में शिक्षा ग्रहण करनेवाले छात्र रहमत अली ने इस विचार को पाकिस्तान का नाम दिया। 1931- 32 में लंदन में आयोजित गोलमेज सम्मेलन में उन्होंने इस बात की व्याख्या करते हुए प्रतिनिधियों के बीच एक पर्चा बाँटा। दस वर्षों बाद जिन्ना ने इसके साथ पूर्वी इलाके और कुछ अन्य क्षेत्रों को जोड़ दिया, जिससे पाकिस्तान का चित्र पूरा हो गया। सात साल बीतने के बाद यह एक वास्तविकता बन गयी।

मुस्लिम भारत

(1930)

एक शान्तिपूर्ण भारत के निर्माण के लिए एक प्रमुख पहलू के रूप में सम्प्रदायवाद को दरकिनार नहीं किया जा सकता है। भारतीय समाज की इकाइयाँ यूरोपीय देशों की तरह क्षेत्रीयता पर आधारित नहीं हैं। भारत विभिन्न जातियों, विभिन्न भाषा बोलनेवाले लोगों एवं अलग-अलग धर्मों में विश्वास करनेवाले मानव समूहों का देश है। उनका व्यवहार समान जाति चेतना से निर्धारित नहीं होती है, यहाँ तक कि हिन्दू भी कोई सुगठित समूह के रूप में नहीं हैं। यूरोपीय जनतन्त्र के सिद्धांत को भारत के साम्प्रदायिक समूहों की उपस्थिति की पहचान किये बगैर इसे लागू नहीं किया जा सकता है। अतः भारत के अन्तर्गत मुस्लिम भारत की माँग पूरी तरह न्यायसंगत है। दिल्ली में आयोजित सर्वदलीय मुस्लिम सम्मेलन में लिया गया प्रस्ताव इसी सच्चे आदर्श से प्रेरित है, जिसमें अलग-अलग सम्प्रदाय की पहचान को कायम रखते हुए उसके स्वतन्त्र व्यक्तित्व के विकास के लिए आवश्यक परिस्थिति का निर्माण किया जाय, जिससे वे अपने अंदर मौजूद अपने व्यक्तित्व गुणों का विकास कर सकें। मुझे इस बात की कोई शंका नहीं कि यह सम्मेलन इस प्रस्ताव में उठाई गई मुस्लिम माँगों को पूरी तरह स्वीकार करते हुए इसे पारित करेगा।

व्यक्तिगत तौर पर मैं इस प्रस्ताव में उठाई गई माँगों के आगे जाना चाहूँगा। मैं ब्रिटिश साम्राज्य के अधीन या ब्रिटिश साम्राज्य के बगैर पंजाब, उत्तर पश्चिमी सीमा प्रांत, सिन्ध, बलूचिस्तान को एक साथ शामिल कर एक मुकम्मल राज्य के रूप में देखना चाहता हूँ। उत्तर-पश्चिमी सीमा के रूप में मुस्लिम राज्य का गठन ही भारतीय मुसलमानों का अन्तिम पड़ाव है (भाग्य है)। नेहरू कमिटी के सामने इस प्रस्ताव को रखा गया था, लेकिन इसे एक बड़े अव्यवस्थित राज्य के रूप में गठित करने की संभावना को नकारते हुए अस्वीकृत कर दिया गया। क्षेत्र की विशालता को देखते हुए यह सही है, लेकिन उसके अंदर बसनेवाले लोगों की जनसंख्या को देखते हुए कहा जा सकता है कि भारत के बहुत से प्रदेशों की जनसंख्या इस पूरे क्षेत्र से बहुत ज़्यादा है। अम्बाला संभाग को अगर इससे हटा दिया जाय और कुछ वैसे जिलों को जहाँ गैर-मुस्लिमों का प्रभाव है, मुसलमानों के बाहुल्य के बावजूद इसका कम विस्तार होने देंगे। इस प्रकार प्रस्तावित निषेध इस ठोस राज्य के क्षेत्र में निवास करने वाले गैर-मुसलमान अल्पसंख्यकों को ज़्यादा प्रभावकारी संरक्षण देने की अनुमति प्रदान करेगा। वह धारणा हिन्दुओं या अंग्रेज़ों को खतरे की घंटी की आवाज़ सुनने की ज़रूरत नहीं महसूस कराती। भारत दुनिया में सबसे बड़ा मुस्लिम देश है। इस जीवन्त देश में सांस्कृतिक ताकत के रूप में इस्लाम का जीवन एक निर्दिष्ट प्रदेश पर इसके संकेन्द्रण पर अत्यधिक निर्भर करता है। भारत में मुसलमानों के सर्वाधिक सक्रिय भाग का संकेन्द्रण, जिसका कि सैन्य एवं पुलिस सेवा, इस देश

में ब्रिटिश हुकूमत में अन्यायपूर्ण व्यवहार का विरोध नहीं करती, अन्ततः भारत और एशिया की भी समस्याओं का समाधान करेगी। यह उनके उत्तरदायित्व के भाव को बढ़ायेगी और उनकी देशभक्ति की भावना को प्रगाढ़ करेगी। अतः भारत के राज निकाय में विकास के पूर्ण अवसर के अधिकार को पाकर, उत्तर-पश्चिमी भारतीय मुसलमान विदेशी आक्रमण के विरुद्ध सबसे अच्छे रक्षक साबित होंगे। पंजाब की 56 प्रतिशत मुस्लिम आबादी भारतीय सेना में कुल लड़ाकू सैन्य टुकड़ियों की 54 प्रतिशत की आपूर्ति करती है और यदि नेपाल के स्वतन्त्र राज्य से भर्ती किये गये 19 हजार गोरखों को हटा दिया जाये, तो पूरी भारतीय सेना में पंजाब का सापेक्ष परिमाण 62 प्रतिशत हो जायेगा। यह प्रतिशत भारतीय सेना में उत्तर-पश्चिमी सीमान्त प्रान्त एवं बलूचिस्तान द्वारा आपूर्ति किये गये लगभग 6 हजार योद्धाओं का स्थान नहीं ग्रहण करता। इसके माध्यम से, आप विदेशी आक्रमण के विरुद्ध भारतीय सेना में उत्तर-पश्चिमी भारतीय मुसलमानों की भूमिका की सम्भावनाओं की सहजता से गणना कर सकते हैं। सम्माननीय श्रीनिवास शास्त्री की सोच है कि उत्तर-पश्चिम सीमा पर स्वतन्त्र मुस्लिम राज्यों के गठन की मुसलमानों की माँग एक इच्छा द्वारा प्रेरित है– 'भारत सरकार पर संकट काल में दबाव बनाने के लिए उपाय को हासिल करना।' मैं उन्हें स्पष्ट रूप से कहता हूँ कि मुसलमानों की माँग हम लोगों को कलंकित करने वाली भावना से प्रेरित नहीं है। यह एक सच्ची चाहत से प्रेरित है, जिसका मकसद स्वतन्त्र विकास करना है, जो कि व्यावहारिक रूप में राष्ट्रवादी हिन्दू राजनेताओं द्वारा भारत में स्थायी साम्प्रदायिक प्रभुत्व को कायम रखने के उद्देश्य से एकात्मक सरकार के अधीन असम्भव है।

हिन्दुओं को डरना नहीं चाहिए कि स्वतन्त्र राज्यों के गठन का अर्थ वैसे राज्यों में एक तरह के धार्मिक नियम का परिचय होगा। मैं पहले ही आपको धर्म शब्द का अर्थ, जैसा कि इस्लाम के द्वारा व्यवहृत किया गया है, सुझा चुका हूँ। सच्चाई यह है कि इस्लाम एक गिरजा नहीं है। यह लम्बे काल से संकुचित प्राणियों को प्रकट करने वाला एक राज्य है, बहुत पहले कभी रूसो ने इसके बारे में सोचा था, और एक धर्मशास्त्रीय आदर्श के द्वारा प्रफुल्लित हुआ, जो कि मानव को धरती में जड़ जमाये एक प्राणी के रूप में नहीं मानता है, उसे धरती का एक हिस्सा मानता है, परन्तु सामाजिक प्रक्रिया में इसे एक आध्यात्मिक जीव के रूप में समझा जाता है। इसलिए, मैं भारत एवं इस्लाम के हितार्थ ठोस मुस्लिम राज्य के गठन की माँग करता हूँ। भारत के लिए, इसका मतलब है शक्ति के आन्तरिक सन्तुलन के फलस्वरूप सुरक्षा एवं शान्ति को कायम करना। इस्लाम के लिए इसका मतलब होगा, अपने को मुक्त करने के लिए स्वयं प्रभावित करने का मौका, जिसे करने के लिए अरेबियन साम्राज्यवाद द्वारा दबाव डाला गया था, इसके कानूनों, शिक्षा एवं संस्कृति को प्रवृत्त किया गया और उन्हें अपनी मूल भावना और आधुनिक समयों की भावना के निकट सम्पर्क में लाया गया।

विट्ठलभाई पटेल (1873-1933)

गुजरात राज्य के नाडिया ज़िले में 1873 में जन्में विठ्ठलभाई पटेल पटेल भाईयों में तीसरे नंबर पर थे एवं वे वल्लभभाई पटेल से चार वर्ष बड़े थे। उन्होंने गुजरात के गोधरा एवं बलसाड में वकालत की। बाद में अपने वकालत की कमाई से वे भी बल्लभभाई पटेल की तरह लंदन में जाकर बैरिस्टरी की परीक्षा पास की। 1913 में गुजरात में लौटने पर वे एक अच्छे खासे वैरिस्टर के रूप में अहमदाबाद एवं बंबई में वकालत करने लगे। विठ्ठलभाई यद्यपि कांग्रेस में शामिल हुए किन्तु महात्मा के हर बात पर उनकी स्वीकृति नहीं होती थी। 1922 के चौरी-चौरा कांड के बाद जब गाँधीजी ने अपना आन्दोलन वापस ले लिया तो वे भी चितरंजन दास एवं मोतीलाल नेहरू के साथ मिलकर ''स्वराज पार्टी'' की स्थापना में शामिल हुए। वैसे वे बंबई विधानपरिषद् के सदस्य चुने गये किन्तु बाद में वे केन्द्रीय विधानसभा के सदस्य बने और 1925 में उसके प्रेसिडेंट (स्पीकर) बने। नमक सत्याग्रह के बाद उन्होंने कांग्रेस से भी त्याग पत्र दे दिया और गाँधीजी के आलोचक बन गये। 1930 में कांग्रेस द्वारा पूर्ण स्वराज्य की घोषणा के पश्चात वे पुनः कांग्रेस में आ गये। सुभाषचंद्र बोस के साथ यूरोप की यात्रा के दौरान जेनेवा में 1933 में उनकी मृत्यु हो गयी एवं उनका अन्तिम संस्कार बंबई में किया गया।

औपनिवेशिक स्वराज की चर्चाएँ होती रही हैं और इस पर बहुत विवाद भी हुए हैं। उद्धृत भाषण बिट्ठलभाई पटेल ने लंदन में अप्रैल 1932 में वैदेशिक नीति महासंघ में दिया था। उन्होंने इस बात पर जोर दिया कि भारत कनाडा और आस्ट्रेलिया की तरह नहीं है। यह ब्रिटिश कौलोनी नहीं बल्कि अंग्रेज़ों का जीता हुआ देश है।

औपनिवेशिक स्वराज्य

(लन्दन, अप्रैल, 1932)

कनाडा, आस्ट्रेलिया एवं न्यूजीलैण्ड जैसे उपनिवेशों के स्वराज्य की सादृश्यता भारत के साथ लागू नहीं होती और नहीं हो सकती है। वे उपनिवेश इंग्लैंड द्वारा स्थापित किये गये थे, जब भारत एक विजित प्रदेश था। कनाडा और आस्ट्रेलिया के मूल निवासी क्रूरतापूर्वक विध्वंसक थे, और आंग्ल-सैक्सन तत्त्व हालाँकि अधिकांशतः दीन-हीन श्वेत कूड़े-कर्कट से बने हुए थे, जो इन विरल आबादी वाले प्रदेशों में प्रधान अधिवासी हो गये। भारत और इंग्लैंड के बीच रक्त या जाति के बन्धन नहीं रहे, जैसा कि वे इंग्लैंड एवं अपने अन्य स्वशासित उपनिवेशों में रखते थे। ब्रिटिश सेना और नौसेना नाम के लिए थीं, वे उपनिवेशों में रहकर भी ब्रिटिश हितों का ख्याल रखती थीं। भारत में स्थिति भिन्न है। उपनिवेशों की समृद्धि ब्रिटेन एवं उसके जैसे अन्य साम्राज्यवादी देशों की समृद्धि को प्रकट करती है। इसलिए ब्रिटेन और उसके उपनिवेशों के बीच करीबी अन्तर्संबन्ध और आर्थिक हितरक्षात्मक समुदाय तथा पारस्परिक सुरक्षा प्रत्याभूति समुदाय के सम्बन्ध को धर्म, जाति, संस्कृति अथवा पोषित ऐतिहासिक महत्त्वाकांक्षाओं के ध्वंस के बगैर समझना आसान है। दो देशों के आर्थिक हित भी बहुत भिन्न हैं। विगत दो शताब्दियों से भी ज़्यादा समय से इंग्लैंड की आश्चर्यजनक समृद्धि ने हमारी भूख, हमारी अकाल मौत, हमारी शारीरिक दुर्बलता, हमारी अशिक्षा और अँधेरों पर पकड़ बनाएँ रखी है। भारत की आर्थिक उन्नति हेतु लायी जाने वाली समृद्धि एवं अपनी सन्तानों के लिए उसकी खुशियाँ कोयला-खनिकों, मछुआरों एवं मुर्गीपालकों के जनाधिक्य वाला देश ब्रिटिश टापुओं को अवश्य घटिया बना देगा। इंग्लैंड के प्रादेशिक शासन-स्वतन्त्रता का पत्ता धूर्तता से जीतने वाला गड्डी में रखा गया एक गलत पत्ता है। यह पूरी दुनिया को ठगने के लिए और भारत पर इंग्लैंड की प्रभुसत्ता को बरकरार रखने के लिए खेला जाता है। दुनिया अपने-आप साम्राज्यवाद एवं सैन्यवाद द्वारा कुचलाने के लिए भी इज़ाजत देती है। संसार में पूर्ण एवं सार्वभौमिक निःशस्त्रीकरण के बगैर सामान्य ढंग से औद्योगिक विकास नहीं हो सकता। और यह निःशस्त्रीकरण तब तक असम्भव है, जब तक इंग्लैंड भारत को अधिकार में रखने की जिद्द पर अड़ा रहेगा। भारत की स्वतन्त्रता उतनी ही अधिक जरूरी है, जितनी कि दुनिया को अपनी स्वतन्त्रता की चिन्ता है।

यह मात्र संयोग नहीं है। ब्रिटेन बाहरी दुनिया को यह विश्वास दिलाकर धोखा देना चाहता है कि साम्राज्य के तहत प्रादेशिक शासन-स्वतन्त्रता ही वास्तविक स्वतन्त्रता का विकल्प है। यथा संसार को और सबों को यह कबूल करना चाहिए कि एक देश के दूसरे देश पर साम्राज्यवादी शासन और परवर्ती देश शर्तरहित स्वतन्त्रता के बीच कोई मध्यमार्ग नहीं है।

मोहनदास करमचन्द गाँधी (1869-1948)

23 मार्च, 1931 को जब भगत सिंह को फाँसी हुई, उस वक्त गाँधीजी भारत में कांग्रेस के सर्वमान्य स्थापित नेता हो गये थे। उन्होंने अनेक सत्याग्रहों का नेतृत्व किया एवं जनता में अत्यन्त लोकप्रिय होकर रहे।

भगत सिंह को लाहौर जेल में 23 मार्च, 1931 को फाँसी दी गयी। लोगों में यह विश्वास बना कि गाँधी ने भगत सिंह एवं उनके साथियों को बचाने के लिए कुछ नहीं किया। 3 दिन पश्चात् कांग्रेस के कराची अधिवेशन में गाँधी जी ने प्रस्तुत भाषण द्वारा अपना पक्ष रखा यद्यपि उस वक्त भगत सिंह का सारे देश पर गहरा प्रभाव था।

भगत सिंह की फाँसी

(कराची, 26 मार्च, 1931)

फाँसियों के जरिये सरकार ने राष्ट्र में उत्तेजना की कब्र खोद दी है। इसने मुझे गहरा आघात पहुँचाया, यद्यपि मेरे समझौतों और वार्तालाप ने मुझे इस उम्मीद से दूर कर दिया कि भगत सिंह, राजगुरु एवं सुखदेव बचाये जा सकेंगे। मुझे इसमें तनिक भी आश्चर्य नहीं है कि वे युवा लोग मुझसे खफ़ा हैं कि मैं बचा पाने में सक्षम नहीं हुआ। लेकिन भय का कोई कारण नहीं था। युवा लोग मात्र चिल्ला रहे थे, 'गाँधी वापस जाओ, गाँधीवाद से बीमार।' यदि वे यह सोचते हैं कि मैंने भगत सिंह या अहिंसा में विश्वास न रखने वाले लोगों के बचाव के लिए कोशिश नहीं की, तो उन्हें ऐसा करने का अधिकार है। मैंने भगत सिंह एवं उनके साथियों को बिलकुल उपेक्षित कर दिया है, लेकिन उनका मुझे किसी भी मुद्दे पर सताने का इरादा नहीं था। वे युवा लोग दुनिया में यह ढिंढोरा पीटना चाहते थे कि महान महात्मा किस प्रकार हो सकते हैं। वे आश्वस्त थे कि वे भारत को क्षति पहुँचा रहे हैं। मैं सोचता हूँ कि उन्हें मुझे उद्‌भासित करने का अधिकार है, यदि वे यह महसूस करते हैं कि मैं देश के साथ विश्वासघात कर रहा हूँ। मैं चाहता हूँ कि आप मेरी मनोवृत्ति को परखें। मैं इन युवा लोगों के साथ किसी दूसरे प्रकार से बरताव नहीं कर सकता, बल्कि मैं उन्हें प्रेम से जीतना चाहता हूँ। तलवार को दरकिनार करने पर प्रेम के प्याले के सिवा कुछ भी नहीं है, जिसे मैं उन लोगों के समक्ष पेश कर सकता हूँ जो मेरा प्रतिकार करते हैं। मैं न प्रेमपूर्ण प्यालों को उनके समक्ष पेश कर, मैं उन्हें अपने करीब लाना चाहता हूँ। मैं मानव और मानव के बीच स्थायी शत्रुता नहीं चाह सकता, तथा ऐसा करके—पुनर्जन्म में मेरा यकीन है, मैं इस उम्मीद में जीता हूँ कि यदि इस जन्म में नहीं हुआ, तो किसी दूसरे जन्म में पूरी मानवता को मित्रवत गले लगाने में सक्षम होऊँगा।

युवा लोगों के लिए मेरा एक सन्देश है। यदि आप मेरी सेवा को चाहते हैं, तो मुझे अस्वीकार नहीं करें, आएँ हर चीज़ मुझसे सीखें। आपको अवश्य यह जानना चाहिए कि एक हत्यारे, एक चोर या एक डाकू को एक समान सजा देना मेरे धर्म के विरुद्ध है। इसलिए, यहाँ इस अविश्वास से दोषमुक्ति नहीं मिल सकती कि मैं भगत सिंह को बचाना नहीं चाहता था। परन्तु मैं आपसे भी चाहता हूँ कि आप भी भगत सिंह की भूल को पूरी तरह समझें। यदि मुझे भगत सिंह एवं उनके साथियों के बारे में कहने का मौका दिया जाता, तो मैं उनके सन्दर्भ में यही कहता कि उन्होंने स्वराज्य का जो मार्ग अनुसरण किया, वह गलत एवं निरर्थक था। मैं यह घोषणा करता हूँ कि हम लोग तलवार के बल पर करोड़ों गूँगों और बहरों, लँगड़ों और विकलांगों को भूखों मार कर स्वराज्य हासिल नहीं कर सकते। पुख्ता साक्ष्य के आधार पर मैं इस सच्चाई को उजागर करना चाहता हूँ कि हिंसा से स्वराज्य की प्राप्ति नहीं हो सकती, यह तो मात्र विपत्ति की ओर ले जाती है। मैं इन युवा लोगों को

अधिकारपूर्वक कहना चाहता हूँ, जैसा कि एक पिता अपने बच्चों से बातें करता है, कि हिंसा का मार्ग मात्र सत्यानाश की ओर ले जाता है। वे मुझे मार दे सकते हैं, परन्तु वे गाँधीवाद को नहीं मार सकते। यदि सच्चाई मारी जा सकती है, तो गाँधीवाद भी मारा जा सकता है। यदि अहिंसा मारी जा सकती है, तो गाँधीवाद भी मारा जा सकता है। परन्तु सत्य एवं अहिंसा के बल पर स्वराज्य को हासिल करने हेतु गाँधीवाद क्या है? क्या वे सत्य और अहिंसा द्वारा हासिल किये गये स्वराज्य को इन्कार करेंगे? अतः मैं उनसे सिन्ध के कार्यकर्त्ताओं द्वारा किये गये अद्‌भुत कार्य को नहीं बिगाड़ने का आग्रह करता हूँ। कार्यकर्त्तागण इस कांग्रेस नगर द्वारा सृजित त्रिसाप्ताहिक प्रक्रिया से गुजर रहे हैं - इसलिए किसान, मज़दूर, मेहतर के लिए स्वराज्य–सही मायने में इस कांग्रेस नगर को कुटिया के रूप में तब्दील करने में अंधे, लूले, लँगड़े, आसक्त, अपाहिज सभी तबके के लोगों की अहम् भूमिका रह रही है, जिनकी जीवन्त सच्चाई उजागर हो जायेगी। मैं आपसे आग्रह करता हूँ कि आप उन लोगों के मार्ग को अवरुद्ध नहीं करें, जो अच्छे कार्य किये हैं। यह हमें कानपुर की घटना की ओर ले जाता है, जो एक नरसंहार का दृश्य रहा है। यह सबसे ज़्यादा हिंसा के कारण हुआ है, जिसे हम लोगों ने एक-दूसरे के प्रति पाल रखा है। यह दीवार पर अंकित हस्ताक्षर है। यद्यपि हम लोगों ने सीमित अहिंसा के सामर्थ्य को प्रदर्शित किया है, फिर भी हम लोगों ने अपने दिल में हिंसा पाल रखा है। हम लोग जोर-जबर्दस्ती करने के दोषी हैं।

दस्तावेज ये आरोप लगाते हैं कि कानपुर के हिन्दू भगत सिंह की शहादत पर आवेशित थे और उन मुसलमानों को धमकाना शुरू किया, जिन लोगों ने भगत सिंह के सम्मान में अपनी दुकानें बन्द नहीं की थीं। आप इसे जानते हैं। मैं पूरी तरह आश्वस्त हूँ कि अगर भगत सिंह की आत्मा देखती होगी कि आज कानपुर में क्या हो रहा है, तो वे बुरी तरह अपमानित हुए होंगे और शर्मिन्दगी महसूस किये होंगे। मैं यह कहता हूँ कि हमने एक प्रतिष्ठित व्यक्ति के रूप में उनका नाम सुना है। मैं जानता हूँ कि आप कहेंगे कि इस तरह का कार्य आज के जमाने में होता रहता है। मैंने इसे रोकने के लिए कुछ भी नहीं किया है। मेरे साथ जो कष्ट है, वह यान्त्रिक कार्य नहीं है। ऐसा अन्तरात्मा की आवाज़ पर किया गया है। अच्छा, मैं अपने बचाव के लिए नहीं था और इसलिए मैं आपको इसकी विस्तृत दास्तान सुनाकर तंग नहीं करूँगा कि भगत और उसके साथियों को बचाने के लिए मैंने क्या किया। यथासम्भव मैंने वायसराय से गुफ्तगू की और उन्हें मनाने का हर सम्भव प्रयास किया। 23 तारीख की सुबह मैंने वायसराय को व्यक्तिगत पत्र लिखा, जो भगत सिंह का अपने परिवार के साथ अन्तिम साक्षात्कार का दिन था। मैंने अपनी पूरी आत्मा उसमें उतार दी, परन्तु उसका कोई प्रतिफल नहीं हुआ। आप कहेंगे कि मैं एक काम और कर सकता था। सज़ा में कमी करके मामले को रफ़ा-दफा किया जा सकता था, परन्तु ऐसा नहीं किया जा सका। वापसी को धमकियाँ देना विश्वास का अतिक्रमण होगा। कार्यकारिणी समिति के साथ मेरा समझौता हो चुका था कि इकरारनामा के अलावा इसे उजागर नहीं किया जायेगा। इस समिति के साथ मेरी सहमति हुई कि समस्या के निदान हेतु पूर्व शर्त के रूप में सज़ा कम करने की बात न की जाये।

मैंने अनुकम्पा की उम्मीद की थी। मेरी उम्मीद समस्या के निपटारे की नहीं थी, परन्तु इकरारनामे को तोड़ने का कोई आधार नहीं हो सकता।

मुहम्मद अली जिन्ना (1876-1948)

मोहम्मद अली जिन्ना एक सर्वविदित नाम है, जिनके नेतृत्व में पाकिस्तान का निर्माण हुआ। राजनीति के अपने शुरुआती दिनों में वे कांग्रेस और गाँधीजी के समर्थक थे। किन्तु 1940 के बाद उन्होंने अपना विचार बदला और वे भारत विभाजन के समर्थक बन गये। 1906 से 1920 तक भारतीय राष्ट्रीय कांग्रेस के सदस्य रहे, 1913 से 1947 तक ऑल इंडिया मुस्लिम लीग के सदस्य रहे। उनका जन्म 25 दिसम्बर 1876 में हुआ था और उनकी मृत्यु पाकिस्तान के गर्वनर जनरल के रूप में 1948 में हुई। शिक्षा के क्षेत्र में उन्होंने लंदन से बॉर एट लॉ की डिग्री ली। 1916 में लखनऊ पैक्ट के वक्त वे हिन्दू मुस्लिम एकता के कट्टर समर्थक नेता थे। 1940 के बाद वे इस विचार के हो गये कि भारतीय मुसलमानों को एक अलग राज्य की ज़रूरत है। द्वितीय विश्वयुद्ध के वक्त जब कांग्रेस के अधिक नेता गिरफ्तार कर लिए गये थे, लीग के नेताओं को अपनी बात को मजबूती के साथ रखने का मौका मिला।

द्वि राष्ट्र सिद्धान्त का पहिया आगे बढ़ा चला जा रहा था। सैयद अहमद द्वारा इस समझ को सामने लाने के बाद इसने बहुत से मील के पत्थरों को पार कर लिया था। अब जिन्ना के जिम्मे इसे ठोस स्वरूप देने की जिम्मेदारी थी। इस कार्य को अखिल भारतीय मुस्लिम लीग के सत्र की अध्यक्षता करते हुए 1940 में 22 मार्च को अंजाम दिया गया। मुस्लिम लीग ने इस तरह की घोषणा के लिए राजनीति को स्वीकार किया था। वे इस क्रम में सुडेटान जर्मन एवं नाजियों की नकल कर रहे थे। मुस्लिम लीग के नेताओं ने नाज़ी गुण्डों की जमातों की कार्यनीतियों को अपनाया था। हवा में हिंसा व्याप्त थी। कांग्रेस के पास इस कार्यनीति का कोई जवाब नहीं था, क्योंकि वे अहिंसा के आदर्श के प्रति प्रतिबद्ध थे। राजनीतिक घटना विकास ने जिन्ना को इस भाषण के माध्यम से अन्तिम हुंकार भरने के लिए प्रोत्साहित किया। जिन्ना ने अपने भाषण में पाकिस्तान शब्द का उपयोग नहीं किया और न तो उस प्रसिद्ध प्रस्ताव में शामिल किया। यह प्रस्ताव दूसरे दिन पारित कर दिया गया। देशी, विदेशी अखबारों पर इस प्रस्ताव एवं भाषण को पाकिस्तान की माँग के रूप में प्रचारित करने के लिए छोड़ दिया गया। जैसे ही भाषण समाप्त हुआ, करीब एक लाख लोगों ने तालियों की गड़गड़ाहट के साथ इसे पारित किया, जबकि सिर्फ़ उनमें से 10 प्रतिशत लोगों ने ही जिन्ना के भाषण को समझा था।

मुस्लिम राष्ट्र की माँग

(लाहौर, 22 मार्च, 1940)

आपको याद होगा, हमारे सामने कर्तव्यों में से पहला कर्तव्य पूरे देश में मुस्लिम लीग को संगठित करना था। यह अभी भी पूरा नहीं हुआ है। हमने पिछले पन्द्रह महीनों में इस दिशा में भारी प्रगति की है। मुझे आपको सूचित करने में खुशी हो रही है कि हम लोगों ने प्रत्येक प्रदेशों में प्रादेशिक लीग की स्थापना कर ली है। विधान सभाओं के सभी चुनावों में हमें शक्तिशाली विरोधियों के खिलाफ़ लड़ना पड़ा। हमारे संघर्षों के दौरान मुसलमानों द्वारा दिखाई गयी दृढ़ता एवं जज्बे को मैं सलाम करना चाहता हूँ। कोई एक भी चुनाव नहीं था, जिसमें एक भी जगह पर हमारे विरोधियों की जीत हुई हो। पिछले उच्च सदन के चुनाव में मुस्लिम लीग को शत-प्रतिशत सफलता मिली। लेकिन बहुत कुछ करना अभी बाकी है। अब मैं देख और सुन सकता हूँ, मुस्लिम भारत जग चुका है। मुस्लिम लीग अब ऐसी मज़बूत संस्था के रूप में विकसित हो चुकी है कि कोई इसका विनाश नहीं कर सकता है, चाहे वह कोई भी हो। आदमी आ-जा सकता है, लेकिन लीग सदैव रहेगी। अब भविष्य में बनने वाले संविधान के प्रति हमारा रवैया क्या है? जैसे ही परिस्थितियाँ इजाज़त दें, युद्ध की समाप्ति या उसके बाद, भारतीय संविधान की नये सिरे से जाँच होनी चाहिए और 1935 का कानून सदैव के लिए समाप्त कर देना चाहिए। हम ब्रिटिश सरकार द्वारा घोषणा करवाने के पक्ष में नहीं हैं। ये घोषणाएँ वास्तविक तौर पर किसी काम की नहीं हैं। आज ब्रिटिश सरकार द्वारा इन घोषणाओं को करवाने के बाद उसे भारत से बाहर करने में आप सफल नहीं होंगे। महाशय गाँधी इसके लिए सहमत क्यों नहीं होते हैं और मैंने उन्हें एक से ज़्यादा बार इसका सुझाव दिया है और मैं इस मंच से एक बार फिर दुहराना चाहता हूँ कि गाँधी इस बात को ईमानदारी से क्यों नहीं स्वीकार करते हैं कि कांग्रेस हिन्दुओं की कांग्रेस है कि वे ठोस हिन्दू इकाई को छोड़कर किसी दूसरे का प्रतिनिधित्व नहीं करते हैं कि मैं हिन्दू हूँ। कांग्रेस को हिन्दुओं का ठोस समर्थन प्राप्त है। मुझे कहने में यह शर्म नहीं है कि मैं मुसलमान हूँ। मैं समझता हूँ कि भारत का अन्धा आदमी भी अब तक समझने लगा होगा कि मुस्लिम लीग को भारत के मुसलमानों का ठोस समर्थन प्राप्त है। तब इस तरह की पर्दादारी क्यों? तब इस तरह की हेरा-फेरी क्यों? ब्रिटिश सरकार को ज़ोर-जबरदस्ती तरीके से मुसलमानों को सत्ताच्युत करने की कोशिशें क्यों? असहयोग आन्दोलन की घोषणा क्यों? नागरिक अवज्ञा आन्दोलन की घोषणा क्यों? और संविधान सभा के गठन की लड़ाई क्यों? क्या इसी बात के लिए जिससे समझा जाय कि मुसलमान सहमत हैं या नहीं? क्यों आप हिन्दू नेता की तरह और मैं मुसलमान नेता की तरह अपने-अपने सम्प्रदायों का प्रतिनिधित्व करते हुए मिलें? अभी मुझे कांग्रेस के बारे में सिर्फ़ इतनी ही बात कहनी है। मैं नहीं चाहता हूँ कि ब्रिटिश सरकार वैसा

संविधान मुसलमानों पर ना थोपे और न तो उसे स्वीकार करे जिससे उनकी सहमति नहीं है। अतः इस विषय में ब्रिटिश सरकार को यही सलाह दी जा सकती है कि वे मुसलमानों को आश्वासन देने के साथ-साथ उन्हें पूरी तरह शान्ति के साथ रहने दे और उनकी मित्रता प्राप्त करें। लेकिन वे ऐसा करते हैं या नहीं, जैसा कि मैंने पहले जिक्र किया है, कि हमें अपनी अन्तर्निहित शक्ति पर निर्भर करना चाहिए। मैं इस मंच से स्पष्ट रूप से घोषणा करना चाहता हूँ कि अगर कोई घोषणा या अन्तरिम समझौता हमारी सहमति के बगैर की जाती है, तो भारत के मुसलमान इसका प्रतिकार करेंगे। और इस सम्बन्ध में कोई भूल में रहने की ज़रूरत नहीं है। लेकिन एक बात अत्यन्त स्पष्ट है। यह बात तय है कि मुसलमान अल्पसंख्यक हैं और हम लोग इन बातों के इतने आदी हो चुके हैं कि इन स्थापित विचारों को हटाना बहुत मुश्किल है। मुसलमान अल्पसंख्यक नहीं है। मुसलमान किसी भी परिभाषा के अनुसार एक राष्ट्र है।

हज़ारों वर्षों के करीबी सम्बन्धों के बावजूद, आज राष्ट्रीयताएँ इतनी भिन्न-भिन्न हैं कि किसी समय ये अपने को जनतांत्रिक संस्थाओं के बल पर जबरदस्ती ब्रिटिश संसदीय कानूनों के मातहत एक राष्ट्र के रूप में बदल लेंगी, यह हो नहीं सकता है। 150 वर्षों की एकात्म सरकार द्वारा जो पूरा करने में असफल है, वह संघीय केन्द्रीय सरकार द्वारा प्राप्त नहीं किया जा सकता है। ऐसा सोचना संभव नहीं है कि इस तरह से गठित सरकार के आदेश को पूरे उपमहादेश में रहने वाली राष्ट्रीयताएँ बगैर सैनिक ताकत के इच्छा से मानने के लिए तैयार होंगी? भारत की समस्या अन्तर साम्प्रदायिक नहीं है बल्कि स्पष्ट रूप से इसका अन्तर्राष्ट्रीय चरित्र है और इसी तरह इसके साथ व्यवहार किया जाना चाहिए। जब तक इस मौलिक सच्चाई को स्वीकार नहीं किया जायेगा, तो जो भी संविधान तैयार किया जायेगा, वह विनाश की तरफ जायेगा। यह सिर्फ़ मुसलमानों के लिए ही नहीं बल्कि ब्रिटिश एवं हिन्दुओं के लिए भी विनाशकारी एवं कष्टकारक होगा। अगर ब्रिटिश सरकार इस महादेश के निवासियों की सुख-शान्ति के लिए चिन्तित है तो हमारे पास सिर्फ़ एक ही रास्ता बचा है कि बड़े राष्ट्रों के लिए भारत का विभाजन करके स्वायत्त राष्ट्रीय राज्य बनाकर गृह प्रदेश बना दिये जायें।

यह समझना अत्यन्त कठिन है कि क्यों हमारे हिन्दू मित्र इस्लाम एवं हिन्दुत्व की वास्तविक प्रकृति को समझने में असफल हैं। ये कोई शाब्दिक अर्थों में धर्म नहीं हैं बल्कि अलग-अलग स्पष्ट पहचान वाली सामाजिक व्यवस्थाएँ हैं। हिन्दू और मुसलमान एक समान राष्ट्र का निर्माण करेंगे, यह एक सपना है और एक भारतीय राष्ट्रीयता की गलत समझ सीमा के बहुत पार चली गयी है। यह हमारी समस्याओं का मूल कारण है और यह भारत को विनाश की ओर ले जायेगा। हिन्दू एवं मुसलमान दो भिन्न धार्मिक दर्शनों, सामाजिक आचार-व्यवहारों एवं साहित्य से जुड़े हुए हैं। वे न तो आपस में विवाद करते हैं और न एक साथ खाते-पीते है। वस्तुतः वे दो अलग-अलग सभ्यताओं से सम्बन्ध रखते हैं जो विरोधी विचारों पर आधारित है। उनकी जीवन के बारे में वैचारिक भिन्नता है। यह एकदम स्पष्ट है कि हिन्दू और मुसलमान इतिहास के अलग-अलग स्रोतों से प्रेरणा पाते हैं। उनके महाकाव्य अलग हैं और उनके नायक अलग हैं। आमतौर पर एक का नायक दूसरे का शत्रु है। उनकी विजय और पराजय एक-दूसरे से जुड़ी हुई है। ऐसे राष्ट्रों को जबरदस्ती एक राज्य के अन्तर्गत एक को संख्यात्मक ढंग से अल्पसंख्यक और दूसरे को बहुसंख्यक रूप में रखना लोगों के अन्दर असंतोष को बढ़ावा देगा और इस ताने-बाने से गढ़े गये राज्य का अन्तिम रूप से विनाश हो जायेगा। मुस्लिम भारत किसी ऐसे संविधान को नहीं मान सकता है, जिसके परिणामस्वरूप हिन्दू

बहुसंख्यक सरकार बने। एक जनतांत्रिक व्यवस्था के अन्तर्गत हिन्दू, मुसलमानों को एक साथ लाकर अल्पसंख्यक के ऊपर थोपने का अर्थ हिन्दू राज होगा।

जिस जनतन्त्र के प्रति कांग्रेस की इतनी ललक है, वह इस्लाम के सबसे कीमती तत्वों का नाश कर देगा। हमें पिछले ढाई वर्षों में प्रांतीय संविधानों के कार्यों को देखने का बड़ा अनुभव है और इस तरह की सरकार के गठन के दुहराव से गृहयुद्ध शुरू हो जायेगा। मुसलमान अल्पसंख्यक नहीं हैं, जैसा कि आमतौर पर समझा जाता है। आपको सिर्फ़ अपने चारों ओर देखने की ज़रूरत है। आज भी भारत के ब्रिटिश नक्शे के आधार पर ग्यारह प्रान्तों में से चार प्रान्त, जहाँ मुसलमानों का वर्चस्व है, वह हिन्दू कांग्रेस के नेतृत्व के निर्णयों, असहयोग एवं नागरिक अवज्ञा आन्दोलन को लागू नहीं कर रहे हैं। मुसलमान एक राष्ट्र हैं, उनका अवश्य ही अपना गृह प्रदेश होना चाहिए, उनका क्षेत्र और उनका राज्य होना चाहिए।

नोट : *दूसरे दिन पारित प्रस्ताव के महत्त्वपूर्ण अंश (23 मार्च 1940)– अखिल भारतीय मुस्लिम लीग के सम्मेलन की यह सोची-समझी विचारधारा है कि इस देश में कोई भी संवैधानिक योजना कारगर नहीं होगी और न तो मुसलमानों को स्वीकार्य होगी, जब तक इसे निम्नलिखित रूप में तैयार न किया जाय।*

भौगोलिक रूप से एक साथ वाले क्षेत्र को ऐसे अलग करना चाहिए, ऐसे गठित करना चाहिए, क्षेत्रों में ऐसा समन्वय करना चाहिए, जो आवश्यक हो। वैसे क्षेत्र जहाँ मुसलमान बहुसंख्यक हों, जैसे कि उत्तर-पश्चिमी एवं पूर्वी क्षेत्रों में। उन्हें एक समूह में जोड़कर स्वतन्त्र राज्यों का निर्माण करना चाहिए जो स्वायत्त एवं सम्प्रभु होंगे।

वी.डी. सावरकर (1883-1966)

वी.डी. सावरकर का जन्म 28 मई 1883 को नासिक, महाराष्ट्र में हुआ था और उनकी मृत्यु आज़ादी के काफ़ी बाद 26 फरवरी 1966 को हुई। उन्हें हिन्दुत्व एवं हिन्दू राष्ट्रवाद के लिए देश में जाना जाता है। शुरू में एक अच्छे क्रान्तिकारी थे किन्तु उच्च जाति के समर्थक थे। वे भारतीय स्वाधीनता के बाद देश को हिन्दू राष्ट्रवाद की ओर ले जाना चाहते थे। अपनी क्रान्तिकारी गतिविधियों के कारण उन्हें सजा हुई और अंडमान निकोबार जेल में रखा गया। किन्तु अंग्रेज़ों से माफी माँगने पर 1921 में उनकी जेल से रिहाई हो गयी। नाथूराम गाडसे को गाँधी हत्या के लिए उकसाने के लिए उन पर केस चला था किन्तु आवश्यक साक्ष्य के अभाव में वे मुकदमे में बरी हो गये।

'सम्पूर्ण अहिंसा'-एक खतरनाक पद्धति—वी.डी. सावरकर ने प्रस्तुत भाषण 1940 में अखिल भारतीय हिन्दू महासभा के सम्मेलन की अध्यक्षता करते हुए दिया था, जिसमें उन्होंने गाँधीजी की अहिंसा की आलोचना की। उन्होंने कहा कि गाँधी को युवा भारत के लोगों को अहिंसा पढ़ाने से रोका जाना चाहिए। विदित हो कि 1948 में गाँधीजी की हत्या के विचारकों में सावरकर भी अभियुक्त थे। उनके खिलाफ़ साक्ष्य था, किन्तु जज ने इस आधार पर उनकी रिहाई कर दी कि उस गवाह का अपेक्षित समर्थन हासिल नहीं हुआ।

सम्पूर्ण अहिंसा : एक ख़तरनाक पद्धति

(मदुराई, दिसम्बर, 1940)

सम्पूर्णता में तुलनात्मक अंहिसा एक ऐसा गुण है जो मानवीय अच्छाइयों में योगदान करती है, जिससे मानव-जीवन चाहे वह व्यक्तिगत हो या सामाजिक, अपनी एक नीति तय करता है तथा सभी सामाजिक सुविधाएँ विकसित होती हैं। लेकिन सम्पूर्ण अहिंसा, मतलब कि सभी परिस्थितियों में अहिंसा और वह भी उस समय जब व्यक्ति या राष्ट्रीय मानव जीवन को सहायता करने के बदले, मानवता के खिलाफ़ अपरिचित हानि करती है, उसकी नैतिक पतनशीलता के रूप में निन्दा की जानी चाहिए। यह उनको, जो तुलनात्मक अहिंसा को मानव का पहला एवं सबसे अच्छा गुण मानते हैं, उन्हें इस सम्पूर्ण अहिंसा की निन्दा करनी चाहिए।

इस बात पर खासतौर पर गौर करना चाहिए कि बौद्ध एवं जैन धर्मावलम्बियों द्वारा उपदेश दी जानेवाली अहिंसा, गाँधीजी द्वारा व्याख्यायित सम्पूर्ण अहिंसा के सीधे-सीधे विरोध में हैं। महात्मा गाँधी सभी परिस्थितियों में सशस्त्र प्रतिरोध की निन्दा करते हैं। इन तथ्यों से कोई इन्कार नहीं कर सकता है कि जैनियों ने राजशाही का पोषण किया, नायक एवं नायिकाओं को पैदा किया, जिन्होंने सशस्त्र लड़ाइयाँ लड़ीं तथा जैन सेनापतियों ने जैन सेनाओं का नेतृत्व किया और जैन आचार्यों ने उन्हें इन बातों के लिए धर्म से निष्कासित नहीं किया। इससे यह साबित होता है कि जैनियों की अहिंसा गाँधीवाद की घोर अहिंसा की तरह नहीं है। जैन धार्मिक उपदेशों में नहीं मानने वाले हमलावरों के खिलाफ़ सशस्त्र प्रतिरोध के बारे में पूछने पर बुद्ध ने भी वही निर्णय दिया। बुद्ध ने कहा कि बिना पाप किये अगर वे शस्त्र उठाकर हमलावर के खिलाफ़ अच्छे हितों के लिए लड़ते हैं तो सैनिक सशस्त्र हमले के खिलाफ़ लड़ सकते हैं।

चाहे आप इसे प्रकृति का नियम या भगवान की इच्छा कहें, यह कटु सत्य है कि प्रकृति में सम्पूर्ण अहिंसा के लिए कोई स्थान नहीं है।

मनुष्य अपने को पूरी तरह समाप्त होने से नहीं बचा सकता और न तो अत्यन्त हीन अवस्था में रहने वाले डरपोक की ज़िन्दगी जीता, अगर वह अपने प्राकृतिक बाँहों के साथ बनाया हुआ अस्त्र साथ में नहीं लेता। पत्थर युग से लेकर पन्थयुग के अन्तिम समय तक, कांस्य एवं लौह युग में मानवों ने अपने को बरकरार रखा, अपनी संख्या में वृद्धि की तथा इस पृथ्वी का मालिक बना। यह सब काम उसने शस्त्र बल से किया। अगर ईमानदारी से कहा जाय तो रक्षात्मक तलवार मानव की पहली रक्षक थी।

आप इतिहास में कुछ नया जोड़ सकते हैं, लेकिन प्रकृति के लौह कानून में न कोई शब्द जोड़ सकते हैं न निकाल सकते हैं। आज भी अगर कोई आदमी एक भेड़िए एवं बाघ से किसी जीवित

जन्तु की हत्या नहीं करने की प्रतिज्ञा करवाता है तब भी भेड़िया और बाघ आपके तमाम मन्दिरों एवं मस्जिदों को तहस-नहस कर देगा, संस्कृति, फसल, आश्रम सबका सत्यानाश कर देगा। प्रकृति के इस लौह कानून के सामने सम्पूर्ण अहिंसा का उपदेश तथा हमलों के खिलाफ़ सभी तरह के सशस्त्र प्रतिरोधों की निन्दा क्या अनैतिक एवं पापपूर्ण नहीं है? लेकिन यह बड़ी आश्चर्य की बात है कि जो लोग सम्पूर्ण अहिंसा को अव्यवहारिक मानते हुए निन्दा करते हैं, फिर भी इस बात पर विश्वास करते दिखाई पड़ते हैं कि हालाँकि यह अव्यवहारिक है, लेकिन यह सिद्धान्त ऊँची नैतिकता वाला है और इसे अतिमानवीय सम्मान प्राप्त हो जाता है। इस तरह की क्षमा याचना वाली भाषा बदलनी चाहिए। इन भाषाओं के चलते ऐसे विक्षिप्त लोगों को लोग महात्मा की श्रेणी में पहुँचा देते हैं और खुद अपना आकलन करते हुए उन्हें लगता है कि उन्होंने सचमुच में कोई नैतिक कानून का अविष्कार किया है, जिसके जरिये मानव की राजनीति को देवत्व के स्तर पर पहुँचा दिया है। अपने विरोधियों द्वारा भी महात्मा कहे जाने के चलते उन्हें यह उपदेश देने का साहस हो जाता है कि हाथ में लाठी रखना भी पाप है। विदेशी शासकों से भारत की जनता को स्वतन्त्र कराने के लिए चर्खा ही पर्याप्त है। सिर्फ़ इतना ही नहीं भारत की स्वतन्त्रता के बाद भी कानून व्यवस्था को बनाये रखने के लिए एक भी सशस्त्र सिपाही की ज़रूरत नहीं, और न तो देश की रक्षा के लिए युद्धपोत की ज़रूरत है।

श्यामा प्रसाद मुखर्जी (1901-1953)

श्यामा प्रसाद मुखर्जी का जन्म पश्चिम बंगाल में 6 जुलाई 1901 को हुआ और उनकी आकस्मिक मृत्यु 23 जून 1953 को काश्मीर में हुई। वे भारतीय जनसंघ के संस्थापकों में थे, जिसकी स्थापना 1951 में हुई थी। उसके पूर्व वे जवाहरलाल नेहरू के मंत्रिमंडल में भारत के प्रथम वाणिज्य एवं उधोग मन्त्री लगभग तीन वर्ष तक थे। वैसे वे 1941-42 में पश्चिम बंगाल में मुस्लिम लीग की कैबिनेट में वित्त मन्त्री थे। उन्होंने 1924 में कलकत्ता हाईकोर्ट में कुछ दिन वकालत की और 1926 में लंदन में बॉर एट लॉ पढ़ने चले गये। वे 1934-38 तक कलकत्ता विश्वविद्यालय के कुलपति भी रहे।

बँटवारे के समय में हिन्दू महासभा, मुस्लिम लीग के जवाब में संगठित हुई थी। लेकिन गाँधी का व्यक्तित्व इस विचारधारा के विकास के रास्ते में बाधक का काम कर रहा था। लेकिन हिन्दुओं के खास तबकों तथा हिन्दुओं को प्रभावित करने वाले कुछ मुद्दों को लेकर हिन्दू महासभा का खासा प्रभाव था। कांग्रेस के अन्दर भी मदन मोहन मालवीय, पुरुषोत्तम दास टंडन, के.एम. मुंशी और अन्य लोग हिन्दू महासभा के प्रति सहानुभूति रखते थे। नीचे का भाषण हिन्दू महासभा के अमृतसर में आयोजित जयंती समारोह में मुखर्जी द्वारा दिया गया अध्यक्षीय भाषण है। उन्होंने कुछ ऐसी बातें कही हैं, जिसकी जानकारी ज़्यादा लोगों को नहीं है या जिसे जान-बूझकर दबा कर रखा गया है। वो जोर देकर यह बात कहते हैं कि सैन्य बलों के तीन विभागों में हिन्दुओं एवं सिक्खों का अनुपात एक तिहाई से कम थी। लेकिन वीर सावरकर के नेतृत्व में हिन्दू महासभा के नेताओं के प्रयासों से उन लोगों ने देश का तूफानी दौरा किया और हिन्दुओं एवं सिक्ख नौजवानों को सेना में शामिल होने के लिए प्रोत्साहित किया, जिससे सेना में इनकी हिस्सेदारी बढ़कर तीन चौथाई हो गयी। यह गाँधी के विरोध एवं उनके द्वारा दी गयी अहिंसा की शिक्षा के बावजूद हुआ। बँटवारे के समय यही अनुपात था जो कश्मीर के 1947-48 के युद्ध में निर्णायक कारक साबित हुआ। देश एक निश्चित सत्यानाश से बचा लिया गया।

हिन्दू राष्ट्रवाद

(अमृतसर, 26 दिसम्बर, 1943)

इस महान प्रांत तथा इस ऐतिहासिक नगरी में जहाँ हम इकट्ठा होकर सम्मेलन कर रहे हैं, उसने भारत के शानदार इतिहास में अपनी महती भूमिका निभाई है और स्वतन्त्र भारत के आनन्द एवं पीड़ित भारत के दुःख में समान रूप से हिस्सा लिया है। हम ब्रिटिश भारत के सबसे संकटपूर्ण ऐतिहासिक समय में अपना सम्मेलन कर रहे हैं। भारत की राजनीतिक, आर्थिक एवं सांस्कृतिक मुक्ति के लिए विशालकाय एवं उलझनपूर्ण समस्याओं को हल करना है जो देश की करोड़ों जनता को प्रभावित कर रही है। अतः प्रत्येक कदम को भारत की दृष्टि तथा हिन्दुओं के कल्याण को देखते हुए उनकी जाँच करना हमारी प्रधान जिम्मेदारी है, जिससे सर्वोत्तम हितों की लगातार देखभाल की जा सके। हाल के अकाल के संकट-काल देश को तमाम लोगों द्वारा जो स्वतःस्फूर्त सहानुभूति एवं करुणा प्रदर्शित की गयी, इसके लिए मैं बंगाल की ओर से आपके माध्यम से भारत के बचे हिस्सों तक अपनी गहरी सद्भावना व्यक्त करती है।

हम एक युद्ध के दौर से गुजर रहे हैं जो मानवता के इतिहास में अपनी विशालता और बर्बरता के लिए अप्रत्याशित है। भारत के इस युद्ध में इसकी इच्छा के विरुद्ध इसके शासकों द्वारा खींच कर लाया गया है। युद्ध के उद्देश्यों तथा उसके बाद आनेवाली शान्ति पर खूब बहसें हुई हैं। भारत की निर्भरता को देखते हुए हिन्दू महासभा ने सबसे ज़्यादा वास्तविकतापूर्ण रुख अपनाया। इसने ग्रेट ब्रिटेन और उसके मित्र देशों में शान्ति के लिए युद्ध की मंशा पर बगैर ज़्यादा भरोसा जताए अपने देश के बारे में इस सम्बन्ध में स्पष्ट प्रमाण की आवश्यकता को ध्यान में रखा अगर नयी विश्व व्यवस्था के लिए आज युद्ध लड़ा जाता है तो वह न्याय के पक्ष में एवं भेदभाव के खिलाफ़ होगा और यह वर्चस्व एवं शोषण के लिए नहीं होगा। भारत द्वारा स्वतन्त्रता की माँग अपरिहार्य है। इस युद्ध की स्थिति का पूरा लाभ उठाने के लिए हिन्दू महासभा ने वीर सावरकर के बुद्धिमत्तापूर्ण नेतृत्व में हिन्दुओं का भय एवं अविश्वास की नीतियों के दौर में बड़ी संख्या में सेना में शामिल होने के लिए आवाह्न किया है। आज युद्ध की आपातकालीन स्थिति एवं ब्रिटिश हितों के चलते वह अपनी नीतियों में बदलाव कर रहा है। एक ऐसा देश जो अस्त्र-शस्त्रविहीन एवं सैनिक हमले का मुकाबला करने के लिय तैयार नहीं है, वह अपनी स्वतन्त्रता की रक्षा एक दिन के लिए भी नहीं कर सकता है। हिन्दू महासभा की लगातार यह समझ है कि सैन्यीकरण के इस अवसर को हाथ से जाने देना हिन्दुओं के लिए आत्मघाती होगा। जब युद्ध की शुरुआत हुई थी तो भारतीय रक्षा सेनाओं में हिन्दुओं, जिसमें सिक्ख भी शामिल है, की हिस्सेदारी एक तिहाई से भी कम थी। आज सबल रक्षा इकाइयों की सैन्य संख्या में इसकी हिस्सेदारी तीन चौथाई है। भारत ने प्रदर्शित किया है कि इसके युवा सैन्य

गतिविधियों के विभिन्न क्षेत्रों में अपने कौशल एवं वीरता के उच्चतम मानदण्डों पर खरे उतरते हैं और मैं उनके इस देशभक्तिपूर्ण उत्साह एवं सफलता के लिए हार्दिक सद्भावना व्यक्त करता हूँ।

यह पूरी तरह तय है कि युद्ध के दौर में भारत की समस्या का कोई हल नहीं होगा। क्या युद्ध के बाद इससे निकलने का प्रयास होगा। अगर मित्र शक्तियाँ युद्ध नहीं जीतती हैं, तो अभी ही इस बात पर बातचीत शुरू होनी चाहिए। लेकिन हाल की घटनाओं को देखते हुए, अगर मित्र शक्तियाँ युद्ध जीत भी जाएँ तो ब्रिटेन के द्वारा भारत के साथ न्यायपूर्ण व्यवहार के बारे में कोई गारंटी नहीं दी जा रही है। यहाँ तक कि इसके पूर्व साम्प्रदायिक समझौता भी करना मुश्किल है, क्योंकि इसके लिए मुस्लिम लीग की कार्यनीति बाधक बनी हुई है। शान्ति सम्मेलन में सभी देशों को अपनी-अपनी समस्याओं से जूझना होगा। अगर इस सम्मेलन में ब्रिटिश शासकों के द्वारा भारत को प्रतिनिधित्व मिल जाता है तो उसमें भारत के बारे में बहुप्रचारित विविधितापूर्ण जीवन की तोता रटन्त बात ही दुहराई जायेगी और इसके चलते भारत दूसरे देशों की नजरों में दया एवं घृणा का पात्र बनकर रह जायेगा। भारत, ब्रिटेन के मातहत देश के कलंक से मुक्त नहीं होगा बल्कि वह लगातार ब्रिटेन की देख-भाल में रहेगा। मैं तीखे फैसले का दोषी हो सकता हूँ लेकिन बीते दिनों की वादाखिलाफ़ी एवं प्रतिज्ञाओं को देखते हुए हमें अपनी बात कहने से नहीं चूकना चाहिए तथा हमें गुलाम बनाये रखने की किसी भी तिकड़म को सफल नहीं होने देना चाहिए।

खुले मोल-तोल के आधार पर बाजार से देशभक्ति नहीं खरीदी जा सकती है। अगर कांग्रेस भारत की प्रगतिशील विचारधारा का प्रतिनिधित्व करनेवाली संस्था के रूप में भारत की राष्ट्रीय एकता एवं सम्मान को प्रभावित करने वाले मूल मुद्दों को मुस्लिम नेताओं का सहयोग हासिल करने के लिए छोड़ सकते हैं तो ब्रिटिश नेता और उनके प्रतिनिधिगण प्रत्येक कदमों पर ज़्यादा कीमत चुकाकर हम दो महान समुदायों के बीच एकता को तोड़ने का काम करते हैं। आज मुस्लिम लीग, जिसे भारत के मुसलमानों का वैचारिक प्रतिनिधि माना जाता है, ने भारत के राजनीतिक समझौते के लिए इसे टुकड़ों में विभाजित करने की पूर्व-शर्त के रूप में आवाज़ उठानी शुरू कर दी है। ब्रिटिश सूत्रधार से ज़्यादा और कोई नहीं जानता है कि पाकिस्तान का बनना एक दिवास्वप्न है। हम इसका विरोध सिर्फ़ इसलिए नहीं करते हैं कि हिन्दू अपनी मातृभूमि का विखंडन बर्दाश्त नहीं कर सकते हैं, बल्कि सम्पूर्ण भारत के कल्याण को देखते हुए यह अत्यन्त ख़तरनाक साबित होगा।

जब तक भारत के प्रशासन में साम्प्रदायिक हितों का खतरा बरकरार है तथा अंग्रेज़ मुसलमानों की खतरनाक साजिशें जारी हैं, तब तक हिन्दू महासभा को एक सक्रिय एवं भयरहित राजनीतिक संगठन के रूप में काम करते रहना चाहिए, जिससे हिन्दुओं एवं सम्पूर्ण भारत के हितों की रक्षा की जा सके। पिछले चालीस वर्षों में भारतीय राष्ट्रीय कांग्रेस ने साहसपूर्वक भारतीय स्वतन्त्रता के संग्राम में अपनी भूमिका निभाई है। कांग्रेस के बगैर भारत के लिए कोई राजनैतिक समाधान नहीं हो सकता है। इसके नेताओं एवं कार्यकर्त्ताओं को जेल के अन्दर बन्द रखने से भारत के हितों पर चोट पहुँचती है। कुछ लोग पूछते हैं कि हिन्दू महासभा को राजनीतिक पार्टी के रूप में बरकरार रहने की ज़रूरत क्या है, क्यों नहीं पूरा क्षेत्र कांग्रेस के लिए छोड़ दिया जाता है? सबों को इस बात की पूरी जानकारी है कि कुछ दिशाहीन कांग्रेस नेताओं के चलते पूर्व के दिनों में राजनीतिक क्षेत्र में हिन्दू हितों की बलि चढ़ाई गयी। अभी भी यह खतरा समाप्त नहीं हुआ है और महासभा जब और ज़्यादा सचेत एवं मज़बूत रहेगी, तभी हम बड़े ख़तरे को रोक सकते हैं। कांग्रेस सबों के हितों के प्रतिनिधित्व का दावा करती है। यह बराबर हिन्दू संगठन के रूप में अपनी पहचान से बचना चाहती है, जबकि

इसकी समर्थक विशाल हिन्दू जनसंख्या है। भारत में जब तक तीसरे दल के रूप में एक राष्ट्रविरोधी, हिन्दू विरोधी मुस्लिम लीग का अस्तित्व बना रहता है, जिसे ब्रिटिश सरकार का सहयोग प्राप्त और जो बहुसंख्यकों के सामान्य अधिकारों के खिलाफ़ वीटो करने की योजना बनाती हो ऐसी परिस्थिति में हिन्दुओं को अपने अस्तित्व की रक्षा के लिए, उन्हें एक अपनी राजनीतिक पार्टी की ज़रूरत है। हिन्दू महासभा का लक्ष्य भारत के लिए सम्पूर्ण स्वाधीनता प्राप्त करना है।

सिर्फ़ राजनीतिक क्षेत्र में ही हिन्दू महासभा को महत्त्वपूर्ण भूमिका नहीं निभानी है। जब तक हम स्वाधीनता प्राप्त नहीं करते हैं, तब तक हम आर्थिक गुलामी से छुटकारा प्राप्त नहीं कर सकते। भारत का व्यापार, आर्थिक कारोबार और उद्योग के क्षेत्र में विस्तार अधिकतम कल्याणकारी तब तक नहीं हो सकते हैं, जब तक विदेशी शोषकों से मुक्ति के बाद अपने स्वदेशी जनप्रतिनिधियों के हाथ में प्रशासन नहीं आता है। इसके साथ ही साथ हम देश के हितों के विरोध में चलनेवाली नीतियों को चुपचाप बैठकर नहीं देख सकते हैं। सभी प्रान्तीय महासभाओं, हिन्दू समाज के कुछ खास तबकों के लोगों के आर्थिक रूप से पिछड़ा बने रहने के कारणों को ढूँढ़ना होगा तथा उनके पुनर्वास के लिए अपने से कार्यक्रम तैयार करना होगा। सामाजिक सुधार के क्षेत्र में महासभा के पास जिम्मेदारी निभाने की बड़ी ज़रूरत है। आज हिन्दू समाज जाति एवं उपजातियों के बहुत से तबकों में बँटा हुआ है, जिससे हिन्दू समाज का पूरा ताना-बाना कमज़ोर हो गया है। अभी मैं जातिवाद की अच्छाइयों और बुराइयों की चर्चा नहीं करूँगा, लेकिन मैं पूरी शिद्दत से संगठन की सर्वोच्चता की ज़रूरत की अपील करता हूँ। हिन्दू महासभा को तमाम जातिगत भेदभाव से ऊपर उठकर हिन्दुओं के अन्दर एक होने की भावना पैदा करनी चाहिए। हमें याद रखना चाहिए कि तथाकथित पिछड़ी जातियों के लोग आमतौर पर हिन्दुओं के अप्रतिम साहस के स्रोत होते हैं। दूसरों की अपेक्षा उनके अन्दर हिन्दुत्व की ज्वाला ज़्यादा प्रज्वलित रहती है और उन्हें सामाजिक एवं आर्थिक तौर पर कमजोर बनाकर रखना, हिन्दू एकता की जड़ पर प्रहार करता है।

भारत को मानव-सभयता के इतिहास में अनोखा स्थान प्राप्त है। हालाँकि भारत को पिछले दो सौ वर्षों से राजनीतिक स्वतन्त्रता हासिल नहीं है और यहाँ के वास्तविक निवासियों का शताब्दियों से अपने देश पर कब्जा नहीं है, लेकिन पीढ़ी-दर-पीढ़ी भारतीय संस्कृति अविजित रही है। हमलावर आये और चले गये। राजे, महाराजे, सेनापतियों का उदय एवं अस्त हुआ, लेकिन भारत की आत्मा अविजित रही। इस देश की अपने में समाहित करने की अद्‌भुत शक्ति के चलते हमलावरों की पीढ़ियाँ भी भारतीय सभ्यता में योगदान करने वाली बन गईं। कभी-कभी हिन्दुओं और मुसलमानों के बीच लड़ाइयाँ हुई, लेकिन दूसरी तरफ वे शान्तिपूर्वक मिल-जुलकर रहे और भारत की तरक्की में योगदान किया। मैं आज और भी दृढ़ता से इस बात पर विश्वास करता हूँ कि जैसे ही तीसरा दल बाहर होता है, भारत में पुनः साम्प्रदायिक शान्ति लौट आयेगी। हो सकता है कि अन्तवर्त्ती समय में आपसी अविश्वास और जलन के चलते भारतीय मिट्‌टी छलनी हो जाय। अन्ततः दोनों समुदायों के बीच चाहे तो शन्ति रहे, जिसमें दोनों एक-दूसरे के प्रति सहनशीलता और समझ प्रदर्शित करें या फिर गृहयुद्ध की तरफ जायें। दो रास्तों में से उन्हें एक का चयन करना होगा। मैं पूरी तरह जोर देकर कहना चाहता हूँ कि शान्ति, सद्‌भावना एवं समय के साथ रहना ही हिन्दू-मुसलमानों के बीच सम्बन्ध पैदा कर सकता है।

बी.आर. अम्बेडकर (1891-1956)

भीमराव (बाबा साहेब) अम्बेडकर का जन्म 14 अप्रैल, 1891 को महाराष्ट्र के महार परिवार में हुआ था। उन्होंने स्नातक की शिक्षा एलीफिंस्टन कॉलेज, मुम्बई, एम.ए., पीएच.डी. (कोलंबिया विश्वविद्यालय), डॉ. ऑफ साइंस (लन्दन विश्वविद्यालय), ग्रेइन (लन्दन) से कानून की परीक्षा पास की। बड़ौदा के गायकवाड़ परिवार के सहयोग से शिक्षा प्राप्त की। 1924 में बहिष्कृत हितकारी सभा में शामिल, 1931 में गोलमेज सम्मेलन लन्दन में शामिल, गाँधी के साथ 1932 में पूना समझौता, 1942 में वाइसराय द्वारा कार्यकारी परिषद् में नियुक्ति, संविधान का मसौदा तैयार करना (1948), 1952 में हिन्दू कोड बिल के पारित नहीं होने के बाद कानून मन्त्री के पद से इस्तीफा। 1956 में बौद्ध धर्म स्वीकार करना। 'भारत में जाति', 'हिन्दुत्व की गुत्थियाँ', 'बुद्ध या मार्क्स' 'गाँधी और कांग्रेस ने अछूतों के लिए क्या किया है?' 'शूद्र एवं अछूत कौन हैं?' आदि कृतियों की रचना।

अम्बेडकर का प्रस्तुत भाषण रानाडे की जयन्ती पर दिया गया था। इसमें रानाडे की तुलना गाँधी और जिन्ना से की गयी है।

रानाडे, गाँधी और जिन्ना

माधव गोविन्द रानाडे के 10वीं वर्षगाँठ समारोह पर दिया गया भाषण

(बी.आर. अम्बेडकर गोखले मेमोरियल हॉल, पूना, 18 जनवरी, 1943)

जैसा कि आप सब लोग जानते हैं, रानाडे के कुछ मित्र हैं जो उन्हें महान व्यक्ति कहने में झिझकते नहीं हैं और ठीक उसी तरह दूसरे लोग हैं जो उन्हें वह स्थान सौंपने के लिए तैयार नहीं हैं। इसके बीच सत्य कहाँ है? लेकिन इस प्रश्न के जवाब की प्रतीक्षा करते हुए हमें पूछना चाहिए कि क्या इतिहास महान व्यक्तियों का जीवनवृत्त है। यह प्रश्न सार्थक एवं महत्त्वपूर्ण दोनों है। अगर महान व्यक्ति इतिहास के निर्माता नहीं हैं तो हम सिनेमा के नायकों से ज़्यादा उनके बारे में क्यों सोचें? इसके बारे में मत विरोध है। ऐसे लोग हैं जो कहते हैं कि एक व्यक्ति कितना भी महान क्यों न हो वह अपने समय द्वारा उत्पन्न किया गया होता है। समय ने ही उसे बुलाया है। समय ने ही सबकुछ किया, उसने कुछ नहीं। जो इस तरह के विचार में विश्वास करते हैं, मेरी समझ से वे गलत ढंग से इतिहास की व्याख्या करते हैं। वे इस बात के लिए पूरी तरह गलत हैं कि बाहरी कारक ही सब चीज है और व्यक्ति इतिहास का निर्माता नहीं होता है। बाहरी ताकतें निर्णायक कारक होते हैं, इससे कोई इन्कार नहीं कर सकता है लेकिन बाहरी शक्तियों का प्रभाव आदमी पर निर्भर करता है, इसे भी स्वीकार करना चाहिए। अग्नि पत्थर सब जगह नहीं मिलता है। लेकिन जहाँ इसका अस्तित्व है, वहाँ एक अग्नि पत्थर को दूसरे अग्नि पत्थर से टकरा कर अग्नि उत्पन्न करने का काम व्यक्ति ही करता है। बीज सभी जगह नहीं मिलते हैं। लेकिन जहाँ बीज मिलते हैं, उसे बेहतर बनाकर खेती के काम में लाने का कार्य मनुष्य करता है। बहुत से क्षेत्रों में धातु नहीं मिलते हैं। लेकिन जहाँ ये मिलते हैं आदमी उनसे यन्त्रों एवं मशीनों का निर्माण करते हैं जो सभ्यता एवं संस्कृति का आधार है।

मुझे ऐसा लगता है, उन लोगों के लिए ये निष्कर्षपूर्ण उत्तर है जो मनुष्य को इतिहास के निर्माण में जगह नहीं देते हैं। संकट का मुकाबला नये रास्ते की तलाश से होती है। जहाँ कोई नया रास्ता नहीं ढूँढ़ा जाता है, वह समाज खत्म हो जाता है। समय संभावित रास्ता बता सकता है, लेकिन सही रास्ते पर ही जाये यह समय नहीं बताता है। यह मनुष्य का कार्य है। अतः मनुष्य इतिहास के निर्माण का एक कारक है और पर्यावरणीय कारक जो व्यक्ति से बाहर या सामाजिक हों, वे पहले कारक हैं अन्तिम नहीं। कौन महान आदमी कहलाता है। एक महान आदमी की जाँच उसकी लगनशीलता से होती है। फिर भी यह नहीं कहा जा सकता है कि लगनशीलता ही प्राथमिक और एकमात्र जाँच है, क्योंकि लगनशीलता ही पर्याप्त नहीं है। लेकिन एक महान आदमी में लगनशीलता होनी ही चाहिए, क्योंकि यह तमाम नैतिक गुणों का कुल योग है जिसके बिना कोई आदमी लगनशील हो सकता है। लेकिन वह मूर्ख भी हो सकता है और मूर्ख, महान आदमी के ठीक विपरीत है। महान व्यक्ति

वह है जो संकट के समय समाज को बचाने का रास्ता खोजता है। लेकिन रास्ता खोजने में उसकी सहायता कौन कर सकता है? वह इसे अपनी बौद्धिक शक्ति से ही कर सकता है। बौद्धिक शक्ति ही प्रकाश है। कोई दूसरी चीज इसमें सहायता नहीं कर सकती है। अतः यह स्पष्ट है कि लगनशीलता एवं बौद्धिकता के जोड़ के बगैर कोई महान नहीं हो सकता है। क्या यह महान व्यक्ति होने के लिए पर्याप्त है? इस स्तर पर आकर हमें एक प्रसिद्ध व्यक्ति एवं महान व्यक्ति के बीच फर्क करना चाहिए, क्योंकि मैं निश्चितपूर्वक कह सकता हूँ कि एक महान व्यक्ति एक प्रसिद्ध व्यक्ति से भिन्न है। लगनशीलता एवं बौद्धिकता किसी भी व्यक्ति को प्रसिद्ध बनाने के लिए काफ़ी है, लेकिन यह उसे महान व्यक्ति की गरिमा प्रदान नहीं कर सकता है। एक महान आदमी में एक प्रसिद्ध आदमी से कुछ अधिक बातें होनी चाहिए। वह बात क्या होगी? यहीं पर दार्शनिकों द्वारा महान आदमी के बारे में दी गयी परिभाषा सामने आता है। एक महान आदमी को सामाजिक उद्देश्य की गत्यात्मकता से प्रेरित होना चाहिए तथा उसे समाज की गंदगियों को साफ करने वाला सफाईकर्मी होना चाहिए। यही वो बातें हैं जो एक महान व्यक्ति को प्रसिद्ध व्यक्ति से अलग करती हैं और उन्हें सम्मान और आदर दिलाती है।

आज के कौन से राजनितिज्ञ हैं जिनकी तुलना रानाडे से की जा सके। उनकी तुलना आज के महानतम व्यक्ति के साथ ही की जा सकती है। हमारे पास भारत के क्षितिज पर दो महान व्यक्ति है, जिन्हें बिना नाम लिए पहचाना जा सकता है। गाँधी एवं जिन्ना। वे किस तरह के इतिहास का निर्माण करेंग, राणा डे यह आनेवाली पीढ़ी ही बता सकती है। लेकिन हमारे लिए यह पर्याप्त है कि वे लगातार समाचार पत्रों की सुर्खियों में रहते हैं। उनकी तुलना रानाडे से किस तरह की जा सकती है? यह आवश्यक है कि हम उनके तरीकों एवं व्यवहारों के बारे में कुछ कहें, जिनसे हम परिचित हैं।

उनकी क्या कीमत है, उसके बारे में मैं अपनी समझ बता रहा हूँ। पहली बात जो मुझे दृष्टिगत होती है, वह इन दोनों व्यक्तियों का अदम्य अहं हैं, जिनके लिए देश की बात एक टेबुल की खिड़की की तरह है जबकि असली मकसद व्यक्तिगत उन्नति है। उन्होंने भारतीय राजनीति को व्यक्तिगत झगड़े में बदल दिया है। वे आलोचना के प्रति अत्यन्त असहनीय एवं नाखुश होते हैं और चाटुकारों की बात सुनकर खुश होते हैं। दोनों में से प्रत्येक अपने को सर्वोत्तम समझते हैं। अगर सर्वोच्चता ही उनका दावा होता तो यह बड़े आश्चर्य की बात नहीं होती, पर वे अपने को अपराजेय मानते हैं।

सुभाष चन्द्र बोस (1897-1945)

सुभाष चन्द्र बोस का जन्म 23 जनवरी, 1897 को कटक में हुआ था। सुभाष चन्द्र बोस की अधिकतर शिक्षा इंग्लैंड में हुई, जहाँ उन्हें 1920 में आई.सी.एस. का पद मिला किन्तु 1921 में ही उन्होंने इस पद से इस्तीफ़ा दे दिया और स्वराज पार्टी में पं. मोतीलाल नेहरू और चित्तरंजन दास के नेतृत्व में सम्मिलित हुए। 1923 में अखिल भारतीय युवा कांग्रेस के अध्यक्ष बने। 1924 से 1927 तक जेल में रहें, किन्तु अन्य नेताओं से मतभेद होने से उन्होंने इस्तीफ़ा दे दिया। वे भारतीय राष्ट्रीय कांग्रेस में काम करते रहे और 1938-39 में कांग्रेस अध्यक्ष बने किन्तु 1939 में गाँधीजी और कांग्रेस नेताओं से मतभेद के कारण कांग्रेस से इस्तीफ़ा दे दिया। 1941 में वे जर्मनी गये, वहाँ मई 1942 में उनकी मुलाकात हिटलर से हुई। कांग्रेस ने उनके देश प्रेम की सराहना की किन्तु उनके द्वारा अपनाये गये स्वराज के तरीके से अपने को दूर रखा। 1943-1944 में आज़ाद हिन्द फ़ौज की स्थापना की। कहा जाता है कि 1945 में प्लेन दुर्घटना में उनकी मृत्यु हुई।

प्रस्तुत भाषण सुभाष चन्द्र बोस के अति चर्चित भाषणों में एक है। यह भाषण भारतीय राष्ट्रीय आर्मी के समक्ष दिया गया था जिसके वे सूत्रधार थे।

खून के बदले आज़ादी

(बर्मा, जुलाई, 1944)

दोस्तो,

बारह महीने पहले पूर्व एशिया के भारतीयों के सामने सम्पूर्ण गोलबन्दी एवं अधिकतम त्याग के कार्यक्रम को उनके सामने रखा गया। आज मैं आपके सामने उन उपलब्धियों का लेखा-जोखा पेश करूँगा और आनेवाले वर्ष के लिए अपनी माँगें रखूँगा। लेकिन ऐसा करने के पहले मैं आपसे स्वतन्त्रता के लिए उत्पन्न सुनहरे अवसर को महसूस करने का अनुरोध करूँगा। अंग्रेज़ विश्व-भर में युद्धों में उलझे हुए हैं और बहुत से मोर्चों पर एक के बाद एक हार का सामना कर रहे हैं। शत्रु के इस तरह बड़े स्तर पर कमजोर होने के चलते स्वतन्त्रता की हमारी लड़ाई पिछले 5 वर्षों की तुलना में बहुत आसान हो गयी है। इस तरह की कभी-कभी घटनेवाली घटना ईश्वर प्रदत्त अवसर के रूप में सौ वर्षों में एक बार मिलती है। इसलिए हमने ब्रिटिश जुए से अपनी मातृभूमि की स्वतन्त्रता के लिए इस अवसर का पूर्ण उपयोग करने की शपथ खाई है।

मैं अपने संघर्षों के परिणामों के प्रति बहुत आशावान हूँ, क्योंकि मैं सिर्फ़ पूर्व एशिया के 30 लाख भारतीयों के प्रयासों पर ही निर्भरशील नहीं हूँ। भारत के अन्दर विशाल आन्दोलन चल रहा है। हमारे देश के करोड़ों लोग अधिकतम कठिनाइयों को झेलने एवं त्याग करने के लिए तैयार हैं। 1857 की लड़ाई के बाद से हमारे देश के लोग शस्त्रविहीन हैं, जबकि हमारे दुश्मन अस्त्र-शस्त्र से लैश हैं। आधुनिक युग में बिना अस्त्र-शस्त्र एवं बिना आधुनिक सेना के अस्त्र-शस्त्रविहीन लोगों के लिए स्वतन्त्रता हासिल करना असंभव है। भगवान के आशीर्वाद एवं निप्पोन की उदार सहायता से पूर्व एशिया में आधुनिक सेना के निर्माण के लिए अस्त्र-शस्त्र हासिल हो गये हैं। उसके साथ-साथ पूर्व एशिया के भारतीय एक आदमी की तरह स्वतन्त्रता प्राप्ति के लिए एकताबद्ध हैं। भारत में जिस तरह ब्रिटिश शासकों ने धार्मिक मतभेदों को बढ़ाने की कोशिश की, उसका पूर्वी एशिया में कोई अस्तित्व नहीं है। इसके चलते हमारे सामने हमारे संघर्षों की सफलता की परिस्थितियों का आदर्श समन्वय है। सिर्फ़ भारतीयों को आगे बढ़कर स्वतन्त्रता की कीमत अदा करने के लिए आगे आना होगा। पूर्ण गोलबन्दी के लिए मैंने आपसे आदमी, पैसे एवं सामग्रियों की माँग की। जहाँ तक आदमी का सवाल है, मुझे घोषणा करने में खुशी हो रही है कि हमने पर्याप्त संख्या में लोगों को सेना में शामिल कर लिया है। सेना में शामिल होने के लिए हमारे पास पूर्व एशिया के सभी कोनों से–जैसे चीन, जापान, हिन्दचीन, फिलीपीन्स, जावा, बोर्नियो, सेलिबस, सुमात्रा, मलाया, थाईलैंड, बर्मा से लोग आये।

आप आदमी, पैसे एवं सामग्रियों को इकट्ठा करना पूरी ताकत एवं ऊर्जा के साथ जारी रखें।

खासतौर पर परिवहन एवं आपूर्ति की समस्या का समाधान सही तौर पर करना है।

हमें मुक्त क्षेत्रों में पुनर्निर्माण एवं प्रशासन चलाने के लिए सभी तरह के लोगों की आवश्यकता है। हमें इस बात के लिए तैयार रहना चाहिए कि किसी क्षेत्र से हटने के पहले दुश्मन द्वारा पृथ्वी को जला देने का सिद्धांत लागू किया जा सकता है तथा वहाँ के नागरिकों को बाहर निकालने का काम किया जा सकता है, जिसकी कोशिश बर्मा में की गयी।

लड़ाई के मोर्चे पर सैनिक बलों एवं अन्य सामानों की आपूर्ति सबसे महत्त्वपूर्ण समस्या है। अगर हम ऐसा नहीं कर सके तो मोर्चे पर फ़तह की आशा हम नहीं कर सकते हैं और न तो हम भारत के अन्दर तक पहुँच सकते हैं।

जो लोग गृह मोर्चे पर कार्य करते रहेंगे, उन्हें यह नहीं भूलना चाहिए कि पूर्वी एशिया, खासकर बर्मा हमारी स्वतन्त्रता के युद्ध का आधार क्षेत्र है। अगर यह आधार क्षेत्र मज़बूत न रहे तो हमारी लड़नेवाली फौज कभी विजयी नहीं होगी। याद रखें कि यह सम्पूर्ण युद्ध है, यह सिर्फ़ दो सेनाओं के बीच की लड़ाई नहीं है। इसीलिए हम लोग पूर्व में सम्पूर्ण गोलबन्दी पर इतना जोर देते रहे हैं।

आपके द्वारा गृह मोर्चे की देखभाल पर इतना जोर देने का एक दूसरा कारण भी है। आनेवाले महीनों में मैं और मेरे मंत्रिमंडल के सभी सहयोगी युद्ध मोर्चे पर अपना पूरा ध्यान केन्द्रित करना चाहते हैं और भारत के अन्दर क्रान्ति के कर्तव्य को आगे बढ़ाना चाहते हैं। अतः मैं इस बात पर पूरी तरह आश्वस्त हो जाना चाहता हूँ कि हमारी अनुपस्थिति में भी गृह मोर्चे पर सारा काम व्यवस्थित ढंग से चलता रहेगा।

दोस्तो, एक वर्ष पहले जब मैंने आपके सामने कुछ माँगें रखीं थीं, मैंने आपसे कहा था कि आप हमें पूर्ण गोलबन्दी दें और मैं आपको दूसरा मोर्चा दूँगा। मैंने अपनी प्रतिज्ञा पूरी की है। हमारे अभियान का पहला दौर समाप्त हो चुका है। हमारी विजयी सेना ने निप्पोन की सेना के साथ-साथ लड़ते हुए शत्रुओं को पीछे ढकेल दिया है और अब साहसपूर्वक अपनी मातृभूमि की पवित्र मिट्टी पर लड़ रही है। अब जो कर्तव्य आगे है, उसके लिए अपनी कमर कस लें। मैंने आपसे आदमी, पैसे एवं सामग्रियों को इकट्ठा करने की बातें की थीं। हमें उदारतापूर्वक बड़ी मात्रा में वो सारी चीजें मिली हैं। अब मैं और ज़्यादा आपसे माँग रहा हूँ। आदमी, पैसा एवं सामग्रियाँ, स्वतन्त्रता नहीं ला सकती है। हमारे अन्दर वह प्रेरणा शक्ति होनी चाहिए जो बहादुरी भरे कारनामों एवं नायकत्व वाली जाँबाजी के लिए हमें प्रेरित करे।

यह आपकी त्रासद भूल होगी कि आप जीवित रहकर भारत को स्वतन्त्र होता देख सकें, क्योंकि आपको स्वतन्त्रता बहुत नजदीक दिखाई पड़ रही है। यहाँ किसी को भी जिन्दा रहकर स्वतन्त्रता के आनन्द की कल्पना नहीं करनी चाहिए। हमारे सामने अभी एक लम्बी लड़ाई बाकी है।

हमारी आज एक ही इच्छा होनी चाहिए—मृत्यु प्राप्त करने की इच्छा, जिससे भारत जिन्दा रह सके। एक शहीद की मौत को स्वीकार करने की इच्छा, जिससे स्वतन्त्रता के रास्ते शहीदों के खून से सिक्त रहें। दोस्तो एवं स्वतन्त्रता के रास्ते के हमारे साथियो, मैं आपसे एक ही बात की माँग करता हूँ—सबसे पहले मैं आपसे खून की माँग करता हूँ। खून के जरिये ही शत्रुओं द्वारा किये गये खून-खराबे का बदला लिया जा सकता है। सिर्फ़ खून के जरिये ही स्वतन्त्रता की कीमत चुकाई जा सकती है। तुम मुझे खून दो, मैं तुम्हें आज़ादी दूँगा।

जवाहरलाल नेहरू (1889-1964)

जवाहरलाल नेहरू का जन्म 14 नवम्बर, 1889 को इलाहाबाद में हुआ था। वे प्रसिद्ध बैरिस्टर पंडित मोतीलाल नेहरू के पुत्र थे, जिनका परिवार कश्मीर से घूमते-फिरते इलाहाबाद में बस गया। उनके पिता मोतीलाल नेहरू भारत के प्रसिद्ध वकील थे, साथ ही साथ भारतीय राष्ट्रीय आन्दोलन में भी सक्रिय थे। नेहरू ने भी ट्रिनिटि कॉलेज कैम्ब्रिज से स्नातक एवं इनर टेम्पुल लंदन से बैरिस्टर की परीक्षा पास की। भारत लौटने पर उन्होंने इलाहाबाद उच्च न्यायालय में वकालत की शुरू की। स्वाधीनता आन्दोलन में वे 20-25 वर्ष की उम्र में ही कूद पड़े। 1920 में वे कांग्रेस में वामपंथी नेताओं के सम्पर्क में रहे। गाँधीजी ने उन्हें अपना पूरा समर्थन दिया और वे 1929 में कांग्रेस अध्यक्ष निर्वाचित हुए। इसी सम्मेलन में पूर्ण स्वराज्य की घोषणा उनके द्वारा की गयी। आगे चलकर वे कई बार जेल गये और 1942 की अगस्त क्रान्ति में उन्होंने अग्रणी भूमिका अदा की। स्वतन्त्रता के बाद वे भारत के प्रथम प्रधानमन्त्री बने।

16 मई, 1946 के कैबिनेट मिशन योजना के अनुसार संविधान सभा का गठन हुआ। जुलाई महीने में चुनाव के बाद 9 दिसम्बर, 1946 से संविधान-सभा ने कार्य करना शुरू कर दिया। संविधान सभा इस समझ के आधार पर कार्य कर रही थी कि भारत का बँटवारा नहीं होगा। यह इस बात से स्पष्ट है कि जब जवाहरलाल नेहरू ने उद्देश्यों के बारे में प्रस्ताव पेश किया तो यह संयुक्त भारत के पक्ष में था। कांग्रेस अल्पसंख्यक मानसिकता से अपना पीछा नहीं छुड़ा सकी। अतः प्रस्ताव में धारा 6 को जोड़ा गया था। प्रस्ताव का समर्थन करते हुए, पुरुषोत्तम दास टंडन ने कहा "हम लोग पूरी कोशिश करेंगे, जिससे मुस्लिम लीग के हितों को नुकसान न पहुँचे। लेकिन देश बँटवारे के बाद भी यह प्रस्ताव और इसके प्रति जिस रुख से प्रेरणा मिली थी, उसमें कोई बदलाव नहीं आया अगर पाकिस्तान के बनने के बाद यह प्रस्ताव तैयार किया जाता तो उस समय की त्रासद एवं दुखदायी घटनाओं को देखते हुए यही कहा जा सकता है कि उसका स्वरूप भिन्न होता। लेकिन सदस्यगण अपने ही फैसले के कैदी बन गये और इसे बदलने की नैतिक क्षमता नहीं रह गयी। संविधान सभा में दिया गया यह भाषण बहुत महत्त्वपूर्ण है और सीमाओं का आकलन करते हुए भारत के भविष्य के संविधान के निर्माण के लिए दिशा-निर्देश है।

संविधान के लिए दिशा निर्देश

(नयी दिल्ली, 13 दिसम्बर, 1946)

अध्यक्ष महोदय, इस संविधान-सभा का पिछले कुछ दिनों से सत्र चल रहा है। इसने बहुत से औपचारिक कार्य किये हैं, लेकिन बहुत कुछ किया जाना बाकी है। अतः यह आवश्यक है कि आगे बढ़ने के पहले हमें स्पष्ट तौर पर समझ लेना चाहिए कि हम लोग कहाँ जा रहे हैं और किस चीज का निर्माण कर रहे हैं। यह स्पष्ट है कि ऐसे अवसरों पर विस्तार में जाना गैर-जरूरी है। जो प्रस्ताव हम आपके सामने पेश करने जा रहे हैं वह हमारे उद्देश्यों को परिभाषित करता है, योजना का प्रारूप बतलाता है और जाने वाली दिशा की ओर इंगित करता है। आप सबों को पता है कि यह संविधान सभा हमारी इच्छाओं के अनुरूप नहीं है। यह एक खास परिस्थिति में गठित हुई है और इसके गठन में ब्रिटिश सरकार का हाथ है। उन्होंने इसके साथ कुछ शर्तें जोड़ दी हैं। हम लोगों ने राज्य के परिपत्र को गम्भीर बहस-मुबाहसों के बाद स्वीकार किया, जिसे हम इस विधान-सभा की स्थापना कह सकते हैं। हम इसकी सीमा के अन्तर्गत कार्य करने का प्रयास करेंगे। इस विधान-सभा की ताकत प्राप्त करने की प्रेरणा के स्रोत की उपेक्षा नहीं करनी चाहिए। सरकार का वजूद में आना राज्य के परिपत्र से जुड़ा हुआ नहीं है। सरकारें जनता की इच्छाओं की अभिव्यक्ति हैं। हम लोग जनता के समर्थन के बल पर यहाँ बैठे हुए हैं, और वहाँ तक आगे बढ़ेंगे जहाँ तक जनता चाहेगी। यह किसी दल या समूह की इच्छा का सवाल नहीं है बल्कि पूरी जनता की इच्छा से जुड़ा हुआ है।

बड़ी संख्या में लोगों की अनुपस्थिति का मुझे दुख है। वैसे बहुत से सदस्यों को जिन्हें यहाँ बैठने का अधिकार है, आज यहाँ उपस्थित नहीं हैं। इसके चलते हमारी ज़िम्मेदारियाँ बढ़ गयी हैं। हमारे कार्यों से किसी को तकलीफ न हो और हमारे सिद्धान्तों के खिलाफ़ कोई बात नहीं हो, इस बात के प्रति हमें सचेत रहने की ज़रूरत है। जो प्रस्ताव मैं आपके सामने पेश कर रहा हूँ, वह प्रतिज्ञा के रूप में है। गम्भीर बहस-मुबाहसों के बाद इस प्रस्ताव को तैयार किया गया है। विवादों से बचने का प्रयास किया गया है। भारत जैसे विशाल देश में बहुत से विवादित मुद्दे हो सकते हैं, लेकिन हम लोगों ने जितना संभव हो, विवादों से बचने का काम किया है। प्रस्ताव में आप लोगों की मौलिक समझ को रखा गया है और जनता ने इसे स्वीकार किया है।

इस अवसर पर जब राज्यों के प्रतिनिधिगण उपस्थित नहीं हैं, मैं यह स्पष्ट कर देना चाहता हूँ कि यह प्रस्ताव उन्हें प्रभावित करेगा। राज्यों के बारे में हमारे इरादों को स्पष्ट रूप से समझा जाना चाहिए। हमांरी इच्छा है कि भविष्य के भारतीय संघ में आम जनता को स्वेच्छया शामिल होना चाहिए। लेकिन यह किस तरह से हो और सरकारें कैसी हों, यह उनके जिम्मे है। प्रस्ताव इसके विस्तार में नहीं जाता है। इसमें सिर्फ़ मूलभूत बातों को शामिल किया गया है। यह राज्यों पर उसकी

इच्छा के विरुद्ध कुछ थोपना नहीं चाहता है। वे कैसे शामिल होंगे और उनका प्रशासन कैसा होगा, इसी विषय पर विचार करना है।

मैं आशा करता हूँ कि यह सभा भवन इस विशेष प्रकृति के प्रस्ताव को पारित कर देगा। यह देश के करोड़ों भाइयों-बहनों का अपने साथ किया गया वादा है। अगर यह पारित किया जाता है तो यह पूरा करने की प्रतिज्ञा के रूप में होगा। इसी अपेक्षा और स्वरूप में मैं इसे आपके पास पेश कर रहा हूँ।

मैं आपसे प्रस्ताव पेश करने की इजाज़त चाहता हूँ

1. यह संविधान सभा अपनी दृढ़ एवं गम्भीर प्रतिबद्धता व्यक्त करते हुए स्वतन्त्र एवं सम्प्रभु भारत और भविष्य के प्रशासन के लिए एक संविधान बनाने की घोषणा करती है।
2. ब्रिटिश भारत के अन्तर्गत आने वाले क्षेत्र, भारतीय राज्यों के क्षेत्र, वैसे क्षेत्र जो ब्रिटिश भारत के नक्शे से बाहर है और वैसे राज्य और साथ ही साथ वैसे क्षेत्र जो अपनी इच्छा से स्वतन्त्र सम्प्रभु भारत के साथ जुड़ना चाहते हैं, भारत उन सबों की इकाई होगी।
3. ये तमाम क्षेत्र अपनी वर्तमान सीमाओं या जो संविधान सभा द्वारा निर्धारित की जायेंगी और उसके बाद संवैधानिक कानूनों के अन्तर्गत, अपनी स्वायत्त स्थिति को बरकरार रखेंगी, उसके साथ उनकी शक्ति और प्रशासन भी रहेंगी, सिर्फ़ वे शक्तियाँ या कार्य के अधिकार नहीं होंगे जो भारतीय इकाई में समाहित है, या उनमें अन्तर्निहित है।
4. भारतीय सम्प्रभु राष्ट्र की तमाम शक्तियाँ एवं प्राधिकार इसके संवैधानिक हिस्से एवं सरकार के अंग जनता से हासिल किये गये हैं।
5. भारत की तमाम जनता को सामाजिक, आर्थिक, राजनीतिक न्याय, कानून के सामने समानता की स्थिति या अवसर, कानून एवं जन-नैतिकता के अनुरूप विचारों एवं अभिव्यक्ति की स्वतन्त्रता, विश्वास पूजा, कार्य करने, संघ बनाने और कार्यों की स्वतन्त्रता की गारंटी प्रदान करता है।
6. अल्पसंख्यकों, पिछड़े एवं आदिवासी इलाकों, पीड़ित या अन्य पिछड़े वर्गों को पर्याप्त सुरक्षा प्रदान की जायेगी।
7. सभ्य देशों के कानून के अनुरूप भारतीय गणतन्त्र एवं क्षेत्र की एकता एवं इसकी भूमि, समुद्र एवं वायु मार्ग के सम्प्रभु अधिकारों की हिफाज़त की जायेगी।
8. प्राचीन भूमि ने विश्व में अपना सम्मानजनक स्थान हासिल किया है और यह विश्व शान्ति और मानव कल्याण के लिए स्वेच्छया एवं पूरे तौर पर योगदान करेगा।

जवाहरलाल नेहरू (1889-1964)

जवाहरलाल नेहरू का जन्म 14 नवम्बर, 1889 को इलाहाबाद में हुआ था। वे प्रसिद्ध बैरिस्टर पंडित मोतीलाल नेहरू के पुत्र थे, जिनका परिवार कश्मीर से घूमते-फिरते इलाहाबाद में बस गया। उनके पिता मोतीलाल नेहरू भारत के प्रसिद्ध वकील थे, साथ ही साथ भारतीय राष्ट्रीय आन्दोलन में भी वे सक्रिय थे। नेहरू ने भी ट्रिनिटि कॉलेज कैम्ब्रिज से स्नातक एवं इनर टेम्पुल लंदन से बैरिस्टर की परीक्षा पास की। भारत लौटने पर उन्होंने इलाहाबाद उच्च न्यायालय में वकालत की शुरू की। स्वाधीनता आन्दोलन में वे 20-25 वर्ष की उम्र में ही कूद पड़े। 1920 में वे कांग्रेस में वामपंथी नेताओं के सम्पर्क में रहे। गाँधीजी ने उन्हें अपना पूरा समर्थन दिया और वे 1929 में कांग्रेस अध्यक्ष निर्वाचित हुए। इसी सम्मेलन में पूर्ण स्वराज्य की घोषणा उनके द्वारा की गयी। आगे चलकर वे कई बार जेल गये और 1942 के अगस्त क्रान्ति आन्दोलन में उन्होंने अग्रणी भूमिका अदा की। स्वतन्त्रता के बाद वे भारत के प्रथम प्रधानमन्त्री बने।

कुछ लोगों को यह गलतफहमी है कि नेहरू ने भारत की वैदेशिक नीति तय की, किन्तु सच्चाई यह है कि राष्ट्रीय आन्दोलन में घटनाओं के क्रमिक विश्वास का प्रतिफल है, हमारी विदेश नीति और यही कारण है कि श्री अटलबिहारी बाजपेयी ने भी लगभग उसी विदेश नीति को बरकरार रखा, जिसे पंडित नेहरू के नेतृत्व में तय किया गया था। अन्तरिम सरकार की स्थापना के एक सप्ताह बाद 7 सितम्बर, 1946 को पंडित नेहरू ने भारत की वैदेशिक नीति का संक्षिप्त उल्लेख अपने इस रेडियो प्रसारण में किया था।

भारत की वैदेशिक नीति

(7 सितम्बर, 1946)

मित्रो एवं साथियो, जय हिन्द!

छः दिनों पूर्व मेरे साथियों एवं मैंने भारत सरकार के कार्यभार को सँभाला है। इस पुरातन धरती पर एक नयी सरकार आई है, इस अन्तरिम अथवा प्रान्तीय सरकार को भारत की पूर्ण स्वतन्त्रता के लिए उन्नति का मार्ग कहते हैं। कई हजार सन्देश, शुभकामनाएँ एवं बधाइयाँ दुनिया के तमाम भागों एवं भारत के कोने-कोने से हमें आई हैं।

अन्तरिम राष्ट्रीय सरकार एक बहुत बड़ी योजना का हिस्सा है, जिसमें संविधान-सभा भी शामिल है और जो शीघ्र ही स्वतन्त्र भारत के संविधान को नया रूप प्रदान करने वाली है। इसी उम्मीद के वास्ते पूर्ण स्वराज्य को पूरा करने हेतु हम लोग सरकार में शामिल हुए हैं और हम लोग सक्रिय रूप से कार्य करने का प्रस्ताव रखते हैं, ताकि हमारी स्वतन्त्रता घरेलू मुद्दों एवं वैदेशिक सम्बन्धों के रूप में प्राप्त हो सके। हम लोग अन्तर्राष्ट्रीय सम्मेलन में पूर्ण भागीदारी लेना चाहेंगे, एक स्वतन्त्र राष्ट्र की अपनी नीति के अनुसार, न कि दूसरे राष्ट्र के दास की तरह। हम करीबी और घनिष्ट सम्बन्ध दूसरे राष्ट्रों के साथ विकसित कर सकते हैं, साथ ही साथ विश्व शान्ति एवं स्वतन्त्रता को बढ़ावा देने के लिए सहयोग कर सकते हैं।

जहाँ तक सत्ता से हम लोगों के दूर रहने का मुद्दा है, अर्थात राजनीतिक समूह जो एक-दूसरे के विरोध में थे और जिसके कारण दो विश्व युद्धों की भयानक तबाही एवं संकट के मार्ग प्रदर्शित हुए। हम लोग यकीन करते हैं कि शान्ति और स्वतन्त्रता अविभाज्य हैं और कहीं पर भी स्वतन्त्रता की अस्वीकृति संघर्ष और युद्ध के मार्ग को प्रशस्त कर सकती है। हम लोग खासकर औपनिवेशिक स्वतन्त्रता एवं आश्रित देशों तथा जनता में रुचि रखते हैं और तमाम जातियों के लिए समान अवसर के प्रचलन एवं सिद्धान्त में आस्था रखते हैं। हम लोग नाजी के जातिवादी सिद्धान्त की पूर्णतया भर्त्सना करते हैं, जो कहीं भी और जिस रूप में भी प्रयोग किया जाता है। हम लोग दूसरों पर प्रभुत्व नहीं चाहते हैं, न ही दूसरे लोगों पर विशेषाधिकार की मंशा रखते हैं। हम लोग समान एवं सम्माननीय व्यवहार का अपने लोगों के लिए दावा करते हैं। जहाँ कहीं भी वे जायें, हम लोग उनके खिलाफ़ किसी प्रकार की विविधता को स्वीकार नहीं कर सकते। इन प्रतिद्वन्द्विताओं एवं नफरतों तथा आन्तरिक संघर्षों के बावजूद दुनिया अनिवार्यतः आपसी सहयोग एवं विश्व राष्ट्रमण्डल के निर्माण की ओर अग्रसर है। यह एक विश्व के लिए है, जिसमें स्वतन्त्र भारत कार्य करेगा, ऐसा विश्व होगा, जिसमें स्वतन्त्र लोगों का स्वतन्त्र सहयोग होगा और कोई भी वर्ग अथवा समूह किसी दूसरे का शोषण नहीं करेगा।

संघर्ष के अपने अतीत के इतिहास के बावजूद हम उम्मीद करते हैं कि स्वतन्त्र भारत इंग्लैंड एवं ब्रिटिश राष्ट्रमण्डल के अन्य देशों के साथ मित्रवत् एवं सहयोगात्मक सम्बन्ध कायम करेगा। परन्तु यह स्मरणीय है कि आज राष्ट्रमण्डल के एक भाग में क्या हो रहा है। दक्षिण अफ्रीका में नस्लवाद राजकीय सिद्धान्त है और हमारे लोग नस्लीय अल्पसंख्यकों पर हो रहे जुल्म के विरुद्ध जेहाद में अपनी अहम् भूमिका अदा कर रहे हैं। यदि यह सिद्धान्त सहन किया जाता रहा, तो यह अनिवार्यतः व्यापक संघर्षों एवं विश्व संकट की ओर उन्मुख होगा।

हम लोग संयुक्त राज्य अमेरिका की जनता को अपनी शुभकामनाएँ देते हैं, जिन्होंने अन्तर्राष्ट्रीय मामलों में महती भूमिका का निर्वाह किया है। हमें यकीन है कि यह महती जिम्मेवारी हर जगह शान्ति एवं मानवीय स्वतन्त्रता को बढ़ावा देने की दिशा में प्रयुक्त होगी।

आधुनिक विश्व के अन्य महान राष्ट्र, सोवियत संघ, जिस पर विश्व की घटनाओं को आकार प्रदान करने की महती जिम्मेवारी है, उसे भी हम अपनी शुभकामनाएँ देते हैं। वे एशिया में हमारे पड़ोसी देश हैं, हमें सामूहिक रूप से कई कार्य करने हैं और एक-दूसरे के लिए भी बहुत कार्य करने हैं।

हम लोग एशिया महादेश के हैं और एशिया के लोग दूसरों के बजाय हमसे ज़्यादा करीब और ज़्यादा जुड़े हुए हैं। भारत ऐसा स्थान है, जिससे कि वह पश्चिमी, दक्षिणी एवं दक्षिण-पूर्व एशिया की धुरी बना हुआ है। अतीत में इसकी संस्कृति इन तमाम देशों से होकर प्रवाहित हुई है और वे कई तरह से इसके संसर्ग में आये हैं। उन सम्पर्कों का नवीनीकरण हो रहा है और एक ओर भारत तथा दक्षिण-पूर्व एशिया एवं दूसरी ओर अफगानिस्तान, ईरान तथा अरेबियन देशों के बीच आपसी एकता के प्रति, भविष्य निगाहें टिकाये हुए हैं। स्वतन्त्र देशी आपसी एकता को बढ़ावा देने के लिए हमें अपने-आपको समर्पित कर देना चाहिए। इंडोनेशिया के स्वतन्त्रता संघर्ष के प्रति भारत काफ़ी चिन्तित है और वहाँ के निवासियों को भी हम अपनी शुभकामनाएँ देते हैं।

चीन, जो कि शक्तिशाली अतीत के साथ एक शक्तिशाली देश है, सदियों से हमारा मित्र रहा है और वह मित्रता आगे भी बरकरार रहेगी और बढ़ती ही जायेगी। हमें उम्मीद है कि उसकी मौजूदा कठिनाइयाँ अति शीघ्र समाप्त हो जाएँगी और एक संगठित एवं लोकतान्त्रिक चीन का अभ्युदय होगा, जो कि विश्व शान्ति तथा उन्नति को बढ़ावा देने में अपनी महत्त्वपूर्ण भूमिका अदा करेगा।

भारत गतिमान है और पुराने नियम दरकिनार कर दिये जा रहे हैं। दीर्घ काल तक हम लोग दूसरों की कारगुजारियों का अवलोकन मूक द्रष्टा बनकर करते रहे। अब हमारे लोगों के द्वारा पहल किया जा रहा है और हम लोग अपनी इच्छानुसार इतिहास की रचना करेंगे। यहाँ यह सवाल नहीं है कि कौन जीतेगा और कौन हारेगा, हम लोग आगे कदम बढ़ा रहे हैं और साथी के रूप में हम लोग साथ-साथ जीतेंगे या साथ-साथ हमारा पतन हो जायेगा। परन्तु असफलता नहीं हाथ लगने जा रही है। हम लोग भारत के सैंकड़ों करोड़ों लोगों की सफलता, स्वतन्त्रता और कल्याण की ओर अग्रसर हो रहे हैं। अब हम सबों को इस महान कार्य में जुट जाना है और भारत को अपने हृदय में, राष्ट्रों के बीच महान एवं शान्ति एवं प्रगति के मार्ग में सबसे आगे बढ़ाना है। दरवाजा खुला हुआ है और नियति सबों को पुकार रही है।

जवाहरलाल नेहरू (1889-1964)

जवाहरलाल नेहरू का जन्म 14 नवम्बर, 1889 को इलाहाबाद में हुआ था। वे प्रसिद्ध बैरिस्टर पंडित मोतीलाल नेहरू के पुत्र थे जिनका परिवार कश्मीर से घूमते-फिरते इलाहाबाद में बस गया। उनके पिता मोतीलाल नेहरू भारत के प्रसिद्ध वकील थे, साथ ही साथ भारतीय राष्ट्रीय आन्दोलन में भी वे सक्रिय थे। नेहरू ने भी ट्रिनिटि कॉलेज कैम्ब्रिज से स्नातक एवं इनर टेम्पुल लंदन से बैरिस्टर की परीक्षा पास की। भारत लौटने पर उन्होंने इलाहाबाद उच्च न्यायालय में वकालत की शुरू की। स्वाधीनता आन्दोलन में वे 20-25 वर्ष की उम्र में ही कूद पड़े। 1920 में वे कांग्रेस में बामपंथी नेताओं के सम्पर्क में रहे। गाँधीजी ने उन्हें अपना पूरा समर्थन दिया और वे 1929 में कांग्रेस अध्यक्ष निर्वाचित हुए। इसी सम्मेलन में पूर्ण स्वराज्य की घोषणा उनके द्वारा की गयी। आगे चलकर वे कई बार जेल गये और 1942 के अगस्त क्रान्ति में उन्होंने अग्रणी भूमिका अदा की। स्वतन्त्रता के बाद वे भारत के प्रथम प्रधानमन्त्री बने।

नेहरू के नेतृत्व में चलने वाली अन्तरिम सरकार सुचारू रूप से नहीं चल रही थी, क्योंकि मुस्लिम लीग के सदस्य सहयोग नहीं कर रहे थे। लीग ने संविधान सभा में भी शामिल होने से इन्कार कर दिया। इसके साथ-साथ मुस्लिम लीग सीधी कार्रवाई पर चला गया। इस बार यह कार्रवाई पंजाब और उत्तर-पश्चिम के इलाके में शुरू हो गयी। रावलपिंडी, लाहौर, अमृतसर, पेशावर, मुल्तान में भयानक दंगे शुरू हो गये जो बाद में बम्बई, कानपुर और रांची तक फैल गये। 20 फरवरी, 1947 को ब्रिटिश प्रधानमन्त्री एटली ने हाउस ऑफ कामन्स में एक वक्तव्य दिया, जिसने भारत के भाग्य का निर्णय कर दिया। उन्होंने घोषणा की कि महामहिम के सरकार की यह इच्छा है कि भारत के जिम्मेदार लोगों के हाथों में सत्ता-हस्तांतरण के लिए आवश्यक कदम उठाना चाहिए जो जून 1948 के पहले हो। उन्होंने लार्ड वेबेल को हटाकर लार्ड माउन्टबेटन को वाइसराय बनाया। इस घोषणा के बाद मुस्लिम लीग ने सीधी कार्रवाई में और आग लगाने का काम किया। पंजाब के राज्यपाल जेनिकिन्स ने सूचित किया कि सभी जिलों में साम्प्रदायिक तनाव गम्भीर हैं और ये गाँवों में भी फैल रहे हैं।

24 मार्च 1947 को माउन्टबेटन ने वेबेल का स्थान लिया। उन्होंने तत्काल महसूस कर लिया कि इस परिस्थिति में 'केबिनेट मिशन' योजना कारगर नहीं होगी और बँटवारे अब अवश्यंभावी है। 8 मार्च के प्रस्ताव में कांग्रेस ने बँटवारे के प्रति अपना विश्वास जता दिया था। 3 जून को जवाहर लाल नेहरू की घोषणा से कोई आश्चर्य नहीं हुआ। 14 जून को अखिल भारतीय कांग्रेस कमिटी ने माउन्टबेटन द्वारा देश के बँटवारे की योजना को स्वीकार कर लिया। तर्क दिया गया कि भारतीय इकाई में शामिल होने के अनिच्छुक व्यक्तियों को बरकरार रखने में शक्ति ख़र्च करने के बजाय 3 जून के वक्तव्य को स्वीकार कर लेना चाहिए।

स्वतन्त्र एवं विभाजित भारत

(नयी दिल्ली, 03 जून, 1947)

नौ महीने पहले, सत्ता पर आसीन होने के तुरंत बाद, मैंने इस जगह खड़ा होकर आपको सम्बोधित किया था। उस समय मैंने कहा था कि अभी हमारी यात्रा जारी है और लक्ष्य तक पहुँचना अभी बाकी है। रास्ते में बहुत-सी कठिनाइयाँ एवं बाधाएँ थीं और अभी इस यात्रा का अन्त नजदीक नहीं है। इस यात्रा के अन्त का अर्थ सत्ता पाना नहीं बल्कि भारत के लिए सम्पूर्ण स्वाधीनता तथा सहयोग पर आधारित राष्ट्रमंडल की स्थापना, जिससे जीवन को अर्थ मिले।

नौ महीने बीत चुके हैं। ये महीने घावों को सहलाने एवं कठिनाइयों, चिन्ताओं एवं कभी-कभी हृदयों के टूटने के भी महीने रहे हैं। लेकिन इस अवधि में लोगों की चिन्ताओं एवं पीड़ा को मुड़कर देखने पर, हमें लगता है कि हमने बहुत कुछ हासिल कर लिया है। राष्ट्रीय एवं अन्तर्राष्ट्रीय तौर पर भारत आगे बढ़ चुका है और आज विश्व के देशों के बीच सम्मानित है। गृह मोर्चे पर हमने कुछ अधिक ही हासिल किया है, लेकिन आम जनता पर आज भी बड़ा भारी बोझ है और करोड़ों लोगों को भोजन, वस्त्र एवं अन्य जरूरी चीजों का अभाव है। विकास की बहुत सारी योजनाएँ तैयार हैं और यह भी सच है कि हम जो बहुत सी साहसिक उपलब्धियों के सपने देखते हैं, उसे पूरा करना अभी बाकी है। आपको देश के सामने साम्प्रदायिक, राजनीतिक एवं आर्थिक दुश्वारियों के बारे में पता है। इन महीनों में करोड़ों लोगों को त्रासदियों से गुजरना पड़ा है और जिनके हाथों में प्रशासन का अधिकार है, उनके ऊपर बोझ वस्तुतः बहुत बढ़ गया है। जिन इलाकों में गड़बड़ियाँ फैली हुई हैं वहाँ के लोगों की पीड़ा से मेरा मन भर गया है। जो हज़ारों लोग मर चुके हैं, खासकर हमारी औरतें जिन्होंने मृत्यु से भी बड़ी पीड़ा झेली है, उनके दुखों से मैं विचलित हूँ। हम उन तमाम परिवारों और असंख्य लोगों से जो अपने घरों से भगा दिये गये हैं एवं भिखमंगे बना दिये गये हैं, आश्वासन और सहानुभूति प्रकट करते हुए कहना चाहते हैं कि हम अपनी क्षमतानुसार उन्हें सहायता देने के लिए कुछ उठा नहीं रखेंगे। ऐसी त्रासद घटनाएँ फिर से न घटें, हमें यह बात सुनिश्चित करनी होगी।

आज मैं आपके सामने दूसरे ऐतिहासिक अवसर पर बोल रहा हूँ जब भारत के भविष्य को प्रभावित करने वाले महत्त्वपूर्ण बदलाव का प्रस्ताव पेश किया जा रहा है। आप अभी-अभी ब्रिटिश सरकार की घोषणा को सुना है। इस योजना के अन्तर्गत कुछ क्षेत्रों को आत्म-निर्णय के अधिकार के तरीके निर्धारित किये जा रहे हैं। एक ओर यह संभावना व्यक्त की जा रही है कि ये क्षेत्र भारत से अलग हो जायेंगे और दूसरी ओर यह पूर्ण स्वाधीनता के रास्ते पर तेज गति से आगे बढ़ने का वादा करता है। इस तरह के बदलाव के लिए जनता की पूर्ण सहमति की आवश्यकता है, क्योंकि इसे सख्ती से याद रखा जाना चाहिए कि भारत के भविष्य का निर्धारण सिर्फ़ देश की आम जनता

ही कर सकती है। यह किसी बाहरी प्राधिकार से संभव नहीं है, चाहे वह कितनी भी मित्रवत क्यों न हो। इन प्रस्तावों को प्रतिनिधिमूलक विधान सभाओं में बहस के लिए शीघ्र प्रस्तुत किया जाएगा। अतः जनता अन्ततः क्या निर्णय लेती है, उसे मानकर ही हमें चलना होगा लेकिन हमें अपनी ओर से उनकी स्वीकृति के लिए कुछ अनुशंसाएँ करनी चाहिए। लेकिन इस बीच में अगर समय समाप्त हो जाय तो सामान्य घटनाओं के लिए निर्णय नहीं रुक सकता है। हमें कुछ निर्णय लेने होंगे एवं जनता की स्वीकृति के लिए उनके सामने रखना होगा। अतः हम लोगों ने इस प्रस्तावों को स्वीकार कर लिया है और इसे बड़ी कमिटियों के सामने अनुशंसित कर दिया है और उसी तरह वे कमिटियाँ भी अनुशंसित करेंगी।

मैं हार्दिक खुशी के साथ इन प्रस्तावों को अनुशंसित नहीं कर रहा हूँ हालाँकि मेरे मन में कोई द्विविधा नहीं है और यही सही रास्ता है। पीढ़ियों से हमने स्वतन्त्र, स्वाधीन एवं संयुक्त भारत का स्वप्न देखा है। कुछ क्षेत्रों का भारत से अलग होने का प्रस्ताव हमारे लिए अत्यन्त दुखदायी है। फिर भी बड़े परिप्रेक्ष्य में हमारा निर्णय एकदम सही है। जिस संयुक्त भारत का हमने सपना देखा था, वह जनता किसी दवाब में नहीं बल्कि स्वतन्त्र एवं अपनी इच्छा से साथ रहने के स्वप्न से जुड़ा हुआ था। इस तरह से हम जल्द ही संयुक्त भारत तक पहुचेंगे। दूसरा रास्ता नहीं है। उसके बाद का भारत ज़्यादा मज़बूत और ज़्यादा सुरक्षित आधार पर खड़ा होगा। हम लोग बड़े स्वप्न को साकार करने वाले छोटे लोग हैं। चूँकि कार्य महान है, अतः यह महानता हमारे ऊपर भी आ जाती है। दुनिया में आज शक्तिशाली ताकतें कार्यरत हैं और मुझे इसमें कोई शंका नहीं है कि हम लोग भारत के महान समय की ओर अग्रसर हैं। कल का भारत, इसका इतिहास और इसकी परम्पराएँ जो हमारे मन-प्राण में शामिल हैं, कभी बदल नहीं सकता है।

अपने भविष्य में दृढ़ विश्वास के साथ मैं इस महान कर्तव्य को पूरा करने में आपका सहयोग चाहता हूँ और भारत की तमाम जनता के लिए स्वर्ग बनाने की यात्रा में हम एक साथ शामिल हों। जय हिन्द।

•

सरदार वल्लभ भाई पटेल (1875-1950)

सरदार वल्लभ भाई का जन्म 31 अक्टूबर 1875 को गुजरात में हुआ था। उन्होंने भारत में मुख्तारशिप की परीक्षा पास की और फौजदारी मुकदमे में काम करने लगे। बाद में वे अपने कमाए हुए पैसे से लंदन गये और बैरिस्टर बन कर वापस लौटे। वे एक सामाजिक सुधारक के साथ-साथ आज़ादी की लड़ाई के बड़े योद्धा साबित हुए। किसान आन्दोलन में काम करते-करते 1934 और 1937 में उन्होंने कांग्रेस के नेतृत्व में अपना स्थान बना लिया। वे 1942 में भारत छोड़ो आन्दोलन में गिरफ्तार भी हुए। आज़ादी मिलने के बाद वे भारत के उप-प्रधानमन्त्री बने। विद्रोही देशी रियासतों का भारत में एकीकरण करने में उनकी महत्त्वपूर्ण भूमिका थी, जिस कारण उन्हे लौह पुरुष भी कहा जाता है। 30 जनवरी 1948 को गाँधीजी के हत्या की बाद प्रधानमन्त्री जवाहरलाल नेहरू की हिचकिचाहट के बावजूद उन्होंने राष्ट्रीय स्वयं सेवक संघ को प्रतिबंधित किया।

नीचे दिया गया वक्तव्य सरदार वल्लभ भाई पटेल द्वारा राज्यों के विभाग का मन्त्री पद प्राप्त करने के बाद जारी किया गया था। इस विभाग को भारतीय राज्यों के शासकों के साथ बातचीत करने के लिए ही बनाया गया था। उस समय भारत में 565 राज्य थे जो कुछ एकड़ भू-भाग से लेकर हज़ारों वर्ग किलोमीटर तक फैले हुए थे। शासकों की बड़ी संख्या हिन्दुओं और सिक्खों की थी। इन तमाम राज्यों को भारत में शामिल करना एक कठिन कार्य था, क्योंकि इसमें से कुछ राज्यों की मंशा स्वतन्त्र राज्य के रूप में अलग रहने की थी तथा कुछ राज्य ब्रिटिश सरकार द्वारा भारत छोड़ने के बाद पाकिस्तान में शामिल होने का मन बना रहे थे।

ब्रिटिश सरकार ने भारत में राज्यों के विलय के कार्य को एक हद तक आसान बना दिया था। 2 अप्रैल, 1946 की शुरुआत में ही केबिनेट मिशन की ओर से पेथविक लारेन्स ने भोपाल के नवाब से कह दिया था (जो राजकुमारों के संघ के चान्सलर थे) कि अगर ब्रिटिश भारत स्वतन्त्र हो जाता है तो शासकों की विशिष्टता समाप्त हो जायेगी। महारानी आपके साथ की गयी संधियों से जुड़ी जिम्मेदारियों को पूरा नहीं कर सकेंगी और भारतीय राज्य उन संधियों की जिम्मेदारी से मुक्त कर दिए जायेंगे। भारतीय स्वतन्त्रता विधेयक पर अपना वक्तव्य देते हुए इंग्लैंड के प्रधानमन्त्री एटली ने इस बात की पुष्टि कर दी थी। एक प्रशासनिक इकाई के रूप में भारत की एकता के लिए ब्रिटिश सरकार की भूमिका को भारतीय इतिहासकारों द्वारा नहीं सराहा गया है। सरदार पटेल का भाषण अपनी स्पष्टता एवं संक्षिप्तता का बहुत अच्छा उदाहरण है। उनकी मित्रवत आवाज़ तथा राजकुमारों को दी जाने वाली विशेष सुविधाओं ने उनमें से बहुतों को, जो अभी भी मतिभ्रम के शिकार थे, विलय के पक्ष में सहमत कर लिया। सरदार पटेल ने उनके लिए कोई विकल्प नहीं छोड़ा।

एकीकृत भारत

(नयी दिल्ली, 05 जुलाई, 1947)

कुछ दिनों पहले घोषणा की गयी है कि भारत सरकार राज्यों के साथ बातचीत के लिए एक विभाग स्थापित करने जा रही है। आज यह विभाग वजूद में आ गया है और इसकी सूचना राज्यों को दी जा चुकी है। इस अवसर पर मुझे राज्यों के शासकों के लिए कुछ बातें कहनी हैं। मुझे खुशी है कि इन शासकों में से बहुत लोग मेरे व्यक्तिगत मित्र हैं। इतिहास गवाह है कि राजनीतिक तौर पर आपसी टूट और एकताबद्ध होने की हमारी अक्षमता के चलते भारत एक के बाद एक विदेशी हमलों का शिकार होता रहा। अतीत में हमारे आपसी संघर्ष एवं निरंतर झगड़ों एवं डाह के चलते हमारा पतन हुआ और बहुत बार हम विदेशी हुकूमत के नीचे आये। हम फिर उस तरह के जाल में फँसना नहीं चाहते हैं। हम लोग स्वाधीनता पाने के द्वार पर हैं। यह सही है कि हम अन्तिम समय में अपनी एकता को पूरी तरह मज़बूत बनाये रखने में सफल नहीं रहे। हमारी भयंकर निराशा एवं दुख के बीच हमारे देश के हिस्सों ने देश से बाहर जाने का मन बना लिया है और वे वहाँ अपनी सरकार स्थापित करना चाहते हैं। लेकिन इस बात पर कोई सवाल खड़ा नहीं हो सकता है कि हमारे अलगाव के बावजूद संस्कृति एवं भावनाओं की मूलभूत एकरूपता के साथ-साथ एक-दूसरे के हितों के जुड़ाव के तर्क, हमारे बीच मौजूद रहेंगे। यह बहुसंख्यक राज्यों के भौगोलिक विस्तार की सीमा के मिलने तथा अटूट आर्थिक, सांस्कृतिक एवं राजनीतिक सम्बन्धों के बरकरार रहने, आपसी सम्बन्धों को बरकरार रखने तथा शेष भारत के साथ सहयोग पर टिका हुआ है। इन राज्यों की सुरक्षा एवं संरक्षण के साथ-साथ भारत की सुरक्षा एवं संरक्षण की यह माँग है कि इन तमाम हिस्सों के बीच आपसी सहयोग हो।

जब ब्रिटेन ने भारत पर अपनी सत्ता कायम की, उन्होंने विशिष्टता का सिद्धान्त तैयार किया जिससे इंग्लैंड के हितों की सर्वोच्चता कायम हो सके। आज तक इस सिद्धान्त को परिभाषित नहीं किया गया, लेकिन इसे लागू करने के सिलसिले में सहयोग से ज़्यादा समर्पण होता रहा। विशिष्टता के क्षेत्र से अलग ऐसे अनेक अवसर हैं, जिसके अन्तर्गत ब्रिटिश भारत एवं राज्यों के सम्बन्धों का नियमन दोनों के हितों को देखकर किया जाता रहा है। आज जब ब्रिटिश शासन का अन्त हो रहा है तो माँग उठाई जा रही है कि राज्यों को फिर से स्वतन्त्रता हासिल कर लेनी चाहिए। चूँकि विशिष्टता के सिद्धान्त के अन्तर्गत ब्रिटिश शासन के सामने समर्पण करना था, अतः इस माँग के प्रति मेरी पूरी सहानुभूति है। लेकिन मैं नहीं समझता कि हुकूमत से स्वतन्त्र होने की उनकी इच्छा ऐसी नहीं है जो भारत के समान हितों के लिए घातक हो, जो अन्ततः लोकहित एवं कल्याण की सर्वोच्चता के खिलाफ़ जाता है, जो पिछली शताब्दी में ब्रिटिश भारत एवं भारतीय राज्यों के आपसी सम्बन्धों के

लिए उपयोगी रहा है। यह इस तथ्य से जाहिर होता हैं, कि बहुसंख्यक राज्यों का प्रतिनिधित्व संविधान सभा में हो चुका है और जो अभी तक शामिल नहीं हुए है उनसे अनुरोध है कि वे शामिल हो जायें।

यह देश, इसकी संस्थाएँ इस देश में निवास करने वाले लोगों की गौरवशाली विरासत है। सिर्फ़ दुर्घटना के चलते कुछ लोग राज्यों में निवास करते हैं और कुछ लोग ब्रिटिश भारत में, लेकिन सभी इसकी संस्कृति एवं चरित्र में शामिल हैं। हम लोग सभी एक-दूसरे से खून के रिश्ते एवं भावनाओं से जुड़े हुए हैं और इसमें व्यक्तिगत हितों का भी कम स्थान नहीं है। हमें कोई टुकड़ों में नहीं बांट सकता है और न हमारे बीच कोई पार नहीं पानेवाली बाधा खड़ी कर सकता है। इसलिए मेरा सुझाव है कि हम मित्र की तरह आपस में बैठें और कानून बनायें, न कि बाहरी व्यक्ति की तरह संधि करें। मैं दोस्तों, राज्यों के शासकों, उनकी जनता को संविधान सभा परिषद् में आमंत्रित करता हूँ। वे मैत्री, सहयोग एवं मातृभूमि के प्रति समान लगाव और सबों की अच्छाई के संयुक्त प्रयास में शामिल हों। राज्यों के प्रति कांग्रेस के रुखों के बारे में बहुत ज़्यादा गलतफहमियाँ हैं। मैं इसे स्पष्ट कर देना चाहता हूँ कि कांग्रेस की इच्छा राज्यों के घरेलू मामलों में हस्तक्षेप करने की नहीं है। वे राजतन्त्रीय व्यवस्था के खिलाफ़ नहीं हैं, दूसरी ओर वे राज्यों और उनकी जनता की समृद्धि, संतोष एवं सुख की कामना करते हैं। इस विभाग द्वारा राज्यों के साथ ऐसा कोई व्यवहार नहीं किया जायेगा जो एक-दूसरे पर हुकूमत की भावना से प्रेरित हो। अगर कोई वर्चस्व होगा तो वह परस्पर हितों एवं कल्याण के लिए होगा। हमारी कोई दुष्टतापूर्ण या स्वार्थवाली नीयत नहीं है। एक-दूसरे के विचारों को समझना एवं सबों के लिए स्वीकार्य निर्णयों और देश के सर्वोत्तम हितों के लिए हमारा समान उद्देश्य होना चाहिए। इस उद्देश्य के साथ मैं इस नये विभाग के साथ जुड़कर संभावनाओं के द्वार खोलना चाहता हूँ। यह विभाग राज्यों एवं ब्रिटिश भारत दोनों की प्रतिनिधि संस्था है।

हम लोग भारतीय इतिहास के शानदार क्षणों के दर्शक हैं। समान प्रयासों से हम देश को नयी महानता की ऊँचाई तक ले जा सकते हैं, जबकि एकता का अभाव हमारे लिए नयी परेशानियाँ पैदा कर सकता है। आशा करता हूँ कि भारतीय राज्य को यह समझना चाहिए कि सहयोग का विकल्प अराजकता है और अगर हम समान हितों के लिए एक साथ कार्य न कर सके तो यह अराजकता हमें निगल जायेगी। आने वाली पीढ़ियों को यह मत कहने दीजिए कि लाभकर स्थितियों के बावजूद हम इसका उपयोग परस्पर लाभ के लिए नहीं कर सके। इस देश को दुनिया में एक सही स्थान मिले और यह शान्ति एवं समृद्धि का स्वर्ग बने, इसके लिए हम लाभकारी सम्बन्धों के जरिये एक महान विरासत छोड़ने का विशेषाधिकार प्राप्त करें।

डॉ. राजेन्द्र प्रसाद (1888-1963)

डॉ. राजेन्द्र प्रसाद का जन्म बिहार के प्रसिद्ध गाँव जीरादेई में 3 दिसम्बर, 1888 को हुआ था। उन्होंने कलकत्ता में वकालत शुरू की और काफ़ी नाम कमाया। आज़ादी के बाद वे भारत के प्रथम राष्ट्रपति बने और उस हैसियत से वे 12 वर्ष भारत के राष्ट्रपति रहे। आज़ादी की लड़ाई में उनकी जबरदस्त भागीदारी रही और भारत छोड़ो आन्दोलन के दौरान पटना की बाँकीपुर जेल में कैद कर दिये गये थे। उनकी मृत्यु पटना में ही 1963 में हुई।

9 दिसम्बर 1946 से जो संविधान-सभा कार्यरत थी उसकी कार्यवाही को 2 मई 1947 को स्थगित कर दिया गया। इसकी कार्यवाही की अगली तिथि तय करने की जिम्मेदारी अध्यक्ष की थी। स्थगित संविधान सभा की बैठक 17 जुलाई 1947 को हुई। इस ढाई महीने के दौर में युगान्तरकारी घटनाएँ घटीं। देश के बँटवारे पर सहमति हो गयी। बहुत से भारतीय राज्यों ने, जिन्होंने संविधान-सभा में अपने प्रतिनिधियों को नहीं भेजा था, उन्होंने अपने प्रतिनिधियों को भेजने का निर्णय ले लिया। मुस्लीम लीग की पाकिस्तान की माँग की स्वीकृति के बाद वे संविधान सभा में भाग लेने के लिए तैयार हो गये। पूर्व में उन्होंने बैठक में भाग लेने से इन्कार किया था। अतः सदस्यों की संख्या में अच्छी-खासी बढ़ोतरी हो गयी। गैर-पाकिस्तानी प्रदेशों से निर्वाचित मुस्लिम लीग के प्रतिनिधि और इतनी संख्या में भारतीय राज्यों के प्रतिनिधि संविधान सभा की बैठक में आ धमके। जिस समय स्थगित संविधान सभा की बैठक शुरू हुई, नये संविधान के बारे में ज़्यादा काम हो चुका था। इसके लक्ष्यों एवं उद्देश्यों को परिभाषित किया जा चुका था। बहुत-सी समितियों—जैसे, विषय समिति, राज्यों की समिति, व्यापार समिति तथा मौलिक अधिकार समिति की रिपोर्ट समर्पित की जा चुकी थी। ये तमाम कार्य संयुक्त भारत को ध्यान में रखकर किये गये थे। बँटवारे के बाद एवं पाकिस्तान बनने के बावजूद इसमें कोई खास बदलाव नहीं किया गया था। नीचे दिये गये भाषण में, संविधान सभा के अध्यक्ष के रूप में डा. राजेन्द्र प्रसाद ने किये गये कार्यों का मूल्यांकन प्रस्तुत किया और बच रहे कार्यों पर प्रकाश डाला। लेकिन अक्तूबर सत्र में संविधान को अन्तिम रूप देने की उनकी आशा पूरी नहीं हो सकी। इसे अन्तिम रूप देने एवं संविधान सभा से पारित करने में और ढाई वर्ष लग गये। 24 जनवरी 1950 को संविधान सभा का अन्तिम सत्र हुआ और इसे अन्तिम रूप से प्रस्तुत करते हुए हस्ताक्षर किये गये।

संविधान सभा की कार्यवाही

(नयी दिल्ली, 14 जुलाई, 1947)

आज हम लोग ढाई महीनों के अन्तराल के बाद बैठ रहे हैं। इस दौर में बहुत सी महत्त्वपूर्ण घटी घटनाओं का जिक्र करूँगा। इस दौर में 3 जून को महामहिम की सरकार की उद्घोषणा सबसे महत्त्वपूर्ण घटना है। इस घोषणा का भारतीय राजनीति पर बहुत गहरा प्रभाव पड़ा है। इसके परिणामस्वरूप भारत का बँटवारा हो गया है और दो प्रदेशों के बँटवारे का भी निर्णय लिया गया है। इसके परिणाम स्वरूप भारत सरकार एवं सम्बन्धित प्रदेशों के बीच बँटवारे के स्वरूप और उससे जुड़ी बातों पर बहस हो रही है। बँटवारे से जुड़े व्यावहारिक कार्यों पर भी अमल हो रहा है। इसके अलावे वर्तमान विधान सभा (संविधान सभा) की सदस्यता में भी परिवर्तन हुआ है। बंगाल एवं पंजाब का प्रतिनिधित्व करने वाले पूर्व के स्थान पर कुछ नये एवं पुराने सदस्य नये चुनाव में जीत कर आये हैं (अब इन प्रदेशों की संख्या 4 हो गयी है।) बहुत से राज्यों ने भी अपने प्रतिनिधियों को भेजा है, पूर्व में जो राज्य संविधान-सभा की बैठकों से अलग थे। अब तक संविधान-सभा की बैठकों में अनुपस्थित रहने वाले मुस्लिम लीग के सदस्य भी अब बैठकों में भाग ले रहे हैं।

संविधान-सभा ने बहुत-सी समितियों का गठन किया था। इन समितियों की रिपोर्टें अखबारों में प्रकाशित हुई हैं और इन्हें सदस्यों के पास भी भेजा गया है। अब इन तैयार रिपोर्टों को सभा-भवन के पटल पर समय-समय पर रखा जायेगा और आपको उन रिपोर्टों के बारे में समझ-बूझ कर निर्णय देना है। इनमें से एक उप-समिति को राज्यों के लिए मानक संविधान तैयार करने की जिम्मेदारी दी गयी थी। एक उप-समिति को संघीय संविधान के सम्बन्ध में सिद्धान्तों के निर्धारण एवं उसे अनुशंसित कर हमारे पास भेजने की जिम्मेदारी गयी थी। एक तीसरी समिति को भारतीय संघ (यूनियन) की शक्ति के निर्धारण के लिए और उसकी रिपोर्ट समर्पित करने के लिए कहा गया था। अब इन तीनों उप-समितियों की रिपोर्ट तैयार है। इनमें से एक रिपोर्ट को सभा-भवन के पटल पर विचारार्थ प्रस्तुत कर दिया गया है। अन्य कमिटियों की रिपोर्टों को निर्धारित समयों पर सभा-पटल पर प्रस्तुत किया जायेगा और सभा उस पर विचार-विमर्श के जरिये इस सत्र के दौरान निर्णय लेगा। मेरा सुझाव है कि आप इस पर अपनी सहमति दें और जब सभा रिपोर्टों को स्वीकार कर ले तो कुछ लोगों को विस्तार से संविधान के मसौदे की तैयारी की जिम्मेदारी देनी चाहिए और इस मसौदे को ध्यान से पढ़ने तथा इस सभा के सामने मतों को रखने के लिए एक कमिटी बनाई जानी चाहिए। इसके बाद इस मसौदे को सभा-भवन के पटल पर विस्तार से विचार-विमर्श करने एवं इसे स्वीकृति प्रदान करने के लिए रखा जायेगा। और इस तरह से संविधान को अन्तिम रूप दिया जायेगा।

एक सुझाव-कमिटी के नाम से भी एक कमिटी गठित की गयी, जिसने अभी तक अपना कार्य

पूरा नहीं किया है। इसने निम्नलिखित उप-समितियों का गठन किया है–(1) अल्पसंख्यक उप-समिति तथा मौलिक अधिकार उप-समिति, आदिवासी एवं वंचित क्षेत्र-समिति जो पहले वाली कमिटी के अन्तर्गत आती है। इनमें से एक समिति ने अपनी रिपोर्ट जमा कर दी है, लेकिन अन्य दो समितियों की रिपोर्ट अभी तैयार नहीं है। मुझे आशा है कि इन दो समितियों की रिपोर्ट भी जल्द ही समर्पित की जायेगी और जब संविधान का मसौदा तैयार किया जाता है तो इनको उसमें शामिल कर लिया जायेगा और जब संविधान को अन्तिम तौर पर स्वीकृति मिलेगी तो वह अपने आप में पूर्ण होगा।

आशा करता हूँ कि अगर ये कार्य सही ढंग से पूरे कर लिए गये तो हम लोग संविधान-सभा की अक्तूबर में होने वाली बैठक में अन्तिम तौर पर संविधान को पारित करने की स्थिति में होंगे। मैं चाहता हूँ कि संविधान-सभा के कार्य की गति जाय और प्रस्तावित भारतीय स्वाधीनता विधेयक के अनुसार, यह संविधान-सभा, विधान-सभा के रूप में भी कार्य करेगी। विधान-सभा (संसद) के सामने बहुत सारे कार्य अभी रुके पड़े हैं, उन पर भी विचार करने की ज़रूरत है। और उसके बाद बजट-सत्र भी होना बाकी है। अतः अगर हम संविधान-सभा के कार्य को जल्दी से जल्दी खत्म कर दें तो विधान-सभा का कार्य अपने हाथ में ले सकते हैं। पूरे विचार-विमर्श के बाद सभी बातों पर निर्णय लिया जाना चाहिए। बिना सोचे-समझे जल्दी से जल्दी काम पूरा करना चाहे, यह बुरा हो या अच्छा, ठीक नहीं होता है। दूसरी ओर आपको तमाम विषयों पर उतना समय देना चाहिए, जितना जरूरी हो। लेकिन अगर आप ध्यान रखेंगे कि हमें यह कार्य पूरा करना है, विधान-सभा के दूसरे कार्यों को पूरा करना है तो हमें जल्दी से जल्दी अपना कार्य पूरा कर लेना चाहिए। मैं आज यहाँ उपस्थित सभी नये सदस्यों का स्वागत करता हूँ। मुझे आशा है कि हम लोग मिलकर संविधान-सभा के कार्य को जितना जल्दी हो, पूरा कर लेंगे और एक ऐसा संविधान देंगे, जिस पर सबकी सहमति हो और जो सबको स्वीकार्य हो।

सर्वपल्ली डॉ. राधाकृष्णन (1888-1975)

सर्वपल्ली डॉ. राधाकृष्णन का जन्म 5 सितंबर, 1888 को मद्रास प्रेसीडेंसी में हुआ था एवं उनकी मृत्यु 1975 में हुई। वे 1952 से 1962 तक भारत के प्रथम उपराष्ट्रपति रहे एवं 1962 से 1967 तक राष्ट्रपति रहे। वे भारत के जानेमाने विद्वान एवं दार्शनिक थे। वे आक्सफोर्ड के प्रोफेसर, कलकत्ता विश्वविद्यालय के प्रोफेसर, एवं बनारस हिन्दू विश्वविद्यालय के भी कुलपति रहे। दर्शन के क्षेत्र में उन्हें विश्व में एक स्थान प्राप्त है। उन्हें भारतरत्न की उपाधि प्राप्त हुई थी। वे एक प्रसिद्ध गुरु और शिक्षक थे, जिनके नाम पर आज भी भारत में उनके जन्मदिन को 'शिक्षक दिवस' मनाया जाता है।

डॉ. राधाकृष्णन के इस भाषण के बारे में बहुत कम जानकारी वाला एक रोचक तथ्य है। नेहरू ने राधाकृष्णन से 19 अगस्त की रात में अपने भाषण के बाद संविधान सभा में बोलने का आग्रह किया था। आग्रह के बाद एक निर्देश भी आया नेहरू ने राधाकृष्णन से कहा कि वे मध्यरात्रि तक बोलें जिससे संविधान सभा के सदस्य उसके बाद सीधे शपथ लेने के लिए जाएँ। अतः राधाकृष्णन का जीवनवृत्त लिखने वाले लेखक ने उन्हें समयबद्ध भाषणकर्त्ता के रूप में चित्रित किया है जो भाषण के क्रम में ठीक समय पर दूसरे भाषणकर्त्ता को जगह दे सकते थे। राधाकृष्णन ने ठीक निर्धारित समय पर अपना भाषण समाप्त किया, जिससे नेहरू संविधान सभा के सदस्यों को शपथ दिला सकें। नेहरू एवं राधाकृष्णन दोनों का जीवनवृत्त लिखने वाले इतिहासकार एस. गोपाल (सर्वपल्ली गोपाल) ने इस घटना का जिक्र करते हुए इसे दो महारथियों द्वारा किया गया व्यावहारिक कला का अद्वितीय उदाहरण बताया है।

स्वतन्त्रता का आगमन

(नयी दिल्ली, अगस्त, 1947)

अध्यक्ष महोदय, पं. नेहरू एवं महाशय खलीकुज्जमा द्वारा इतने अच्छे ढंग से पेश एवं समर्पित प्रस्ताव पर ज़्यादा बोलना नहीं चाहता हूँ। आज की तिथि में एक साथ इतिहास एवं किंवदंती साकार हो रहा है। यह हमारे बढ़ते जनतन्त्र का मील का पत्थर है। भारतीय जनता के नाटकीय दिवस का यह महत्त्वपूर्ण दिन है जो अपने पुनर्निर्माण एवं बदलाव की कोशिश कर रही है। लम्बी रात की प्रतीक्षा के बाद जिसमें लगातार स्वाधीनता के लिए मौन प्रार्थनाएँ एवं सौ भाग्य की कल्पना की गयी है, जब भूख और मृत्यु का भूत हमारा पीछा कर रहा है, हमारे रखवालों ने सतर्कता बरती, प्रकाश को बनाए रखा। अब सुबह का प्रकाश फैल रहा है और हम भारी उत्साह के साथ इसका स्वागत कर रहे हैं तो यह हमारे लिए अत्यन्त ही आनंद का समय है। यह हमें गरिमामय एवं व्यवस्थित ढंग से सौंपा जा रहा है, यह और भी आनन्द की बात है।

हाउस ऑफ कॉमन्स में गर्व के साथ बोलते हुए महाशय एटली ने कहा कि एक मज़बूत साम्राज्यवादी देश द्वारा बलपूर्वक कठोरता से शासित जनता को सत्ता का हस्तांतरण दुनिया का पहला सबसे बड़ा उदाहरण है। उदाहरण के तौर पर उन्होंने ब्रिटिश सेना के दक्षिणी अफ्रीका से वापस हटने का उदाहरण दिया। लेकिन इस घटना की तुलना भारत से ब्रिटिश सत्ता के अवसान की विशालता एवं परिस्थितयों से नहीं की जा सकती है। जब हम देखते हैं कि डच लोग इण्डोनेशिया के साथ क्या कर रहे हैं, हम देख रहे हैं कि फ्रांसीसी कब्जावर बने हुए हैं, उस परिस्थिति में हम ब्रिटिश जनता के साहस एवं राजनीतिक सदस्यता के लिए हम उनकी प्रशंसा किये बगैर नहीं रह सकते हैं। (हर्षध्वनि)

हमने अपनी तरफ से भी विश्व इतिहास में एक नया अध्याय जोड़ा है। आप इतिहास की ओर देखिये, किस तरह परतन्त्रता के अधीन लोगों ने अपनी स्वतन्त्रता हासिल की। कैसे वाशिंगटन, नेपोलियन, क्रामवेल, लेनिन, हिटलर, मुसोलनी सत्ताशीन हुए। यहाँ इस भूमि में एक ऐसे मनुष्य के नेतृत्व में, जो शायद इतिहास में हमारे युग के सबसे महान व्यक्ति जाने जायेंगे, क्रोध का मुकाबला धैर्य के साथ किया गया है, नौकरशाही आतंक का मुकाबला शान्ति के जज्बे तथा सभ्य तरीकों से किया गया है। सत्ता का हस्तांतरण बहुत ही व्यवस्थित तथा बगैर किसी कटुता के साथ किया जा रहा है। हम लार्ड माउन्टवबेटेन को भारत का बड़ा लाट नियुक्त कर रहे हैं। यह साबित करता है कि सत्ता का हस्तांतरण किस तरह की समझ एवं मित्रतापूर्ण माहौल में हो रहा है। (हर्षध्वनि)

अध्यक्ष महोदय, आपने हमारे आनन्द की घड़ियों में उदासी एवं दुख के बादलों के घिरने की चर्चा की है। क्या मैं कह सकता हूँ कि अगर पूरी तौर पर नहीं, लेकिन कुछ हद तक इस स्थिति के लिए हम खुद जिम्मेदार हैं। सन 1600 से अंग्रेज़ हमारे देश में पुरोहित और नन, व्यापारी एवं

राजनयिक एवं राजनेता, धर्मप्रचारक एवं आदर्शवादी के रूप में आये। उन्होंने खरीदा और बेचा, पैदल चले और लड़ाइयाँ लड़ीं, साजिशें कीं और लाभान्वित हुए। सहायता की और घावों को भरने का काम किया। उनके बीच जो महानतम लोग थे, उन्होंने इस देश को आधुनिक बनाने तथा इसके बौद्धिक एवं नैतिक पैमाने को ऊँचा उठाकर इसके राजनीतिक स्तर को ऊँचा उठाना चाहा। वे पूरी जनता के पुनर्जीवन के लिए काम करना चाहते थे लेकिन उनके बीच का छोटा हिस्सा शत्रुतापूर्ण उद्देश्यों के लिए काम करता था। उन्होंने देश के अन्दर एकता को तोड़ने की कोशिश की। इसे ग़रीब, कमजोर तथा विभाजनकारी बनाया। उनके पास आज भी मौका बचा हुआ था। हम आज जो स्वतन्त्रता हासिल कर रहे हैं, वह ब्रिटिश प्रशासकों के बीच इसी दोहरी प्रवृत्ति की विजय है। एक तरफ भारत स्वाधीनता हासिल कर रहा है, लेकिन यह स्वाधीनता जिस तरह से हासिल हो रही है, उससे जनता के हृदयों में उल्लास एवं चेहरों पर मुस्कुराहटों की लालिमा दिखाई नहीं पड़ती है। कुछ वैसे लोग जिन्हें इस देश को चलाने की प्रशासनिक जिम्मेदारी दी गयी थी, उन्होंने साम्प्रदायिक चेतना को मज़बूत करने की कोशिश की, जिसके चलते आज यह परिणाम हुआ है, जो ब्रिटेन के निम्नस्तरीय सोच वोले लोगों के द्वारा पारित नीतियों की तार्किक परिणति है। लेकिन इसके लिए मैं उन्हें दोष नहीं दूँगा। क्या हम लोग इस पीड़ा को भोगने के लिए तैयार नहीं थे, दूसरे शब्दों में कहा जाय तो जिन अलगाववादी प्रवृत्तियों को हमारे ऊपर थोपा गया, क्या हम लोग उसके लिए तैयार नहीं थे? क्या हमें अपने राष्ट्रीय चरित्र की कमजोरियों को दुरुस्त करने की ज़रूरत नहीं है, हमारी घरेलू तानाशाही, हमारी असहनशीलता जिसने अन्धविश्वासपूर्ण कट्टरता तथा संकीर्णतापूर्ण जड़ता का रूप अख्तियार कर लिया है। चूँकि ये कमजोरियाँ हमारे अन्दर मौजूद थीं। इसीलिए दूसरों ने इसका इश्तेमाल किया अतः आज मैं इस अवसर का उपयोग आत्म-परीक्षण और हृदय में झाँकने के लिए करना चाहता हूँ। हमने सफलता हासिल की है, लेकिन यह सफलता हमारी इच्छा के अनुरूप नहीं है और अगर यह हमारी इच्छानुसार नहीं है तो इसकी जिम्मेदारी हमारी है। और आज अगर हम शपथ लेते हैं कि हमें अपने देश की सेवा करनी है तो हम अपने देश की सेवा इन मौलिक कमज़ोरियों को दूर करके ही कर सकते हैं। जिन कमजोरियों ने हमें स्वतन्त्र एवं संयुक्त भारत के उद्देश्यों को साकार होने से रोका है। आज जबकि भारत विभाजित है, हमारा कर्तव्य है कि हम क्रोधपूर्ण शब्दों का इस्तेमाल न करें। इससे हम कहीं नहीं पहुँच पायेंगे। हमें जज्बातों पर काबू रखना होगा, क्योंकि बुद्धिमत्ता एवं जज़्बात साथ-साथ नहीं चलते हैं। राजनीति का शरीर विभाजित हुआ है, लेकिन ऐतिहासिक शरीर जिन्दा है। राजनीतिक एवं शारीरिक विभाजन बाहरी विभाजन है लेकिन मनोवैज्ञानिक विभाजन ज़्यादा गहरा होता है। सांस्कृतिक दुर्भावनाएँ ज़्यादा खतरनाक हैं। हमें इसे आगे बढ़ने का मौका नहीं देना चाहिए। हमें उन सांस्कृतिक बंधनों, आध्यात्मिक सम्बन्ध को बरकरार रखना चाहिए जिसने हमारी जनता को एक सम्पूर्ण आंगिक एकता के रूप में जोड़कर रखा है। धैर्यपूर्वक बातों को सुनना, शिक्षित करने की प्रक्रिया का धीरे-धीरे विस्तार, एक-दूसरे की आवश्यकताओं के प्रति समझौतावादी रुख, वैसे विचारों की खोज जो दोनों देशों के संचार, रक्षा, विदेशी मामलों में एक जैसे हों, ये ऐसी बातें हैं जिन्हें हमें दिन-प्रतिदिन के काम-काज एवं प्रशासन में आगे बढ़ाने की इज़ाजत दी जानी चाहिए। इस तरह के रुखों को विकसित करके ही एक-दूसरे के नजदीक पहुँच सकते हैं तथा देश की खोई हुई एकता को हासिल कर सकते हैं।

हमारे सामने अपार संभावनाएँ हैं, लेकिन मैं सावधान करना चाहता हूँ कि जब शक्ति हमारी क्षमता से आगे बढ़ जाती है तो हम बुरे दौर में फँस जायेंगे। हमें अपनी क्षमता और योग्यता को

विकसित करना होगा जिससे हमारे सामने जो संभावनाएँ पैदा हुई हैं, उनका उपयोग कर सकें। कल की सुबह से या आज की मध्य रात्रि से हम ब्रिटेनवासियों को दोषी नहीं ठहरा सकते हैं। अब हम जो कुछ भी कर रहे हैं, उसकी जिम्मेदारी खुद अपने ऊपर लेनी चाहिए। एक स्वतन्त्र भारत की जाँच इस आधार पर होगी कि वह अपने आम आदमी को भोजन, कपड़ा, आवास एवं सामाजिक सेवा किस तरह प्रदान कर रहा है। अगर हम उच्च स्तरों पर फैले भ्रष्टाचार, भाई-भतीजावाद, सत्ता के प्रति प्रेम, मुनाफा एवं काले धंधे को समाप्त नहीं करें जिसने हाल के दिनों में हमारे महान देश के नाम पर कालिख पोती है, तब तक हम प्रशासन के साथ-साथ आवश्यक सामानों एवं सेवाओं के उत्पादन एवं वितरण में कार्यकुशलता का मानदंड निर्धारित नहीं कर सकेंगे।

पं. जवाहरलाल नेहरू ने, पूरे विश्व में शान्ति एवं मानव कल्याण के कार्यों में भारत किस तरह योगदान करेगा, इसकी चर्चा की है। हमारे राष्ट्रीय झंडे में जो 'अशोक चक्र' है, वह हमें महान विचार का सन्देश देता है। हमारे सबसे बड़े सम्राट अशोक जिसके बारे में एच.जी. वेल्स ने कहा है कि महामहिम अलौकिक, आभायुक्त, समुद्र की तरह शान्त, विशाल, इन तमाम गुणों से अलग तमाम राजे-महाराजों के बीच अशोक महान एक चमकते तारे की तरह हैं। उन्होंने पत्थरों में उकेर कर संघर्षों को समाप्त करने का सन्देश दिया। अगर आपस में विवाद है तो उसे हल करने का एक ही तरीका सहमति कायम करना है। दूसरा कोई तरीका हमारे सामने नहीं है।

हम भाग्यशाली हैं कि हमारे नेता विश्व नागरिक हैं, वे मूलतः मानवतावादी हैं। मानव गतिविधियों में तमाम तरह की शत्रुतापूर्ण कार्रवाइयों एवं नीचतापूर्ण परिस्थितियों के बावजूद, उनके अन्दर जीवंत आशावाद एवं मज़बूत अच्छी सोच है। हम लोगों ने अभी तत्काल देखा कि उनके विभाग ने इण्डोनेशिया के झगड़े में किस तरह सक्रिय रूप से हस्तक्षेप किया। (करतल-ध्वनि) इससे पता चलता है कि अगर भारत स्वतन्त्रता प्राप्त करता है, तो इस स्वतन्त्रता का उपयोग सिर्फ़ भारतीयों के अच्छे जीवन के लिए ही नहीं बल्कि विश्वकल्याण के लिए होगा। इसका मतलब है विश्वशान्ति एवं मानवकल्याण।

हमारी शपथ हमें बताती है कि हमारा प्राचीन देश अपना सही एवं सम्मानजनक स्थान हासिल करेगा। हम इस देश की प्राचीनता के प्रति गर्व करते हैं, यह ऐसी धरती है जिसका इतिहास चार-पाँच हजार वर्षों पुराना है। यह अनेक कठिनाइयों को पार करता हुआ अपने पुराने आदर्शों के प्रति आज भी प्रतिबद्ध है। सभ्यता एक आध्यात्मिक चीज है, यह सिर्फ़ बाहरी एवं मशीनी चीज नहीं है। यह मनुष्य के हृदय का सपना है। यह मनुष्य की आत्मा की आन्तरिक इच्छा है। यह मानव जीवन की कल्पनाशील व्याख्या है और मानव अस्तित्व के रहस्य की सोच है। इसी सभ्यता के प्रति हम प्रतिबद्ध हैं। हमें युगों से जिन आदर्शों को हस्तान्तरिक किया गया है, हमें उसे याद रखना चाहिए। इतिहास के इस महान समय में हमें ईश्वर के सामने बड़ी नम्रता से झुकना चाहिए। इस सर्वोच्च जिम्मेदारी को उठाने के लिए तैयार रहना चाहिए जिसका हमें सामना करना पड़ रहा है और हमें उसी तरह व्यवहार करना चाहिए जो युगों से हमारा गुण रहा है। अगर हम ऐसा करते हैं, मुझे ऐसी कोई शंका नहीं है कि भविष्य में यह देश उतना ही महान होगा जितना महान इसका अतीत था।

सर्वभूता दिशा मात्मनम सर्वभूतानी कात्यनी
समपश्चम आत्म्यानीवै स्वराज्यम अभिगच्छति

स्वराज्य एक ऐसे सहनशील प्रकृति का विकास है जो अपने मानव भाइयों में ईश्वर का रूप देखता है। असहनशीलता हमारे विकास की सबसे बड़ी दुश्मन है। एक-दूसरे के विचारों के प्रति सहनशीलता, एकमात्र स्वीकार्य रास्ता है। अतः मैं बहुत आनन्द के साथ इस प्रस्ताव का समर्थन

करता हूँ जो हम भारतीय जन, प्रतिनिधियों को पूरी नम्रता से काम करने की हिदायत देता है और इसी नम्रता से पता चलता है कि हम बहुत गैर-महत्त्वपूर्ण है। सिर्फ़ हमारा अपना प्रयास ही हमें दूर तक नहीं ले जायेगा। हमें सिर्फ़ अपने पर निर्भर रहने के साथ-साथ उस (ईश्वर) पर भी निर्भर रहना चाहिए। नम्रता का अर्थ गैर-महत्त्वपूर्ण होता है।

व्यक्ति से ज़्यादा ये उद्देश्य उस सेवा के प्रति है जिसे पूरा करने के लिए हमें सौंपा गया है। अतः नम्रता के साथ और प्रतिबद्धता के ज़्बे के साथ, जैसे ही घड़ी 12 पर चोट करें, हमें शपथ ग्रहण करनी चाहिए।

सी. राजगोपालाचारी (1878-1972)

चक्रवर्त्ती राजगोपालाचारी (राजाजी) का जन्म 10 दिसम्बर, 1878 को हुआ था। बंगाल, मद्रास में शिक्षा-दीक्षा हुई। वकालत की डिग्री हासिल की, 1907 के सूरत में आयोजित कांग्रेस सम्मेलन में शामिल हुए। असहयोग आन्दोलन (1920) में शामिल हुए, नमक सत्याग्रह (1930), मद्रास प्रेसीडेंसी के प्रधानमन्त्री (1937-1939), अन्तरिम सरकार में शामिल हुए (1946), पश्चिम बंगाल के राज्यपाल (1947), गवर्नर जनरल (1948-50), मद्रास के मुख्यमन्त्री (1952-54), भारतरत्न (1954), कांग्रेस की समाजवादी नीतियों का विरोध और स्वतन्त्र पार्टी की स्थापना (1959)। किताबें लिखीं—मार्कुस अर्लियस, भगवद्गीता, उपनिषद्, रामायण और महाभारत पर आधारित कई पुस्तकें। 25 दिसम्बर 1972 को देहावसान।

पश्चिम बंगाल के राज्यपाल के रूप में 15 अगस्त 1947 को अर्थात आज़ादी के पहले दिन दिया गया उनका भाषण यहाँ प्रस्तुत है।

हमारी स्वाधीनता

(पश्चिम बंगाल विधानसभा में दिया गया भाषण, 15 अगस्त, 1947)

आज के दिन से भारत के लोगों को अपना भाग्य सँवारने का पूरा अधिकार मिल गया है। इस अवसर पर सबसे पहले हम उन लोगों को श्रद्धांजलि अर्पित करें जिन्होंने वर्षों तक अपनी आकांक्षाओं, आन्दोलनों एवं संघर्षों के जरिये स्वाधीनता की प्राप्ति के लिए कार्य किया। आज अपने श्रम के परिणामों को देखने के लिए वे हमारे बीच सशरीर मौजूद नहीं हैं। स्वतन्त्रता के साथ अगर बँटवारा नहीं होता तो हम आज सम्पूर्ण आनन्द का उपभोग कर रहे होते। हमें आशा करनी चाहिए कि जिन कारणों से आज़ादी के लिए बँटवारा आवश्यक हो गया, समय के साथ वे कारण समाप्त हो जायेंगे और दो स्वतन्त्र राज्य फिर एक साथ एक संघ के अन्तर्गत आ जायेंगे।

अभी संविधान-सभा में जिस संविधान पर चर्चा हो रही है, वह जब लागू हो जायेगा तो आपके राज्य का राज्यपाल आपके प्रदेश का चुना हुआ व्यक्ति होगा। तब तक सरकार 1935 में बने कानून के अन्तर्गत कार्य करती रहेगी। इसके कार्य में एक महत्त्वपूर्ण बदलाव होगा, जिसके अन्तर्गत किसी भी सवाल पर राज्यपाल विधानसभा के प्रति उत्तरदायी मंत्रियों की सलाह के बिना कोई काम नहीं करेगा।

विधानसभा के सदस्य के नाते सरकार की नीतियों को आकार देने का कार्य अब आपके हाथों में है। जब तक वे आपका विश्वास कायम रखेंगे, तब तक प्रधानमन्त्री और उनके सहयोगी प्रदेश के शासन की पूरी जिम्मेदारी सँभालेंगे। हालाँकि मैं हमेशा अपने विचार और अनुभवों के आधार पर उनकी सहायता करने के लिए उपस्थित रहूँगा।

मुझे बंगाल का राज्यपाल नियुक्त किया गया है और मैं गीता के उपदेश के आधार पर बंगाल की सेवा करना चाहता हूँ। जिस किसी के ऊपर मन के लायक या विपरीत ज़िम्मेदारी थोपी जाती है उसे स्वीकार करना चाहिए और अपनी पूरी क्षमता के साथ उसे करना चाहिए। आपकी सहायता एवं सद्इच्छा के आधार पर मैं आपके लिए उपयोगी हो सकता हूँ। साम्राज्यवाद एवं विदेशी हुकूमत के खिलाफ़ हमारी लड़ाई समाप्त हो चुकी है। लेकिन पुनर्निर्माण का पहाड़ हमारे सामने मौजूद है। बड़े पैमाने पर फैले भ्रष्टाचार और पागलपन से भरी हिंसा का हमें सामना करना पड़ रहा है। स्वाधीनता अपने आप में कुछ नहीं बल्कि एक अवसर है। यह एक बड़ा अवसर साबित होगा, अगर हम पूरी ज़िम्मेदारी से विकास करते हैं और कठिन कार्य करने का निर्णय लेते हैं। बाकी दुनिया हमारे प्रयासों को आशापूर्ण निगाहों से देख रही है, क्योंकि पूरी दुनिया को भारत की संस्कृति, उसके संसाधनों तथा उसकी जनता की महानता और चरित्र के बारे में मत बहुत ऊँचा है। इस दुनिया में कोई भी चीज पूरी तरह सही नहीं है और ब्रिटिश सत्ता की वापसी के बाद जिस व्यवस्था को बनाया गया है, वह

तुरन्त सही नहीं हो सकता है। बहुत-सी कठिनाइयाँ हैं जिन्हें सावधानी एवं धैर्यपूर्वक ठीक किया जा सकता है, उनका समाधान खोजा जा सकता है। जब हम विदेशी शासन के खिलाफ़ संघर्ष कर रहे थे, उस समय की ज़रूरत के अनुसार हिंसा या बाधा खड़ी करने के तरीके या सीधी कार्रवाई करना न्यायपूर्ण था, लेकिन जब जनता के हाथ में सत्ता आ गयी है और जो लोग संविधान का निर्माण कर रहे हैं और उसमें संशोधन कर रहे हैं, वैसे समय में इन कार्रवाइयों के लिए कोई जगह नहीं है।

भारत के बहुसंख्यक समुदाय की जिम्मेदारी है कि वे अल्पसंख्यकों के सभी कानूनी हितों की हिफाजत करें और उनके बीच सम्पूर्ण सुरक्षा बोध एवं विश्वास का माहौल तैयार करें और इस माहौल को बरकरार रखें। हाल की घटनाओं ने वातावरण को जहरीला बना दिया है और इससे जो भावनाओं को चोट पहुँची है, वह पहले कभी भी देखी-सुनी नहीं गयी। लेकिन विद्वेष एवं अन्धी और अन्यायपूर्ण हिंसा से किसी को कुछ मिलने वाला नहीं है। यहाँ तक कि अगर हम उन्माद की अवस्था में इस तरह के कार्यों से संतोष प्राप्त करते हैं तो आनेवाली पीढ़ीयों को सूद सहित इसका भुगतान करना होगा। पूरी दुनिया के लोग अपने अनुभवों के जरिये इसी निष्कर्ष तक पहुँचे हैं कि हमें क्षमा करना और भूल जाने की बात करनी चाहिए और हिंसा के रास्ते का परित्याग करना चाहिए अगर हम दुनिया में खुशी एवं विकास देखना चाहते हैं।

तात्कालिक तौर पर हमें सक्षम एवं ईमानदार प्रशासन की ज़रूरत है और उसके भी पहले हमें कानून व्यवस्था को फिर से लागू करने एवं उसे स्थायित्व प्रदान करने की ज़रूरत है। बंगाल सहित भारत के राज्यों को सभी मामलों में स्वतन्त्र बनाने के लिए हम आगे बढ़ें, यही हम आपके साथ मिलकर प्रार्थना करना चाहते है। उसी तरफ हमें अपनी ऊर्जा लगानी चाहिए। अगर मैं इस सिलसिले में अपनी नम्र भूमिका निभा सकूँ तो यह मेरे जीवन की सांध्य बेला में गौरव की बात होगी।

जवाहरलाल नेहरू (1889-1964)

पं. जवाहरलाल नेहरू का जन्म 14 नवम्बर, 1889 को इलाहाबाद में हुआ था। वे प्रसिद्ध बैरिस्टर पंडित मोतीलाल नेहरू के पुत्र थे, जिनका परिवार कश्मीर से घूमते-फिरते इलाहाबाद में बस गया। उनके पिता मोतीलाल नेहरू भारत के प्रसिद्ध वकील थे, साथ ही साथ भारतीय राष्ट्रीय आन्दोलन में भी वे सक्रिय थे। नेहरू ने भी ट्रिनिटि कॉलेज कैम्ब्रिज से स्नातक एवं इनर टेम्पुल लंदन से बैरिस्टर की परीक्षा पास की। भारत लौटने पर उन्होंने इलाहाबाद उच्च न्यायालय में वकालत की शुरू की। स्वाधीनता आन्दोलन में वे 20-25 वर्ष की उम्र में ही कूद पड़े। 1920 में वे कांग्रेस में वामपंथी नेताओं के सम्पर्क में रहे। गाँधीजी ने उन्हें अपना पूरा समर्थन दिया और वे 1929 में कांग्रेस अध्यक्ष निर्वाचित हुए। इसी सम्मेलन में पूर्ण स्वराज्य की घोषणा उनके द्वारा की गयी। आगे चलकर वे कई बार जेल गये और 1942 के अगस्त क्रान्ति में उन्होंने अग्रणी भूमिका अदा की। स्वतन्त्रता के बाद वे भारत के प्रथम प्रधानमन्त्री बने।

भारत के प्रधानमन्त्री के रूप में स्वाधीनता के अवसर पर अर्द्धरात्रि में दिया गया भाषण, अगस्त, 1947 का प्रस्तुत है।

स्वतन्त्रता का स्वागत

(अगस्त 1947)

वर्षों पहले हमने भाग्य के साथ सौदा किया था, आज उस प्रतिज्ञा को पूरा करने का समय आ गया है। अगर पूरी तौर पर या सभी वादों को नहीं, लेकिन अधिकतम वादों को।

मध्य रात्रि की जब घंटी बजेगी, जब पूरी दुनिया सोई रहेगी, भारत अपनी ज़िन्दगी एवं स्वतन्त्रता के साथ जाग उठेगा। कुछ क्षण ऐसे आते हैं और इतिहास में ऐसे क्षण बिरले ही आते हैं, जब हम पुरतनता को छोड़कर नयी दुनिया में प्रवेश करते हैं। यह एक युग का अन्त होता है और तब राष्ट्र की लम्बे समय तक दबा रखी गयी आत्मा की भाषा फूट पड़ती है। ऐसे भावपूर्ण क्षणों में हमारे द्वारा भारत एवं यहाँ की जनता के प्रति समर्पण तथा उससे भी बड़े मानवता के हितों के लिए संकल्प लेना, एकदम सही कदम है।

इतिहास की शुरुआत से भारत शताब्दियों से अनजाने रास्तों पर कभी समाप्त नहीं होने वाली खोज पर निकल पड़ा। इन प्रयासों में उसकी सफलताओं एवं विफलताओं की बड़ी-बड़ी कहानियाँ भरी पड़ी हैं। अपने अच्छे एवं बुरे भाग्यों के बीच उसने कभी खोज करने की प्रवृत्ति से मुँह नहीं मोड़ा तथा और न तो उन आदर्शों को छोड़ा जिसने उसे मजबूती प्रदान की है। आज हमारे दुर्दिनों के एक दौर का अन्त हुआ है और भारत ने फिर से अपनी खोज कर ली है।

आज हम जिन सफलताओं का जश्न मना रहे हैं, यह मात्र एक आगे बढ़ा हुआ कदम है, यह आगे आनेवाले अवसरों का दरवाजा है। बड़े-बड़े विजय एवं सफलताएँ हमारी प्रतीक्षा कर रही हैं। क्या हम इस अवसर को ठीक से समझने एवं भविष्य की चुनौतियों को स्वीकार करने के लिए पर्याप्त रूप से साहसी एवं बुद्धिमान हैं? स्वतन्त्रता एवं सत्ता जिम्मेदारी का बोझ डालती है। वह जिम्मेदारी इस सभा के जिम्मे है जो एक सम्प्रभु संस्था है और सम्प्रभु भारत का प्रतिनिधित्व करता है। स्वतन्त्रता के जन्म के पहले हम लोगों ने तमाम प्रसव वेदना को बर्दाश्त किया है और हम बहुत भारी हृदय से उन दुखों को याद करते हैं। वे कुछ दर्द आज भी जारी हैं। फिर भी अतीत बीत चुका है और भविष्य हमारा आह्वान कर रहा है।

भविष्य आसान नहीं है, और हमारे पास सोने का समय नहीं है। हमें लगातार प्रयास करना होगा जिससे हम उन प्रतिज्ञाओं को पूरा कर सकें जो हमने समय-समय पर लिया है और उसको भी, जो आज हम लेने जा रहे हैं। भारत की सेवा का अर्थ उन करोड़ों लोगों की सेवा है जो पीड़ा भोग रहे हैं। इसका अर्थ है ग़रीबी और अज्ञानता, रोग और अवसर की असमानता का खात्मा हमारी पीढ़ी के सबसे बड़े मानव की एक ही इच्छा रही है कि सभी की आँखों के आँसुओं को पोंछ डालना यह हमारी ताकत के बाहर की बात हो सकती है, लेकिन जब तक आँसू हैं, पीड़ा है, तब तक हमारा

काम समाप्त नहीं होगा।

अतः हमें श्रम करना होगा और कठिन श्रम करना होगा, जिससे हम अपने स्वप्नों को साकार कर सकें। ये स्वप्न भारत के लिए हैं, लेकिन ये पूरे विश्व के लिए भी हैं, क्योंकि आज सभी राष्ट्र और उसकी जनता एक-दूसरे के साथ नजदीकी सम्बन्धों में जुड़े हुए हैं। आज कोई एक-दूसरे से अलग रहने की कल्पना नहीं कर सकता है। ऐसा कहा जाता है कि शान्ति का बँटवारा नहीं हो सकता है। यही बात स्वतन्त्रता, समृद्धि और विनाशकारी घटनाओं के साथ है। इस विश्व को टुकड़ों में नहीं बाँटा जा सकता है। हम भारत की जनता को, जिनके हम प्रतिनिधि हैं, उनका आह्वान करते हैं कि वे इस महान अभियान में विश्वास और इच्छाशक्ति के साथ शामिल हों। यह समय छोटी एवं विध्वंसात्मक आलोचनाओं का नहीं है और न तो यह समय किसी के प्रति नफरत या तोहमत लगाने का है। हमें स्वतन्त्र भारत के एक नैतिक विशाल महल का निर्माण करना चाहिए, जिसमें इसके सभी बच्चे रह सकें।

मुहम्मद अली जिन्ना (1876-1948)

मोहम्मद अली जिन्ना एक सर्वविदित नाम है, जिनके नेतृत्व में पाकिस्तान का निर्माण हुआ। राजनीति के अपने शुरुआती दिनों में वे कांग्रेस और गाँधीजी के समर्थक थे। किन्तु 1940 के बाद उन्होंने अपना विचार बदला और वे भारत विभाजन के समर्थक बन गये। 1906 से 1920 तक भारतीय राष्ट्रीय कांग्रेस के सदस्य रहे, 1913 से 1947 तक ऑल इंडिया मुस्लिम लीग के सदस्य हो गये। उनका जन्म 25 दिसम्बर, 1876 में हुआ था और उनकी मृत्यु पाकिस्तान के गर्वनर जनरल के रूप में 1948 में हुई। शिक्षा के क्षेत्र में उन्होंने लंदन से बॉर एट लॉ की डिग्री ली। 1916 में लखनऊ पैक्ट के वक्त वे हिन्दू मुस्लिम एकता के कट्टर समर्थक नेता थे। 1940 के बाद वे इस विचार के हो गये कि भारतीय मुसलमानों को एक अलग राज्य की ज़रूरत है। द्वितीय विश्वयुद्ध के वक्त जब कांग्रेस के अधिक नेता गिरफ्तार कर लिए गये थे, लीग के नेताओं को अपनी बात को मजबूती के साथ रखने का मौका मिला। अन्त में कांग्रेस और मुस्लिम लीग आज़ादी के वक्त संयुक्त भारत के प्रस्ताव पर सहमत न हुईं और देश का विभाजन हिन्दुस्तान और पाकिस्तान के रूप में हो गया। भारत एक धर्मनिरपेक्ष राष्ट्र बना, किन्तु जिन्ना पाकिस्तान को धर्मनिरपेक्ष राज्य न बना सके।

मुहम्मद अली जिन्ना ने पाकिस्तान के संविधान सभा की पहली बैठक में धर्मनिरपेक्ष होने की चर्चा की थी। 2005 में कराँची में लालकृष्ण आडवानी ने इसी भाषण की प्रशंसा की थी।

पाकिस्तान की संविधान सभा की पहली बैठक

(कराची, अगस्त 1947)

अध्यक्ष महोदय, देवियो सज्जनो,

मैं आप सब लोगों को, मुझे सम्मानित करने, मुझे राष्ट्रपति के रूप में निर्वाचित करने का सबसे बड़ा सम्मान जो एक सम्प्रभु संसद प्रदान कर सकती है, हृदय से धन्यवाद देना चाहता हूँ। मैं उन नेताओं को भी धन्यवाद देना चाहता हूँ जिन्होंने मेरी सेवाओं की प्रशंसा की है और मेरे बारे में चर्चा की है। मेरा पूरा विश्वास है कि आपके समर्थन एवं सहयोग से हम इस संविधान सभा को विश्व में एक उदाहरण के रूप में पेश करेंगे। संविधान सभा को दो मुख्य कार्य करने हैं। पहला सबसे कठिन एवं जिम्मेदारीपूर्ण कार्य है, भविष्य के लिए पाकिस्तान का संविधान तैयार करना और दूसरा है संसद का सम्प्रभु संस्था के रूप में, संघीय पाकिस्तानी संसद के रूप में कार्य करना। अभी हमारी संघीय पाकिस्तानी संसद के लिए अस्थाई संविधान पारित करना सबसे अच्छा होगा। आपको मालूम है कि न सिर्फ़ हम लोग बल्कि पूरी दुनिया इस बात पर आश्चर्यचकित है कि अप्रत्याशित भूचाल वाली क्रान्ति ने इस उप-महादेश में सम्प्रभु स्व-सत्ता वाले दो स्वतन्त्र देश स्थापितकर दिए हैं। यह अपने आप में अप्रत्याशित है। इतिहास में ऐसा कोई उदाहरण नहीं मिलता है। यह शक्तिशाली महादेश जहाँ सभी तरह के लोग वास करते हैं। एक विशाल, अनाम, अतुलनीय योजना के अन्तर्गत बना है। और इसे शान्तिपूर्ण एवं विकासमान ढंग से हासिल करना महत्त्वपूर्ण एवं महान चरित्र को रेखांकित करता है।

संसद के पहले कार्यक्रम में शामिल होने के क्रम में, मैं कोई सोच-समझकर इस क्षण में घोषणा करने नहीं जा रहा हूँ लेकिन मैं कुछ शब्दों में अपनी बात कहूँगा जो मेरे मन में पैदा हुआ है। सबसे पहली बात जिस पर मैं जोर देना चाहूँगा, वह यह है कि आप याद रखें कि आप एक सम्प्रभु संसदीय संस्था हैं और आप में सभी शक्तियाँ नीहित हैं। इसके चलते आप के ऊपर यह बड़ी जिम्मेदारी आ गयी है कि आपको कैसे निर्णय लेना है। पहली बात जो मुझे कहनी है, उम्मीद है कि आप भी इससे सहमत होंगे कि हमें उन उसूलों की हिफाजत करनी है जिससे राज्य द्वारा प्रजा के जीवन, सम्पत्ति एवं धार्मिक विश्वासों की रक्षा की जा सके। जो दूसरी बात मेरे दिमाग में आती है, वह है कि भारत जिस सबसे बड़ा बद्दुआ का शिकार है, वह भ्रष्टाचार है। हम नहीं कहते हैं कि दूसरे देश इससे मुक्त हैं, लेकिन मैं समझता हूँ कि मेरे देश की स्थिति घूस एवं भ्रष्टाचार के मामले में बहुत बुरी है। यह वास्तविक में विष है। हमें इसे लौह हाथों से खत्म कर देना चाहिए और मुझे आशा है कि जैसे ही संसद के लिए ऐसा करना संभव होगा, यह इस सम्बन्ध में पर्याप्त कदम उठायेगी।

काला-बाज़ारी दूसरी बड़ी बुराई है। मुझे मालूम है कि काला-बाज़ारी करने वाले लोग समय-समय

पर पकड़े जाते हैं और दंडित किये जाते हैं। उन्हें न्यायिक दंड दिये जाते हैं या कभी-कभी आर्थिक दंड दिये जाते हैं। आपको इस विशालकाय राक्षस का मुकाबला करना है, यह समाज के खिलाफ़ भयानक अपराध है। अभी जब हम कठिन समय के दौर से गुजर रहे हैं, जब हम लगातार भोजन की कमी एवं जीवन की अन्य आवश्यक चीजों की कमी महसूस कर रहे हैं, एक नागरिक अगर कालाबाज़ारी करता है तो वह अपराधों में सबसे घृणित अपराध में शामिल होता है। ये काला-बाज़ारी आम लोगों की स्थिति से परिचित है और जब वे काला-बाज़ारी करते हैं तो इसके लिए उन्हें कड़ाई से दंडित करना चाहिए, क्योंकि वे भोजन सामग्रियों एवं आवश्यक उपयोग की वस्तुओं के सम्पूर्ण नियन्त्रण एवं नियमन की व्यवस्था को क्षति पहुँचाते हैं और भुखमरी की और यहाँ तक कि मृत्यु की स्थिति पैदा करते हैं।

दूसरी बात जो मेरे मन में आती है, वह भी एक विरासत के तौर पर हमारे साथ है। बहुत-सी अच्छी और बुरी चीजों के साथ-साथ, सबसे बुरी चीज जो आई है, वह है दूसरों की दलाली एवं भाई-भतीजावाद। इस गलत बात को लगातार समाप्त करने के लिए काम करना चाहिए। मैं स्पष्ट कर देना चाहता हूँ कि मैं किसी तरह की दलाली या भाई-भतीजावाद को या किसी तरह के प्रभाव को अपने ऊपर आजमाने की बात बर्दाश्त नहीं करूँगा। जब भी मैं पाऊँगा कि यह व्यवहार ऊँचे या नीचे किसी भी स्तर पर मौजूद हैं, निश्चित तौर पर मैं इसे स्वीकार नहीं करूँगा।

मैं जानता हूँ कि बहुत-से लोग पंजाब एवं बंगाल के बँटवारे से पूरी तरह सहमत नहीं है। इसके खिलाफ़ बहुत-सी बातें कही गयीं हैं, लेकिन अब जबकि इसे स्वीकार कर लिया गया है तो यह हम में से प्रत्येक का कर्तव्य है कि हम इसके प्रति निष्ठावान रहें और सम्मानपूर्वक समझौते के अनुरूप काम करें जो अब अन्तिम तौर पर हम सब लोगों पर लागू होता है। लेकिन आपको याद रखना चाहिए कि यह जो महान क्रान्ति घटी है, वह अप्रत्याशित है। जहाँ भी एक समुदाय बहुसंख्यक हो और दूसरा समुदाय अल्पसंख्यक, वहाँ दो समुदायों के बीच की भावनाओं को समझा जा सकता है। लेकिन प्रश्न है कि क्या जो घटना घटी है, उसके इतर कोई काम करना संभव एवं व्यवहारिक था? बँटवारा अवश्यंभावी था। हिन्दुस्तान एवं पाकिस्तान दोनों हिस्सों में ऐसे लोग हैं जो इससे सहमत नहीं हैं, वे इसे पसंद नहीं कर सकते हैं। लेकिन मेरे निर्णय के अनुसार कोई दूसरा समाधान नहीं था और मैं पूरी तरह आश्वस्त हूँ कि भविष्य इस निर्णय के पक्ष में होगा और इससे भी ज़्यादा जैसे-जैसे हम आगे बढ़ेंगे, यह व्यावहारिक अनुभवों से साबित हो जायेगा कि भारतीय संवैधानिक समस्या का एक यही समाधान था। एकताबद्ध भारत की बात कभी कारगर साबित नहीं होती और मेरी समझ के अनुसार हम भयानक महाविनाश को गले लगाते। हो सकता है कि यह विचार सही हो या सही न हो, उसे देखा जाना बाकी है। इसके साथ-साथ किसी एक स्व-प्रभुत्व या दूसरे स्व-प्रभुत्व वाले राज्य में अल्पसंख्यकों के रहने के सवाल को इस बँटवारे के सम्बन्ध में उपेक्षित नहीं किया जा सकता था। लेकिन अब उसकी उपेक्षा नहीं की जा सकती है। कोई दूसरा समाधान नहीं था। अब हम क्या करें? अब अगर हम इस महान पाकिस्तान को खुशहाल एवं समृद्ध बनाना चाहते हैं, हमें पूरी तरह यहाँ की जनता के अच्छे जीवन के लिए काम करना चाहिए, खासकर आम जनता एवं ग़रीबों के लिए। अगर आप सहयोग के साथ पूर्व की बातों को भूलकर, आपसी झगड़े-लड़ाई को भूलकर काम करें तो आप जरूर सफल होंगे। अगर आप इतिहास को बदलें और एक साथ मिलकर काम करें बगैर यह सोचे कि कौन किस समुदाय का है, पूर्व में आप के साथ क्या सम्बन्ध रहा है, उसकी जाति, आस्था, रंग क्या

है, वह इस राज्य का पहला एवं अन्तिम नागरिक है, उसके समान अधिकार एवं विशेषाधिकार हैं, तो विकास की सीढ़ी पर आप लगातार बढ़ते जायेंगे।

मैं इस पर और ज़्यादा जोर नहीं दे सकता हूँ। हमें अपना काम इस जज्बे के साथ शुरू कर देना चाहिए। समय के साथ ये बहुसंख्यक, अल्पसंख्यक समुदाय, हिन्दू एवं मुस्लिम समुदाय, क्योंकि मुसलमानों के बीच भी पठान, पंजाबी, शिया, सुन्नी और भी कितने समुदाय हैं, उसी तरह हिन्दुओं के बीच ब्राह्मण, वैष्णव, खत्री, बंगाली, मद्रासी और भी कितने समुदाय हैं, सभी तिरोहित हो जायेंगे। सही तौर पर अगर आप हमसे पूछें तो ये तमाम बातें भारत की स्वाधीनता एवं स्वतन्त्रता प्राप्ति के रास्ते में सबसे बड़ी बाधा के रूप में हैं। अगर ऐसा नहीं होता तो हम बहुत पहले स्वतन्त्र नागरिक हो जाते। कोई भी ताकत किसी राष्ट्र को कब्जे में नहीं रख सकता है और उसमें भी ऐसे राष्ट्र को जहाँ 4 करोड़ आत्माएँ पराधीन हैं, कोई भी आपको जीत नहीं सकता था, और अगर यह घटना घटी भी तो कोई भी इतने लंबे समय तक आपको कब्जे में नहीं रख सकता था, लेकिन हमारी अनेकता से ही यह संभव हुआ।

अतः हमें इससे शिक्षा ग्रहण करनी चाहिए। आप स्वतन्त्र हैं, आप किसी मन्दिर में जाने के लिए स्वतन्त्र हैं, आप अपनी मस्जिद में जाने के लिए स्वतन्त्र हैं या पाकिस्तान के किसी भी पूजा स्थल पर जाने को स्वतन्त्र हैं। आप किसी भी धर्म, जाति, धार्मिक आस्था में विश्वास करने वाले लोग हों, इसका राज्य के काम-काज से कोई सम्बन्ध नहीं है। इतिहास बताता है कि कुछ समय पहले इंग्लैंड की स्थिति भारत की आज की स्थिति से बहुत बुरी थी। रोमन कैथोलिक और प्रोटेस्टेन्ट एक-दूसरे की हत्या करते थे। अभी भी कुछ राज्य हैं जो एक वर्ग के खिलाफ़ भेदभाव करते हैं और प्रतिबंध लगाते हैं। अल्लाह का शुक्र है कि हम लोगों ने अपनी शुरुआत उन दिनों नहीं की है। हम लोगों ने अपनी शुरुआत तक की है जब दो समुदायों एवं जातियों तथा अनेक आस्थाओं वाल लोगों के बीच कोई भेदभाव नहीं है। हम लोग इस मौखिक सिद्धांत पर आगे बढ़ रहे हैं कि हम सभी नागरिक हैं और राज्य के समान नागरिक हैं। समय के साथ इंग्लैंड को वास्तविकता का सामना करना पड़ा और सरकार द्वारा दी गयी जिम्मेदारियों एवं कार्यभारों को पूरा करना पड़ा। वे इस आग के दरिया में कदम-ब-कदम आगे बढ़े। आप आज पूरे न्याय के साथ कह सकते हैं कि आज कैथोलिकों एवं प्रोटेस्टेन्टों का अस्तित्व नहीं है, अब सिर्फ़ नागरिकों का अस्तित्व है। ग्रेट ब्रिटेन के समान नागरिक वे सभी एक राष्ट्र के सदस्य हैं।

अब हमें इन बातों को एक आदर्श के रूप में अपने सामने रखना चाहिए और आप पायेंगे कि हिन्दू, हिन्दू नहीं रहेंगे और मुसलमान, मुसलमान नहीं रहेगे। यह मैं धार्मिक अर्थों में नहीं कह रहा हूँ, क्योंकि यह प्रत्येक व्यक्ति की व्यक्तिगत आस्था है, बल्कि राज्य के राजनीतिक अर्थों में कह रहा हूँ।

तो सज्जनो, अब मैं आपका ज़्यादा समय नहीं लेना चाहता हूँ और आपके द्वारा दिये गये सम्मान के लिए धन्यवाद देता हूँ। जैसा कि राजनीतिक भाषा में कहा जाता है, बिना पूर्वाग्रह या किसी के प्रति दुर्भावना रखने या दूसरे शब्दों में किसी के प्रति पक्षपात करने के खिलाफ़ मैं बराबर न्याय एवं सही व्यवहार के सिद्धांतों से निर्देशित होऊँगा। न्याय एवं पक्षपात रहित व्यवहार ही मेरा दिशा निर्देशक सिद्धांत होगा, मैं पूरी तरह आश्वस्त हूँ कि आपके समर्थन एवं सहयोग से गैं भावी पाकिस्तान को विश्व के महानतम देशों में से एक देश के रूप में देखना चाहता हूँ।

जे.बी. कृपलानी (1888-1982)

राष्ट्रीय आन्दोलन के महान नेता जे.बी. कृपलानी का जन्म 1888 में सिंध में हुआ था। इनकी मृत्यु 1982 में हुई। ये मुख्य रूप से वकील थे, लेकिन उन्होंने भारत छोड़ो आन्दोलन में जमकर हिस्सा लिया। कृपलानी जी शुद्ध गाँधीवादी नेता थे, किन्तु समाजवादी विचारधारा से प्रभावति थे। वैसे वे 1920 से ही कांग्रेस में सक्रिय थे। 1946-47 में अन्तरिम सरकार में वे मन्त्री भी थे।

भारत के बँटवारे एवं स्वतत्रंता के बाद कृपलानी जी कांग्रेस अध्यक्ष थे। बाद में उन्होंने कांग्रेस से अलग होकर 1951 में किसान मज़दूर प्रजा पार्टी की स्थापना की, जिसका विलय बाद में सोशलिस्ट पार्टी में हुआ और उसका नाम प्रजा सोशलिस्ट पार्टी पड़ा। किन्तु चुनावों में उसे सफलता न मिली। स्वतन्त्रता संग्राम के अग्रणी नेताओं में रहते हुए भी वे तत्कालीन राजनीति पर सम्प्रदायवाद के प्रभाव से आहत थे।

उनका प्रस्तुत भाषण सम्प्रदायवाद के विरोध में है।

भारत का विभाजन

(1947)

जब मैं इस महान संगठन का अध्यक्ष बना, गाँधी जी ने अपनी एक प्रार्थना सभा में बोलते हुए कहा कि यह न सिर्फ़ कांटों का ताज़ है, जिसे आपको अपने सिर पर रखना है बल्कि यह काँटों की शैया है, जिस पर आपको सोना है। मैंने उस समय यह महसूस नहीं किया कि सचमुच ऐसा ही होगा। 16 अक्तूबर 1946 को अध्यक्ष के रूप में मेरे नाम की घोषणा की गयी और 17 को मुझे हवाई जहाज से उड़कर नोआखाली जाना पड़ा। उसके बाद मुझे बिहार और हाल में पंजाब जाना पड़ा। एक के बाद एक यात्राओं में मुझे एक के बाद एक बड़े-बड़े सदमों से गुजरना पड़ा। सिर्फ़ यही नहीं कि बहुत-सी निर्दोष जानें गईं। निर्दोष लोगों के कत्लेआम के साथ-साथ सबसे ज़्यादा जिस बात ने मुझे पीड़ा पहुँचाई है, वह है एक-दूसरे के धर्मों को नीचा दिखाना। दोनों समुदायों के लोगों ने एक-दूसरे के प्रति क्रूरतम हिंसा का खेल खेला है। अभी हाल के साम्प्रदायिक उन्माद में पहले की अपेक्षा और भी क्रूर एवं हृदयहीन घटनाएँ घटी हैं। मैंने एक कुआँ देखा जहाँ 107 महिलाओं एवं बच्चों ने कुएँ में छलाँग लगाकर अपनी इज्जत बचाने के लिए अपनी जानें दे दीं। एक पूजा स्थल पर पुरुषों ने अपनी स्त्रियों की इज्जत बचाने के लिए 20 युवतियों की हत्या कर दी। मैंने एक घर में 307 लोगों खासकर महिलाओं, बच्चों की हड्डियों का ढेर देखाँ उन महिलाओं, बच्चों को दौड़ाकर उन्हें उस कमरे में बन्द कर दिया गया और उसके बाद हमलावर भीड़ ने उन्हें जीते जी जला दिया।

इन भयानक घटनाओं ने मेरी सोच को प्रभावित किया है। कुछ सदस्यों ने हम पर दोषारोपण किया है कि हमने यह निर्णय भय के चलते लिया है। मुझे इस दोषारोपण की सत्यता को कबूल करना चाहिए, लेकिन उस रूप में नहीं जिस रूप में यह दोष मढ़ा जा रहा है। यह भय लोगों की मृत्यु, विधवाओं के विलाप या माँ-बाप के खोये बच्चों के रुदन से है या एक-दूसरे पर अपमान थोपने से है। इसका सम्बन्ध इस बात से है कि हम मानवभक्षी के स्तर तक गिर जायेंगे या उससे भी बड़ी दुर्गति हो सकती है। प्रत्येक नये साम्प्रदायिक संघर्ष में पहले से ज़्यादा जघन्य एवं अपमानजनक घटनाएँ घट रही हैं। अतः हम एक-दूसरे को धर्म के नाम पर अपमानित कर रहे हैं। मैं एक हिन्दू हूँ और मुझे इस बात का गर्व है। लेकिन यह हिन्दुत्व हमारे लिए सहिष्णुता, सत्य, अहिंसा या अगर हिंसा की बात की जाय तो सत्य के पक्ष में बहादुरों की हिंसा के रूप में है। अगर यह इन आदर्शों के लिए नहीं है और अगर इसकी रक्षा के लिए लोग नरभक्षी से भी जघन्य हत्याओं में शामिल होते हैं तो मुझे अपना सिर शर्म से झुका लेना चाहिए। और मैं आपको बताना चाहता हूँ कि इन दिनों लगातार मैंने महसूस किया है और कहा है कि लोग अपने को भारतीय कहने में शर्म महसूस कर रहे हैं।

मैं पिछले 30 वर्षों से गाँधीजी के साथ रह रहा हूँ। मैं चंपारण में उनके साथ शामिल हुआ।

उनके प्रति मेरी निष्ठा में कभी भी कमी नहीं आई। यह कोई व्यक्तिगत नहीं बल्कि राजनीतिक निष्ठा है। जब भी मेरा उनसे मतभेद हुआ, मैंने उनकी राजनीतिक अन्तर्दृष्टि को मेरी तार्किक ढंग से सोची-समझी दृष्टि से ज़्यादा सही पाया आज भी मैं यह महसूस करता हूँ कि वे अपने अदम्य साहस के साथ सही हैं और मेरी समझ में कमी है। फिर मैं उनके साथ क्यों नहीं हूँ? क्योंकि मैं समझता हूँ कि उन्होंने इस समस्या का बड़े पैमाने पर समाधान निकालने की कोई तरकीब अभी तक ढूँढ़ पाने में सफलता नहीं पाई है। जब उन्होंने अहिंसा एवं असहयोग का हमें एक खास रास्ता दिखाया उसका हम यांत्रिक तौर पर अनुसरण करते रहे। आज वे खुद अन्धकार में रास्ता तलाश रहे हैं। वे नोआखाली में थे। उनके प्रयासों से परिस्थिति में सुधार हुआ। अब वे बिहार में हैं। परिस्थिति में सुधार हुआ है। लेकिन पंजाब में सांम्प्रदायिक दंगे को भड़कने से रोका नहीं जा सका। उनका कहना है, बिहार से ही पूरे भारत की हिन्दू-मुस्लिम समस्या का समाधान कर रहे हैं। हो सकता है कि ऐसा हो, लेकिन ऐसा हो रहा है, यह देखना मुश्किल हो रहा है। अहिंसा एवं असहयोग जैसे कदमों की तरह ऐसा कोई कदम नहीं उठाया जा रहा है, जिससे कि हम अपने लक्ष्य तक पहुँच सकें। उनके द्वारा शुरू की गई नीतियों पर दूसरों को अमल करना है, लेकिन दुर्भाग्यवश हमारे बीच ऐसे दूसरे लोग नहीं हैं जो उनकी तरह सोचें।

ऐसी दर्दनाक परिस्थितियों में मैंने भारत के विभाजन को समर्थन दिया है। जैसा कि आप जानते हैं कि मैं पाकिस्तानी क्षेत्र में पैदा हुआ और मेरा परिवार उसी क्षेत्र में था। आज भी मेरे सम्बन्धी एवं मित्र वहाँ रहते हैं। जब 1906 में मैंने राजनैतिक जीवन शुरू किया, मैंने यह नहीं सोचा था कि मैं भारत के एक हिस्से की स्वतन्त्रता के लिए लड़ रहा हूँ, बल्कि यह पूरे भारत की स्वतन्त्रता की लड़ाई थी। मेरी भूमि का हरेक कोना, हरेक नदिया एवं पहाड़ मेरे लिए पवित्र हैं। इस नकली बँटवारे के बावजूद जो भाइयों को एक दूसरों से अलग करता है, ये चीजें पवित्र बनी रहेंगी। मैंने भाषण की शुरुआत में ही कहा था कि भारत के लोगों को साम्प्रदायिक ढंग से नहीं सोचना है बल्कि भारतीय नागरिक के रूप में सोचना है और इस सिलसिले में महात्मा गाँधी द्वारा कल दी गई सलाह की प्रशंसा करता हूँ। अगर भारत को एकताबद्ध रहना है तो उनकी नीति ही कारगर साबित होगी।

इस निर्णय से साम्प्रदायिक हिंसा नहीं रुकेगी, इस तरह के भय की बातें कही गयी हैं। यह भय सही और गलत दोनों हो सकते हैं लेकिन तत्काल शैतान के प्रचारक आगे बढ़ रहे हैं। तब भविष्य में होने वाले साम्प्रदायिक दंगों से कैसे निबटा जायेगा? क्या ये घटनाएँ बार-बार घटती रहेंगी। जैसा कि एक-दूसरे के खिलाफ़ हमलों के चलते घट रही हैं? इस प्रश्न का जवाब मैंने मेरठ में अध्यक्षीय भाषण के दौरान दे दिया है। मैंने उस समय कहा कि चूँकि केन्द्र कार्य नहीं कर रहा है, इसलिए प्रदेश स्वतन्त्र हो गये हैं। बिहार की सरकार को, बंगाल की सरकार को चेतावनी देना चाहिए था कि अगर बंगाल के हिन्दुओं की सुरक्षा नहीं होती है तो बिहार सरकार अपनी पूरी इच्छा शक्ति के बावजूद बिहार के मुसलमान बाशिंदों की रक्षा नहीं कर सकेगी। इसका अर्थ होता कि इस मुद्दे को अन्तर्राष्ट्रीय स्तर पर उठाया जा रहा है, जहाँ संगठित सरकारें एक-दूसरे के साथ बातचीत करती हैं। इस मुद्दे को भीड़ के उन्मादी हाथों से खींच लिया जाता, क्योंकि उन्मादी भीड़ हमेशा अन्धी, अनैतिक एवं गैर-कानूनी होती है। उन्मादी भीड़ बराबर अन्धी होती है, जबकि अन्तर्राष्ट्रीय हिंसा के कुछ तौर-तरीके होते हैं। मैं निश्चित तौर पर कह सकता हूँ कि जो सरकार 16 अगस्त से भारत की सत्ता सँभालेगी उसका यह कर्तव्य होगा कि पाकिस्तान के अल्पसंख्यक हिन्दुओं को न्याय दिलाये। अगर मेरे शब्द भारत के पाकिस्तानी हिस्से के लोगों तक प्रभावी ढंग से पहुँचें तो मैं चाहूँगा कि दोनों

संविधान सभाएँ अल्पसंख्यकों के अधिकारों के सवालों पर एक संयुक्त समिति बनायें, जो व्यक्ति एवं धर्मान्ध भीड़ को बदला लेने की कार्रवाई पर रोक को सुनिश्चित कर सकें।

अभी-अभी हम लोगों ने राज्यों के बारे में प्रस्ताव पारित किये हैं। मैं एक सलाह दूंगा। उन राज्यों को भी ऐसे ही प्रस्ताव पारित करने चाहिए जिन्होंने अपने प्रतिनिधियों को संविधान सभा में नहीं भेजा है। जहाँ भी विधानसभाएँ अस्तित्व में हैं, उन विधानसभाओं को ब्रिटिश भारत की तरह एक मत के स्थानान्तरण से संविधान सभा के लिए अपना प्रतिनिधि चुनना चाहिए। जहाँ इस तरह की विधानसभाएँ अस्तित्व में नहीं हैं, वहाँ प्रतिनिधियों को चुनने के दूसरे तरीके इस्तेमाल किये जा सकते हैं। हमने मौलिक अधिकारों की समिति में समान नागरिकता की कल्पना की है। राज्य का प्रत्येक नागरिक भारतीय नागरिक है, उन्हें भारतीय संविधान सभा में शामिल होने का अधिकार है। राज्य के बाहर से आया हुआ कोई भी नागरिक के इस अधिकार को सीमित नहीं कर सकता है। हम संविधान का प्रारूप तैयार करने में राज्यों की जनता की सहायता एवं सलाह चाहते हैं। हम मई 16 के दस्तावेज से बंधे हुए नहीं हैं। कुछ भी हो, आज हमारी संविधान सभा सम्प्रभुसभा है। हमारी संविधान सभा भारत एवं बाहर के किसी भी न्यायालय के दायरे से बाहर है। अब इसकी बैठक हो चुकी है और इसने अपने नियम एवं प्रक्रियाओं को तैयार कर लिया है। इसे अब इसका विघटन भी बगैर अपने मतों के नहीं किया जा सकता है। मुझे नहीं लगता है कि राज्यों की जनता के प्रतिनिधियों को संविधान सभा में क्यों नहीं आने की इज़ाजत दी जा सकती है।

निष्कर्ष के तौर पर, मैं कहना चाहूँगा कि अभी थोड़ी देर में प्राप्त होने वाली स्वतन्त्रता पाकर हमें सन्तुष्ट नहीं हो जाना है। हमें अपनी तमाम ऊर्जा देश के एकीकरण के लिए लगानी चाहिए जो हमने जल्दी से स्वतन्त्रता प्राप्त करने में खो दिया है। यह भारत को मज़बूत, खुशहाल, जनतांत्रिक एवं समाजवादी बनाकर ही किया जा सकता है, जहाँ सभी नागरिकों को जाति-धर्म के भेदभाव से ऊपर उठकर विकास का समान अवसर प्राप्त होगा। ऐसा भारत बिछड़े बच्चों को फिर से अपनी गोद में उठा लेगा। इस कर्तव्य को पूरा करने में हमें सब तरह का समर्पण और त्याग करना होगा जो हमने स्वतन्त्रता प्राप्ति के लिए किया है। हमें सत्ता की राजनीति का त्याग करना चाहिए। हम उस गौरवशाली त्याग, कठिनाइयों एवं स्वेच्छया ग़रीबी स्वीकार करने की परम्परा को न भूलें, जिसे हमने स्वतन्त्रता प्राप्ति के लिए जेल जाने, लाठी एवं गोली खाने के लिए स्वीकार किया था। हमें देश को एकताबद्ध करने के कर्तव्य को उसी रूप में पूरा करना चाहिए जो हमने स्वतन्त्रता प्राप्ति के लिए किया था। क्योंकि जो स्वतन्त्रता हमने हासिल की है वह भारत की एकता के बगैर हासिल नहीं हो सकती है। अब इस दूसरी गुलामी से जितनी जल्दी हो, हम बाहर आयें। नये अवसरों के जरिये हमें जो अपने भाग्य का निर्माण करना है, उस ऊर्जा को इस सबसे कीमती लक्ष्य भारतीय एकता को हासिल करने में लगायें। इस कार्य के लिए भगवान आपकी सहायता करे।

मुहम्मद अली जिन्ना (1876-1948)

मोहम्मद अली जिन्ना एक सर्वविदित नाम है, जिनके नेतृत्व में पाकिस्तान का निर्माण हुआ। राजनीति के अपने शुरुआती दिनों में वे कांग्रेस और गाँधीजी के समर्थक थे। किन्तु 1940 के बाद उन्होंने अपना विचार बदला और वे भारत विभाजन के समर्थक बन गये। 1906 से 1920 तक भारतीय राष्ट्रीय कांग्रेस के सदस्य रहे, 1913 से 1947 तक ऑल इंडिया मुस्लिम लीग के सदस्य हो गये। उनका जन्म 25 दिसम्बर, 1876 में हुआ था और उनकी मृत्यु पाकिस्तान के गर्वनर जनरल के रूप में 1948 में हुई। शिक्षा के क्षेत्र में उन्होंने लंदन से बॉर एट लॉ की डिग्री ली। 1916 में लखनऊ पैक्ट के वक्त वे हिन्दू-मुस्लिम एकता के कट्टर समर्थक नेता थे। 1940 के बाद वे इस विचार के हो गये कि भारतीय मुसलमानों को एक अलग राज्य की ज़रूरत है। द्वितीय विश्वयुद्ध के वक्त जब कांग्रेस के अधिक नेता गिरफ्तार कर लिए गये थे, लीग के नेताओं को अपनी बात को मजबूती के साथ रखने का मौका मिला। अन्त में कांग्रेस और मुस्लिम लीग आज़ादी के वक्त संयुक्त भारत के प्रस्ताव पर सहमत न हुईं और देश का विभाजन हिन्दुस्तान और पाकिस्तान के रूप में हो गया। भारत एक धर्मनिरपेक्ष राष्ट्र बना, किन्तु जिन्ना पाकिस्तान को धर्मनिरपेक्ष राज्य न बना सके।

जिन्ना पाकिस्तान के बँटवारे से सन्तुष्ट नहीं थे। 30 अप्रैल, 1947 को उन्होंने पंजाब और बंगाल के विभाजन का विरोध किया। वस्तुतः वे सारा बंगाल एवं पंजाब पाकिस्तान में चाहते थे। लार्ड माउन्टबेटन के दबाव में उन्हें मौजूदा पाकिस्तान स्वीकार करना पड़ा। उन्होंने कहा था कि मुझे इस बात की कोई फिक्र नहीं है कि आप हमें कितना कम दे रहे हैं जब तक कि आप मुझे पूरा न दे दें। प्रस्तुत रेडियो भाषण 3 जून, 1947 को ब्रिटिश योजना की स्वीकृति के दिन दिया गया था।

'अपूर्ण पाकिस्तान'

(नयी दिल्ली, 3 जून, 1947)

मैं प्रसन्न हूँ कि मैं दिल्ली आकाशवाणी द्वारा आपसे सीधे बोलने के लिए अवसर पाने में समर्थ हुआ। मेरा विश्वास है कि पहली बार किसी गैर-सरकारी व्यक्ति को राजनीतिक मामलों में जनता को इस शक्तिशाली माध्यम के जरिए सम्बोधित करने का मौका प्रदान किया गया है। यह शुभ शकुन है। मुझे उम्मीद है कि भविष्य में मुझे और भी अधिक सुविधाएँ मिलेंगी, जिनसे मैं अपने उद्गार एवं मन्तव्य को अखबारों के बजाय सीधे तौर पर आपके पास पहुँचाता रहूँगा।

महामहिम सरकार का वक्तव्य भारत की जनता के बीच सत्ता-अधिकार के हस्तान्तरण की योजना को मूर्त्तरूप देने के सन्दर्भ में है, जिसे कल सवेरे भारत एवं पूरी दुनिया के अखबारों में प्रसारित और प्रकाशित कर दिया जायेगा। योजना के खुलासे के साथ ही यह हमें अत्यन्त महत्त्वपूर्ण पुरस्कार प्रदान करने वाला है। हमें धीरज से, शान्तिपूर्वक और निष्पक्ष ढंग से इसका परीक्षण करना चाहिए। हमें स्मरण रखना चाहिए कि हम महत्त्वपूर्ण फैसले लें और इस उपमहाद्वीप की चार सौ करोड़ जनता की जटिल राजनीतिक समस्या के समाधान के महत्त्वपूर्ण मामले को अपने हाथों में लें। दुनिया हमारी इस दुःसह एवं कठिन समस्या के समकक्ष नहीं है, जिसे कि हम समाप्त करने जा रहे हैं। भारतीय नेताओं के कन्धों पर खासतौर से बड़ी जिम्मेवारियाँ हैं। इसलिए हमें सत्ता-अधिकार के हस्तान्तरण को शान्तिपूर्ण एवं कायदे से प्रभावी बनाने के लिए अपनी सारी शक्ति लगा देनी चाहिए।

मैं यत्नपूर्वक प्रत्येक समुदाय से और खासतौर से भारत के मुसलमानों से शान्ति-व्यवस्था कायम रखने की अपील करता हूँ। हमें योजना, इसके लेख और अभिप्राय का परीक्षण करना चाहिए तथा निष्कर्षों पर पहुँचना चाहिए एवं अपना फैसला लेना चाहिए। मैं खुदा से इस संकटकालीन घड़ी में गुज़ारिश करता हूँ कि वे योजना को कार्यान्वित करने में हमारी जिम्मेवारियों को सही ढंग से एक राजनीतिज्ञ के सदृश निर्वाह करने में हमारा मार्गदर्शन करें और हमें समर्थ बनायें। यह स्पष्ट है कि योजना हमारे कुछ महत्त्वपूर्ण दृष्टिकोण की पूर्त्ति नहीं करती और हम नहीं कह सकते और महसूस कर सकते कि हम लोग योजना द्वारा व्यवहृत कुछ मुद्दों से सन्तुष्ट या सहमत हैं।

अभी हमारे लिए यह विचारणीय है कि जैसा कि महामहिम सरकार के द्वारा योजना को हमारे समक्ष पेश किया गया है, हमारे द्वारा हो न हो एक समझौते के रूप में या एक निर्णय के रूप में स्वीकार किया जायेगा। इस मुद्दे पर मैं अखिल भारतीय मुस्लिम लीग की परिषद् द्वारा सोमवार, 9 जून की सभा में लिए गये फैसलों के प्रति पूर्वाग्रह से प्रेरित नहीं हूँ। अन्तिम निर्णय तो उस परिषद् के द्वारा मात्र हमारे संविधान, पूर्वोदाहरणों एवं प्रक्रिया के द्वारा ही लिया जा सकता है। परन्तु अबतक जैसा कि पूरी तरह मुझे अहसास हुआ, दिल्ली के हलकों में मुस्लिम लीग की प्रतिक्रिया सचमुच आशाप्रद

है। योजना की खूबियों एवं खामियों की पहले ही अत्यन्त ध्यानपूर्वक विस्तृत समीक्षा की गयी, ताकि अन्तिम निर्णय लिया जा सके। परन्तु मैं यह कहना चाहता हूँ कि मेरी समझ है कि वायसराय ने अत्यन्त बहादुरी से विभिन्न प्रयासों के विरुद्ध संघर्ष किया। मेरे विचार में उसने जो छाप छोड़ी, वह यह है कि ईमानदारी एवं निष्पक्षता के उच्च विचार से प्रेरित अब हमारी यह जिम्मेवारी बनती है कि हम उनके कार्य को सहज बनायें तथा शान्तिपूर्ण एवं सुव्यवस्थित ढंग से भारत की जनता को सत्ता के हस्तान्तरण के उनके लक्ष्य की पूर्ति में यथासम्भव उनकी सहायता करें।

योजना, जो प्रसारित की गयी, वह परिच्छेद ग्यारह में यह खुलासा करती है कि उत्तर-पश्चिम सीमावर्ती प्रान्त के वर्तमान विधान-सभा के निर्वाचकगण के द्वारा जनमत संग्रह कराया जायेगा और वे परिच्छेद चार में सन्निहित दो विकल्पों में से किसी एक का चयन करके उसे स्वीकार करेंगे। जनमत संग्रह गवर्नर जनरल के संरक्षण में प्रान्तीय सरकार की सलाह से होगा। इसलिए, जाहिर है कि सीमान्त प्रान्त की जनता की राय एवं आदेश ले लिए जायेंगे, या तो वे पाकिस्तानी संविधान सभा के साथ शामिल होना चाहते हैं या हिन्दुस्तानी संविधान सभा के साथ।

इन परिस्थितियों में मैं सीमान्त की प्रान्तीय मुस्लिम लीग से शान्तिपूर्ण अवज्ञा आन्दोलन को वापस ले लेने का आग्रह करता हूँ, जिसके प्रयोग के लिए उन पर दबाव डाला जा रहा था। मैं मुस्लिम लीग एवं मुसलमानों के तमाम नेताओं का इस जनमत संग्रह का भरोसे और साहस के साथ सामना करने के लिए अपने लोगों को संगठित करने का आह्वान करता हूँ। मुझे यकीन है कि सीमान्त की जनता ठोस मतदान के द्वारा पाकिस्तान संविधान-सभा में शामिल होने के अपने विचार के पक्ष में फैसला लेगी।

लेकिन मैं सीमांत के सभी तबकों के मुसलमानों एवं खासकर महिलाओं द्वारा राजनीतिक स्वतन्त्रता हेतु सहे गये दुःख एवं किये गये त्याग की समालोचना को प्रकट नहीं कर सकता। बगैर दोषारोपण के मैं उन लोगों के प्रति गहरी सहानुभूति प्रकट करता हूँ, जिन्होंने दुःख सहे, जिन्होंने मौत को गले लगा लिया और जिनकी सम्पत्ति का नुकसान हुआ। मैं उत्सुकतापूर्वक उम्मीद करता हूँ कि सीमान्त में जनमत संग्रह का कार्य शान्तिपूर्ण ढंग से सम्पन्न हो जायेगा और जनता के स्वच्छ, स्वतन्त्र एवं सही विचार को हासिल कर लेना हर किसी की चिन्ता का कारण बन जायेगा। एक बार पुनः मैं अति उत्साहपूर्वक सबों से शान्ति और व्यवस्था को कायम रखने की अपील करता हूँ। पाकिस्तान ज़िन्दाबाद (पाकिस्तान अमर रहे)।

लॉर्ड माउण्टबेटन (1900-1979)

भारत के अन्तिम अंग्रेज़ गवर्नर जनरल लार्ड माउण्टबेटन का 22 मार्च, 1947 को भारत में आगमन हुआ। पहले जून 1948 में भारत को स्वतन्त्र करने की योजना थी किन्तु लार्ड माउण्टबेटन ने इसे पहले ही यानी अगस्त 1947 में ही कर दिया, किन्तु भारत बँट गया और भारत की आज़ादी के साथ-साथ पाकिस्तान का भी निर्माण हुआ। माउण्टबेटन का प्रस्तुत भाषण भारत को सत्ता सौंपने के वक्त दिया गया था।

स्वतन्त्र भारत का स्वागत

(नयी दिल्ली, 14 अगस्त, 1947)

सभापति महोदय एवं संविधान-सभा के सदस्यो! आज राजसत्ता द्वारा मेरे पास आपके लिए भेजा गया एक सन्देश है :

इस ऐतिहासिक दिवस के मौके पर जब भारत स्वतन्त्र हो रहा है और ब्रिटिश कॉमनवेल्थ ऑफ नेशन्स में स्वतन्त्र प्रभुत्व को ग्रहण कर रहा है, मैं आप सबों को शुभकामनाएँ एवं दिल से बधाइयाँ देता हूँ।

स्वतन्त्रता-प्रेमी लोग हर जगह आपके समारोहों में शरीक होना चाहेंगे, क्योंकि सहमति से सत्ता के परिवर्तन से एक महान लोकतान्त्रिक आदर्श की पूर्त्ति हुई है, जिसके प्रति अंग्रेज़ और भारतीय लोग समान रूप से दृढ़ता से समर्पित हैं। यह सबों को इस बात के चिन्तन के लिए प्रेरित करता है कि यह शान्तिपूर्ण परिवर्तन के माध्यम से हासिल किया जा सका।

मात्र छः महीने पूर्व ही मि. क्लीमेंट एटली ने मुझे अन्तिम वायसराय की नियुक्ति को स्वीकार करने के लिए आमन्त्रित किया था। उन्होंने साफ तौर से जाहिर कर दिया था कि यह आसान काम नहीं होगा, क्योंकि यूनाइटेड किंगडम की राजसत्ता की सरकार ने जून 1948 ई. तक भारतीयों के हाथों में सत्ता को सौंप देने का निर्णय लिया है। राजसत्ता की सरकार को एक तिथि बहुत पहले ही तय करनी चाहिए थी। पन्द्रह महीनों में ही इतनी भारी प्रक्रिया कैसे पूर्ण हो जायेगी?

तथापि भारत में एक सप्ताह से ज़्यादा नहीं हुआ है, जब मैं पूर्ण रूप से समझ गया था कि सत्ता परिवर्तन के लिए जून 1948 ई. की तिथि अत्यधिक विलम्ब की तिथि है, इसे बहुत पहले ही होना चाहिए। साम्प्रदायिक तनाव एवं साम्प्रदायिक दंगे भारी संख्या में होने लगे थे, जिसकी इंग्लैंड छोड़ने पर मैंने परिकल्पना भी नहीं की थी। मुझे ऐसा प्रतीत होता है कि पूर्व सम्भव वक्त में ही फैसला लिया जाना चाहिए था, नहीं तो पूरे उपमहाद्वीप में प्रचंड अग्निकाण्ड का जोखिम होता।

मैं तुरन्त सभी दलों के नेताओं के साथ बहस में जुट गया और नतीजा 3 जून की योजना थी। इसकी स्वीकृति ने दुनिया-भर में उत्तम राजनीतिक मिसाल पेश की। योजना नेताओं के साथ स्पष्ट कूटनीति की प्रक्रिया द्वारा प्रत्येक स्थिति में प्रकट हुई। इसकी कामयाबी मुख्य रूप से उनके लिए प्रतीक के रूप में है।

मुझे अच्छी तरह ज्ञात है कि आज़ादी के आगमन से जिस हर्ष का संचार होता है, उसी ने आपके दिलों में ग़मों उत्तेजना पैदा कर दी है, जो कि संगठित भारत में संभव नहीं होता। विभाजन की वेदना ने आज की खुशी की घटना ने कुछ कम कर दिया हैं। आपके नेताओं द्वारा लिए गये कठोर फैसले के समर्थन में आपने अत्यधिक उदारता एवं पक्षपातहीनता का प्रदर्शन किया, जो कि उन देशभक्त राजनेताओं में स्वयमेव विद्यमान था।

अब मुझे भारतीय राज्यों के सन्दर्भ में निर्णय लेना चाहिए। 3 जून की योजना ब्रिटिश भारत में सत्ता-परिवर्तन की समस्या के द्वारा सिर्फ़ बँटवारा करेगी, और राज्यों का मसला मात्र एक परिच्छेद रहेगा, जिसने माना है कि सत्ता-हस्तान्तरण से भारत के समस्त राज्यों में से 565 स्वतन्त्र हो जायेंगे। तब यहाँ एक दूसरी बड़ी समस्या उत्पन्न हो गयी और जिसकी आशंका हर तरफ से थी। परन्तु राज्यों के विभाग के गठन के ऊपरान्त राज्यपद के प्रतिनिधि की हैसियत से इस अहम् सवाल से जूझना मेरे लिए सम्भव था। दूर-दृष्टि वाले राजनीतिज्ञ, राज्यों के विभाग के प्रभारी सदस्य एवं सरदार वल्लभ भाई पटेल ने एक योजना तैयार की, जो कि मुझे भारत के राज्यों एवं देशी रियासतों दोनों के लिए समान रूप से हितकर जान पड़ा। राज्यों के बहुमत भाग भौगोलिक रूप से भारत से जुड़े हुए हैं, अतएव देशी रियासत इस समस्या के निदान में मज़बूत खूँटे की भूमिका में हैं। यह यथार्थवाद एवं शासकों तथा राज्य सरकारों और भारत सरकार के लिए भी उत्तरदायित्व बोध के लिए एक बहुत बड़ी विजय है। राज्याभिषेक के अभिलेख को प्रस्तुत करना सम्भव था, जो कि दोनों पक्षों द्वारा ग्राह्य था और अत्यधिक सरल और बहुत सीधा-सादा था, जो कि तीन हफ्तों से भी कम अवधि में, तमाम सम्बद्ध राज्यों ने वास्तव में निश्चित रजामन्दी के साथ राज्याभिषेक के अभिलेख पर दस्तखत कर दिए। इस प्रकार तीन सौ करोड़ लोगों को शरण देने वाले एकताबद्ध राजनीतिक ढाँचे और इस विशाल उपमहाद्वीप के प्रमुख भाग को स्थापित किया गया।

एकमात्र प्रमुख राज्य जो कि अब तक शामिल नहीं हुआ है, वह प्रधान राज्य है—हैदराबाद। हैदराबाद की आकार, आबादी एवं संसाधनों की दृष्टि से विलक्षण स्थिति है और इसकी अपनी खास समस्याएँ हैं। निजाम ने उचित समय में पाकिस्तानी रियासत में सम्मिलित होने का प्रस्ताव नहीं दिया है, भारतीय रियासत में सम्मिलित होने का इरादा भी स्पष्ट नहीं किया गया है। हालाँकि उसकी ऊँचाई ने मुझे—बाह्य मामलों में सुरक्षा एवं संचार के मामले में वह देशी रियासत, जिसके प्रदेश उसके राज्य को घेरते हैं—तीन प्रमुख मुद्दों पर उसकी सहयोग की भावना ने मुझे आश्वस्त किया है। सरकार की सहमति से निजाम के साथ बातचीत का दौर जारी रहेगा और मुझे आशा है कि हमें सर्व हित में सन्तोषप्रद समाधान की प्राप्ति होगी।

आज से मैं आपका संवैधानिक गवर्नर जनरल हूँ और आपसे मेरी अपेक्षा मुझे अपने जैसा ही आदर प्रदान करने और भारत के हितों को प्रोत्साहन के लिए पूरी तरह समर्पित रहने की है।

सरोजिनी नायडू (1879-1949)

सरोजिनी नायडू चट्टोपाध्याय जो बाद में सरोजिनी नायडू बनीं, का जन्म 1879 में हैदराबाद में हुआ था। उनकी शिक्षा किंग्स कॉलेज लन्दन, कैम्ब्रिज एवं मद्रास विश्वविद्यालयों में हुई। वे राजनीतिज्ञ होने के साथ-साथ कवयित्री भी थीं। वे अपने जीवन-भर भारतीय राष्ट्रीय कांग्रेस के नेतृत्व में आज़ादी की लड़ाई में शामिल रहीं। उनके एक भाई वीरेन्द्र नाथ चट्टोपाध्याय क्रान्तिकारी गतिविधियों में रहे और दूसरे भाई हरेन्द्र नाथ चट्टोपाध्याय कवि, नाटककार एवं अभिनेता रहे। सरोजिनी नायडू बंगाल के बँटवारे (1905) के वक़्त स्वाधीनता की लड़ाई में शामिल हुईं। वे गोपाल कृष्ण गोखले, रवीन्द्र नाथ टैगोर, मुहम्मद अली जिन्ना, ऐनी बेसेंट, रामा स्वामी अय्यर, महात्मा गाँधी एवं जवाहरलाल नेहरू के राजनीतिक सम्पर्क में रहीं। 1915 से 1918 के बीच उन्होंने सारे भारत का भ्रमण किया एवं महिला सशक्तीकरण की वकालत की। 1917 में ऐनी बेसेंट के साथ महिलाओं की तरक्की की वकालत करने वुमेन्स इण्डियन एसोसिएशन की ओर से गयीं। उन्होंने 1925 में कानपुर में कांग्रेस अधिवेशन की अध्यक्षता की। पुनः 1929 में पूर्वी अफ्रीकन कांग्रेस की अध्यक्षता की जो साउथ अफ्रीका में आयोजित हुआ था। 1930 में नमक सत्याग्रह में भाग लेने के बाद 1931 में गाँधीजी और मालवीयजी के साथ राउंड टेबुल कॉन्फ्रेन्स में हिस्सा लिया। भारत छोड़ो आन्दोलन में काफ़ी दिनों जेल में रहीं। आज़ादी के बाद वे उत्तर प्रदेश की राज्यपाल बनीं।

भारत कोकिला सरोजिनी नायडू (1879-1949) एक कवयित्री और स्वतन्त्रता सेनानी थीं। भारतीय राष्ट्रीय कांग्रेस की वह प्रथम महिला भारतीय अध्यक्षा चुनी गयीं और आज़ाद भारत में प्रथम महिला राज्यपाल बनीं। 15 अगस्त 1947 को आज़ादी के दिन उनका दिया गया भाषण उद्धृत है।

आज़ादी की लड़ाई का अन्त

(15 अगस्त, 1947)

आइए, हम अपनी आज़ादी के इस दिन स्वतन्त्र राष्ट्रो, हम आपका अभिवादन करते हैं। आइए, अब तक आज़ाद नहीं हुए राष्ट्रो, हम अपनी आज़ादी के इस दिन, भविष्य में आपकी आज़ादी के लिए प्रार्थना करते हैं।

हमारी अनेक वर्षों की एवं अनेक कुर्बानियाँ देनेवाली लड़ाई एक महाकाव्य है। यह एक संग्राम है, एक नाटकीय संग्राम। यह मुख्य रूप से अपने करोड़ों लोगों में गुमनाम नायकों का संग्राम है। यह बल एवं शक्ति की देवी काली का रूप धारण करने वाली नारियों का संग्राम है। यह शक्ति, त्याग एवं आदर्शों के रूप में एकाएक स्वयं को तब्दील कर देने वाले युवकों का संग्राम है। यह युवाओं एवं वृद्धों, अमीरों एवं ग़रीबों, पढ़े-लिखे लोगों एवं अनपढ़ों, चोट खाये हुए लोगों, परित्यक्तों, कुष्ठ रोगियों एवं सन्तों का संग्राम है। यह सम्पूर्ण विश्व के इतिहास में बगैर रक्तपात के होने वाला एकमात्र परिवर्तन है। इसके लिए हम एक व्यक्ति को धन्यवाद देते हैं, एक छोटे-से व्यक्ति, जिन्होंने आज हमें इस मुकाम तक पहुँचाया है, वे भारत के किसी सुदूरवर्ती कोने में उन लोगों के आँसू पोंछ रहे हैं, जो हमारे बीच से अपने-आपको निर्वासित महसूस करते हैं। महात्मा गाँधी, अहिंसा के हमारे पैगम्बर, हमारी विजय के सेनापति, ने हमें बुराई से मुक्ति का एक नया मार्ग बतलाया। अहिंसा को छोड़कर उनके पास अपनी विजय का कोई उपकरण नहीं। आत्मत्याग एवं क्लेश के सिवाय उनकी सेना के लिए कोई हथियार नहीं। हम लोग आशा एवं विश्वास तथा परोपकार की धुन पर कदम-से-कदम मिलाकर चले, जो सदियों से हमारे देश को विनष्ट करने वाले आक्रमणकारियों के तमाम पापों को माफ कर देता है।

हम अपने नेता को धन्यवाद देते हैं, जिनका जीवन अपने देशवासियों के प्यार में अचल, अमर्त्य है, जिनके दिन अविनाशी हैं, जिन्होंने उनके प्रेम, सत्य एवं अहिंसा के उपदेश को भविष्य में आधार प्रदान करने हेतु दुनिया के वास्ते एक नयी सभ्यता का निर्माण किया है।

लेकिन हम आज उन तमाम जातियों के नर-नारियों को भी धन्यवाद देना चाहते हैं, जिन्होंने भारत की आज़ादी के लिए संघर्ष किया है। यूरोप के विद्वानों को धन्यवाद देना चाहते हैं, जिन्होंने हमारी गरिमा एवं प्राचीन संस्कृति को पुनर्स्थापित किया। पुरातत्त्ववेत्ताओं को धन्यवाद देना चाहते हैं, जिन्होंने हमारे अपने विनष्ट नगरों के लिए आविष्कार किया। सभी देशों के धर्म-प्रचारकों को धन्यवाद देना चाहते हैं, जिन्होंने सुदूरवर्ती ग्रामीण जीवन की दरिद्रता का चयन किया और ग़रीबों, ज़रूरतमन्द लोगों एवं दुःखी लोगों की सेवा की। उन सबों के हम आभारी हैं और वे सभी हमारे धन्यवाद के पात्र हैं।

मैं आज विदेश में रहने वाले उन लोगों को स्मरण करती हूँ, जो हमारी स्वतन्त्रता के ख्वाब के

मार्गदर्शक थे। उन लोगों को स्मरण करती हूँ, जो कि निर्वासित जीवन जी रहे हैं, विस्मृत कर दिये गये हैं, वे मर गये, जिन्होंने कभी कोई इच्छा नहीं रखी, न ही मान्यता या प्रतिफल की प्राप्ति की, मात्र तंगी, तबाही एवं मौत को गले लगाया परन्तु आज वे सभी अपने विचारों में अमर हैं। हम उन अंग्रेजों को धन्यवाद देते हैं, जो हमारे मित्र थे, हालाँकि अनेक अंग्रेज़ हमारे दुश्मन थे, व्यक्तिगत दुश्मन नहीं, बल्कि वे अपनी साम्राज्यवादी अत्याचार की पद्धति से अपने-आप पीड़ित थे। परन्तु वे अंग्रेज़, जिन्होंने हमारी सेवा की, वे हमारे इतिहास के अंग हो गये, हमारे भारतीय स्वतन्त्रता संग्राम के अंग हो गये। यह किसी न किसी प्रकार से काव्य प्रतीत होता है, यह किसी न किसी प्रकार से रोमांचकारी प्रतीत होता है, तार्किक प्रतीत होता है, कि महारानी विक्टोरिया के बड़े पोते, लुईस माउंटबेटन को सद्भावना एवं उदारता से बनाए हुए साम्राज्य को समाप्त कर देना चाहिए, जिसे कि डिजराइली ने उनके लिए बनाया था।

आज़ादी की लड़ाई का अन्त हो गया। शान्ति के लिए संघर्ष शुरू हो गया है। और, मेरा देश, मेरा भारत, जिसने अपने मित्र या शत्रु के आतिथ्य को कभी नहीं छोड़ा है, मेरा भारत जिसने पूरी दुनिया से ज्ञानार्जन किया है, जिसने दुनिया को ज्ञान और विवेक प्रदान किया है, एक बार फिर विश्व सभ्यता में सबसे आगे खड़ा होगा, एक बार फिर शान्ति के सन्देश को अपने साथ लायेगा, एक बार फिर कलह एवं संघर्ष तथा नफरत के अँधेरे में अपनी ज्योति को जलायेगा। संसार के वे राष्ट्र जो स्वतन्त्र हैं, संसार के वे देश जो स्वतन्त्र नहीं हैं, हम उनसे अपने वफ़ादार दोस्त होने, अपनी मित्रता, अपनी ज्ञानशक्ति एवं अपना प्यार देने का वायदा करते हैं। हमें महान विश्व मैत्री की ओर साथ-साथ बढ़ने दें, जिसका कि हम ख्वाब देखते हैं। हमें शान्ति बहाल करने के लिए साथ-साथ काम करने दें, जिसका अन्त कभी नहीं होगा। हमें न्याय के लिए, निष्पक्षता के लिए, मानवाधिकार के लिए साथ-साथ काम करने दें, परन्तु समाज में उच्चस्तरीय जीवन बिताने की विशेष सुविधा के लिए नहीं, मानवीय कर्तव्यों के लिए, परन्तु राजा के अबाध अधिकार के लिए नहीं, हमें महान स्वतन्त्र दुनिया का नागरिक होने दें, जिसके लिए हमने संघर्ष किया है। नर और नारी मिलकर, सामान्य मानवता के नर और नारी, कोई मज़हब, कोई समुदाय, कोई संहिता, कोई भाषाई विभेद हमारे बीच नहीं रहने दें, हमारे लिए एक सामान्य विधि-विधान है। हमारा एक सामान्य मकसद है। हमारी जिगरी इच्छा की चित्र मूर्ति में मग्न संसार के पुनर्निर्माण की हमारी एक सामान्य इच्छा एवं महत्त्वाकांक्षा है। और भारत संसार की प्राचीन गरिमा को दुबारा स्थापित करने के लिए अग्रसर हो सकता है। हम लोग, जो स्वप्नों के स्वप्नद्रष्टा हैं, कल्पनाओं के दर्शक हैं, विवेक के सृजनकर्ता हैं, आत्मत्याग के अनुयायी हैं, हम लोग, जिन्होंने भारत की आज़ादी की लड़ाई के लिए वीरों को दिया है, हमने दुनिया के साहसिक कार्यों को एवं भावों को पूर्ण सरगम द्वारा बजाया है। हम लोग विवेकी हैं। आज हमने आपके कड़े परीक्षण वाले क्लेश से पुनर्जन्म लिया है।

दुनिया के राष्ट्रो, मैं भारत की तरफ से आपका सत्कार करती हूँ, मेरी माँ, मेरी माँ जिसका घर बर्फ की छत है, जिसकी दीवारें जीवन्त सागर हैं, जिसके दरवाज़े हमेशा आपके लिए खुले हुए हैं। क्या आप शान्ति या ज्ञान की तलाश में हैं, क्या आप प्रेम और मेधा की तलाश में हैं, तो हमारे साथ आयें। हमारे साथ यकीन करके आयें, हमारे साथ उम्मीद करके आयें, हमारे साथ यह विश्वास करके आयें कि तमाम उपहार हमें देने के लिए हैं। आज, भारत की तरफ से पूरी दुनिया को मैं यह सन्देश देती हूँ कि भारत की यह आज़ादी अतीत में कभी मरी नहीं है, भविष्य में भी यह अविनाशी रहेगी और मौलिक शान्ति हेतु दुनिया को आगे ले चलेगी।

श्रीपाद अमृत डांगे (1899-1991)

श्रीपाद अमृत डांगे का जन्म महाराष्ट्र में 10 अक्टूबर 1899 को हुआ था। उनका जन्म एक ऐसे कट्टर ब्राह्मण गाँव में हुआ था, जहाँ कुएँ पर अगर किसी अछूत की छाया पड़ जाये तो उस कुएँ को मृत घोषित कर दिया जाता था। किन्तु श्री डांगे इन सारी रूढ़िवादी शक्तियों से लड़ते रहे। इसी बीच उन्होंने अपने सिद्धांतों के प्रति निष्ठा रखते हुए एक विधवा औरत से शादी की। अपने नौजवानी में वे बम्बई में कपड़ा मज़दूरों के नेता बने। वे विश्वविख्यात गिरनी कामगार यूनियन के नेता बने। 1924 में उन्होंने भारतीय कम्युनिस्ट पार्टी की स्थापना की। उनकी अनेक किताबें सारी दुनिया में विख्यात हैं। 1948 में वे बम्बई विधानसभा के सदस्य बने। भारतीय संसद में 1952 में वे प्रथम विपक्ष के नेता बने। उन्होंने पंडित जवाहरलाल नेहरू जी को कहा था कि मैं वहाँ बैठा हूँ, जहाँ आपके पिताजी बैठा करते थे और आप वहाँ बैठे हैं, जहाँ अंग्रेज़ बैठा करते थे। विदित हो कि पंडित मोतीलाल नेहरू केन्द्रीय एसेम्बली में विपक्ष के नेता थे।

बम्बई विधानसभा में गाँधी जी की मृत्यु पर प्रस्तुत शोक प्रस्ताव पर दिया गया उनका भाषण प्रस्तुत है, जिसमें उन्होंने उन राजनीतिक शक्तियों की आलोचना की है, जिन्होंने गाँधी जी की हत्या कराई। साथ ही उन्होंने गाँधी जी को श्रद्धांजलि देते हुए भी पूँजीपतियों का हमदर्द बताया।

एक महात्मा का निधन

(फरवरी, 1948)

महाशय, मैं गहरे शोक एवं संवेदना में शामिल हूँ कि सम्माननीय प्रधानमन्त्री ने संकल्प को गतियुक्त करने की अभिव्यक्ति दी है, जो कि अभी हमारे समक्ष है। संवेदना यह है कि इस सदन की अभिव्यक्ति एक औपचारिक मामला नहीं है, क्योंकि यह सदन अपने अधिकारों एवं संविधान, जिसके तहत यह कार्य करता है, के मुताबिक जनता के लिए बोलने की जवाबदेही उसे है। लोकतान्त्रिक संस्था की संवेदना सिर्फ़ औपचारिक मामला नहीं है, अच्छे कर्मों का मूल्यांकन करना है। जो मर गये, उनका दर्शन नहीं हो सकता। इसका उदाहरण हैं 'भारतीय राष्ट्र के संस्थापक' महात्मा गाँधी। जिस समय कोई उनके जीवन की बारीकी से जाँच-पड़ताल कर सकता है, और उनके दर्शन से सबक लेता है, आज हमारी जिम्मेवारी उसे जनता को प्रदान करने की बनती है। वही जनता, जिसने भेजा हमें इस सदन में भेजा है, और दुनिया के महानतम व्यक्ति की कायरतापूर्ण हत्या के विरुद्ध उनका कर्तव्य क्या है। महात्मा गाँधी की हत्या कर दी गयी और लोग उनके दर्शन के बारे में बहस कर रहे हैं। लेकिन उनकी हत्या उनके दर्शन के लिए नहीं की गयी, उनकी हत्या नहीं हुई, क्योंकि वे एक सन्त थे, उनकी हत्या आहार के प्रयोग के कारण नहीं हुई, उनकी हत्या नहीं हुई, क्योंकि वे एक पत्रकार थे, न ही उनकी हत्या की गयी, क्योंकि वे सुन्दर गुजराती लिखते थे। नहीं, उनकी हत्या नहीं हुई, क्योंकि वे एक सन्त थे, सन्तों की हत्या नहीं की जाती। उनकी हत्या की गयी, क्योंकि उन्होंने इस देश के राजनीतिक मामलों में अपने ढंग से दखलंदाजी की थी, और उनकी दखलंदाजी इस देश की राजनीतिक स्थिति में हिन्दू-मुस्लिम एकता के प्रामाणिक बिन्दु को साम्प्रदायिक प्रतिक्रियावादियों द्वारा पसन्द नहीं किया गया। मात्र एक पाप के दोषी होने और उस खास पाप के कारण उनकी हत्या हुई है। न कि उन्होंने शान्ति, प्रेम एवं भाईचारे का जो आदर्श उपदेश दिया था, उसके कारण। उन्होंने ज़मींदारों एवं काश्तकारों के बीच प्रेम का उपदेश दिया था और विभिन्न जमींदार एवं उनके हमदर्द जो कि सरकार में हैं या बाहर हैं, इसने काश्तकारों के विरुद्ध क्रिया-कलाप किया, क्योंकि वे भी किसानों के बीच जमींदारी प्रथा के उन्मूलन के आधार पर शान्ति, प्रेम एवं भाईचारे की चाहत रखते हैं। इन किसानों के विरुद्ध बन्दूकों एवं तलवारों का इस्तेमाल किया गया, परन्तु कोपाकुल किसानों ने अपने क्रोधावेश में महात्मा गाँधी को हत्या की धमकी नहीं दी। न ही वर्ली के किसानों ने, न ही मज़दूरों ने और न ही साम्यवादियों ने उनकी हत्या की। यह शासकों, ज़मींदारों एवं पूँजीपतियों की प्रतिक्रिया है, जिसे उन्होंने खुद आयोजित किया, षड्यन्त्र किया और उनकी हत्या कर दी। एक भाषण में, जिसे कि आज यहाँ दिया गया है, इस मामले में क्षमा के लिए बहाने के बारे में सुनकर मैं दंग रह गया। इस मामले में मैं क्षमा का प्रार्थी नहीं हूँ, और, इसलिए बहुत देर के पश्चात् महात्मा

गाँधी की महान सेवा के लिए उन्हें दी जाने वाली श्रद्धांजलि में सच्चे दिल से शरीक हो रहा हूँ, मैं क्षमा के लिए आह्वान में शरीक नहीं हो रहा हूँ। जिन्होंने भी यह जघन्य हत्या की, उनकी नीतियों, साजिशों एवं उनके समर्थकों को निर्मूल कर दें। वह प्रतिज्ञा, जिसे आज हमारे सम्मुख पेश किया गया, उसके अन्त में घंटी का शब्द होगा। मैं प्रतिज्ञा में किसी प्रकार के किसी सुधार को नहीं जोड़ रहा हूँ।

महाशय, मेरे अनुसार हम लोग आज यहाँ महात्मा गाँधी की जीवनी को लिखने के लिए नहीं एकत्रित हुए हैं। इतिहास ने अब तक राष्ट्रीय स्वतन्त्रता एवं विश्व स्वतन्त्रता संघर्ष में उनके योगदान का मूल्यांकन किया है। किसी प्रकार, कोई इस बात से इन्कार नहीं कर सकता कि वे अपने काल की उपज थे, जैसा कि अन्य महान लोग होते हैं। बड़े आन्दोलन, जिन्हें उन्होंने चलाया, वे विश्व संकट की उपज थे, न कि उनकी जिगरी इच्छा, कल्पना-शक्ति या प्रेम की उपज थे। 1920 ई. का आन्दोलन, 1930 ई. का आन्दोलन, 1940 ई. का आन्दोलन और 1942 ई. का आन्दोलन वे सभी विश्व संकट से उपजे थे, जिसमें शोषकों के समाज का क्षय हो रहा था। महात्मा गाँधी में अवसर को कब्जे में करने एवं विषम परिस्थिति से अपने ढंग से निपटने की अपूर्व क्षमता थी।

1948 ई. में भारत विभाजन के बाद उन्होंने हमसे कहा था कि यदि लोग अपने क्रिया-कलापों को हिन्दू-मुस्लिम नफरत पर आधारित रखते हैं और दो बड़े समुदायों को युद्ध में लगाये रखते हैं—यदि वह उनका पथ-प्रदर्शक सिद्धान्त होगा—तब दोनों देशों की जनता निश्चित रूप से बर्बाद हो जायेगी। उनकी सलाह पर ध्यान नहीं दिया गया। सरकार का नेतृत्व जन-ज़रूरतों की मात्र एक समस्या को हल करने और वास्तविक शान्तिपूर्ण जीवन के लिए शोषकों के विरुद्ध लोकतन्त्र को संगठित करने में असफल हो गया। इसमें सराबोर होकर प्रतिक्रियावादी साम्प्रदायिक कलह को तूल दे रहे हैं। जब उन्होंने पाया कि महात्मा गाँधी हिन्दू-मुस्लिम एकता को कायम कर रहे हैं--- गृह-युद्ध को टालने के लिए उन्होंने साजिश की और उनकी हत्या कर दी। प्रधानमन्त्री ने व्यक्तिगत सुरक्षा हेतु जनता द्वारा कानून को अपने हाथों में लेने की चर्चा की। प्रतिक्रियावादियों ने नौकरशाही ढाँचे को पुष्ट किया और सरकार महानतम भारतीय को भी व्यक्तिगत सुरक्षा मुहैया नहीं करा सकी। इस देश में किस तरह की व्यक्तिगत सुरक्षा है? महात्मा गाँधी जैसे व्यक्ति, जो कि स्वयं अपने शिष्यों से निर्देशित होते थे, उन्हें सुरक्षा प्रदान करना सरकार के बूते के बाहर की बात थी। यदि सदन मुझे इजाजत दे-मैं नहीं समझता कि आज यह हमारे अधिकारों के तहत है--सरकार जो कि महात्मा गाँधी को सुरक्षा प्रदान करने में विफल रही है, उस पर आरोप लगाने की प्रतिज्ञा करूँ। इन सारे दिनों में, इस सरकार ने अपना वक्त केवल मज़दूरों, किसानों एवं छात्रों के सामान्य लोकतान्त्रिक अधिकारों के रक्षार्थ चलाये गये न्यायपूर्ण आन्दोलनों को दमित करने में लगाया है, लेकिन उन्होंने आर.एस.एस. नेतृत्व द्वारा समाज में जो प्रचण्ड जहर घोला जा रहा था, उस पर रोक लगाने के लिए कुछ भी नहीं किया। इस देश में किस प्रकार की विधि-व्यवस्था है? शान्तिपूर्ण हड़ताल करने के कारण मज़दूरों को मार डाला जा रहा है, दो करोड़ लोगों के संगठन को, विशुद्ध रूप से प्रतिक्रियावादी ताकत के सिद्धान्त पर आधारित एक संगठन द्वारा अपने अबाध्य क्रिया-कलापों के माध्यम से परास्त करने की इजाजत दी गयी। इन परिस्थितियों में यह कोई आश्चर्य की बात नहीं है कि जनता विधि-व्यवस्था को अपने हाथों में लेने की कोशिश करेगी, क्योंकि वे इस बात से वाकिफ़ है कि विधि-व्यवस्था, जो कि अस्तित्व में है, वह शोषकों के लिए है और शोषितों के विरुद्ध है। इसलिए इस बड़ी दुःखान्तकारी घटना से जो सबक हमें लेना चाहिए, वह एक क्रूर सबक है, वह सबक यह है कि इन दोनों देशों को युद्ध में फँसाकर फासिस्टवादी सैन्यतानाशाही व्यवस्था कायम करने दी जाय। यह इस साजिश

का सार है और इसके प्रथम शिकार महात्मा गाँधी ही हुए, क्योंकि वे हिन्दू-मुस्लिम-युद्ध के विरुद्ध थे। भविष्य में अपने मार्ग-दर्शन हेतु हमें इस चेतावनी को ध्यान में रखना चाहिए कि महात्मा गाँधी ने अपने अन्तिम कार्य के रूप में यह सबक दिया कि इस देश में हिन्दू-मुस्लिम के बीच युद्ध नहीं होना चाहिए। उन्होंने जीवन भर अहिंसा का उपदेश दिया, हालाँकि ब्रिटिश शासन के विरुद्ध उनके तथाकथित अहिंसक संघर्ष सदैव हिंसा को उभारने में प्रवृत्त रहे। उन्होंने खुद इस बात को स्वीकार किया था, परन्तु उनका कहना था कि वे इसके लिए जिम्मेवार नहीं थे। और अन्त में उन्होंने यह कहा कि वे आवाम को भीरुता से अहिंसा की ओर लौटने में सुरक्षा प्रदान करने हेतु पावन हिंसा को तरज़ीह देते थे। इसलिए वैसा करने के लिए आवाम पर भरोसा करें। आवाम ने अपने गुस्से का इज़हार हिंसात्मक क्रिया-कलाप, हिंसात्मक संगठन एवं उनके समर्थकों के जरिये किया। उक्त गुस्से को नियन्त्रित, और अच्छी तरह से निर्देशित किया जाना चाहिए तथा उसकी निन्दा नहीं की जानी चाहिए, क्योंकि अकेले आवाम (जनता) ही है, जो कि अपने लोकतन्त्र की रक्षा कर सकती है---तब जबकि घटना से जुड़े हत्यारे के विरुद्ध दस्तावेज (साक्ष्य) चौकसीपूर्ण ढंग से रखवाली करने वाले पुलिस थैलों से गायब हो जाएँ, क्या हम सरकार पर भरोसा कर सकते हैं? नहीं, हम कभी भी सरकार पर भरोसा नहीं कर सकते हैं। इसलिए, हमें आवाम पर भरोसा करना चाहिए। हाँ, आवाम जनता का न्यायाधिकरण ही है, जो हत्यारे का इंसाफ करेगा, आवाम का ही न्यायाधिकरण है, जो उन शासकों, ज़मींदारों और पूँजीपतियों का इंसाफ करेगा, जिन्होंने हिंसात्मक संगठनों का बचाव किया एवं उन्हें वित्तीय सहायता प्रदान की। आवाम का ही न्यायाधिकरण है, जो सरकार में उच्च ओहदों पर आसीन लोगों के क्रिया-कलापों और वे, जिनके वक्तव्यों ने आवाम को लक्ष्य करके इस प्रतिक्रियावादी आन्दोलन को देशभक्ति का प्रमाण-पत्र दिया है, पर फैसला देगा। महाशय, उक्त सबक से, मैं पुनः यह कहना चाहूँगा कि महात्मा गाँधी की मृत्यु देश एवं जनता के लिए अपूरणीय क्षति है, परन्तु कुछ लोगों का यह कहना है कि यह कोई क्षति नहीं है, क्योंकि अहिंसा का प्रयोग समाप्त हो जायेगा। नहीं यह प्रयोग तभी समाप्त होगा जब सर्वहारा और किसान राज्य की बागडोर सँभालेंगे और देश में समाजवादी जनतन्त्र कायम होगा।

सी.एन. अन्नादुराई (1909-1969)

सी.एन. अन्नादुराई का जन्म 15 सितम्बर 1909 कांजीपुरम तमिलनाडु में हुआ था एवं उनकी मृत्यु 3 फरवरी, 1969 को हुई।

अन्ना के रूप में जाने-ज़ाने वाले अन्नादुराई, स्वाधीनता के बाद तमिलनाडु के पहले गैर-कांग्रेसी मुख्यमन्त्री 1968 में बने। 1949 में उन्होंने द्रविड़ मुनेत्र कड़गम की स्थापना की और हिन्दी विरोधी आन्दोलन के दौर में सबसे मुखर एवं गरिमामय नेता थे। वे 1962 में राज्यसभा के सदस्य बने और एक आर्य सांस्कृतिक हमले के खिलाफ़ हिन्दी के खिलाफ़ अभियान को संसद तक लेकर गये। अप्रैल 1962 में राष्ट्रपति के अभिभाषण पर बोलते हुए उन्होंने भारत सरकार की कड़ी आलोचना की। संसद में पहली बार चार दक्षिणी राज्यों को मिलाकर एक अलग और स्वतन्त्र दव्रिड़नाडु बनाने की माँग गम्भीरता से उठाई गयी। लेकिन चीनी हमले तथा सरकार के रुख में बदलाव के अलावे तमिलनाडु में डी.एम.के. की जीत के बाद धीरे-धीरे यह माँग बन्द हो गयी। जल्द ही अन्ना तमिलनाडु के मुख्यमन्त्री बन गये और उसके बाद से द्रविड़ दलों का तमिलनाडु की राजनीति पर पूरा वर्चस्व हो गया। यद्यपि उनकी पार्टी आगे चलकर दो भागों में बँट गयी—डी.एम.के. और अन्ना डी.एम.के। लेकिन आज भी तमिलनाडु की राजनीति में इन्हीं दोनों की वर्चस्व है।

प्रस्तुत है उनका राज्यसभा में राष्ट्रपति जी के अभिभाषण पर भाषण।

द्रविड़नाडु

(1949)

महोदय, मैं भारत के एक ऐसे हिस्से से आता हूँ जो भारत विरोधी तो नहीं, लेकिन अलग सभ्यता और सांस्कृतिक क्षेत्र का प्रतिनिधित्व करता है। मैं द्रविड़ सभ्यता का प्रतिनिधि हूँ। मैं अपने को द्रविड़ कहने में गौरव महसूस करता हूँ। इसका अर्थ यह नहीं कि मैं बंगाली, मराठी या गुजराती के खिलाफ़ हूँ। जैसा कि राबर्ट बर्न्स ने कहा है कि मनुष्य सिर्फ़ मनुष्य है। मैं जब अपने को द्रविड़ कहता हूँ, इसका अर्थ है कि द्रविड़ लोगों के पास कुछ ठोस, कुछ खास, कुछ अलग चीज पूरे राष्ट्र को देने के लिए है। इसीलिए हम लोग आत्म-निर्णय का अधिकार चाहते हैं। यहाँ आने के बाद मैं माननीय सदस्यों में बहुत दयालुता पाई है। मैं जब यहाँ आ रहा था, उस समय मैंने इतनी दयालुता की अपेक्षा नहीं की थी। इस दयालुता को देखकर कुछ हिन्दी बोलने वाले लोगों द्वारा पैदा की गयी कटुता को मैं भूल चुका हूँ। मैं आपके बीच रहना पसंद करूँगा। मैं एक राष्ट्र के रूप में आपके बीच रहना पसंद करूँगा। इच्छा अलग चीज है और तथ्य अलग हैं। हम एक विश्व और एक सरकार चाहते हैं। लेकिन हम राष्ट्रीय सीमाओं को भूल जाते हैं। पिछले दिनों मैं औद्योगिक रूप से इतने विकसित राज्य के माननीय सदस्य दयाभाई पटेल को बहुत ही तीखी आवाज़ में बोलते हुए सुना। अब मेरे राज्य मद्रास की बात लीजिए। यह सभी मानदण्डों में पिछड़ा हुआ है। आपके पास चार इस्पात के कारखाने हैं। हम दशकों से एक इस्पात कारखाने की माँग करते रहे हैं, लेकिन हमें क्या मिला है। उन्होंने एक नये मन्त्री को यह मन्त्रालय दे दिया, लेकिन हमें इस्पात का उद्योग नहीं दिया। अगर सुब्रह्मण्यम महोदय यहाँ नहीं आते तो अभी इस्पात कारखाने की माँग कर रहे होते। क्या यह कूटनीति, बुद्धिमानी या राजनीतिक चालबाजी है, मैं इसे नहीं जानता हूँ। लेकिन आप उन्हें दक्षिण को जवाब देने के लिए लाए हैं। यही ब्रिटेनवासी कर रहे थे। बाँटो और राज करो, सौदेबाजी से धन प्राप्त करो, आँकड़ों के जरिये उठाये गये प्रश्नों का जवाब दो।

हम लोग अलग होना चाहते हैं। इसका यह अर्थ नहीं कि हम कोई शत्रुवत व्यवहार करना चाहते हैं। विभाजन की बात उठने से उत्तरी क्षेत्रों में रहने वाले लोगों की भावनाओं का हमें एहसास है। विभाजन के भयानक दुष्परिणामों से हम परिचित हैं और मैं उसके प्रति गहरी संवेदना व्यक्त करता हूँ। लेकिन हमारा अलगाव, पाकिस्तान के अलगाव की कहानी से एकदम भिन्न है। मैं कहना चाहता हूँ कि अगर सहानुभूतिपूर्ण ढंग से इस अलगाव पर विचार किया गया तो इस सवाल पर कोई उन्माद पैदा नहीं होगा। इसके कोई गम्भीर दुष्परिणाम नहीं होंगे। सौभाग्य से दक्षिण अपने आप में एक भौगोलिक इकाई है। हम इसे दक्कन या प्रायद्वीप कहते हैं। यहाँ से एक स्थान से दूसरे स्थान पर जाने वाले लोगों की कोई बड़ी संख्या नहीं होगी। इस अलगाव से शरणार्थियों की कोई समस्या नहीं

होगी। मैं इस मुद्दे पर शान्ति से, गम्भीरता एवं सहानुभूतिपूर्वक विचार करने का आग्रह करता हूँ।

भाषा एवं अन्य बातें संविधान-सभा द्वारा तय की जायेंगी। वर्तमान में परिस्थिति के बारे में आपकी जो भी समझ हो, आज दक्षिण में हम जो चीज प्राप्त नहीं कर रहे हैं, उसके लिए वहाँ की जनता भारत सरकार पर पूरा दोष मढ़ रही है। कुछ उद्योगों को लगाने में कुछ स्वाभाविक कठिनाइयाँ हो सकती हैं, लेकिन जब भी कोई इस्पात उद्योग, तेल साफ करने वाले उद्योग या रेलवे लाइन बिछाने से इन्कार किया जाता है तो दक्षिण के आम लोग इसे दिल्ली सरकार की कारस्तानी मानते हैं। यही उत्तर के साम्राज्यवाद का तरीका है और जब तक आप इस साम्राज्यवादी पंजे से बाहर नहीं आते हैं तब तक आप अपने देश को सुरक्षित, सुव्यवस्थित, समृद्ध एवं प्रगतिशील नहीं बना सकते हैं। जब मैं अलगाव की बात करता हूँ तो मैं दक्षिण के नयी सोच का प्रतिनिधित्व करता हूँ। कुछ समय पहले मीरा बहन ने कहा है कि ब्रिटिश सरकार के खिलाफ़ संघर्ष में जो हमारी स्वाभाविक एकता कायम हुई थी, उसे एकता का स्थाई भाव नहीं समझा जाना चाहिए। अलगाव के सिद्धान्त या अगर इसे नरम ढंग से कहा जाय तो आत्म-निर्णय के अधिकार को जाने-माने अन्तर्राष्ट्रीय नेताओं एवं इस उप-महादेश के प्रधानमन्त्री ने भी स्वीकार किया है। पाकिस्तान के विवाद के समय, कपूरथला मैदान में भाषण देते हुए पं. जवाहरलाल नेहरू ने कहा था कि एक संगठन के रूप में कांग्रेस पार्टी देश की प्रत्येक इकाई को एक सूत्र में पिरोकर रखने की कोशिश करेगी, लेकिन अगर कोई इकाई देश से अलग होना चाहती है तो कांग्रेस इसकी सहमति देगी। इस प्रकार कांग्रेस ने आत्म-निर्णय के अधिकार को स्वीकार किया है। मैं उस उदारवादी विचार, जनतांत्रिक जज्बे के सामने निवेदन कर रहा हूँ। यह सच है कि आज वे देश के प्रधानमन्त्री हैं, लेकिन मैं उम्मीद करता हूँ कि आज भी उनके हृदय में यह आग जल रही होगी। आप भारतीय प्रायद्वीप को आत्मनिर्णय का अधिकार क्यों नहीं दे रहे हैं? इस बात से भारत ग़रीब नहीं हो जायेगा बल्कि उसका सम्मान ऊँचा हो जायेगा। भारत को एकताबद्ध देश के रूप में बरकरार रखने की कामना करने वाले तमाम लोगों को मैं आमंत्रित करता हूँ कि इसे राष्ट्रीयताओं का समूह बनाइए न कि इधर-उधर की गुस्सैल इकाइयों वाला देश।

ओ.बी. अल्गेशन (1911-1992)

ओ.बी. अल्गेशन तमिलनाडु के प्रखर कांग्रेसी नेता थे। उनका जन्म तमिलनाडु में 6 सितम्बर 1911 को हुआ था। उन्होंने भारतीय स्वतन्त्रता संग्राम में जुझारू भूमिका अदा की थी। भारतीय संसद में वे लोकसभा के 1951-57, 1962-67 एवं 1971 से 1979 तक सदस्य रहे। इसके पूर्व वे 1946-51 तक संविधान सभा के भी सदस्य रहे। वे 1968 से 1971 तक इथोपिया में भारतीय राजदूत रहे। उनकी मृत्यु 81 वर्ष की उम्र में 3 जनवरी 1992 को हुई।

प्रस्तुत भाषण ओ.बी. अल्गेशन द्वारा लोकसभा में 12 जुलाई 1952 को दिया गया था, जिसमें उन्होंने भाषाई आधार पर राज्यों के पुनर्गठन का विरोध किया था। भाषण में तत्कालीन आन्ध्र प्रदेश के पूर्व गठन की चर्चा की गयी है, जो आज भी प्रासंगिक है।

भाषाई राज्यों के बारे में

(12 जुलाई, 1952)

छः घंटों से ज़्यादा समय से इस विषय पर बहस हो रही है और मुझे खुशी है कि अन्त में एक तमिल क्षेत्र में रहने वाले व्यक्ति को बोलने का मौका दिया गया है। ऐसा लगता था कि जैसे तमिल और खासकर मद्रास का कोई प्रतिनिधि इस सदन में न हो। मद्रास के बारे में बहुत खराब ढंग से बोला जा रहा था। बहुत से माननीय सदस्यों द्वारा भविष्य में पुनर्वितरण की योजना में इस शहर को क्या करना चाहिए, इस पर बहुत-सी बातें कही गयीं। मुझे आश्यर्च हो रहा था कि मद्रास नगर के प्रतिनिधि इस सदन में क्या कर रहे हैं? उनमें से बहुत लोग यहाँ उपस्थित हैं। टी.टी. कृष्णमाचारी के रूप में दक्षिण मद्रास को बहुत अच्छा प्रतिनिधि मिला हुआ है। दुर्भाग्य से या सौभाग्य से वे सरकारी कुर्सी पर बैठे हुए हैं, अतः उनका मुँह बन्द है। इसका यह अर्थ नहीं कि मद्रास नगर के बारे में उनके विचारों से लोग परिचित नहीं हैं। इसके साथ-साथ मद्रास के 8 में से तीन हिस्सों महाशय नेटशन एवं श्रीमती चन्द्रशेखर प्रतिनिधित्व कर रहे हैं। आशा करता हूँ कि उन्हें अपनी बातें कहने का मौका दिया जायेगा। वे मद्रास की जनता के मत को सही तौर पर रखते हुए बतायेंगे कि वहाँ की जनता कहाँ रहना चाहती है और किसके साथ जुड़ना चाहती है। अभी तक इस विषय पर होने वाली बहस अवास्तविक पहलुओं की ओर झुकी हुई है, क्योंकि मद्रास का प्रतिनिधित्व करने वाले वास्तविक प्रतिनिधियों को अभी तक बहस में भाग लेने के लिए नहीं बुलाया गया है।

मैं सबसे पहले इस प्रस्ताव की तात्कालिक पृष्ठभूमि पर बात करना चाहूँगा और उसके बाद मैं आन्ध्र क्षेत्र में रहने वाले दोस्तों द्वारा उठाये गये कुछ विवादास्पद मुद्‌दों पर अपनी बातें रखूँगा। अगर मैंने सही तौर पर गिना है तो महाशय आपको जोड़कर 5 लोग और बहुत से केरल और कर्नाटक के क्षेत्रों से बोल चुके हैं। भाषाई प्रदेशों की माँग राजनीतिक एवं आर्थिक माँगों से ज़्यादा भावनात्मक माँग है। इस मुद्‌दे पर जनता गहराई से आलोड़ित है और अन्यन्त आक्रोशित हैं और आन्ध्र क्षेत्र के लोग अनशन पर बैठे हुए हैं। मैं नहीं जानता हूँ कि इसे सत्याग्रह का नाम दिया जाय। वे भाषाई प्रदेश की माँग कर रहे हैं। यह एक तरह से अतीत का गौरवगान है। जब जनता की उपलब्धियाँ अतीत की गाथा बन जाती हैं तो भाषा ही उन्हें दर्पण के रूप में अतीत की उपलब्धियों की याद दिलाती है। जब सभी चीजें मृत्यु को प्राप्त होती हैं और हर चीज का पतन हो जाता है तो सिर्फ़ भाषा ही जिन्दा बचती है। इसी के चलते भाषा मानव हृदय में गहराई तक भावनाओं का संचार करती है। जैसे महाराष्ट्र वासियों का उदाहरण लीजिए, वे शिवाजी के समय के बहादुरी वाले दिनों को याद करते हैं और उसे फिर से प्राप्त करने के लिए तड़पते हैं।

वे महाराष्ट्र के महान संतों और उनके धार्मिक कृत्यों को याद कर बहुत ज़्यादा उत्कृष्टता का

अनुभव करते हैं। उसी तरह से आन्ध्र के दोस्त ईसा-पूर्व युग के साम्राज्य का स्वप्न देखते हैं, जिसका तेलुगु के साथ आन्ध्र का नाम छोड़कर कोई और समानता नहीं है।

तमिल कवियों ने तमिल राजाओं द्वारा उत्तर के सेनापतियों पर विजय एवं हिमालय पर झंडा फहराने के बारे में कविताएँ लिखी हैं। उन्होंने चुपके से दूसरे के हाथों पराजयों की बातों को अपनी कविताओं में जगह नहीं दी है। माननीय वित्तमन्त्री जो एक चतुर व्यक्ति हैं, उन्होंने अपना जवाब समाप्त करते हुए कवि तिरुवल्लुवर की किताब से एक साधारण कुराल को उद्धृत किया है जो उनके लिए बड़े गौरव की बात है। अगर वे तमिल क्षेत्र के लिए 10 करोड़ रुपये भी आवंटित कर देते तो भी जनता कहती कि वितमन्त्री और ज़्यादा आवंटन कर सकते थे, लेकिन उन्होंने ऐसा नहीं किया।

यही वो जादू है जो लोगों के दिलो-दिमाग पर राज करता है। अगर आम जनता और उनके प्रतिनिधि इस पर आक्रोशित हैं तो इस भावना को मैं अच्छी तरह समझ सकता हूँ। जैसा कि हमारे मित्र माननीय निजलिंगप्पा ने कुछ मिंटों पहले कहा है, हमारे विरोधी मित्रो ने बिना अवसर खोये उसके भावनात्मक मूल्य को कसकर पकड़ लिया है और वे भाषाई राज्यों के समर्थक बन गये हैं। वे सबसे आगे बढ़कर भाषाई आधार पर पुनर्विभाजन की माँग कर रहे हैं। इस बात को मैं बहुत अच्छी तरह से समझ सकता हूँ। पर उन लोगों से यह जानना रोचक होगा कि भाषाई पुनर्विभाजन के लिए उन्होंने कितनी स्थानीय भाषाओं एवं बोलियों को मान्यताएँ दी हैं। इस देश में कुछ ऐसी भाषाएँ हैं जिनकी कोई लिपि नहीं है। लेकिन हमारे विरोधी मित्र ऐसी भाषा के आधार पर उन्हें राज्य का तोहफा देंगे, क्योंकि वे बोलियों को भी मान्यता देंगे। वे कहेंगे कि हम इसका विकास करेंगे। एक अन्य बोली टुलू है जो दक्षिण कनार के एक हिस्से में बोली जाती है। आधा जिला टुलू बोलने वाले और आधा कोंकणी बोलने वाले के हिस्से में जायेगा। अगर हमारे विरोधियों का वश चले तो वे देश को भाषाओं एवं बोलियों के आधार पर खंड-खंड कर देंगे, जिससे देश में एकता एवं एक-दूसरे के साथ खड़ा होने का कोई आधार न बचे। वे हमें पित्तृभूमि के उदाहरण का अनुसरण करने के लिए कहेंगे और सभी छोटी बोलियों को विकसित करने की बात करेंगे क्योंकि यह उनके उद्‌देश्यों की पूर्त्ति करता है। हम लोग अभी अपने सार्वजनिक कार्यों का संचालन एक भाषा के माध्यम से और वह भी विदेशी भाषा के माध्यम से करते हैं। हालाँकि भाषा एक है लेकिन हम अलग-अलग मत व्यक्त कर सकते हैं। कल हमने देखा कि कैसे माननीय गृहमन्त्री ने अपना विचार बदलते हुए विरोध पक्ष के मत के अनुरूप विधेयक में बड़ा परिवर्तन जोड़ा।

अगर हमारे विरोधी मित्रो के हाथ में पूरी बात हो तो उनके यहाँ कोई मत-भिन्नता नहीं होगी। वे पूरी तरह एकरूपता एवं एक मत मानने की बात लागू कर देंगे। ऐसा सुनिश्चित करने के बाद, वे भाषाई विविधताओं को पूरी तरह फलने-फूलने देंगे। क्या होगा अगर 100 भाषाएँ हों? वे सब एक ही गीत गायेंगे। वे राज्य की महानता के गीत गायेंगे, अतः यह उनके बहुत ही अनुकूल बात है जो इस समय उन्होंने इस देश को कमजोर करने के लिए उठाई है। यह उन मित्रो से पूछना बहुत ही लाभकारी होगा कि जो अत्यन्त केन्द्रीयकरण में विश्वास करते हैं, वे ऐसे रास्ते पर कैसे चल रहे हैं जो बहुत-सी भाषाई इकाइयों के हाथों में शक्ति का विकेन्द्रीकरण कर रहे हैं। उनकी रणनीति का रहस्य इसी में निहित है। वे ऐसे तरीकों का इस्तेमाल करते हैं जो उनके लक्ष्यों के विपरीत हैं।

अब मैं उन तमाम विवादास्पद मुद्‌दों पर बात करना चाहूँगा जो आन्ध्र क्षेत्र से आने वाले मित्रो ने उठाए हैं। सबसे पहले यह कहा गया कि जनता की इच्छा के बारे में जानना चाहिए। हमें इसमें कोई विरोध नहीं है। मैंने सिर्फ़ इतना कहा है कि जनता की इच्छा की जानकारी ली जा चुकी। उन्होंने

पिछले चुनाव में अपना मत व्यक्त कर दिया है। मैं इसे साबित करूँगा। आंध्र के एक प्रसिद्ध नेता यहाँ हैं। सदन ने प्रधानमन्त्री को सुन लिया है कि कैसे आंध्र के लोग अपना प्रदेश प्राप्त करने के एक इंच के दायरे में थे और कैसे वे इसे प्राप्त करने से चूक गये। एक ही आदमी था, जिसने कहा कि हम मद्रास नगर के बगैर आन्ध्र कबूल नहीं करूँगा और उसके बाद आन्ध्र की बात को छोड़ देना पड़ा और उस भद्र व्यक्ति ने अपने विचार की सत्यता को साबित करने के लिए मद्रास नगर के एक क्षेत्र से चुनाव लड़ने की बुद्धिमत्ता दिखाई। उसके बाद जनता ने अपना मत व्यक्त किया और कहा कि आपको अपनी जमानत खोनी है और आपकी उस स्थान पर कोई पकड़ नहीं है। इसीलिए उन्होंने उनके खिलाफ़ मतदान किया, क्योंकि वे जानते थे कि मद्रास नगर को आन्ध्र में जोड़ने के लिए इस मत का दुरुपयोग किया जायेगा। मैं महसूस करता हूँ कि आन्ध्र के मित्र बहुत ही भावुक लोग हैं। तमिल अपने राज्य के लिए उतना हल्ला नहीं करते हैं। लेकिन क्यों? ऐसा नहीं है कि हम अपना प्रदेश नहीं चाहते हैं। ऐसा इसलिए है, क्योंकि हमें वास्तविकता की ज़्यादा समझ है। अगर आन्ध्र अलग किया जाता है तो भी यह मिले-जुले राज्य की ही याद दिलायेगा। यहाँ मलयाली, कनारी रहेंगे। हम उन्हें बाहर जाने के लिए नहीं कह सकते हैं। अतः हम लोगों ने व्यावहारिक दृष्टिकोण अपनाया है और हम इसे आगे ले जा रहे हैं। अतः आप अलग तमिल राज्य के लिए हल्ला-हंगामा नहीं सुनते हैं, इसका मतलब यह नहीं कि हम अलग राज्य नहीं चाहते हैं।

मैं एक उदाहरण देकर बताना चाहूँगा कि क्यों यह प्रश्न सुलझाया नहीं जा रहा है और क्यों यह हर समय हमारे सामने आ जाता है। हाल ही में डाक विभाग ने भारत के कवियों के चित्रों के साथ नये स्टाम्प जारी करने का प्रस्ताव किया। मैंने उसमें मीरा, तुलसीदास, टैगोर का चित्र देखाँ तुलसी दास शायद हिन्दी के एकमात्र कवि हैं और कुछ अन्य हैं। मैंने संचार मन्त्रालय के उपमन्त्री से पूछा आपने सुब्रह्मण्यम भारती का नाम क्यों छोड़ दिया। उनका उत्तर था, मैंने इस पर विचार किया। हम भारती को चाहते थे, लेकिन हम किसी तेलुगु कवि के बारे में सोच नहीं सके, इसीलिए भारती को छोड़ दिया। ये हमारे मंत्रियों एवं केन्द्रीय सरकार की समझ हैं। अतः हमें खुशी होगी अगर इस मुद्दे का जल्दी से जल्दी समाधान हो जाय।

गोविन्द बल्लभ पन्त (1887-1961)

पंडित गोविन्द बल्लभ पन्त का जन्म 10 सितम्बर, 1887 को अलमोड़ा (अब उत्तराखंड) में हुआ था। उनकी शिक्षा इलाहाबाद विश्वविद्यालय में हुई। वे जुझारू स्वतन्त्रता सेनानी थे। काशीपुर में कुछ वकालत करने के पश्चात वे 1914 में ही स्वतन्त्रता की लड़ाई में कूद पड़े। 1930, 1940 और 1942 में उन्हें जेल यात्रा करनी पड़ी। सत्याग्रह में पुलिस की लाठियों की मार से उनकी गर्दन पर चोट आई, जिससे सिर बराबर हिलता रहता था। वे केन्द्रीय एसेम्बली के भी सदस्य चुने गये थे। वे पहली बार 1937 में संयुक्त प्रान्त के मुख्यमन्त्री बने। स्वतन्त्र भारत में भी वे संयुक्त प्रान्त के मुख्यमन्त्री बने। वे 10 जनवरी, 1955 में भारत के गृहमन्त्री बने और उसी पद पर 7 मार्च, 1961 को उनकी मृत्यु हुई। वे स्वाधीनता आन्दोलन में पंडित जवाहरलाल नेहरू के निकटतम सहयोगी रहे। उन्हीं के नाम पर उत्तराखण्ड में पन्तनगर का नामकरण हुआ। उनके व्यक्तित्व को ध्यान में रखते हुए संसद भवन के समक्ष उनकी प्रतिमा लगाई गयी है। 1957 में उन्हें भारतरत्न के सम्मान से विभूषित किया गया।

प्रस्तुत भाषण 26 जनवरी, 1953 को गणतन्त्र दिवस के अवसर पर आकाशवाणी के माध्यम से दिया गया था।

कठोर परिश्रम की आवश्यकता

(गणतन्त्र दिवस प्रसारण, ऑल इण्डिया रेडियो, 26 जनवरी, 1953)

"..........आपको याद होगा कि इस दिन को ही वर्ष 1930 ई. में हमने अपने देश को स्वतन्त्र, खुशहाल और सशक्त बनाने की शपथ ली था। तब से हम लोग 26 जनवरी को अपनी शपथ का पुष्टिकरण करते रहे हैं। सचमुच यह दिवस अत्यन्त महत्त्व का है और प्रत्येक वर्ष की शुरुआत में हम लोग स्वयं इस महत्त्वपूर्ण प्रतिज्ञा और अपने कर्तव्य को स्मरण करते हैं। हम लोग अपने जिस सर्वोपरि उद्‌देश्य से आबद्ध थे, वह देश को स्वतन्त्र करना था, क्योंकि स्वतन्त्रता के बगैर हम लोग या तो एक राष्ट्र के रूप में या व्यक्तिगत रूप में सम्मान प्राप्त करने या भारत की आत्मा को पुष्ट करने की उम्मीद नहीं कर सकते। ईश्वर की कृपा से और गाँधी जी की तपस्या, नेताओं के आत्म-त्याग एवं समर्पण और लोगों के सहयोग के फलस्वरूप हमारे देश ने लगभग साढ़े पाँच वर्ष पूर्व स्वतन्त्रता को हासिल कर लिया तथा परतन्त्रता का अन्धकार मिट गया।

हमने अन्य राष्ट्रों के साथ समानता के दर्जे को हासिल किया और शेष दुनिया के समक्ष प्रभुत्व के साथ सीधा खड़े होने के अधिकार को प्राप्त किया। जनता के प्रतिनिधियों द्वारा ढाँचा तैयार किये गये भारतीय संविधान को लगभग तीन वर्ष पूर्व लागू किया गया और हमारी प्राचीन धरती ने इस आधुनिक युग में एक स्वतन्त्र गणराज्य के रूप में अपनी महानता का सुबूत दिया। हमारे देश ने अनेकानेक झंझावातों को सहन किया, परन्तु पूरी दुनिया का प्रभावशाली सम्मान एवं प्रशंसा प्राप्त करके विजयी हुआ। निस्सन्देह आज अन्तर्राष्ट्रीय क्षेत्र में हमारी स्थिति बहुत उच्च है और संसार के राष्ट्र वस्तुतः भारत का आदर करते हैं। हमारे तिरंगे का हर जगह स्वागत किया गया। फिर भी, हमें लम्बी दूरी तय करनी है। हमें देश से भोजन तथा वस्त्राभाव एवं निर्धनता और बेरोजगारी को दूर करना है। हमें अज्ञानता एवं व्याधि का उन्मूलन करना है और जनता में संस्कार और तन्दुरुस्ती को लाना है। संक्षेप में, हमें राष्ट्र को समृद्ध एवं सुदृढ़ बनाना है, ताकि प्रत्येक नागरिक समस्त मानवीय अधिकारों का प्रयोग करने में सक्षम हो सके और अपने को ताकतवर, समृद्ध एवं खुशहाल महसूस कर सके।

तमाम समस्याओं के निराकरण एवं प्रत्येक गाँव तथा शहर को प्रसन्नचित्त और जीवन्त करने के लिए न केवल नवजीवन, बल्कि सामाजिक ढाँचे में मौलिक परिवर्तन की ज़रूरत है। हमारे देश में प्राकृतिक संसाधनों का अभाव नहीं है। इन संसाधनों के उपभोग हेतु हमारे पास पर्याप्त बड़ी आबादी है। हमारी मानवशक्ति वास्तव में विशाल है। इन सबों के बावजूद हम ग़रीबी का दंश झेल रहे हैं। हमें निर्धनता एवं बेरोजगारी से संघर्ष करना है, जैसा कि हमने आज़ादी हासिल करने के लिए संघर्ष किया। हमें अपने लक्ष्य को प्राप्त करने में पूरी तरह और तीव्र गति से इस संघर्ष में भी उसी

तरह अवश्य कामयाबी मिलेगी। इसके लिए आज उसी तरह की त्याग के भावना, उत्साह, समर्पण, एकता (संगठन) और सहयोग की ज़रूरत है, जिनके बल पर हम लोग अंग्रेजों को परास्त कर भारत को परतन्त्रता से मुक्त कराने में समर्थ हुए थे। आज हमें आर्थिक अधीनता को समाप्त करने का संकल्प लेना है। आज सारी शक्ति किसानों, मज़दूरों और आम जनता के हाथों में है। हमारे देश में विदेशी शासक नहीं हैं, हमारी प्रगति के मार्ग में कोई बाह्य हस्तक्षेप नहीं है। यदि हम बगैर दम भरे साथ-साथ काम करने का दृढ़संकल्प करें, तो शीघ्र ही हम लोग आर्थिक क्षेत्र में सम्मानजनक स्थिति को प्राप्त करके इसके उज्ज्वल भविष्य का निर्माण कर सकते हैं। इस आर्थिक एवं सामाजिक स्वतन्त्रता को हासिल करने के लिए हमें आत्म-विश्वास, कार्य करने की इच्छाशक्ति एवं दृढ़ता को विकसित करना होगा। संकल्प के द्वारा हम लोग इसे निश्चित रूप से हासिल कर सकते हैं। ...आज हम सबों को यह प्रतिज्ञा करनी है कि प्रतिदिन विकास के विभिन्न क्रिया-कलापों के लिए परिश्रम करें। हमें यह भी ध्यान रखना है कि सभी बड़े या छोटे, युवा या वृद्ध, पुरुष या स्त्री द्वारा की गयी प्रतिज्ञा का निर्वाह पूरी जिम्मेवारी के साथ किया जाये। हर किसी को भारी या हल्का काम करने के लिए, जिसे वह करने में सक्षम है, सच्चे हृदय से खुद को लगाना होगा। गाँवों में कई तरह के काम करने हैं, जैसे–सड़कों, पंचायत भवनों, बीज-भण्डारों और नालियों का निर्माण और कुओं, तालाबों एवं कम्पोस्ट गड्डों की खुदाई आदि जो कि विश्वास, संकल्प एवं सहयोग के जरिए कुछ ही दिनों में पूरा किया जा सकता है। परिश्रम से हमें समाज सेवा के चरम सन्तोष की प्राप्ति होगी। इस सन्दर्भ में हम लोग अपनी प्रगति के साथ ही देश की प्रगति में भी हिस्सा लेने में समर्थ होंगे।

"हम में से सबों को, जिन्हें भारत माँ की सन्तान होने का गर्व और सौभाग्य है, यह प्रतिज्ञा करनी चाहिए कि हमने जिस आज़ादी को हासिल किया है, वह निरर्थक नहीं हो सकती। हमें यह ख्याल रखना चाहिए कि हमने राजनीतिक अधीनता की जंजीरों को तोड़ दिया है, हमने आर्थिक अधीनता के बन्धनों को भी ध्वस्त कर दिया है। हमें महात्मा गाँधी का वरदान प्राप्त है। काम के प्रति निष्ठा, स्वार्थविहीनता, नैतिक बल और अपने देश, अपने-आप एवं अपने बच्चों के हित के लिए परिश्रम को वरदान बनाने की इच्छा के बल पर हम लोग स्वयं को समृद्ध बना सकते हैं। जब आपकी स्थिति एवं आपके गाँव की स्थिति में सुधार होगा और आप खुशहाल और समृद्ध होंगे, तो इसका अभिप्राय निश्चित रूप से देश और राज्य की प्रगति होगा। आप अपने प्रारब्ध के मालिक स्वयं हैं, और आप मात्र कठिन एवं अखण्ड परिश्रम के जरिए ही अपने भविष्य का निर्माण कर सकते हैं। वे दिन लद गये, जब हम लोग विदेशी शासनाधीन थे, प्रगति के अर्थ को नहीं जानते थे और हर चीज के लिए अन्य देशों की बाट जोहते थे। आज हम लोग स्वतन्त्र हैं, और हमारी प्रगति हम पर ही निर्भर करती है।"

जवाहरलाल नेहरू (1889-1964)

जवाहरलाल नेहरू का जन्म 14 नवम्बर, 1889 को इलाहाबाद में हुआ था। वे प्रसिद्ध बैरिस्टर पंडित मोतीलाल नेहरू के पुत्र थे जिनका परिवार कश्मीर से घूमते-फिरते इलाहाबाद में बस गया। उनके पिता मोतीलाल नेहरू भारत के प्रसिद्ध वकील थे, साथ ही साथ भारतीय राष्ट्रीय आन्दोलन में भी वे सक्रिय थे। नेहरू ने भी ट्रिनिटि कॉलेज कैम्ब्रिज से स्नातक एवं इनर टेम्पुल लन्दन से बैरिस्टर की परीक्षा पास की। भारत लौटने पर उन्होंने इलाहाबाद उच्च न्यायालय में वकालत शुरू की। स्वाधीनता आन्दोलन में वे 20-25 वर्ष की उम्र में ही कूद पड़े। 1920 में वे कांग्रेस में वामपंथी नेताओं के सम्पर्क में रहे। गाँधीजी ने उन्हें अपना पूरा समर्थन दिया और वे 1929 में कांग्रेस अध्यक्ष निर्वाचित हुए। इसी सम्मेलन में पूर्ण स्वराज्य की घोषणा उनके द्वारा की गयी। आगे चलकर वे कई बार जेल गये और 1942 की अगस्त क्रान्ति में उन्होंने अग्रणी भूमिका अदा की। स्वतन्त्रता के बाद वे भारत के प्रथम प्रधानमन्त्री बने।

प्रस्तुत भाषण भारत के तत्कालीन प्रधानमन्त्री पं. जवाहरलाल नेहरू ने भारतीय राष्ट्रीय कांग्रेस के साठवें अधिवेशन में दिया था जिसमें उन्होंने पार्टी और सरकार को समाजवादी ढाँचे की ओर ले जाने की बात कही थी। इस वक्तव्य में उन्होंने पंचवर्षीय योजनाओं पर ज़ोर दिया था।

भारत की पंचवर्षीय योजना

(अवाड़ी, जनवरी, 1955)

कल मुझे एक प्रस्ताव रखने का सम्मान मिला जो आपने पारित कर दिया। इस प्रस्ताव के जरिये हम यह स्पष्ट रूप से समझाना चाहते हैं कि हमारा लक्ष्य समाजवाद पर आधारित समाज निर्माण है। वर्तमान प्रस्ताव में आर्थिक नीतियों के बारे में बताया गया है। हमें आपके निर्णयों को साकार करना है, क्योंकि अन्ततः यह आर्थिक नीति ही है जो भारत के नक्शे को एक आकार देगा, जिसे आप समाजवाद के रास्ते पर चलने वाला नक्शा कहेंगे। अतः यह सबसे बड़े महत्त्व वाला प्रस्ताव है।

हम इस प्रस्ताव को नारे के आधार पर लागू नहीं कर सकते हैं। समय आता है जब शब्दों को भूलकर आपको ठोस वास्तविकताओं का सामना करना पड़ता है। यह कांग्रेस जनों पर ज़्यादा लागू होता है, क्योंकि सरकार चलाने के लिए और सरकार की नीतियाँ तय करने की दूसरों की तुलना में उनकी ज़्यादा ज़िम्मेदारियाँ हैं। हमें एक ही काम करना है। हमें बैठक के जरिये एक योजना तैयार करनी है, विस्तार से योजना तैयार करनी है। यह योजना आयोग और सरकार का काम है और उनका जिनके साथ वे सलाह-मशविरा करते हैं। अतः एक कांग्रेस अधिवेशन में बैठक के जरिये पंचवर्षीय योजना नहीं बनाई जा सकती है। लेकिन इस तरह के प्रस्ताव के जरिये यह सन्देश दिया जा सकता है कि योजना बनाने के लिए किस तरह के सोच की ज़रूरत है।

इस प्रस्ताव के बारे में जिस पहली बात पर गौर करना है, कि यह उन बातों को सिर्फ़ दुहराता नहीं है जो पहले हमने कहा है। अब समय आ गया है कि हम आर्थिक एवं सामाजिक मोर्चे पर आगे बढ़ें, यह प्रस्ताव इसी ओर इंगित करता है। एक अर्थ में हम इसे करते रहे हैं, लेकिन हम पर्याप्त रूप में नहीं कर रहे हैं। अब अगले दस वर्षों तक बेरोजगारी खत्म करने का समय आ गया है। अब जरा सोचें कि इस देश के लिए इसका क्या अर्थ है, जहाँ प्रतिवर्ष इसकी जनसंख्या में बढ़ोतरी हो रही है। यह एक ज़बरदस्त काम है, जिसकी तुलना किसी भी देश की ऐसी परिस्थितियों से नहीं की जा सकती है।

कल हमारे यहाँ युगोस्लाविया के राष्ट्रपति आये थे। वहाँ की और दूसरी जो भी समस्याएँ हो, वहाँ बेरोजगारी नहीं है, बल्कि वहाँ लोगों की कमी है। सोवियत यूनियन बहुत बड़ा देश है, भारत से चार-पाँच गुना बड़ा जबकि उसकी जनसंख्या भारत की एक तिहाई है। उनकी समस्या दूसरी है। हमारी समस्या दूसरी है—एक बड़ा देश, घनी आबादी और अविकसित हम अमेरिका, इंग्लैंड और पश्चिमी यूरोप से अपनी तुलना नहीं कर सकते हैं। ये ऐसे देश हैं जहाँ पिछले दो सौ वर्षों से औद्योगिक विकास होता रहा है। हमें अपने देश की समस्याओं को समझना पड़ेगा। निश्चय ही अमेरिका, इंग्लैंड, रूस, युगोस्लाविया, चीन में क्या किया गया है, उससे सीखना होगा। लेकिन भारत

की समस्याएँ अलग तरह की खास समस्याएँ हैं। साथ ही साथ हमें यह भी समझना होगा कि हमारी पृष्ठभूमि खास तरह की है, खासतौर पर गाँधीवादी पृष्ठभूमि।

हम योजना की चर्चा कर रहे हैं। जैसा कि आप सबों को पता है कि योजना आवश्यक है और इसके बगैर अर्थव्यवस्था के विकास में अराजकता पैदा हो जायेगी। पाँच वर्ष पहले बहुत से उच्च पदस्थ लोगों के बीच योजना स्वीकार्य नहीं थी, लेकिन आज यह आम लोगों द्वारा भी आवश्यक समझ जा रहा है। हमारी प्रथम पंचवर्षीय योजना अब तीन वर्ष की हो गयी है और अब हम दूसरी पंचवर्षीय योजना के बारे में सोच रहे हैं। इस प्रस्ताव के मुहावरे में यह बात कही गयी है कि हमारा लक्ष्य कल्याणकारी राज्य एवं समाजवादी आधार पर हमारी अर्थव्यवस्था होनी चाहिए। राष्ट्रीय आय में बड़े पैमाने पर वृद्धि के जरिये ही इस लक्ष्य को प्राप्त किया जा सकता है। अतः हमारी अर्थव्यवस्था को उत्पादन की प्रचुरता एवं उसके समान वितरण का लक्ष्य रखना चाहिए। दूसरी पंचवर्षीय योजना को इन उद्देश्यों पर कायम रहना चाहिए और यह आम जनता की भौतिक आवश्यकताओं पर आधारित होना चाहिए। द्वितीय पंचवर्षीय योजना को बनाने के समय प्रस्ताव में निहित महत्त्वपूर्ण दिशा-निर्देशों एवं नियन्त्रण रखने वाले कारकों को ध्यान में रखना चाहिए। दूसरे पहलुओं के बारे में चर्चा करने के पहले, मैं कहना चाहता हूँ कि कल्याणकारी राज्य एवं समाजवाद पर आधारित अर्थव्यवस्था समान अभिव्यक्ति नहीं है। यह सच है कि समाजवादी अर्थव्यवस्था को कल्याणकारी राज्य का निर्माण करना चाहिए, लेकिन कल्याणकारी राज्य, समाजवादी अर्थव्यवस्था पर ही निर्भर हो, यह जरूरी नहीं है। अतः ये दोनों एक-दूसरे से जुड़ते हैं, लेकिन उसके बावजूद थोड़ा अलग हैं और हमारा कहना है कि हमें दोनों चाहिए। दुनिया में समाजवाद, यहाँ तक कि साम्यवाद के होने के बाद भी हमारे देश में कल्याणकारी राज्य नहीं हो सकता है, जब तक हमारे देश की आय बहुत ज़्यादा बढ़ नहीं जाती है। समाजवाद या साम्यवाद आपके पास जो धन है, उसका बँटवारा करने में सहायक हो सकता है। लेकिन भारत में धन का अस्तित्व नहीं है, सिर्फ़ ग़रीबी का बँटवारा हो सकता है। यहाँ, वहाँ के कुछ लोगों के धन के बँटवारे का सवाल नहीं है, इससे हमारी राष्ट्रीय अर्थव्यवस्था में कोई परिवर्तन नहीं होने जा रहा है। हमें धन पैदा करना होगा और तब इसका समान वितरण करना होगा। हम कल्याणकारी राज्य की बात बगैर धन के कैसे कर सकते हैं? धन का अर्थ सोना और चाँदी नहीं बल्कि माल के उत्पादन एवं सेवा के विस्तार से जुड़ा हुआ है। अतः हमारी अर्थव्यवस्था को उत्पादन की प्रचुरता का लक्ष्य रखना चाहिए। आज की दुनिया में उत्पादन की कमी की अर्थव्यवस्था का कोई अर्थ नहीं है।

हमारी पहली पंचवर्षीय योजना हमारे पास उपलब्ध आँकड़ों एवं सामग्रियों पर आधारित थी। इसके साथ-साथ हमारे पास जो चीजें थीं, उसी के आधार पर काम किया जा रहा था, और उसे जारी रखने के अलावे हमारे पास कोई चारा नहीं था। निश्चय ही हमने एक-दो योजनाओं को जोड़ा और अपनी प्राथमिकताओं को फिर से निर्धारित किया। इसका अर्थ है कि हमारे पास जो वित्त उपलब्ध था, उसके आधार पर जो योजनाएँ उपयोगी थीं, उसी को हमने हाथ में लिया। यह एक सीमित ढंग की योजना थी और योजना अपने सही अर्थों में नहीं थी। आज की योजना का अर्थ पैसे से जुड़ा हुआ नहीं है कि जितना पैसा है उसे विभिन्न योजनाओं में बाँट दो बल्कि इसका सम्बन्ध जनता की भौतिक आवश्यकताओं से जुड़ा हुआ है। इसका अर्थ हुआ कि जनता को कितने भोजन, कपड़ों, आवास, शिक्षा, स्वास्थ्य सेवाओं की ज़रूरत है, उन्हें कितने रोजगार की ज़रूरत है, इत्यादि। हमें इन तमाम चीजों का लेखा-जोखा करना होगा और निर्णय लेना होगा कि भारत के लोगों को इन चीजों

की कितनी ज़रूरत है। जब हम इसे पूरा करते हैं तो इन आवश्यकताओं की पूर्त्ति के लिए हम अपने उत्पादन को बढ़ाने के रास्ते पर आगे बढ़ते हैं। यह कोई साधारण बात नहीं है, क्योंकि आम जनता की आवश्यकताओं का लेखा-जोखा लेने के लिए हमें बढ़ती जनसंख्या एवं बढ़ती आवश्यकताओं के आधार पर गणना करनी होगी। मैं एक उदाहरण देना चाहता हूँ। चीनी के बारे में सोचें। हमारे लोग आज पहले की अपेक्षा बहुत ज़्यादा चीनी का उपयोग करते हैं, इसके चलते चीनी के उत्पादन के बारे में हमारा लेखा-जोखा गलत साबित हुआ। अगर एक आदमी की आमदनी 1 सौ रुपये से बढ़कर डेढ़ सौ रुपये हो जाय तो वह ज़्यादा चीनी खायगा, ज़्यादा कपड़े खरीदेगा इत्यादि। अतः लेखा-जोखा के समय हमें उन रुपयों की भी गणना करनी होगी जो वेतन बढ़ने से लोगों के हाथों में जाता है, क्योंकि इससे उपभोग प्रभावित होता है। अतः अगले पाँच वर्षों में हमारी आवश्यकताएँ एवं रक्षा की आवश्यकताओं की भी गणना करनी होगी। अब हमें उन आवश्यकताओं की पूर्ति के लिए कारखानों एवं उत्पादन इकाइयों का निर्माण करना होगा। अतः योजना सिर्फ़ कार्यक्रमों की रूपरेखा तैयार करना ही नहीं, बल्कि ज़्यादा जटिल प्रक्रिया है।

इस सबके पीछे एक और बड़ा कारक वित्त है। वित्त महत्त्वपूर्ण है, लेकिन उतना महत्त्वपूर्ण नहीं जितना लोग सोचते हैं। महत्त्वपूर्ण है लोगों की भौतिक आवश्यकताओं की रूपरेखा तैयार करना और उसके बाद वस्तुओं का उत्पादन जो लोगों की आवश्यकताओं की पूर्त्ति कर सके। अगर आप धन का उत्पादन कर रहे हैं तो वित्तीय घाटे से ज़्यादा चिन्तित होने की ज़रूरत नहीं है, क्योंकि आप सामानों एवं सेवाओं के जरिये रुपयों को पुनः प्राप्त कर रहे हैं। अतः जब तक उत्पादन रुपयों के प्रसार के साथ-साथ चलता है तब तक आप रुपयों का उपयोग किस तरह करते हैं, यह ज़्यादा अर्थ नहीं रखता है। निश्चय ही मुद्रा प्रसार का भय सताता रहता है। हमें इससे बचना चाहिए। लेकिन भारत में अभी मुद्रा प्रसार का डर नहीं है बल्कि यहाँ मुद्रा की कमी है। इसके बावजूद हमें मुद्रा प्रसार के प्रति सचेत रहने की ज़रूरत है। हमें रूपयों के निवेश के अनुरूप उत्पादन करना चाहिए। कभी-कभी निवेश और उत्पादन के बीच खाई हो जाती है। यहीं से मुद्रा प्रसार शुरू होता है। उदाहरण के लिए हमने नदी घाटी योजना में 100 करोड़ रूपयों का निवेश किया, इसे पूरा होने में 7-8 वर्ष का समय लग जाता है। जबतक इसका निर्माण होता रहता है हमें इस ख़र्च का कोई लाभ नहीं मिलता है। कुटीर उद्योग में निवेश कर इसे संतुलित किया जा सकता है क्योंकि वहाँ उत्पादन में ज़्यादा समय नहीं लगता है। अतः योजना बनाते समय हमें भारी, हल्के, ग्रामीण एवं कुटी उद्योगों के बीच सन्तुलन कायम करना होगा। हमें भारी उद्योग चाहिए, क्योंकि इसके बिना हम कभी स्वाधीन देश नहीं बन सकते हैं। हल्के उद्योग भी हमारे लिए आवश्यक हो गये हैं और उसी तरह कुटीर उद्योग भी।

लेकिन उत्पादन ही सबकुछ नहीं है। एक आदमी काम करके जो उत्पादन करता है, वह अपेक्षा रखता है कि उसका उत्पादित सामान दूसरा व्यक्ति उपभोग में लायेगा। अगर उपभोग नहीं हो तो वह उत्पादन रोक देता है। अतः चाहे कारखाना या कुटीर उद्योग हो, उत्पादित सामानों के उपभोग के बारे में जरूर सोचना चाहिए। बड़े पैमाने पर उत्पादन, बड़े पैमाने पर उपभोग को बढ़ावा देता है जो अन्य कारकों को शामिल करता है, खास तौर पर उपभोक्ताओं की खरीदने की क्षमता। अतः योजना में मज़दूरी और वेतन आदि के बारे में बात कर उसमें बढ़ोतरी के जरिये उपभोक्ताओं के खरीदने की ताकत में बढ़ोतरी का भी ध्यान रखना होगा। इस तरह से आप ज़्यादा उत्पादन करेंगे एवं ज़्यादा उपभोग करेंगे और आपके रहन-सहन का स्तर ऊँचा हो जायेगा।

हमने प्रस्ताव के बारे में एक दृष्टि प्रदान करने के लिए मैंने आपका इतना समय लिया। जब

हम कहते हैं कि हमें जनता की भौतिक आवश्यकताओं की पूर्त्ति के आधार पर द्वितीय पंचवर्षीय योजना तैयार की जानी चाहिए, तो इससे हमारी सोच को समझने में सहायता मिली होगी। हम तेजी से विकास का कोई दूसरा रास्ता नहीं देखते हैं। योजना के बारे में वित्तीय सोच पर्याप्त तेजी से नहीं बढ़ रहा है। जब आप अपना-अपना घर, अपने शहरों एवं जिलों में जायें तो आम लोगों के सामने इन बातों को समझाने का काम करें। इस प्रस्ताव को लागू करने की जिम्मेदारी हमारे ऊपर है। हमें अपने वादों को पूरा करना होगा।

हरिविष्णु कामथ (1907-?)

हरिविष्णु कामथ का जन्म कर्नाटक में 13 जुलाई 1907 को हुआ था। वे बहुत से सरकारी पदों पर जिला कलक्टर एवं अतिरिक्त जज के पद पर आसीन रहे। वे स्वाधीनता संघर्ष में भी सक्रिय रहे। 1944-49 तक संविधान सभा के सदस्य रहे। वे कांग्रेस, फारवर्डब्लाक, प्रजा सोशलिस्ट पार्टी से भी सम्बद्ध रहे। प्रथम और तृतीय लोकसभा के सदस्य चुने गये। 1977 में संयुक्त राष्ट्र महासभा के सम्मेलन में भी भाग लिया।

सुभाषचन्द्र बोस के कट्टर समर्थक श्री हरिविष्णु कामथ संसद के एक मुखर नेता थे। कम्युनिस्टों के आलोचक के साथ-साथ वे नेहरू की नीतियों के भी तीखे आलोचक थे। खासकर नागरिक स्वतन्त्रता एवं अन्य घरेलू नीतियों की उनके द्वारा आलोचना का स्तर बहुत ऊँचा होता था। चीनी हमले के चलते आपातकाल की घोषणा पर संसद में 9 नवंबर 1962 को दिये गये भाषण में अन्तर्राष्ट्रीय साम्यवाद पर तीखा हमला करते हुए उन्होंने नेहरू और उनके समर्थकों को संघर्ष की क्षमता दिखाने के साथ-साथ आगे बढ़कर नेतृत्व प्रदान करने के लिए ललकारा। भाषण के अन्तिम हिस्से को यहाँ प्रस्तुत किया जा रहा है।

1962 के युद्ध का मूल्यांकन

(1962)

हिमालय पर्वत की श्रृंखला सिर्फ़ भौतिक दीवार ही नहीं है बल्कि यह साम्यवाद एवं जनतन्त्र के बीच वैचारिक सीमा है। हमारे ऋषियों-मुनियों एवं रवीन्द्रनाथ टैगोर के शब्दों में ''अम्बर चुम्बित भाल हिमाचल'' बर्फ से लदी चोटियाँ, अनन्तकाल से हमारी प्रहरी हैं। वही हिमालय आज साम्यवाद एवं जनतन्त्र के बीच की विभाजन रेखा है। और इस साम्यवादी साजिश, अन्तर्राष्ट्रीय साम्यवादी साजिश को हिमालय के प्रांगण में नहीं बल्कि उसकी चोटी पर ही रोक देने की ज़रूरत है।

देश का हृदय मज़बूत है। भारतीय राष्ट्र और इसकी जनता के दिल मजबूती से अपनी मातृभूमि के लिए धड़क रहे हैं। वे सिर्फ़ मज़बूत, समर्पित, साहसी एवं दृढ़ संकल्पित नेतृत्व की माँग कर रहे हैं। जब गाँधीजी, नेताजी हमारे साथ थे और पं. नेहरू उनके कंधे से कंधा मिलाकर चल रहे थे, क्या उस समय देश की जनता ने साथ नहीं दिया था? उसका रहस्य क्या था? यह सिर्फ़ नेतृत्व और नेतृत्व ही था। और अगर फिर से वह नेतृत्व पूरी शक्ति से सामने आता है तो जनता सबकुछ यहाँ तक कि जान भी न्योछावर करने के लिए तैयार हो जायेगी। आज की परिस्थिति के अनुरूप नेतृत्व को सामने आने की ज़रूरत है और देश को वैसा ही नेतृत्व प्रदान करने की ज़रूरत है। आशा करता हूँ कि हमारे प्रधानमन्त्री, जिन्होंने अतीत में इतना कुछ किया है, महात्मा जी और नेताजी के नेतृत्व में लड़ाइयाँ लड़ी हैं और अपनी मंत्रिपरिषद् को व्यवस्थित करने के बाद और कुछ हद तक उसमें फेर-बदल किया है। उन्हें इससे थोड़ा ज़्यादा काम करने की ज़रूरत है। परिस्थिति के अनुरूप उन्हें जिम्मेदारी लेनी और इस विशाल देश के पुरुष, महिलाओं, बच्चों को बड़ा नेतृत्व प्रदान करना है। अगर ऐसा होता है तो जैसा कि एक सिक्ख गुरु ने दूसरे सन्दर्भ में कहा है, ''सवा लाख से एक लड़ाऊँ। हमारे देश की चालीस करोड़ जनता चीन की 70 करोड़ जनता पर भारी पड़ेगी। और हम उन्हें खदेड़ देंगे। इसमें कोई शंका की गुंजाइश नहीं है। अगर यह होता है तो भगवान की कृपा, और हमारी आशा एवं विश्वास के साथ, राष्ट्र बगैर किसी भय के साथ आगे बढ़ता जायेगा। हम पिछले सप्ताहों की पराजयों, शर्म और अपमान का बदला चुका सकेंगे और न सिर्फ़ हम विजय की ओर बढ़ेंगे, यह सिर्फ़ युद्ध की विजय नहीं होगी बल्कि शान्ति की विजय होगी और मैं आश्वस्त हूँ यह इस सदन के जीवन के दौरान ही हो जायेगा। मैं इस बात के लिए पूरी तरह आश्वस्त हूँ और हम सभी शान्ति की जीत का जश्न मनायेंगे। जय हिन्द!

भूपेश गुप्ता (1914-1981)

का. भूपेश गुप्ता का जन्म 1914 मे बंगाल (अब बंगलादेश) के मेमन सिंह ज़िले में हुआ था। उनकी शिक्षा कलकत्ता के प्रसिद्ध स्काटिश चर्च कॉलेज में हुई। वे प्रखर कम्युनिस्ट नेता थे और पश्चिम बंगाल से चुनकर पाँच बार उन्होंने राज्यसभा में प्रतिनिधित्व 1952 से 1981 तक किया। उनकी मृत्यु मास्को में 6 अगस्त 1981 को हुई।

चीनी हमले के समय भारतीय कम्युनिस्ट पार्टी दक्षिणपंथी सम्प्रदायवादियों, सभी तरह के राष्ट्रवादियों और सरकारी संस्थाओं द्वारा राजनैतिक एवं कानूनी हमले के शिकार हुई। उनकी देशभक्ति पर सवाल खड़े किये गये तथा उनमें से बहुत लोगों को चीन के साथ सहानुभूति रखने के आरोप में गिरफ्तार कर जेल में बन्द कर दिया गया। कुछ जगहों पर इसके कार्यकर्त्ताओं के गैर जिम्मेदाराना व्यवहारों ने कठिन परिस्थिति को और ज़्यादा खराब बनाने का काम किया। संसदीय इतिहास के कुछ शक्तिशाली भाषणों में से एक भाषण के रूप में भूपेश गुप्ता ने न सिर्फ़ कम्युनिस्टों की देशभक्ति के आचरण की हिफाजत की बल्कि इस संकट का सामना करने में पं. नेहरू की भूमिका के पक्ष में खड़े हुए। विभिन्न राजनैतिक दलों द्वारा नेहरू पर किये जा रहे प्रहारों को भी रोकने में यह भाषण सफल हुआ।

युद्ध प्रयासों के लिए कम्युनिस्ट समर्थन

(1962)

मैं अपने भाषण के शुरू में ही इस सदन में अपने दल के समूह द्वारा उन तमाम सैनिकों एवं सैनिक अधिकारियों के प्रति श्रद्धांजति अर्पित करता हूँ जिन्होंने अपने सर्वोच्च त्याग के जरिये भारत की एकता, सम्मान एवं सीमाओं की रक्षा की है। उनके साहसिक कारनामों एवं त्याग की कहानियाँ अभी पूरी तरह नहीं सुनाई गयी हैं, लेकिन उन्होंने जिस शौर्य के साथ मातृभूमि के झंडे को उठाकर रखा है, उसके प्रति हम प्रसंशा के भाव से अभिभूत हैं। बड़ी संख्यावाली सैना एवं उनकी मज़बूत मारक क्षमता के खिलाफ़ लड़ते हुए, हमारे जवानों एवं सैनिक अधिकारियों ने अपनी दहकते देशभक्ति एवं अद्वितीय साहस का परिचय दिया है। उनकी शहादत ने यह साबित कर दिया है कि इस देश का सम्मान और इसकी एकता का सौदा नहीं किया जा सकता और न इसे किसी को समर्पित किया जा सकता है। इस अवसर पर हमें शहीदों के परिवारों के प्रति सहानुभूति एवं शोक सन्देश भेजने की इजाजत दीजिए। जो जवान और सैनिक अधिकारी युद्ध के दौरान घायल हुए हैं, वे जल्दी से जल्दी स्वस्थ हों, यह हमारी कामना है।

चीनी हमले का सामना करने के लिए पूरे देश की एकता एवं प्रतिज्ञा, भारत के शहीद सपूतों के त्याग एवं शौर्य के प्रति सबसे बड़ी श्रद्धांजति है। भारत की जनता इन जवानों एवं सैनिक अधिकारियों के प्रति अपनी सर्वोत्तम शुभेच्छा प्रदर्शित करती है। आखिरकार ये जवान इतनी दिलेरी से देश की रक्षा और चीनी हमले के बाद अपने खोये क्षेत्र को कब्जे से मुक्त करने की लड़ाई लड़ रहे हैं।

महोदय, हमारा देश एक गम्भीर संकट के सम्मुखीन है और आज इसके सम्मान एवं क्षेत्रीय अखंडता के लिए चुनौती पैदा हो गयी है। इस परिस्थिति ने हमारे ऊपर आपातकाल थोप दिया है और हमें अपने देश की अखंडता एवं सम्मान की रक्षा के लिए अपनी सम्पूर्ण ऊर्जा लगाने के लिए बाध्य होना पड़ा है। यह एक त्रासद घटना है, जब कि भारतीय गणतन्त्र शान्ति के रास्ते पर लगातार चल रहा है और तमाम राष्ट्रों के बीच मित्रता आधारित सम्बन्ध विकसित करने के लिए प्रयत्नशील है, उस समय इसके खिलाफ़ खुला हमला हो।

सही ही चीनी हमले ने भारत की जनता में रोष की लहर पैदा कर दी है। दल, क्षेत्र और अन्य सम्बन्ध जो हमें विभाजित करते हैं, इस मुद्दे के सामने गौण हो गये हैं। पूरा देश एकताबद्ध होकर इस चुनौती का सामना करने के लिए खड़ा हो गया है। हम भारतीय जनता के जायज देशभक्तिपूर्ण रोष में भागीदारी व्यक्त करते हैं। किसी के द्वारा यह सोचना मूर्खतापूर्ण होगा कि भारत जैसे देश को धमकाया, उसे कमजोर या अपमानित किया जा सकता है। भारत लम्बे संघर्ष के बाद प्राप्त की गयी स्वाधीनता को सीमा पर बूटों तले रौंदा जाना नहीं देख सकता है। हम लोग

अपने देश की स्वतन्त्रता पर इस तरह का हमला बर्दाश्त नहीं कर सकते हैं। अतः पूरे राष्ट्र के साथ हमारा दल प्रधानमन्त्री द्वारा भारत की एकता एवं रक्षा के लिए किये गये आह्वान के साथ खड़ा है।

भारत की रक्षा इस घड़ी के लिए सर्वोच्च कर्तव्य है। यह एक पवित्र कार्य है जो त्याग, एकता एवं समर्पण की माँग करता है। जब तक चीन तार्किक बातों को नकारता है और जब तक वह हमला बरकरार रखते हुए हमारे क्षेत्र पर कब्जा रखता है, तब तक हमारी मातृभूमि की रक्षा हमारे लिए महत्त्वपूर्ण एवं केन्द्रीय कर्तव्य होगा। रक्षा के प्रयासों का अर्थ सिर्फ़ सीमा की रक्षा नहीं होती है बल्कि उसके पृष्ठ भाग की रक्षा भी है। हमारे सैनिक बलों की मारक क्षमता में सुधार के लिए सारे प्रयास किये जाने चाहिए। शस्त्रास्त्रों की आपूर्त्ति तथा अन्य आवश्यकताओं को सबसे ज़्यादा प्राथमिकता मिलनी चाहिए। कोई ऐसा नहीं कहे कि जब हमारे जवान एवं सैनिक अधिकारी पहाड़ की चोटियों पर अपना गर्म लहू बहा रहे थे, उस समय हम पृष्ठ भाग में रहने वाले लोग उनके साथ समान रूप से नहीं खड़े थे। अब जबकि प्रधानमन्त्री ने खुद राष्ट्रीय रक्षा की जिम्मेदारी सँभाल ली है, हमारी सीमा के जवानों एवं अधिकारियों की तमाम आवश्यकताएँ पूरी की जायेंगी। इस परीक्षा की घड़ी में प्रधानमन्त्री, पूरे देश की प्रतिबद्धता एवं इच्छाशक्ति के प्रतीक बन गये हैं।

मैं प्रधानमन्त्री के बारे में चीनी अधिकारियों के पूरी तरह गलत, वस्तुगतहीन और इसलिए अवास्तविक मूल्यांकन पर एक-दो शब्द रखना चाहता हूँ। हमें इस बात से बहुत दुख पहुँचा है कि चीनी रेडियो एवं समाचार पत्रों में प्रधानमन्त्री को अमरीकी एजेन्ट, विस्तारवादी और अमरीकी साम्राज्यवाद के हाथ की कठपुतली कहा जा रहा है। हमारे प्रधानमन्त्री कब से अमरीकी एजेन्ट हो गये? कब से वे विस्तारवादी हो गये? जब 1954 में पंचशील सिद्धान्त पर हस्ताक्षर हुए और 1955 में बांडुंग सम्मेलन हुआ तो उस समय प्रधानमन्त्री के बारे में चीन की समझ आज की समझ से एकदम विपरीत थी। उस समय वे सचमुच में सही बात बोल रहे थे। उसके बाद से कौन-सा घटना-विकास हुआ है? पंथशील समझौता और बांडुंग सम्मेलन के बाद से प्रधानमन्त्री विश्वशान्ति एवं साम्राज्यवाद के खिलाफ़ राष्ट्रीय मुक्ति आन्दोलन के पक्ष में मजबूती से खड़े रहे हैं। ऐसे मूल्यों के पक्ष में उनकी आवाज़ न सिर्फ़ इस सदन में सुनी गयी है बल्कि संयुक्त राष्ट्रसंघ के मंच से भी उन्होंने इस पक्ष में अपनी आवाज़ उठाई है। वस्तुतः उनके सक्षम नेतृत्व में उपनिवेशवाद के खिलाफ़ विश्वशान्ति की हिफाज़त के लिए हमारे देश ने महत्त्वपूर्ण एवं सकारात्मक भूमिका का निर्वहन किया है। क्या उन्होंने मिस्र पर हुए हमले का विरोध नहीं किया? क्या उन्होंने क्यूबा के संघर्ष की प्रशंसा नहीं की और अल्जीरिया के स्वतन्त्रता आन्दोलन को मान्यता नहीं दी? क्या उन्होंने कांगो की जनता तथा अंगोला की जनता का पुरजोर समर्थन नहीं किया? क्या उन्होंने साम्राज्यवादी मुल्कों एवं पुर्तगाली साम्राज्यवाद के गुस्से को दरकिनार करते हुए गोवा को स्वतन्त्र नहीं किया? क्या वे चीनी गणराज्य के हितों का समर्थन संयुक्त राष्ट्रसंघ में नहीं कर रहे हैं, जबकि दूसरे देश विरोध कर रहे हैं? क्या वे सोवियत यूनियन एवं अन्य समाजवादी देशों तथा नव स्वतन्त्र देशों के साथ मित्रतापूर्ण सम्बन्ध नहीं रख रहे हैं? तब क्यों उन पर इतना हमला एवं छवि बिगाड़ने की कोशिश की जा रही है? हम चीन की इस गलत और चोट पहुँचाने वाली आलोचना को पूरी तरह खारिज करते हैं। इससे परिस्थितियों को सुधारने में मदद नहीं मिलती है। आज पूरी दुनिया के निष्पक्ष देश एक बड़ी प्रगतिशील ताकत हैं। वे एक बड़ी ऐतिहासिक भूमिका निभा रहे हैं और भारत को अगर उससे निकाल दें तो आप उसकी भूमिका की व्याख्या कैसे कर सकते हैं? शान्ति में विश्वास करने वाले निष्पक्ष देशों में भारत का प्रथम स्थान है और हम सभी इस बात से गौरवान्वित हैं। और क्या बिना प्रधानमन्त्री नेहरू के नेतृत्व के भारत की इस स्थिति की कल्पना कर सकते हैं?

मैं इस बात की चर्चा करना चाहता हूँ कि दुनिया-भर की प्रगतिशील ताकतें प्रधानमन्त्री नेहरू के बारे में चीन के विचार से सहमत नहीं हैं। इसके विपरीत प्रधानमन्त्री नेहरू द्वारा अन्तर्राष्ट्रीय मंच पर उनकी सकारात्मक भूमिका को सभी बड़े सम्मान एवं आभार के साथ स्वीकार रकते हैं। प्रधानमन्त्री नेहरू के सच्चे एवं वस्तुगत मूल्यांकन के पक्ष में चीन जितनी जल्दी लौट आये उतना ही वह उसके और उन तमाम लोगों के लिए शुभ होगा जो स्वतन्त्रता एवं शान्ति के खेमे को मज़बूत करना चाहते हैं। इस गलत मूल्यांकन के आधार पर भारत के साथ राष्ट्रीय स्तर पर सम्बन्धों को पुनर्जीवित करना संभव नहीं है।

हमारे दल ने राष्ट्रीय एकता, रक्षा एवं जनता की भावनाओं को मजबूती प्रदान करने की तमाम गतिविधियों में भाग लेने का प्रण लिया है। इस संकट की घड़ी में बहुत से राज्यों में हमारे साथियों (कामरेडों) ने पदों एवं जिम्मेदारियों को स्वीकार करना शुरू कर दिया है। भारत माँ की सन्तान एवं इसके नागरिक होने के नाते यह हमारे लिए सिद्धान्त का मामला है। प्रधानमन्त्री के आह्वान में जो बातें कही गयी हैं, मैं किसी भी तरह के उकसावे के बावजूद उन बातों को पूरा करने में बगैर किसी हिचकिचाहट के अन्य लोगों के साथ अपनी ज़िम्मेदारियाँ निभाने के लिए प्रस्तुत रहने का प्रस्ताव रख रहा हूँ। व्यावहारिक कदम उठाने एवं प्रबंध करने के समय प्रधानमन्त्री द्वारा एकता के आह्वान को ध्यान में रखा जायेगा, ऐसी हमारी उम्मीद है। टुच्चेपन, पूर्वाग्रहों या परिस्थिति का कोई संकीर्ण राजनीतिक लाभ उठाने के दृष्टिकोण से कोई एकता कायम नहीं की जा सकती है।

भारत की मूलभूत महानता को देश के सम्मान में त्याग, प्रतिबद्धता, देशभक्ति के रूप में प्रदर्शित होने दें। हमें पूरा विश्वास है कि हम न्याय के पक्षधर हैं और इस संकट की घड़ी से विजयी होकर निकलेंगे। आज हम राष्ट्र के आह्वान के साथ जुड़ने तथा पूरी एकता को कायम करने का प्रण लें। मैं अपने दल की ओर से प्रधानमन्त्री का और सरकार के सामने आने वाले कर्तव्यों का पूरी तौर पर समर्थन करता हूँ।

लेकिन बैठने के पहले क्या मैं गम्भीर दुख एवं पीड़ा के साथ एक शिकायत कर सकता हूँ? मैं नहीं चाहता था कि मैं इसकी चर्चा करूँ। आज आपने अखबारों में पढ़ा है कि देश के विभिन्न भागों में बहुत-से कम्युनिस्टों की गिरफ्तारियाँ हुई हैं। हमें इस बात का दुख है कि जब हम अपनी पार्टी को प्रधानमन्त्री द्वारा राष्ट्रीय एकता, राष्ट्र की रक्षा एवं मातृभूमि की रक्षा के आह्वान के पक्ष में लामबन्द कर रहे थे, उस समय सरकार की ओर से ऐसी कार्रवाइयाँ हो रही हैं। मुझे पूरा विश्वास है कि हमारे सम्मानित प्रधानमन्त्री एवं गृहमन्त्री और राज्य सरकारें महसूस करेंगी की ये कार्रवाइयाँ अनावश्यक एवं शक्ति का अपव्यय हैं। आशा करता हूँ कि गिरफ्तार किये गये कामरेडों को छोड़ने का कोई रास्ता ढूँढ़ लिया जायेगा। हमारी राष्ट्रीय परिषद् द्वारा हाल में पारित प्रस्ताव में पार्टी की दिशा तय कर दी गयी है और पार्टी के एक प्रतिबद्ध एवं अनुशासित सिपाही के रूप में हम पूरी ईमानदारी से इसे लागू करेंगे। मैं एक बार फिर से भारत सरकार एवं राज्य सरकारों से हमारे कामरेडों के खिलाफ़ इस तरह की अनावश्यक कार्रवाइयाँ नहीं करने का निवेदन करता हूँ।

अन्ततः अध्यक्ष महोदय, मैं इस संकट की घड़ी में, हमारी सुरक्षा एवं स्वतन्त्रता के लिए गम्भीर खतरे के समय हम पूरी तरह सरकार के समर्थन का प्रण लेते हैं। सरकार क्या करती है, कितने कम्युनिस्टों को जेल के अन्दर भेजती हैं, सभी कम्नुनिस्ट नेता एवं कार्यकर्त्ता, मातृभूमि की रक्षा देश की अखंडता एवं सम्मान की रक्षा के लिए अपने देशभक्त सहयोगियों के साथ कंधे से कंधा मिलाकर काम करेंगे। मैं प्रस्ताव का समर्थन करता हूँ।

पी.सी. जोशी (1907-1980)

का. पूरणचन्द जोशी का जन्म 14 अगस्त 1907 को अल्मोड़ा (अब उत्तराखण्ड) में हुआ था। इनके पिता अल्मोड़ा में ही शिक्षक थे। इन्होंने इलाहाबाद विश्वविद्यालय से एम.ए. की परीक्षा पास की। वे उत्तरप्रदेश में वर्कर्स एंड पीज़ेन्ट पार्टी के सचिव बने, जिसकी स्थापना मेरठ में 1928 में हुई। 1929 में जब वे 22 वर्ष की उम्र के थे तो ब्रिटिश सरकार ने प्रसिद्ध मेरठ षड्यन्त्र केस में उन्हें गिरफ्तार कर लिया। इनके साथ इस तथाकथित षड्यन्त्र में मशहूर कम्युनिस्ट नेतागण शौकत उस्मानी, मुजफ्फर अहमद, श्रीपाद डांगे, एवं जी.वी. घाटे भी थे। जोशी को 6 वर्ष की सज़ा के बाद अण्डमान निकोबार भेज दिया गया। 1933 में जेल से छूटने के पश्चात् वे 1935 में भारतीय कम्युनिस्ट पार्टी के महासचिव बने। कम्युनिस्ट पार्टी में विचारों के संघर्ष में का. जोशी भारतीय राष्ट्रीय कांग्रेस के साथ एकता एवं नेहरू जी के नेतृत्व में काम करने की वकालत करते रहे।

इनकी शादी मशहूर क्रान्तिकारी चटगाँव की प्रसिद्ध क्रान्तिकारी महिला कल्पना दत्त से हुई थी। इनके बच्चे पत्रकारिता में संलग्न रहे। अपने अन्तिम दिनों में का. जोशी भी रिसर्च कार्य में जे.एन.यू. से जुड़े रहे।

कामरेड पूरणचन्द जोशी एक उदारवादी साम्यवादी नेता थे, जो दो बार भारतीय कम्युनिस्ट पार्टी के महासचिव रहे। 1942-46 के बीच देश में बड़े पैमाने पर सांस्कृतिक गतिविधियाँ चलाईं। 1948 में वे पुनः भा.क.पा. के महासचिव बने। नेहरू की प्रथम निधन-तिथि पर दिया गया उनका भाषण उद्धृत है।

नेहरू की विरासत

(नेहरू की प्रथम निधन-तिथि पर दिया गया भाषण, 27 मई, 1965)

जहाँ तक कांग्रेसियों का सवाल है, वे नेहरू की अतिशयोक्तिपूर्ण प्रशस्ति भी गाते हैं और बदलती धारा में बह भी जाते हैं, जो खतरनाक है। जहाँ तक वामपंथियों की बात है, वे समुद्र किनारे बैठकर दूसरों को कोसते होते हैं। कलेजा पीटना और आत्मत्याग का दंभ भरना—ये दोनों ही हमारी युगों-पुरानी राष्ट्रीय कमजोरियाँ रही हैं। इस बात पर व्यापक मतैक्य है कि हमारे देश का भविष्य इसमें ही है कि उनके जीवन-काल की तुलना में और अधिक सक्रियता तथा सुसंगति के साथ हम नेहरू की विरासत को जीवन्त राष्ट्रीय विरासत बना लें। यह जो राष्ट्रीय समवाय बनेगा, उसका अनिवार्य निहितार्थ है कि विभिन्न देश-प्रेमी तत्त्व स्पष्टतः आत्मपरीक्षणात्मक दृष्टिकोण निर्मित करें। एक भारतीय कम्युनिस्ट की हैसियत से यही मेरा प्रयास है।

भारत की किसी भी जीवित या मृत सन्तान की तुलना में नेहरू ने भारत को स्वतन्त्र तथा प्रगतिशील बनाने में अधिक सहायता पहुँचायी, और भारत की जनता ने उन्हें अपना भरपूर प्रेम और समर्थन दिया। उन्होंने अपनी राय और अपनी पार्टी के फैसले के विरोध में जाकर भी उस जनता की माँगों और दावों के प्रति अनुकूल रूख अपनाया।

नेहरू प्रत्यक्षतः गाँधी के उत्तराधिकारी बने और उन्होंने महात्मा के पुराणपन्थी विचारों को छाँट कर उनकी स्वस्थ परम्परा को अंगीकार किया तथा भारतीय राष्ट्रीय चिन्तन को समाजवाद पर आधारित आधुनिक प्रगतिशील विचारों के साँचे में ढाला। गाँधी के आच्छादन को सक्षमता के साथ ढोने का काम किया। भारत तथा विश्व के विकास-क्रम में नेहरू का ऐतिहासिक क्रान्तिकारी अवदान इसलिए ही सफल हो सका कि गाँधी-युग के राष्ट्रीय नेताओं में वे सर्वाधिक संवेदनशील तथा प्रबुद्ध थे तथा कम-से-कम संकीर्ण थे। वे अपने को भारत के हितों के अनुरूप बनाने में, और तब इसे शेष दुनिया की क्रान्तिकारी शक्तियों के साथ कदम से कदम मिलाकर चलाने में प्रयत्नशील थे।

नेहरू एक ऐसे गैर-कम्युनिस्ट नेता थे, जिन्होंने मार्क्सवाद के वैचारिक कोश से—जो रूसी क्रान्ति की विजय, पहले समाजवादी राज्य की स्थापना तथा विश्व कम्युनिस्ट आन्दोलन के अस्तित्व और विकास में मूर्त्त हुआ था—बहुत ही उत्साह के साथ बहुत कुछ ग्रहण किया। उन्होंने वैज्ञानिक समाजवाद के विचारों का सम्मानपूर्वक अध्ययन यथासम्भव अपनी सीमा के अन्तर्गत किया। उन्होंने इन्हें, भारतीय यथार्थ में यथासम्भव परिश्रम और उत्साह के साथ लागू किया। इस ऐतिहासिक प्रक्रिया के प्रस्फुटन के फलस्वरूप ही नेहरू और भारत का निर्माण हुआ।

भारतीय क्रान्ति की ऐतिहासिक त्रासदी यह रही है कि भारतीय कम्युनिस्ट स्टालिनवादी कठमुल्लेपन की वजह से इतने अन्धे बने हुए थे कि घटना-क्रम को रूपायित करने में सकारात्मक अवदान करने

में वे विफल रहे, और दूसरी बात यह कि राष्ट्रवादी नेताओं का अपने प्रतिक्रियावादी सहयोगियों के प्रति अत्यन्त नरम रुख रहा। फलस्वरूप, भारतीय क्रान्ति के मुख्य लक्ष्यों को प्राप्त करने में अभी सफलता नहीं मिली है। गंगा और यमुना का संगम नहीं हो पाया है, और गंगासागर बहुत दूर है। इन दो बिरादराना शक्तियों का सचेत तथा अविच्छिन्न एकीकरण अंशतः ही सफल हो पाया है, और संगीन समस्याएँ बची रह गयी हैं।

1920 के दशक के बाद के वर्षों में, नेहरू की रूस-यात्रा के बाद, मैं उनके प्रत्यक्ष और व्यक्तिगत सम्पर्क में आया। उनके द्वारा दी गयी पुस्तकों की मदद से तथा बाद में बहस के ऊपरान्त, जिसमें उन दिनों लोग बहुत उत्साह से भाग लेते थे, मैं कम्युनिस्ट बना, पर नेहरू नहीं बने, जिसके लिए मैंने उन्हें भीरू और अनिश्चयी भी समझा।

1924 में मैंने इलाहाबाद विश्वविद्यालय में नाम लिखाया। वे उलझन-भरे दिन थे। मेरे हाईस्कूल के दिन, वे जब मैं 'एक वर्ष में स्वराज' के गाँधी के नारे से प्रेरित हुआ था, बीत चुके थे और उसके बाद के हिन्दू-मुस्लिम दंगों ने मेरे युवा मानस को खंडित कर दिया था। स्वराजियों और अपरिवर्तनवादियों के बीच का निष्फल वाद-विवाद ऐसा नहीं था जो मेरी आत्मा को आन्दोलित कर सके। राजनीति में रुचि रखने वाले आवश्यक तौर पर बगल के ही आनन्द भवन की ओर आकर्षित होते थे। पर हमने देखा कि नेहरू स्वयं ही संकटग्रस्त, गुम-गुम और अन्तश्चिन्तन में लीन थे। 1926-27 के सोवियत और यूरोपीय भ्रमण के बाद ही वे अपना कोई सन्देश दे पाने की स्थिति में आ पाये।

सोवियत रूस के जीवन और वहाँ के घटना-क्रम पर लिखे उनके निबन्धों में रूसी क्रान्ति के महत्त्व के सम्बन्ध में आँखें खोलने वाली बात थी। उन्होंने महात्मा गाँधी के अपरिभाषित तथा अपरिभाषेय स्वराज की तुलना में पूर्ण स्वतन्त्रता की वकालत की, जिसे हमारी पीढ़ी के युवा-वर्ग के मानस में सहज स्वीकृति मिली। कांग्रेस के आज के अधिकांश वामपंथी नेता, तथा साथ ही विभिन्न वामपंथी पार्टियों के नेता उन दिनों के छात्र कार्यकर्त्ता थे। वे स्मरणीय दिन थे, समान शत्रु के विरुद्ध संयुक्त संघर्ष ने कांग्रेस के साथ ही कम्युनिस्ट पार्टी में अपूर्व शक्ति तथा प्रभाव का सृजन किया, तथा राष्ट्रीय चेतना को एक नये उच्चतर स्तर पर पहुँचाया, जो पहले की अपेक्षा अधिक क्रान्तिकारी और प्रगतिशील थी। नेहरू जो तब तक वामपक्षी युवा वर्ग के नेता थे, अब राष्ट्र के नेता बन गये। स्वयं राष्ट्रपिता ने इसे तुरत भाँपा और स्वीकार किया।

भारत की विदेश नीति की सबसे कठिन परीक्षा की घड़ी चीन के आक्रमण के समय स्वयं नेहरू के जीवन-काल में उपस्थित हुई। भारत अनिवार्यतः साम्राज्यवादी शक्तियों की ओर झुका और उनसे सहायता ली, परन्तु तुरन्त बाद ही सोवियत रूस तथा अन्य समाजवादी देशों ने निर्णायक सहायता का हाथ बढ़ाया। नेहरू के परिपक्व नेतृत्व के फलस्वरूप भारत साम्राज्यवाद की गोद में जाने से बच गया। तथापि, उस दुखद कांड से साम्राज्यवाद-विरोधी अफ्रीकी-एशिआई-लैटिन अमेरिकी देशों की नजर में भारत की साम्राज्यवाद-विरोधी छवि धूमिल हुई। यह एक बड़ा झटका है। इस क्षति की पूर्त्ति होनी है, तथा नेहरू के नहीं रहने के बावजूद उनकी विरासत की मज़बूती और युक्तियुक्तता के कारण इस क्षति की पूर्त्ति की जा रही है।

नेहरू के बाद का भारत अन्धकारपूर्ण शून्य दिखने लगा। उत्तराधिकारी नेतृत्व अपेक्षया कमजोर और कम प्रबुद्ध था। प्रगतिशील होने की बात तो दूर, यह नेहरू की विरासत की महज मुहपुराई करने वाला दक्षिण और मध्य पक्ष का ढुलमुल सम्मिलन था। भारत का दक्षिण पक्ष आक्रामक बनता गया, जिसे साम्राज्यवादी पश्चिम से समुचित सहायता और शह मिली। जहाँ तक वामपक्ष का सवाल

है, वह अलग-अलग मात्रा में सर्वनाश होने की भविष्यवाणी करता रहा, तथा वामपक्षी कम्युनिस्ट तो इस दुर्व्यवस्था से निकलने वाले सुव्यवस्थित भविष्य की आशा करते रहे!

भारत का सरकारी नेतृत्व सभी मामलों में पीछे की ओर खिसकता गया। पर वामपक्ष अेर मध्यपक्ष बुरी तरह विभाजित रहने के बावजूद इतना सचेत और जीवन्त रहा कि वे साम्राज्यवाद के प्रति समर्पण तथा उस खेमे में जाने को रोकते रहे। साम्राज्यवादी शक्तियों ने नकारात्मक रूप से बहुत सहायता पहुँचायी है। वियतनाम पर अमेरिका का शिकंजा सहनीयता की सीमा को पार कर गया। अन्तर्राष्ट्रीय चैंबर ऑफ कामर्स के माध्यम से पश्चिम के एकाधिकारी पूँजीपति 'मददगारों' की माँगें ऐसी थीं कि टी.टी. कृष्णमाचारी के लिए भी उन्हें स्वीकार करना सम्भव नहीं हुआ। राष्ट्रपति जॉनसन के द्वारा प्रधानमन्त्री शास्त्री की यात्रा को रूखे ढंग से रद्द कर देने को राष्ट्रीय अपमान समझा गया, जिससे भारत-अमेरिका सम्बन्ध और भी अधिक खराब हुए। न केवल चीन बल्कि ब्रिटिश-अमेरिकी साँठगाँठ से पाकिस्तान का कच्छ पर आक्रमण तथा पूरी सीमा पर उकसावे की कार्रवाइयाँ निर्णायक सिद्ध हुईं। जो भी हो, नमनशील टी.टी.के. को भी विदेशी पूँजी के हाथ देश को बेच देने की हिम्मत नहीं थी। उनकी सहमति और समर्थन से ही योजना आयोग का एक शिष्टमंडल चौथी योजना के लिए सोवियत सहायता के निमित्त वार्त्ता करने सोवियत रूस गया, तथा वित्तमन्त्री की अपनी यात्रा भी आगे होने वाली है!

शास्त्री का नेतृत्व चाहे जितना भी नमनशील और कमजोर हो, वह राष्ट्रीय नेतृत्व है। नेहरू का भले निधन हो गया, पर उनकी याद जीवित है, और उनकी विरासत दिवालिया नहीं हो गयी है। भीतर में दक्षिण पक्ष के विरोध और बाहर में साम्राज्यवादियों के दबाव के बावजूद शास्त्री सोवियत रूस की अपनी यात्रा पर अडिग हैं, न केवल समर्थन प्राप्त करने बल्कि सन्तुलन तथा अपनी छवि को वापस करने के उद्देश्य से भी। मेहता और शास्त्री की यात्राओं को जो सफलता मिली है, वह द्योतक है इस बात का कि नेहरू की नीतियाँ फिर अपनी सही जगह पर वापस हो रही हैं, जिसकी शुरुआत कुछ कामों से हुई है।

ऐसा कभी नहीं होता कि सकारात्मक विकास स्वयं घटित हो जायें। हम साम्राज्यवादी शक्तियों पर भरोसा नहीं कर सकते कि वे हमें ज़रूरत लायक नकारात्मक पाठ पढ़ायें। देश के भीतर भी काफ़ी कमज़ोरियाँ हैं और दुर्भावना रखने वाले बहुतेरे लोग हैं जो मौक़े की ताक में हैं, जिनकी वजह से ही हमें निरन्तर चौकस रहना होगा।

सामान्य तौर पर आज़ादी के बाद का तथा, खास तौर पर, नेहरू के बाद का अनुभव सभी भारतीयों को जो राष्ट्र और जनता के प्रति निष्ठावान हैं, बताता है कि नेहरू की विरासत हमारी सर्वोत्तम राष्ट्रीय विरासत है तथा स्वतन्त्र राष्ट्र के रूप में अस्तित्व-रक्षा का लंगर है। हमारा आज का लक्ष्य यही है कि हम अपनी पूरी शक्ति लगाकर बाहर के दक्षिण पक्ष के आक्रमण तथा कांग्रेस के भीतर के दक्षिण पक्ष की चुपचाप छेद लगाने की घातक योजना के विरुद्ध इस विरासत की हिफ़ाजत करें। द्वितीयतः, देश की प्रगति नेहरू की विरासत को आगे बढ़ाने पर ही निर्भर है। परन्तु हमें इसकी कमज़ोरियों और नाकामयाबियों को छोड़ना होगा, जो पहले की स्थिति में वामपक्ष के विभाजित होने के कारण अन्तर्निहित रही हैं। कोई भी राष्ट्र महज़ समय काटकर जीवित नहीं रह सकता है और न इतिहास इसकी अनुमति देता है। राष्ट्रीय प्रगति का रास्ता है सफलता पाना, वहाँ भी जहाँ स्वतन्त्र भारतीय राज्य के महान निर्माता भी चूक गये या हिचकिचा गये।

नेहरू ने भारत की राष्ट्रीय विरासत को सृजनात्मक तौर पर विकसित किया और पहले की तुलना

में इसे समृद्ध बनाया। उनके उदात्त आदर्शों के प्रति निष्ठा तथा उनके ऐतिहासिक अवदान के प्रति गौरव-बोध का तक़ाज़ा है कि हम उनकी विरासत को व्यवहार में लागू करें तथा इसे आगे बढ़ाते हुए भारत को बृहत्तर यश और वैभव तक पहुँचाएँ, न कि बैठकर इसका महज़ गुणगान करते रहें।

नेहरू ने भारत को स्वतन्त्रता और महत्ता दिलायी, पर इसे झंझट में और अनिष्ट से ग्रस्त तथा असन्तुष्ट स्थिति में छोड़ दिया। कम्युनिस्ट पार्टी भीतर में संकीर्णतावाद से तथा बाहर में प्रतिक्रियावादी अपवादों से लड़ते हुए आगे-पीछे आती-जाती रही और देश की दूसरे नंबर की पार्टी बनी, पर अब यह एक बुरे किस्म की फूट की शिकार बन गयी है, जो अच्छे स्वास्थ्य का लक्षण नहीं है। मतभेदों के बावजूद नेहरू हम सबके प्रिय थे। उनकी पहली निधन-तिथि पर कांग्रेस-जनों, कम्युनिस्टों तथा अन्य देश-प्रेमी तत्त्वों के लिए यह उचित होगा कि वे अपनी-अपनी भूलों पर फिर से विचार करें, ताकि वर्तमान की समस्याओं का सफलतापूर्वक मुक़ाबला कर सकें।

डॉ. ज़ाकिर हुसैन (1897-1969)

डॉ. जाकिर हुसैन का जन्म 8 फरवरी, 1897 को हैदराबाद में हुआ था। वे एक स्वतन्त्र शिक्षाशास्त्री के रूप में आगे बढ़े। इनकी शिक्षा अलीगढ़ मुस्लिम विश्वविद्यालय, दिल्ली विश्वविद्यालय एवं जर्मनी के बर्लिन के हम्बोल्ट विश्वविद्यालय में हुई। वे जामिया मिल्लिया के 1928 में प्रथम उपकुलपति बने, यद्यपि वे जामिया मिल्लिया के संस्थापकों में थे। उनके नेतृत्व में पूरा विश्वविद्यालय ही स्वाधीनता आन्दोलन में कूद पड़ा। आज़ादी के बाद वे पाँच वर्षों–1957 से 1962 तक बिहार के राज्यपाल रहे। 3 मई, 1962 को वे भारत के उपराष्ट्रपति बने। बाद में वे 13 मई, 1967 से अपनी मृत्यु–3 मई, 1969 तक भारत के तृतीय राष्ट्रपति के रूप में कार्य करते रहे। उन्हें 1963 में ही भारत रत्न की उपाधि से सम्मानित किया गया था। उन्होंने महात्मा गाँधी के नेतृत्व एवं हकीम अजमल ख़ाँ के सहयोग से देश में बुनियादी शिक्षा की वकालत की। शिक्षा के क्षेत्र में इनका योगदान इतना जबर्दस्त रहा कि इनके घोर राजनीतिक विरोधी मो. अली जिन्ना ने भी इनकी तारीफ की। वे एक महान राष्ट्रवादी मुस्लिम थे।

राष्ट्रपति बनने पर 13 मई, 1967 को उनके उद्गार यहाँ लिपिबद्ध हैं।

भारत : मेरा घर

(नयी दिल्ली, 13 मई, 1967)

"मुझे स्वीकार करना चाहिए कि मैं अपने लोगों के यकीन से व्यग्र हूँ कि उन्होंने मुझे निर्वाचित करके देश के सर्वोच्च पद पर आसीन कर दिया।"

डॉ. राधाकृष्णन ने राष्ट्रपति पद को एक मानसिक साज-सामान, एक पाण्डित्य की उपाधि और तजुर्बे की दौलत के रूप में पेश किया, जो कि विरले ही कहीं पाया जाता है। जीवन-काल के दरम्यान ज्ञान और सत्य के प्रति निष्ठावान रहकर उन्होंने भारतीय दार्शनिक चिन्तन और तमाम सत्य, आध्यात्मिक मूल्यों के एकत्व को लाने एवं व्याख्या करने में सम्भवतः किसी अन्य व्यक्ति से ज़्यादा काम किया। उन्होंने मानव की अनिवार्य मानवता में अपने विश्वास को कभी नहीं खोया तथा उन्होंने खुद को तमाम लोगों की गरिमा एवं न्याय के साथ जीने के अधिकार को समर्थन देने से कभी नहीं रोका।

मैं आपको यह भरोसा दिला सकता हूँ कि मैं इस दफ्तर में प्रार्थनाशील नम्रता एवं पूर्ण तन्मयता की भावना के साथ प्रवेश करता हूँ। मैंने अभी-अभी भारत के संविधान के प्रति निष्ठा की शपथ ली है। यह अपेक्षाकृत एक नये देश का संविधान है, जिसके स्वतन्त्र नागरिकों को इतिहास में पहली बार स्वर दिया गया है। यह एक प्राचीन जाति का युवा राष्ट्र है, जिसने लम्बी सहस्राब्दी और विविध जाति-सम्बन्धी तत्त्वों के द्वारा असमय में अपने अनोखे ढंग से परम मूल्यों को चरितार्थ करने का प्रयत्न किया है। मैं स्वयं उन मूल्यों की सेवा की शपथ लेता हूँ, क्योंकि यद्यपि परिस्थिति के बदलाव से मूल्य की कुछ ठोस उपलब्धि अनुपयुक्त हो गयी, तो गरिमा निरन्तर वैध रह जाती है और नवीन एवं ताजी उपलब्धि के लिए प्रेरित करती है। अतीत मरा नहीं है और गतिहीन नहीं हुआ है, यह जीवित और गतिशील है तथा वर्तमान में यह हमारी क्षमता के निर्धारण एवं हमारे भविष्य के निर्माण में लगा हुआ है।

इसके सतत नवीनीकरण की प्रक्रिया, वस्तुतः राष्ट्रीय संस्कृति एवं राष्ट्रीय चरित्र की वृद्धि की प्रक्रिया है। यह शिक्षा का व्यापार है, जैसा कि मैं देखता हूँ, इससे ठोस नवीनीकरण की पूर्ति होती है और शायद मैं इस धारणा को भूल गया हूँ कि इस सर्वोच्च पद के लिए खासकर मेरा निर्वाचन सर्वथा मेरे लोगों की शिक्षा के साथ दीर्घ संसर्ग की परिणति है। मैं दावा करता हूँ कि शिक्षा ही राष्ट्रीय लक्ष्य का मुख्य उपकरण है और इसकी शिक्षा का वह गुण अपरिहार्य रूप से राष्ट्र के गुण से सम्बद्ध है। इसलिए, मैं अपने अतीत की संस्कृति के प्रति निष्ठा की शपथ लेता हूँ, जहाँ कहीं से भी आ सकी है और जिस किसी व्यक्ति के द्वारा योगदान मिला है। मैं स्वयं अपने देश की संस्कृति की पूर्णता की सेवा की शपथ लेता हूँ। मैं राष्ट्र के प्रति अपनी निष्ठा की शपथ लेता हूँ, धर्म या

भाषा के अनपेक्षित मैं स्वयं इसकी ताकत एवं प्रगति के लिए काम करने और बगैर जाति, वर्ण, या सम्प्रदाय के भेदभाव के इसकी जनता के कल्याण की शपथ लेता हूँ। पूरा भारत मेरा घर है और इसके लोग मेरा परिवार हैं।

जनता ने मुझे निश्चित समय के लिए इस परिवार का मुखिया बनाने हेतु चुना है। यह मेरा महत्त्वपूर्ण प्रयास होना चाहिए कि मैं इस घर को सशक्त और सुन्दर बनाऊँ, लोगों की बहुमूल्य उम्मीद को न्याय एवं समृद्धशाली तथा सुन्दर जीवन के निर्माण हेतु चित्ताकर्षक सबक को पूरा करने के लिए स्वयं लगा दूँ।

परिवार बड़ा है और यह सतत् असुविधाजनक रूप से तेजी से बढ़ रहा है। हममें से प्रत्येक को अपनी तरह से इसके नवीन जीवन के निर्माण में प्रचुर रूप से हिस्सा लेना चाहिए। हमारे आगे के सबक इस बात की माँग कर रहे हैं कि कोई भी स्थिर होने में समर्थ नहीं हो सकता। ऐसे में हम परिस्थिति का निरीक्षण करें या कुंठित हो; हर स्थिति हमसे काम करने की अपेक्षा रखती है ज़्यादा कार्य की अपेक्षा रखती है, शान्त एवं निष्कपट कार्य की अपेक्षा रखती है, ठोस एवं नियत रूप से सम्पूर्ण भौतिक और हमारी जनता के सांस्कृतिक जीवन के पुनर्निर्माण की अपेक्षा रखती है।

जैसा कि मैं अवलोकन करता हूँ, इस कार्य के दो पहलू हैं—अपने-आपके लिए कार्य करना और सारे समाज के लिए कार्य करना। दोनों ही कार्यों के फलदायी पहलू हैं। अपने-आप के लिए कार्य का मतलब एक स्वतन्त्र व्यक्ति के जैसा, अपने द्वारा बनाये गये अनुशासन के नियमों का पालन करते हुए नैतिक विकास की ओर प्रेरित होना है, जो कि सम्भव है कि उस विकास को अकेले ही कर सकता है। इसका अन्तिम परिणाम एक स्वतन्त्र नैतिक व्यक्तित्व है। हम लोग मात्र अपने संकट के कारण अन्तिम परिणाम की अनदेखी कर सकते हैं। यह अन्तिम परिणाम स्वयं, बगैर अपनी इच्छा एवं अभ्यास के समाज की समीपता को लाने के लिए, जिससे कि बेहतर ढंग से सेवा की जाये, न्याय कायम किया जाये और जीवन के सुन्दर मार्ग को अख्तियार किया जाये, जीवित नहीं रख सकता। समाज के सामूहिक सहयोग के बगैर पूर्णता की ओर अग्रसर नहीं हो सकता। कार्य के इन दो पहलुओं—वैयक्तिक एवं सामाजिक के प्रति अब हमें सहृदयता से संकल्प लेना चाहिए।

द्विसंख्य प्रयास हमारे राष्ट्र को एक खास सुगन्ध देगा। राष्ट्र के लिए हमारी शक्ति के संगठन की नहीं, बल्कि नैतिक संगठन की ज़रूरत होगी। यह स्वतन्त्रता आन्दोलन के महान नेता महात्मा गाँधी से प्राप्त राष्ट्रीय भावना एवं उत्तराधिकार का एक अंश है, उस शक्ति का इस्तेमाल मात्र नैतिक उद्देश्यों के लिए किया जाना चाहिए। कार्य हेतु हम लोग अपने-आपको समर्पित करेंगे, तभी ही टिकाऊ शान्ति होगी।

मेरी जनता में मेरा पूर्ण विश्वास है कि वे इस द्विसंख्य सबक को पूरा करने हेतु संतोषप्रद प्रदर्शन के लिए अपनी पूरी शक्ति को झोंक देंगी। इस मनोहर साहसिक कार्य में मेरे अंश का योगदान मेरा सौभाग्य होगा।

इन्दिरा गाँधी (1917-1984)

इन्दिरा गाँधी का जन्म 19 नवम्बर 1917 को इलाहाबाद (उत्तर प्रदेश) में हुआ था। वे भारत की प्रथम प्रधानमन्त्री जवाहरलाल नेहरू की एकमात्र सन्तान थीं। 1947 से 1964 तक वह अपने पिता के कार्यालय की देखरेख करती थीं। पहले तो वे घर में ही पढ़ती थीं बाद में स्कूलों में गयीं। वह कुछ दिन जेनेवा में भी पढ़ीं। बाद में शान्तिनिकेतन (विश्वभारती विश्वविद्यालय) में गयीं, जहाँ रवीन्द्रनाथ टैगोर ने उनका टाइटल प्रियदर्शिनी रखा। कुछ दिन के लिए उन्हें अपनी बीमार माँ (कमला नेहरू) के स्वास्थ्य की देखरेख के लिए यूरोप जाना पड़ा। उन्होंने लन्दन के ऑक्सफोर्ड विश्वविद्यालय में इतिहास का अध्ययन किया। इंग्लैंड में उनकी फिरोज़ गाँधी से मुलाकात हुई। इन लोगों की शादी इलाहाबाद में हिन्दू रीति-रिवाज से हुई, यद्यपि फिरोज़ गाँधी पारसी थे।

1964 में जवाहरलाल जी की मृत्यु के पश्चात् वह शास्त्री मन्त्रिमंडल में मन्त्री बनीं। 1966 में शास्त्रीजी की मृत्यु के पश्चात् वह प्रधानमन्त्री बनीं। वे 1966 से 1977 तक प्रधानमन्त्री रहीं। आपातकाल बाद के चुनाव 1977 में उनकी हार हुई। जनता पार्टी के हाथ में बागडोर गयी किन्तु वे लोग सत्ता नहीं सँभाल सके और लोकसभा भंग हुई। 1980 के चुनाव में इन्दिराजी के नेतृत्व में पुनः देश में कांग्रेस की सरकार बनी। अब वे 1980 से लेकर 31 अक्टूबर, 1984 तक प्रधानमन्त्री रहीं, जब उन्हें उन्हीं के रक्षकों द्वारा मार दिया गया। 1971 के बंगलादेश युद्ध में जीत हासिल करना, आपातकाल लगाना और 1980 में पुनः सत्ता में लौटना उस वक्त की प्रमुख घटनाएँ हैं।

1954 के अवाड़ी अधिवेशन में कांग्रेस ने समाजवादी पैटर्न के सम्बन्ध में प्रस्ताव पास किया। 1966 में इन्दिरा गाँधी प्रधानमन्त्री बनीं। 1969 में विचारों के मतभेद से कांग्रेस दो भागों में बँट गयी। इन्दिरा गाँधी को कांग्रेस के नौजवान और प्रगतिशील नेताओं का समर्थन प्राप्त था। साथ ही कम्युनिस्ट पार्टी का भी उन्हें समर्थन हासिल हुआ, जब उन्होंने 'प्रिवीपर्स' की समाप्ति एवं बैंक राष्ट्रीयकरण की घोषणा की। प्रस्तुत घोषणा उन्होंने 21 जुलाई, 1969 को लोकसभा में की। उस वक्त पी.एन. हस्कर, डी.पी. धर एवं जी. पार्थसारथी उनके बुद्धिजीवी सलाहकार थे।

निजी बैंकों का राष्ट्रीयकरण

(21 जुलाई, 1969)

माननीय उपाध्यक्ष महोदय, भारत के चौदह वाणिज्य बैंकों के राष्ट्रीयकरण की अधिसूचना परसों प्रकाशित की गयी। आपकी अनुमति से हाउस को इस सूचना से अवगत कराना चाहूँगी ताकि हाउस इस पर विचार करे एवं इसका मूल्यांकन करे और इसे लागू करने का प्रस्ताव पारित कर सके।

लगभग पन्द्रह वर्ष पहले लोकसभा ने सम्पुष्ट किया कि उन्हें समाजवादी ढंग के समाज की स्थापना का लक्ष्य स्थापित करना है। तब से सरकार ने इस लक्ष्य की प्राप्ति के लिए अनेक कदम उठाये। नयी सामाजिक व्यवस्था जो हम देश में बनाने का प्रयास कर रहे हैं तथा सरकारी नियन्त्रण एवं मलकियत की राष्ट्रीय ऊँचाई प्राप्त करना चाहते हैं, उसके लिए यह कदम महत्त्वपूर्ण एवं आवश्यक है। हमारे ग़रीब देश के लिए हम आवश्यक समझते हैं जो तेजी से आर्थिक उन्नति प्राप्त करना चाहता है और जनतांत्रिक पद्धति में सामाजिक न्याय को भी प्राप्त करना चाहते हैं, और जो शासन पद्धति कुछेक के नियन्त्रण से स्वतन्त्र है और जहाँ सब के लिए अवसर खुले हैं।

महत्त्वपूर्ण कृत्यों में से वे आर्थिक संस्थाएँ हैं जो कोई समाज अपने आर्थिक एवं सामाजिक लक्ष्यों को प्राप्त करने के लिए रखता है। इसी तथ्य की परखस्वरूप हम लोगों ने जीवन बीमा व्यवसाय और भारतीय इम्पेरियल बैंकों का लगभग एक दशक पूर्व राष्ट्रीयकरण किया। तब से हम लोगों ने और भी सार्वजनिक क्षेत्र में अन्य कृषि तथा औद्योगिक संस्थाओं की स्थापना मध्यम तथा दीर्घकालिक फायदे के लिए की है। महत्त्वपूर्ण बैंकों का राष्ट्रीयकरण जनता की बचत को जनता की हित में उत्पादन प्रक्रिया को अधिक प्रभावशाली बनाने के लिए है।

गम्भीर कठिनाइयों के बाद हमारी अर्थ-व्यवस्था पूर्णतः वृद्धि तथा विकास की ओर चल पड़ी है। यह कृषि के मुहाने पर एक बड़े रास्ते की शुरुआत है। साथ ही साथ तकनीकी एवं अन्य कार्यों के लिए भी। हमारे निर्यात क्षेत्र में वृद्धि प्रभावकारी रही है। आपूर्ति एवं यातायात के विकास में वास्तविक विकास होता रहा है, साथ ही प्रशिक्षित मानवीय शक्ति की भी उपलब्धता रही है। हमारा औद्योगिक आधार मज़बूत हुआ है और वह बहुमुखी हुई है। इसी सन्दर्भ में हम लोग विश्वास और दृढ़ता के साथ पहले ही चतुर्थ योजना की शुरुआत कर चुके हैं।

प्रश्न जो कुछ समय से हमारा ध्यान आकर्षित करता रहा है वह है, प्रगतिशील तत्व एवं विकास की प्रक्रिया में अभि रुचि ताकि चतुर्थ योजना में निजी एवं सार्वजनिक क्षेत्र के उद्देश्यों को पूरा किया जा सके और यदि संभव हुआ तो वह आगे भी बढ़ सके। हमारी मुख्य चिंता विनियोग की प्रवृत्ति बढ़ाने की रही है, साथ ही उत्पादकता बढ़ाने की भी ताकि आत्मविश्वास के साथ जीवन में सुधार एवं रोजगार के अवसरों में वृद्धि हो सके। बहुत हद तक लोगों की बचत को सरलीकृत करना एवं

अपनी योजनाओं का प्रमुखता के अनुसार उत्पादक उद्देश्यों के लिए उपयोग करना आवश्यक है। सरकार का विश्वास है कि अधिकांश बैंकों का सार्वजनिक आधिपत्य जिसके लिए व्यापक जन-समर्थन रहा है, राष्ट्रीय संसाधनों का विकास एवं सरलीकरण प्रभावकारी ढंग से मददगार होगा ताकि हमारा उद्देश्य आशान्वित तरीके से प्राप्त हो सके।

सरकार द्वारा प्रकाशित अध्यादेश भारत के सभी सूची बद्ध बैंकों के राष्ट्रीयकरण की व्यवस्था करता है, जो जून के अन्त तक कम से कम 50 करोड़ जमा रखता है। भारतीय स्टेट बैंक के साथ-साथ इस वर्ग के चौदह बैंक और इनके सहायक जो पहले ही सार्वजनकि क्षेत्र के अन्तर्गत संचालित थे, उनमें 85 प्रतिशत से अधिक जमा राशि देश के अन्दर बैंकों में जमा थी। इस कदम को ध्यान में रखते हुए संसद इसे सम्पुष्ट करेगी और किसी संभावित गड़बड़ी को रोकेगी, जो सार्वजनिक हित में नहीं हो। लेकिन अचानक एवं तीव्र कदम उठाना आवश्यक है जो अध्यादेश के द्वारा ही प्राप्त किया जा सकता है। जरूरी है कि बिना समय गँवाए आवश्यक कदम उठाये जायें, जिसकी सम्पुष्टि चालू सत्र में ही बिल लाकर करा ली जाय।

जहाँ तक विदेशी बैंकों का सम्बन्ध है, वे विशेष प्रकृति के व्यवसायों का संचालन स्वतन्त्र ढंग से सम्पादित करते हैं, जैसे विदेशी व्यापार तथा टूरिज्म। किसी एक देश के बैंकों का संचालन दूसरे विषय में उस जगह के नियमानुसार उसके उद्देश्य से होता है और वह अन्तर्राष्ट्रीय सुविधा का एक अंग होता है। हमारे भारतीय बैंक भी बहुत से देशों में अपनी शाखाओं को चलाते हैं। सरकार की सामान्य नीति विदेशी बैंकों की नई शाखाओं को बन्दरगाह से जुड़े शहरों तक ही सीमित रखना होता है, जहाँ उनकी साख से सेवाओं की आवश्यकता होती है। इन्हीं तथ्यों का सम्मान करते हुए सरकार ने भारत से बाहर भारत से जुड़े विदेशी बैंकों को इस अध्यादेश के नजरिये से अलग रखा है।

दूसरे दिन जैसा कि मैंने व्यक्त किया था, यह राष्ट्रीयकरण की नये युग की शुरुआत नहीं है, अभी व्यवस्था का चाहे जो भी स्वरूप हो। व्यापक तौर पर स्वीकार किया जाता है कि बैंकिंग पद्धति का संचालन एक बड़े सामाजिक उद्देश्य के द्वारा सूचित होना चाहिए और उसे जनतांत्रिक नियमों के अधीनस्थ होना चाहिए। सरकार इस निर्णय पर पहुँची है कि इच्छित नियमन तथा प्रगति दर समस्या की अनियमितता के अनुरूप केवल राष्ट्रीयकरण के द्वारा ही सुनिश्चित किये जा सकते थे।

मैं अपने आश्वासन को दोहराना चाहूँगी कि राष्ट्रीयकरण के बाद भी कानूनी साख को नीचे के उद्योगों और दूसरे बड़े व्यवसायों की आवश्यकताओं के अनुरूप पूरा किया जायेगा। फिर भी यह सुनिश्चित करने का प्रयास होगा कि उत्पादक सेक्टर की अर्थव्यवस्था की आवश्यकता और खासकर किसानों की आवश्यकता, छोटे स्तर के उद्योग तथा स्वनियोजन व्यावसायिक समूहों की आवश्यकता इन बढ़ते हुए कदमों में निहित है। राष्ट्रीयकृत बैंकों के सार्थक उद्देश्यों में से एक यह होगा कि नये और प्रगतिशील उद्यमियों की आवश्यकता की पूर्ति करें और उपेक्षित तथा पिछड़े क्षेत्रों में नये अवसर पैदा किये जायँ। किसानों की सेवा के लिए बैंकों को बेहतर स्थान दिये जायेंगे। वे कृषि उत्पादन एवं ग्रामीण विकास को सामान्यतः आगे बढ़ायेंगे। सार्वजनिक मालकियत भी बैंकों के प्रयोग को जोड़ने में मदद करेगा तथा उत्पादक उद्देश्यों का भी आकलन करेगा। बड़े-बड़े बैंकों एवं बड़े-बड़े औद्योगिक समूहों के लिए कड़ी का काम करते हुए जो अब तक सरकार को नियन्त्रित करते रहे हैं, वे विश्वास करते हैं कि जो कदम उन्होंने उठाये हैं, वह सही वातावरण उत्पन्न करेंगे, जिससे पर्याप्त मात्रा में व्यावसायिक व्यवस्था बैंकिंग के क्षेत्र में बनेगी। सरकार ज़्यादातर महत्त्व आधुनिक व्यवस्था के लिए तकनीक तथा व्यवहार को देती है।

ख़ान अब्दुल गफ़्फ़ार ख़ाँ (1890-1988)

खान अब्दुल गफ़्फ़ार ख़ाँ जिन्हें हम सीमान्त गाँधी भी कहते हैं, का जन्म पंजाब प्रान्त के खैबर ज़िले में 6 फरवरी 1890 को हुआ था। वे राष्ट्रीय आन्दोलन में काफ़ी सक्रिय रहे और ब्रिटिश हुकूमत के खिलाफ़ लड़ते रहे। उनके स्वभाव और गाँधी जी के प्रति उनकी व्यक्तिगत निष्ठा के कारण उन्हें सीमान्त गाँधी के नाम से पुकारा जाने लगा। उन्होंने खुदाई खिद्मतगार नाम की संस्था की स्थापना 1929 में की थी। बादशाह ख़ाँ हमेशा मुस्लिम लीग द्वारा माँगे गये देश के बँटवारे के खिलाफ़ रहे। सन् 1947 में कांग्रेस ने भारत-पाकिस्तान निर्माण की बात की तो वे बहुत दुखी हुए। पाकिस्तानी सरकार ने भी उन्हें 1948 से 1956 तक जेल में रखा, चूँकि वे स्वतन्त्र पख़्तूनिस्तान की माँग कर रहे थे। पूर्व में भी खिलाफ़त आन्दोलन के वक्त उन्होंने पेशावर से काबुल तक मार्च निकाला था जो गाँधी जी के समर्थन में था।

1947 के दंगों के पश्चात् देश 20 वर्षों तक दंगामुक्त रहा। राज्यों के बँटवारे और दक्षिण भारत में भाषाई आन्दोलन के अतिरिक्त देश हिंसात्मक घटनाओं से मुक्त रहा। पं. जवाहरलाल नेहरू की बीमारी (1964) के पश्चात् ही कुछ कठिनाइयाँ शुरू हुईं। नेहरू जी की मृत्यु के पश्चात् 1969 में गुजरात में साम्प्रदायिक दंगे हुए। खान अब्दुल गफ़्फ़ार ख़ाँ, जिन्हें सीमान्त गाँधी या बादशाह ख़ान भी कहा जाता है, ने गाँधी जन्मशती पर भारत का दौरा किया। दिल्ली के रामलीला मैदान में 2 अक्तूबर, 1969 (गाँधी जयन्ती के दिन) को उनका दिया हुआ भाषण यहाँ प्रस्तुत है।

सेवा और सौहार्द

(2 अक्तूबर, 1969)

मैं भारत में आपको याद दिलाने आया हूँ कि आप अपने महान नेता महात्मा गाँधी के बताये रास्ते से भटक रहे हैं। मैं भारत में आपसे कुछ लेने नहीं आया हूँ। मैं आपके नेता या संरक्षक के रूप में नहीं आया हूँ। मैं आपकी सेवा के लिए आया हूँ और कोई भी मुझे इस रास्ते से हटा नहीं सकता। अगर आप मेरी सेवा स्वीकार न करेंगे तो इसमें आपका ही नुकसान है। मैं अपनी सेवा आपके विभिन्न समुदायों के बीच एकता, प्रेम एवं सद्भाव स्थापित रखने के लिए समर्पित करने आया हूँ।

मेरा यहाँ आने का एकमात्र उद्देश्य आपके बीच आपसी हिंसा, पारस्परिक विश्वास एवं घृणा का विरोध करना है। भारतीय जनता का प्रेम एवं सौहार्द एवं गाँधी जी की अवधारणा मुझे यहाँ तक खींच कर लाई है। मेरे भारत आने के सम्बन्ध में अनेक बातें भारत और पाकिस्तान में प्रचारित की गयी हैं। मैं यहाँ आपकी सेवा के लिए आया हूँ। मैं आपसे रुपये लेने नहीं आया हूँ। मैं आपसे पख्तूनिस्तान के लिए सहायता माँगने भी नहीं आया हूँ। पख्तूनिस्तान हम लोग जैसा चाहते थे, उसमें हम सफलता के नजदीक हैं।

बहुत से लोगों ने मुझे सलाह दी कि मैं हिंसा के विरुद्ध अपना विरोध प्रकट करने न भारत जाऊँ। किन्तु मैंने सोचा कि मेरा यहाँ आकर विरोध प्रकट करना भारत एवं पाकिस्तान दोनों के लिए लाभदायक होगा। मैंने निश्चय किया कि मैं भारत जाकर ही हिंसा के विरुद्ध अपना विरोध प्रकट करूँ। मैंने सोचा कि अगर मैं भारत जाता हूँ तो मुझे वहाँ के लोगों से विचार-विमर्श करने का अवसर मिलेगा। इस सन्दर्भ में मैंने तीन दिन का उपवास रखने का निर्णय यहाँ पर घृणा और हिंसा के विरुद्ध वातावरण तैयार करने के लिए किया है। साथ ही यहाँ के लोगों को यह भी बताना है कि वे गाँधी जी द्वारा बताये मार्ग से भटक रहे हैं।

मधु लिमये (1922-1995)

मधु लिमये का जन्म 1 मई 1922 को पूना में हुआ था। उनकी शिक्षा फरगूसन कॉलेज, पुणे में हुई। उनकी शादी चम्पा लिमये से हुई और उन्हें एक पुत्र भी हुआ। पूर्व में 1938 से 1948 तक भारतीय राष्ट्रीय कांग्रेस एवं कांग्रेस सोशलिस्ट पार्टी में रहे। स्वाधीनता संघर्ष में वे सक्रिय थे और 1940 से 1945 चार-पाँच वर्ष ब्रिटिश जेल में रहे। 1949-52 वे सोशलिस्ट पार्टी के संयुक्त सचिव रहे। गोवा की स्वाधीनता की लड़ाई में उन्हें पुर्तगाली जेल में 19 महीने रहना पड़ा, यद्यपि उन्हें 12 वर्ष की सजा हुई थी। वे बाद में 1958-59 में सोशलिस्ट पार्टी के अध्यक्ष हुए। 1964 से 1979 के बीच चार बार लोकसभा के सदस्य चुने गये।

जयप्रकाश जी के आन्दोलन में उन्होंने सक्रिय भूमिका अदा की, जिससे उन्हें 1975-77 तक जेल में रहना पड़ा। मोरारजी के प्रधानमंत्रित्व में जनता पार्टी के शासन में उन्होंने दोहरी सदस्यता का विरोध किया, जिससे जनसंघ के लोगों को सरकार से हटना पड़ा और सरकार गिर गयी। 1982 में वे सक्रिय राजनीति से अलग हो गए, किन्तु बहुत-सी पुस्तकें लिखीं। 1995 में उनकी मृत्यु हुई।

कुछ ही वर्षों पूर्व आडवाणी जी के जिन्ना पर लिखे गये लेख के पश्चात् भाजपा के वरिष्ठ नेता जसवंत सिंह जी की जिन्ना पर लिखी गयी पुस्तक की चर्चाएँ शुरू हुईं। जसवंत सिंह ने जिन्ना को धर्मनिरपेक्ष करार दिया था। प्रस्तुत लेख से जिन्ना की राजनीतिक यात्रा का संक्षिप्त परिचय मिलता है। समाजवादी नेता का यह लेख गाँधी-जिन्ना सम्बन्धों को भी उजागर करता है। वस्तुतः जिन्ना के दो रूप थे—1937 के पूर्व और 1937 के पश्चात्। इसकी अनदेखी करने से ही उनके विषय में विवादास्पद विचार आये हैं। इस सन्दर्भ में हम काफ़ी पहले समाजवादी नेता मधु लिमये का लिखा हुआ लेख उद्धृत कर रहे हैं।

जिन्ना और धर्मनिरपेक्षता

(दिसम्बर, 1969)

मोहम्मद अली जिन्ना निःसंदेह मुसलमानों के सबसे शक्तिशाली नेता थे। जिन्ना साहब और गाँधीजी का अगर हम तुलनात्मक अध्ययन करें तो कई विचित्र समानताएँ दोनों में पायेंगे। दोनों बड़े नेता थे। जिन्ना हालाँकि कराची में जन्मे थे, लेकिन गाँधीजी के जन्मस्थान से उनके परिवार का पुश्तैनी सम्बन्ध था। दोनों की सामाजिक पृष्ठभूमि व्यापारिक थी। जिन्ना साहब का मज़हब इस्लाम था, लेकिन वे जिस जाति में पैदा हुए थे, उसको 'खोजा' कहा जाता था। यह वणिक समुदाय था। गाँधीजी 'मोढ़', बनिया जाति में पैदा हुए थे। दोनों नेता युवावस्था में इंग्लैंड चले गये थे। दोनों ने विश्वविद्यालीय शिक्षा प्राप्त किये बिना ही इंग्लैंड से बैरिस्टरी की परीक्षाएँ पास की थीं और भारत वापस आकर दोनों ने वकालत शुरू की थी। यह कहने की ज़रूरत नहीं कि दोनों की मातृभाषा गुजराती थी। आगे चलकर दोनों के रास्ते कुछ भिन्न हो गये थे, लेकिन कुछ समय बाद थोड़े अन्तराल के लिए वे फिर मिल गये थे। परन्तु उसके बाद तो दोनों परस्पर विरोधी दिशाओं में बढ़ गये। गाँधीजी दक्षिण अफ्रीका चले गये, जहाँ उन्होंने गोरे प्रशासकों द्वारा वहाँ के भारतीयों के साथ किये जा रहे अमानवीय और विषम व्यवहार के खिलाफ़ आन्दोलन किया। दक्षिण अफ्रीका में ही उनकी जीवन प्रणाली में बुनियादी परिवर्तन आया उन्होंने अंग्रेज़ी वेशभूषा और आधुनिक सुविधाओं वाली जीवनशैली को त्याग दिया। उनमें पहले से ही धार्मिक प्रेरणा थी, अतः उसी के आधार पर अपने जीवन को उन्होंने एक नये ढाँचे में ढाल लिया। इंग्लैंड की सोसाइटी ऑफ फ्रेंड्स तथा ईसा के 'सर्मन आन द माउंट' (पर्वतीय प्रवचन) का उनके मन पर बहुत गहरा असर हुआ था। महान रूसी साहित्यकार लियो तोल्सतोय के विचारों ने भी उनके ऊपर गहरी छाप छोड़ी थी। सबसे महत्त्वपूर्ण बात यह थी कि दक्षिण अफ्रीका निवास के वर्षों में उन्होंने सामुदायिक प्रतिकार का एक नया तरीका ढूँढ़ा। अब तक अन्याय के प्रतिकार के लिए अहिंसा का व्यक्तिगत प्रयोग तो होता रहा था, चाहे प्रह्लाद हो, सुकरात (यूनानी चिंतक) हो या थोरो हो। लेकिन गाँधीजी का अहिंसात्मक प्रतिकार का तरीका सामुदायिक था। सार्वजनिक और राष्ट्रीय महत्त्व के प्रश्नों का हल निकालने के लिए उन्होंने इसका इतिहास में सर्वप्रथम सफल प्रयोग किया था। आगे चलकर सत्याग्रह की सर्वव्यापी उपयोगिता के बारे में उनका विश्वास बढ़ता ही चला गया।

जिन्ना साहब ने जिस उदार मतवादी विचारधारा और जीवन-शैली को अपनाया, उसको उन्होंने अन्त तक नहीं छोड़ा, सिवाय अन्तिम वर्षों के जब सभा-सम्मेलनों आदि में उन्होंने जिन्ना टोपी और अचकन पहननी आरंभ कर दी थी। द्विराष्ट्रवाद और पृथकतावाद के समर्थक बनने के बाद भी उनकी जीवन प्रणाली में कोई मौलिक परिवर्तन नहीं आया आखिरकार इन दोनों नेताओं में इतना भयंकर

टकराव आगे चलकर क्यों पैदा हुआ? सेक्रेटरी ऑफ स्टेट फार इंडिया एडविन मांटेग्यू 1917-18 में हिन्दुस्तान के दौरे पर आये थे। इस दौरे के संस्मरण उन्होंने अपनी डायरी में लिखे हैं, जिसका नाम है : इंडियन डायरी। इस इंडियन डायरी से इस पर कुछ रोशनी पड़ती है।

गाँधी नामक सितारा भारत के राष्ट्रीय गगन पर सही माने में 1919 में उदित हुआ। उसके पहले उनकी गणना राष्ट्रीय नेताओं में नहीं थी। हाँ, दक्षिण अफ्रीका के उनके कार्यों के कारण भारत लौटने तक उनकी ख्याति अवश्य बढ़ गयी थी। लेकिन प्रथम विश्वयुद्ध काल में उनका शुमार अव्वल कोटि के नेताओं में नहीं था। उस समय अत्यधिक लोकप्रिय नेता लोकमान्य तिलक तथा श्रीमती ऐनी बेसेंट थे। एडविन मांटेग्यू ने अपनी इस डायरी में तिलक को ही हिन्दुस्तान का सबसे शक्तिशाली नेता माना है। ऐनी बेसेंट की भी उन्होंने इस सिलसिले में चर्चा की है। गाँधीजी उस समय तक ब्रिटिश साम्राज्य के प्रति निष्ठा रखने वाले नेताओं में गिने जाते थे। एक राष्ट्रीय नेता के रूप में उनकी चर्चा मांटेग्यू ने नहीं की है, बल्कि एक समाज-सुधारक और साधुवृत्ति के पुरुष के रूप में ही की है। जिन्ना की बुद्धिमानी, चरित्र तथा वाद-विवाद कौशल की चर्चा करते हुए उन्होंने लिखा है :"वे बहुत महत्त्वांकाक्षी हैं और ऐसा सोचते हैं कि तिलक और ऐनी बेसेंट के बाद राष्ट्रवादी आन्दोलन के सर्वमान्य नेता बनेंगे।"

लेकिन गाँधीजी का 1919 में भारतीय क्षितिज पर उदय होते ही पूरे मुल्क में एक आँधी सी बहने लगी। राष्ट्रीय स्वतन्त्रता की प्यास, असहयोग और सत्याग्रह तथा खिलाफ़त आन्दोलन से उद्दीप्त मुसलमानों की साम्राज्य-विरोधी भावना के मिश्रण से इस आँधी को इतनी शक्ति मिली कि पुराने नेतृत्व के साथ-साथ जिन्ना, तिलक और बेसेण्ट की उत्तराधिकार की महत्त्वाकांक्षाएँ सूखे पत्ते की तरह उड़ गयीं। यही वजह है कि जिन्ना के मन में गाँधीजी के प्रति हमेशा एक किस्म की मानसिक प्रतिरोधयुक्त गुत्थी यानी रिजर्वेशन रहा। वे इस बात को भूल नहीं सके कि गाँधीजी ने ही उनको नेतृत्व के शिखर से च्युत किया है। जिन्ना यह सोचते थे कि साधारण जनता की धार्मिक भावनाओं को भड़काकर, भावावेश से उन्हें उद्वेलित करके ही गाँधीजी महान नेता बने हैं और उन्होंने स्वतन्त्रता आन्दोलन पर अपना एकाधिकार स्थापित किया है। गाँधीजी की धर्मपरायणता को वे हिन्दूवाद समझते थे। गाँधीजी की लोकप्रियता का आधार उनकी धार्मिकता और उससे जुड़ा हुआ साधुत्व है, यह वे कदापि नहीं समझ सके। इस तरह राजनीति में पिछड़ जाने के कारण कुंठा और हताशा के शिकार जिन्ना साहब शनैःशनैः राष्ट्रीय आन्दोलन की मुख्य धारा से अलग होते-होते मुस्लिम पृथकतावाद के वरिष्ठ एवं शक्तिशाली प्रवक्ता बन गये। इस प्रकार उन्होंने गाँधीजी के समकक्ष नेता के रूप में दुनिया और अंग्रेज़ों से बलपूर्वक मान्यता प्राप्त की। इसलिए एक माने में यह कहना अनुचित नहीं होगा कि जिन्ना ने 1919-20 में स्वयं को नेतृत्व की चोटी से हटाए जाने का बदला पच्चीस वर्ष बाद जाकर लिया।

मोहम्मद अली जिन्ना अपने प्रारम्भिक वर्षों में इंडियन नेशनल कांग्रेस के सदस्य थे। वे न केवल पक्के देशभक्त थे, बल्कि सभी किस्म के संकुचित और साम्प्रदायिक विचारों से भी मुक्त थे। आरम्भिक कई साल तक वे मुस्लिम लीग के सदस्य नहीं बने थे, क्योंकि मुस्लिम लीग को वे बहुत पीछे-देखू और प्रतिक्रियावादी संस्था मानते थे। लेकिन 1912-13 के बाद मुसलमानों में जो एक नयी चेतना जगी, उसका मुस्लिम लीग पर भी असर हुआ और मुस्लिम लीग ने अपने उद्देश्यों में बुनियादी परिवर्तन किये। यह परिवर्तन करने के लिए मुसलमानों की जो प्रतिनिधिक बैठक बुलाई गयी थी, उसमें जिन्ना साहब को भी आमंत्रित किया गया था। लीग के नेताओं ने जिन्ना साहब

को यह आश्वासन दिया था कि मुस्लिम लीग के उद्देश्यों में इस तरह परिवर्तन किया जायेगा कि जिससे उसके उद्देश्य कांग्रेस के उद्देश्यों के समान हो जायेंगे। इसी आश्वासन पर जिन्ना साहब ने इस सम्मेलन में शिरकत की थी।

1916 में लखनऊ में मुस्लिम लीग का जो अधिवेशन हुआ उसमें जिन्ना साहब ने कहा था : ''पूरे मुल्क में अपनी नियति (डेस्टिनी) के बारे में एक नयी चेतना जग रही है। पूरा मुल्क नये क्षितिज की ओर आशाभरी नजरों से देख रहा है। एक किस्म की नयी जागृति, आत्मविश्वास फैल रहा है। सारी दिशाओं में नवजीवन की झलक दिखाई दे रही है। यह जो नयी आशा हिन्दुस्तान के देशभक्तों को प्रेरित कर रही है, उसमें हिन्दुस्तान के मुसलमान यदि साझेदारी नहीं करेंगे या मुल्क की जो पुकार है, उसको नहीं सुनेंगे तो वे अपने साथ और अपनी परम्पराओं के साथ धोखा करेंगे। मुसलमानों की दृष्टि भी अपने हिन्दू भाइयों की तरह अब भविष्य की ओर लगी हुई है।'' (मोहम्मद अली जिन्ना : एन अंबेसडर ऑफ यूनिटी)

जिन्ना साहब का यह भाषण इस बात का परिचायक है कि वे स्वयं तो राष्ट्रवादी थे ही, मुसलमानों को भी भारतीय राष्ट्रवाद की मुख्यधारा में लाना चाहते थे। अलगाव की भावना उन्हें स्पर्श तक नहीं कर पाई थी।

उसी अधिवेशन में जिन्ना साहब आगे कहते हैं :''दूसरी बात यह याद रखनी चाहिए कि इस समय एक बहुत ही शक्तिशाली और हमें एकत्र करने वाली प्रक्रिया अस्तित्व में आई है। कहिए कि यह पश्चिम की शिक्षा का सबसे दिलचस्प और शक्तिशाली नतीजा है कि विभिन्न वंशों, धर्मों और जातियों से बना एक नया हिन्दुस्तान अपने उज्ज्वल भविष्य की ओर बढ़ रहा है। विचारों, उद्देश्यों, नजरिये और भौगोलिक देशभक्ति और राष्ट्रीयता का जो तकाजा है, उसका मुसलमान भी साथ दे रहे हैं। एक नयी शक्ति का सृजन हो रहा है। नयी आकांक्षाओं का जन्म हो रहा है और पूरा देश एकरस होकर अपना जो जन्मसिद्ध अधिकार है, अपने शासन को अपने हाथ में लेने का, अपने घर में अपना मालिक बनने का, उसको सँभालने के लिए तैयार हो रहा है।''

जिन्ना साहब के भाषण से इस बात का पता चलता है कि उस समय वे स्वयं को इंडियन नेशनलिस्ट या हिन्दुस्तानी राष्ट्रवादी कहलाने में गौरवान्वित महसूस करते थे और राष्ट्र-निर्माण के कार्य में जो बाधाएँ थीं, उनको नजरअन्दाज न करते हुए, इस कार्य को पूरा करने के लिए कृतसंकल्प थे। राष्ट्र-निर्माण के लिए उन्होंने नेशन-बिल्डिंग शब्द का प्रयोग किया है : ''आज देश में विभिन्न हित सम्बन्धों का टकराव हो रहा है। कई मूर्खतापूर्ण नारे दिये जा रहे हैं। फिर भी जो वस्तुनिष्ठ और शान्तिपूर्वक ढंग से सोचने वाले निरीक्षक हैं, वे इस बात को जानते हैं कि हिन्दुस्तान सबसे पहले और सबसे आखिर में हिन्दुस्तानियों के लिए है। चाहे थोड़ा अधिक वक्त लगे या कम, हिन्दुस्तान अब निश्चित रूप से एक स्वयंशासित राष्ट्र का दर्जा अवश्य पाएगा। दुनिया में कोई ऐसी शक्ति नहीं जो यहाँ की जनता को अपनी नियति से दूर रख सके।''

जिन्ना साहब का विश्वास था कि ''हिन्दुस्तान में जवाबदेह और प्रतिनिधिक शासन स्थापित किया जाये। इसके लिए जो कई तर्क अनेक बार दिये गये हैं, उनके अलावा सबसे महत्त्वपूर्ण तर्क यह है कि यहाँ देशभक्ति की तीव्र, जिंदा एवं शक्तिशाली भावना तथा राष्ट्रीय जागृति है जो तरह-तरह के प्रतिबन्धों के बावजूद व्यापक अैर न्यायपूर्ण आत्मप्रकटीकरण का रास्ता खोज रही है। ऑल इंडिया मुस्लिम लीग और इंडियन नेशनल कांग्रेस कंधे से कंधा मिलाकर समूचे मुल्क की प्रगति के लिए, देशभक्ति की भावना से प्रेरित समप्रयास और साझेदारी के लिए तैयार है।''

इसी अभिभाषण में जिन्ना साहब कहते हैं : ''नया हिन्दुस्तान एक बिल्कुल नये किस्म के सार्वजनिक कार्यकर्ताओं की माँग कर रहा है। ये सार्वजनिक कार्यकर्ता उदारता से ओत-प्रोत और व्यापक दृष्टिकोण युक्त होने चाहिए। उनमें सम्प्रदाय के प्रति दुरभिमान नहीं होना चाहिए न उनका दृष्टिकोण तंगदिली का होना चाहिए। ये सार्वजनिक कार्यकर्ता ऐसे होने चाहिए जो दुर्बलों को दबाना न चाहें, न शक्तिशालियों के आक्रमण के सामने झुकें या काँपें। ये कार्यकर्ता तात्कालिक और छोटे स्वार्थों में उलझने की बजाए ऊँचे स्तर की निष्ठा और सेवा का परिचय देने वाले होने चाहिए ताकि साधारण लोगों में श्रद्धा, स्वतन्त्रता और शक्ति का संचार हो।''

जिन्ना के इन विचारों से पता चलता है कि उन दिनों वे गोपालकृष्ण गोखले के व्यक्तित्व तथा आदर्शों से अत्यधिक प्रभावित थे। गोखले ने अपने भारत सेवक समाज में ऐसे ही कार्यकर्ताओं को भरती किया था। उन दिनों जिन्ना साहब मुसलमानों से अपील करते थे कि उन्हें केवल अपने समुदाय के हितों और केवल अपने ही संकुचित फायदे-नुकसान का ख्याल नहीं करना चाहिए। सात करोड़ मुसलमानों को भय त्याग कर काया-वाचा-मनसा यह सिद्ध करना चाहिए कि स्वस्थ राष्ट्रीय एकता के निर्माण की आकांक्षा में वे तहेदिल से साथ हैं, वे किसी के पीछे नहीं हैं।

कांग्रेस के 1917 के अधिवेशन में बोलते समय उन्होंने हिन्दू वर्चस्व के डर का उल्लेख करते हुए कहा :''यह मत निरर्थक और निराधार है कि हिन्दू समाज विधिमंडलों में बहुमत के बल पर कोई कानून हमारे ऊपर लादेगा, जबरदस्ती हिन्दू सरकार की स्थापना करेगा। यह संभव नहीं है। सात करोड़ मुसलमानों की इच्छा का अपमान नहीं किया जा सकता है। हिन्दू वर्चस्व का नारा एक हब्वा मात्र है। आपके दुश्मनों द्वारा आपको विचलित करने के लिए कि आप स्वतन्त्रता की लड़ाई में हिन्दू भाइयों से सहयोग न करें, (जो कि आपको करना चाहिए) आपको यह भय दिखाया जा रहा है। यदि इस मुल्क में हिन्दुओं का राज नहीं होना है तो उसी भाव और स्वर में मैं यह भी कहना चाहता हूँ कि इस देश पर मुसलमानों का भी राज नहीं होना है और अंग्रेज़ों का तो बिल्कुल ही नहीं। पूरे देश भर की यह भावना है कि वास्तविक सत्ता का तत्काल हस्तांतरण किया जाये।'' जिन्ना साहब ने आगे कहा : ''मुस्लिम लीग और कांग्रेस आपसी विचार-विमर्श कर विशेष बैठकों में आपस में समझौता करेंगे और फिर हिन्दू तथा मुसलमान मिलकर एक राष्ट्र के नाते इस योजना को लागू करने की माँग करेंगे। उसके बाद इस माँग से विमुख होने का कोई प्रश्न नहीं खड़ा होगा।''

20वीं शताब्दी के पहले पाँच दशकों में राष्ट्रीय जागृति के साथ हिन्दू-मुसलमान एकता का प्रश्न अत्यन्त महत्त्वपूर्ण बन गया था। इनमें एकता स्थापित करने के तीन-चार अवसर आये। पहला अवसर 1915-16 में आया। मुस्लिम लीग के राजनीतिक उद्देश्यों में परिवर्तन आने के बाद कांग्रेस और मुस्लिम लीग एक-दूसरे के बहुत निकट आ गये और इन दोनों के बीच लखनऊ करार हुआ। इसमें जिन्ना साहब का बड़ा रोल था। लोकमान्य तिलक ने भी इस करार का समर्थन किया। स्वराज्य प्राप्ति एक बड़ा मकसद है और उसको हासिल करने के लिए कुछ त्याग करना पड़ेगा, ऐसी उनकी भावना थी। मगर इस करार से कोई व्यावहारिक नतीजे नहीं निकल सके। 1919-20 में राजनीतिक वातावरण एकदम बदल गया। जलियाँवाला बाग कांड और खिलाफ़त के प्रश्नों ने उग्र रूप धारण कर लिया। दोनों प्रश्न राष्ट्रीय एकता और असहयोग आन्दोलन के मुख्य आधार बन गये। विधान मंडलों में सहयोग और सत्ता में साझेदारी का अब प्रश्न ही नहीं रहा। जिन्ना साहब और उदारवादी नेता अब कांग्रेस से दूर हट चुके थे। जिन्ना साहब को न धार्मिकता को प्रधानता देने वाली गाँधीजी की विचार-प्रणाली पसंद थी, न ही उनका कौंसिल का बहिष्कार का कार्यक्रम उन्हें अपील करता था।

इस पृष्ठभूमि में यह समझना बहुत आसान है कि जहाँ इंडियन नेशनल कांग्रेस और हिन्दुओं के संगठन शक्तिशाली केन्द्रीय सरकार की माँग करते थे और कहते थे कि शेष अधिकार भी इसी सरकार के हाथ में रहें, वहाँ मुस्लिम नेतृत्व हमेशा इस बात पर जोर देता था कि हम लोग संघ राज्य के चौखटे को मानने के लिए तैयार हैं, बशर्ते संघ राज्य के पास सीमित अधिकार रहें। अधिक-से-अधिक अधिकार प्रान्तों को दिये जायें और जिन अधिकारों का उल्लेख नहीं किया गया है, यानी जो शेष अधिकार हैं, वे भी प्रान्तों के हाथों रहें।

ये माँगें लगभग सभी मुसलमान नेताओं द्वारा की जा रही थीं। लेकिन कलकत्ता के इस सर्वदलीय सम्मेलन में दो-तीन बातों को लेकर मतभेद हो गये। जयकर-मुंजे ने कहा कि जिन्ना साहब कौन हैं? नतीजा हुआ कि यह समझौता 1928 में भी नहीं हो पाया। 1931 के गोलमेज सम्मेलन के समय भी मदनमोहन मालवीय आदि के विरोध के कारण गाँधीजी ने मुसलमानों की माँगों को कबूल करने से इन्कार कर दिया। कम्युनल अवार्ड के बारे में मुसलमान और मालवीय-अणे में तीव्र मतभेद हो गये। कांग्रेस ने बीच की भूमिका निभाई। जिन्ना साहब लगभग निवृत्त होकर इंग्लैंड चले गये।

ब्रिटेन से लौटने के बाद भी राष्ट्रीय एकता के बारे में मुहम्मद अली जिन्ना ने कुछ वर्ष अपनी राय नहीं बदली थी। अभी भी वे हिन्दू और मुसलमानों को एक ही राष्ट्र के नागरिक समझते थे। 7 फरवरी 1935 को केंद्रीय असेंबली में संवैधानिक सुधारों पर बोलते हुए उन्होंने कहा : ''विपक्ष के नेता द्वारा अभिव्यक्त की गयी भावना से मैं सहमत हूँ। मेरी भी राय है कि धर्म को राजनीति में नहीं घुसने देना चाहिए, नस्ल या वंश के प्रश्न को भी राजनीति में दखल नहीं देना चाहिए...धर्म, व्यक्ति और ईश्वर के बीच का मामला है।''

मुसलमानों में 1912-13 के बाद लगातार जो राजनीतिक चेतना जगी थी, जिसको 1920 तक एक राष्ट्रीयत्व के आदर्श की ओर जिन्ना, मौलाना मोहम्मद अली, हकीम अजमल ख़ाँ और डा. अंसारी जैसे नेताओं ने मोड़ा था, वह चेतना अब साम्प्रदायिक रूप लेने लगी। यहीं से मुसलमानों में हिन्दुओं के प्रति एक किस्म का भय, एक किस्म की नफरत पैदा होने लगी।

इस सारे परिप्रेक्ष्य में मोहम्मद अली जिन्ना जैसे राष्ट्रवादी नेता के मत-परिवर्तन का रहस्य जब हम ढूँढ़ने चलें तो उस समय हमें हिन्दू-मुसलमान-अलगाव का सन्दर्भ हमेशा ध्यान में रखना चाहिए। हिन्दुओं के सामाजिक आचरण और व्यवहार के अलावा सत्ता में साझेदारी भी इसका एक महत्त्वपूर्ण पहलू है। इसमें कोई शक नहीं कि 1937 की प्रांतीय विधानसभाओं के चुनावों में जहाँ हिन्दू बहुसंख्यक राज्यों में कांग्रेस को जितना विशाल समर्थन प्राप्त हुआ, उतना किसी भी मुस्लिम बहुसंख्यक राज्य में मुस्लिम लीग को प्राप्त नहीं हुआ। पंजाब-सिन्ध में तो लीग का सफाया ही हो गया था। तुलनात्मक दृष्टि से बंगाल में मुस्लिम लीग कुछ अच्छी स्थिति में रही थी। इससे कांग्रेसी नेताओं में अभिमान, अतिरेकी आत्मविश्वास और कुछ हद तक दंभ भी उत्पन्न हो गया। पश्चिमोत्तर सीमावर्ती राज्य के मुस्लिम चुनाव क्षेत्रों में भी कांग्रेस को अच्छी सफलता मिली। अतः कांग्रेस का रुख मुस्लिम लीग के प्रति कुछ उपेक्षा और उद्दंडता भरा हो गया। मुस्लिम लीग को बम्बई और उत्तरप्रदेश में उल्लेखनीय यश मिला था। जहाँ बम्बई मुसलमान व्यापारियों और पूँजीपतियों का केन्द्र था वहाँ उत्तर प्रदेश मुस्लिम सभ्यता, शिक्षा और साहित्य का केन्द्र था। इन दो राज्यों में कांग्रेस यदि गैर-मुस्लिम लीगी मुसलमानों को बिना मतलब तिलक लगाकर मन्त्री नहीं बनाती या मुस्लिम लीग से इस्तीफा दिलवा कर लीग के विधायक को मन्त्रीपद की शपथ नहीं दिलवाती बल्कि स्वयं मुस्लिम लीग को ही सत्ता में साझेदारी दे देती तो शायद जिन्ना न द्विराष्ट्रवादी बनते और न ही पाकिस्तान का निर्माण होता।

इसके दो सबूत हैं। वायसराय लिनलिथगो के पुत्र ने उनकी जो जीवनी लिखी है, उसमें 1937-38 में हुई जिन्ना-लिनलिथगो की बातचीत का उल्लेख है।

उस समय तक जिन्ना संघ राज्य की कल्पना के खिलाफ़ नहीं थे। उनके सामने स्पष्ट रूप से संयुक्त हिन्दुस्तान की तस्वीर थी। कन्हैयालाल माणिकलाल मुन्शी और कानजी द्वारकादास जिन्ना साहब के समकालीन थे। खलीकुज्जमां उत्तरप्रदेश मुस्लिम लीग के नेता थे। इन तीनों के संस्मरणों से प्रकट होता है कि इन दो राज्यों में जिन्ना और मुस्लिम लीग सरकार में साझेदारी चाहते थे। बंगाल और असम में भी साझा सरकारें संभव थीं और सुभाष बाबू इसके पक्ष में थे। परन्तु मौलाना आजाद और जवाहरलाल नेहरू साझा सरकार के विरोधी थे। जिन्ना ने मई 1937 में बम्बई के विधान सभाई नेता बाला साहेब खेर से बात की थी और गाँधीजी को एकता के बारे में अपना सन्देश भी भेजा था। मगर गाँधीजी ने विशेष दिलचस्पी नहीं ली। उन्होंने कुछ रूखा-सा जवाब दे दिया। गाँधीजी ने कहा कि एकता में मेरा अटूट विश्वास है, वह जरा भी धूमिल नहीं हुआ है, मगर मैं असहाय हूँ। मुझे अन्धकार में कोई प्रकाश की किरण नहीं दिखाई दे रही है। यह उन्होंने अपने 22 मई, 1937 के पत्र में लिखा था।

उत्तर प्रदेश में कांग्रेस ने कैसी अपमानजनक शर्तें रखी थीं, इसकी चर्चा पहले आ चुकी है। कहने का तात्पर्य यह है कि जिन्ना ने समझ लिया था कि कांग्रेस के साथ साझेदारी संभव नहीं है और कांग्रेस भी मुस्लिम लीग को प्रतिनिधिक संस्था के रूप में मान्यता देने के लिए तैयार नहीं है। अतः जिन्ना इस नतीजे पर पहुँचे कि जब तक मुसलमान जनता को उनकी भावना को आन्दोलित करने वाले नारे नहीं दिये जायेंगे, तब तक उन्हें कोई नहीं पूछेगा। उनका यह अनुमान गलत नहीं था। अगले 6-7 वर्षों में स्वतन्त्र पाकिस्तान के नारे ने मुस्लिम जनता को इतना उद्वेलित कर दिया कि गाँधीजी को भी इस सत्य को कबूल करना पड़ा। हमेशा अन्तर्राष्ट्रीयता के ख्वाबों में भ्रमण करने वाले जवाहरलाल नेहरू को भी अपनी 'जेल डायरी' में (1942-45) इस सत्य को स्वीकारना पड़ा है। सितम्बर 1944 के गाँधी-जिन्ना वार्त्तालाप ने इस बात पर मुहर लगा दी, जैसा कि जिन्ना साहब ने जून 1947 में मुस्लिम लीग कौंसिल की बैठक में स्वयं कहा था। सबसे बड़ी विडम्बना यह थी कि जब मुस्लिम बहुसंख्यक प्रान्त 'गहरी नींद में डूबे हुए थे' उत्तरप्रदेश, बम्बई जैसे अल्पसंख्यक मुस्लिम प्रान्तों ने अतुल कुर्बानी देकर पाकिस्तान की नींव डालकर स्वयं अपने पैरों पर कुल्हाड़ी मारी। एक राष्ट्रवाद से द्विराष्ट्रवाद तक, महत्त्वाकांक्षा से भरे एक व्यक्ति के सफर की, यह शोक कथा है।

इन्दिरा गाँधी (1917-1984)

इन्दिरा गाँधी का जन्म 19 नवम्बर 1917 को इलाहाबाद (उत्तर प्रदेश) में हुआ था। वे भारत की प्रथम प्रधानमन्त्री जवाहरलाल नेहरू की एकमात्र सन्तान थीं। 1947 से 1964 तक वह अपने पिता के कार्यालय की देखरेख करती थीं। पहले तो वे घर में ही पढ़ती थीं, बाद में स्कूलों में गयीं। वह कुछ दिन जेनेवा में भी पढ़ीं। बाद में शान्तिनिकेतन (विश्वभारती विश्वविद्यालय) में गयीं जहाँ रवीन्द्रनाथ टैगोर ने उनका टाइटल प्रियदर्शिनी रखा। कुछ दिन के लिए उन्हें अपनी बीमार माँ (कमला नेहरू) के स्वास्थ्य की देखरेख के लिए यूरोप जाना पड़ा। उन्होंने लन्दन के आक्सफोर्ड विश्वविद्यालय में इतिहास का अध्ययन किया। इंग्लैंड में उनकी फिरोज़ गाँधी से मुलाकात हुई। इन लोगों की शादी इलाहाबाद में हिन्दू रीति-रिवाज से हुई, यद्यपि फिरोज़ गाँधी पारसी थे।

1964 में जवाहरलाल जी की मृत्यु के पश्चात् वह शास्त्री मंत्रिमंडल में मन्त्री बनीं। 1966 में शास्त्रीजी की मृत्यु के पश्चात् वह प्रधानमन्त्री बनीं। 1966 से 1977 तक वे प्रधानमन्त्री रहीं। आपातकाल बाद के चुनाव 1977 में उनकी हार हुई। जनता पार्टी के हाथ में बागडोर आयी, किन्तु वे लोग सत्ता नहीं सँभाल सके और लोकसभा भंग हुई। 1980 में पुनः चुनाव हुआ, जिसमें वह जीतीं और 31 अक्टूबर 1984 तक प्रधानमन्त्री रहीं, जब उन्हें उन्हीं के रक्षकों द्वारा मार दिया गया। 1971 के बंगलादेश युद्ध में जीत हासिल करना, आपातकाल लगाना और 1980 में पुनः सत्ता में लौटना उस वक़्त की प्रमुख घटनाएँ हैं।

पाकिस्तानी फौज़ द्वारा ढाका में किये गये आत्म-समर्पण के पश्चात् प्रधानमन्त्री श्रीमती इन्दिरा गाँधी का राष्ट्र के नाम यह ऐतिहासिक सन्देश आकाशवाणी के नयी दिल्ली केन्द्र से दिनांक 16 दिसम्बर 1971 को प्रसारित किया गया।

यह उनकी विजय है

(आकाशवाणी, नयी दिल्ली 16 दिसम्बर, 1971)

भाइयो और बहनो,

आपको सुन कर खुशी होगी कि बंगला देश में पश्चिमी पाकिस्तान की सेना ने बिना शर्त हथियार डाल दिये हैं। ढ़ाका आज एक स्वाधीन देश की स्वतन्त्र राजधानी है। आज सायंकाल 4:31 मिनट पर ढ़ाका में पाकिस्तान के लेफ्टीनेंट जनरल ए.ए.के. नियाजी ने पाकिस्तान की पूर्वी कमांड की ओर से आत्म-समर्पण प्रपत्र पर हस्ताक्षर कर दिये हैं। इस प्रपत्र को लेफ्टीनेंट जनरल कमांड जगजीत सिंह अरोड़ा ने स्वीकार किया जो कि भारतीय और बंग्लादेश फौजों के पूर्वी कमांड के जी-ओ-सी-इन कमांड हैं।

पूरे राष्ट्र में इस ऐतिहासिक घटना से प्रसन्नता की लहर दौड़ रही है। हम बंगला देश की जनता की विजय का अभिनन्दन करते हैं। मुक्तिवाहिनी के जवानों और लड़कों की बहादुरी और देश-भक्ति का जय-जयकार करते हैं। हमे अपनी सेनाओं को क्षमता और गुणों पर गर्व है। वे अनुशासन और कर्तव्य-निष्ठा के लिए प्रसिद्ध हैं। भारतीय जनता वीरों के प्रति अनुगृहीत रहेगी, जिन्होंने जीवन का बलिदान दिया। हमारा सबका ध्यान उनके परिवारों की ओर है।

हमारी सेना को यह आदेश है कि वे पाकिस्तानी युद्ध-बन्दियों के साथ जेनेवा कन्वेंशन के अनुसार व्यवहार करें और बंगलादेश की जनता के सभी वर्गों के साथ मानवीय वर्ताव करें। मुक्तिवाहिनी के कमांडरों ने भी ऐसे ही आदेश अपनी सेना को दिये हैं। अभी तक बंगला देश की सरकार को जेनेवा कन्वेंशन पर हस्ताक्षर करने का अवसर नहीं मिला है, पर उन्होंने यह घोषित कर दिया है कि वे भी इस कन्वेंशन का पूरी तरह पालन करेंगे। यह बंगला देश की सरकार, मुक्तिवाहिनी और हमारी सेना की जिम्मेदारी होगी कि प्रतिशोध यानी बदला न हो।

हमारे उद्‌देश्य सीमित थे। बंगला देश की साहसी जनता और मुक्तिवाहिनी को अपनी भूमि से आतंक व अत्याचार दूर करने में मदद करना और साथ ही अपने देश पर आक्रमण को रोकना। भारतीय सेनायें बंगला देश में आवश्यकता से एक दिन भी अधिक नहीं रहेंगी। लाखों लोगों को हमारे देश में शरण लेनी पड़ी थी। अब उनकी वापसी यात्रा आरम्भ हो रही है। इस युद्ध पीड़ित देश के नवनिर्माण के लिए वहाँ की जनता और सरकार को एक साथ होकर कठोर परिश्रम करना होगा।

हमें आशा है कि बंगला देश के राष्ट्रपिता शेख मुजीबुर्रहमान अपनी जनता के बीच अपना उचित स्थान ग्रहण करेंगे और बंगला देश को शान्ति, प्रगति और खुशहाली की ओर ले जायेंगे। समय आ गया है जब वो सब मिलकर सोनार बांगला के मंगलमय भविष्य की कामना कर सकते हैं। हमारी सद्‌भावनाएँ उनके साथ हैं। विजय केवल उनकी नहीं है, मानवीय भावना का सम्मान करने वाले

सभी राष्ट्र यह मानेंगे कि यह इंसान की आज़ादी की खोज में एक नयी मंजिल है।

मैं आप सब, जो अलग-अलग राजनैतिक दल के हमारे साथी यहाँ बैठे हैं, उन सब को धन्यवाद देना चाहती हूँ। जो इन दलों के नेताओं ने शब्द कहे हैं, उनके लिए और जो इन पिछले कठिन महीनों में उन्होंने पूरा सहयोग और सहायता दी और एक नयी तरह की एकता सारी दुनिया को हम दिखा सके। यह धन्यवाद देने का समय है और देश और देश को बधाई देने का समय है (तालियाँ) जिन्होंने युद्ध लड़ा, चाहे जान बलिदान की चाहे दूसरी कुर्बानी की, जिन्होंने दूसरे काम हाथ में उठाये या जिन्होंने हमारे ग़रीब भाइयों ने अपना वेतन इस समय नहीं बढ़ने दिया और कहा इसको हम जब काम पूरा होगा तब लेंगे। इन सब की कुर्बानी ने इस देश को शक्ति दी। इन सब की इस भावना ने हमको एक नयी जान दी। इन सबको हम बधाई देते हैं, इन सब को हम धन्यवाद देते हैं और इन सब से हम और बहुत आशाएँ भी रखते हैं। क्योंकि कठिनाई के दिन कभी पूरे नहीं होते हैं। जब तक इनसान जीवित है, तब तक उसके सामने नये प्रश्न आयेंगे, नयी समस्याएँ आयेंगी, नयी चुनौतियाँ आयेंगी। और हमारी जो प्रार्थनी थी और अपने देश से आशा थी कि हरेक चुनौती से हमें नयी शक्ति मिले, हरेक अनुभव से हम कुछ और सीख सकें, जिससे कि आगे के रास्ते पर तेजी से बढ़ सकें। तो वो हम कह सकते हैं कि यह जो एक बहुत बड़ी चुनौती आयी थी, उसका सामना हमारे देश ने, हमारी बहादुर सेना ने, बी.एस.एफ और सब जितने लोग थे, उन्होंने इसका बहादुरी से, हिम्मत से और जैसे हमारे किसी भाई ने कहा था, शान से इसका सामना किया और मुझे जरा भी संदेह नहीं है, पूरा विश्वास है कि आगे भी यह सब शक्तियाँ, यह सब गुण हमारे देश में बढ़ते रहेंगे और हम अपने रास्ते से सब रुकावटों को दूर करते हुए आगे बढ़ सकेंगे।

जयहिन्द !

जयप्रकाश नारायण (1902-1979)

जयप्रकाश नारायण का जन्म बिहार के सितावदियारा गाँव में 1902 में हुआ। वे भारतीय राष्ट्रीय कांग्रेस और बाद में जनता पार्टी के सदस्य रहे। उन्होंने 1942 के आन्दोलन में अपनी जबर्दस्त उपस्थिति दर्ज कराई, जब वे हजारीबाग जेल से भाग निकले।

प्रस्तुत भाषण में जयप्रकाश जी ने छात्रों को अध्ययन छोड़कर भ्रष्ट सरकार के विरुद्ध खड़ा होने की अपील की है। यह उनका अन्तिम असफल राजनैतिक प्रयास था, यद्यपि उन्होंने राजनीति से दूर रहने का दिखावा भी किया। इसी आन्दोलन का प्रतिफल है उत्तर भारत की जातीय पार्टियाँ जिनके आज मुलायम सिंह, मायावती, लालू प्रसाद एवं नीतीश कुमार सिरमौर हैं। जयप्रकाश जी की शिक्षा अमेरिका में हुई। प्रारम्भ में नेहरू ने उन्हें अपना सहयोगी बनाया। 1934 में आचार्य नरेन्द्रदेव की अध्यक्षता में उन्होंने कांग्रेस समाजवादी दल बनाया। 1942 की अगस्त क्रान्ति में उन्होंने क्रान्तिकारी भूमिका अदा की, किन्तु 1952 की संसदीय पराजय के पश्चात् वे राजनीति से विचलित होने लगे थे। 1957 के बाद उन्होंने राजनीति से हटने का प्रयास करना शुरू कर दिया था, किन्तु 1974 में वे एक बार पुनः राजनैतिक धुरी के नेता बने, लेकिन 1979 में सरकार की विफलता के पश्चात वे निराशा में डूब गये और उसी वर्ष 8 अक्टूबर को उनकी मृत्यु हो गयी।

सम्पूर्ण क्रान्ति

(29 जून, 1974)

कार्यक्रम में मैंने छात्र नेताओं और अन्य दोस्तों से विचार-विमर्श के ऊपरांत 5 जून को घोषणा की कि महाविद्यालय और विश्वविद्यालय एक वर्ष तक बन्द रहेंगे। लेकिन सरकार छात्रों की मुठभेड़ से परेशान हो रही थी। एक आधिकारिक घोषणा हुई कि महाविद्यालय एवं विश्वविद्यालय 15 जून को खुलेंगे।

यह संघर्ष किसी तुच्छ वस्तु या छोटे उद्‌देश्य के लिए नहीं है। यह क्रान्तिकारी आन्दोलन है। इसका श्रेय बिहार के छात्रों को जाता है, जिन्होंने आन्दोलन को शुरू किया और नेतृत्व भी प्रदान किया। अब यह आम संघर्ष के रूप में तब्दील हो रहा है और कई जगहों पर यह आमजनों का आन्दोलन बन चुका है।

बीते दिनों छात्रगण अपनी ही माँगों के लिए क्षुब्ध थे, जो अपने ही अध्ययन एवं परीक्षा से सम्बद्ध थे। कभी-कभी वे गलत उद्‌देश्यों के लिए भी क्षुब्ध हो जाया करते थे, जहाँ बहुत सारे क्षुब्ध छात्र छात्र एकता के लिए आन्दोलन का समर्थन करते थे। इस बार छात्र नेताओं का एक सम्मेलन आयोजित किया गया, जिसमें 135 महाविद्यालयों के छात्रों को प्रतिनिधित्व के लिए आमन्त्रित किया गया, "महाविद्यालयों के 250 प्रतिनिधियों ने हिस्सा लिया। उन लोगों ने 11 सूत्री माँगों को ग्रहण किया जिनमें कुछ ऐसे मुद्‌दे भी शामिल किये गये, जो मात्र छात्रों से सम्बन्धित नहीं थे।

भ्रष्टाचार के मुद्‌दे को लें, जो कि तमाम सीमा को लाँघ गया है। सचमुच भ्रष्टाचार बहुत पहले से ही जड़ जमाये हुए है। लेकिन जैसा कि आप सबों को ज्ञात है कि अगर कोई चीज एक खास सीमा को लाँघ जाती है, तो एक गुणात्मक परिवर्तन होता है। इस तरह का गुणात्मक परिवर्तन भ्रष्टाचार के मुद्‌दे पर हुआ है। अगर इसे नहीं रोका जाये, तो पूरा देश भ्रष्टाचार रूपी कीचड़ में डूब जायेगा।

आप सभी बिहार की स्थिति से वाकिफ़ हैं। राज्य सर्वाधिक भ्रष्टाचार के मामले में देश-भर में कुख्यात है। यह सही है कि भ्रष्टाचार चतुर्दिक है। लेकिन भ्रष्टाचार की जड़ें कहाँ हैं? अगर वे जो सत्तासीन हैं, भ्रष्ट हो जायें, तो समाज का कोई भी हिस्सा इससे अछूता नहीं रह पायेगा।

एक अविकसित देश में राज्य का समाज में अत्यन्त महत्त्वपूर्ण स्थान है। ऐसा विकसित देशों में नहीं है। अगर कोई मन्त्री या प्रधानमन्त्री भी कहीं पर जाते हैं तो इसे बहुत बड़ी घटना के रूप में स्वीकार नहीं किया जाता है। सरकार मात्र पुलिस की मदद से बन्दूक एवं संगीन हथियारों की नोक पर नहीं चलती, बल्कि राजनीति हर चीज को प्रभावित करती है। यह स्वाभाविक है कि लोग राजनीतिक परिवर्तन को अहमियत दें। विद्यार्थीगण भी ऐसा सोचते हैं।

ऐसा संकेत है कि अगर यह आन्दोलन देशव्यापी हो जाये, तो यह स्वतन्त्रता प्राप्ति के बाद

हमारे देश के इतिहास की बहुत बड़ी अप्रत्याशित घटना होगी। हमारे स्वप्न और उन लोगों के स्वप्न, जो देश की आज़ादी के लिए लड़े, उन्हें महसूस किया जायेगा।

कुछ ऐसे छात्रगण एवं अभिभावकगण हैं, कुछ शिक्षकगण एवं उपकुलपतिगण हैं, जो इसे नहीं समझते हैं। वे आन्दोलन की महत्ता को नहीं समझते। वे अभी यह सोचते हैं कि डिग्री और परीक्षाएँ महत्त्वपूर्ण हैं। लेकिन ये सब चीजें क्रान्तिकारी आन्दोलन के सन्दर्भ में पूर्णतः महत्त्वहीन हैं। पुरानी रूढ़िवादिता की सोच उसी मानसिकता के दायरे में होना, एक क्रान्तिकारी स्थिति जैसी होगी, जो कि सत्य को दरकिनार करने के समान होगी। उन चीज़ों की अनदेखी करना, जो आपके इर्द-गिर्द होना ही है और अपने व्यक्तिगत लाभ के बारे में सोचना पूरी तरह गलत साबित होगा? क्या यह बेहतर नहीं होगा कि शिक्षामन्त्री और शिक्षाविद इस एक वर्ष की योजना के अवसर का उपयोग कर बिहार के लिए एक नयी योजना बनावें।

नयी शिक्षा पद्धति इस प्रकार होगी कि लड़के एवं लड़कियाँ, आत्मनिर्भर बनेंगी, जिनके बल पर वे अपने जीवन की तमाम चुनौतियों का सामना कर सकेंगे। इस पुरानी एवं पूर्णतया आधारहीन शिक्षा पद्धति को आगे वहन करने के लिए क्यों चिन्तित हैं। उनलोगों को व्यवस्था में परिवर्तन के लिए मौके का बेहतर प्रयोग करना चाहिए। अगर महाविद्यालय और विश्वविद्यालय अब खोले जाते हैं, तो वही पुरानी दिनचर्या लागू रहेगी।

जब हम लोग ने गाँधीजी के असहयोग आन्दोलन के दौरान अपने महाविद्यालयों का परित्याग किया था, तो हम लोग कुछ भी नहीं सीखे? जब गाँधीजी ने आह्वान किया था कि छात्रो, अपनी पढ़ाई छोड़ो, तब मैं पटना कॉलेज का छात्र था। हमारी परीक्षाएँ शुरू होने में मात्र बीस दिन बाकी थे। हम लोग अच्छे विद्यार्थी थे और हममें से कुछ स्वर्णपदक प्राप्त थे। हमारे माता-पिता को उम्मीद थी कि हम लोग अपनी पढ़ाई को जारी रखें और अच्छे जीवन की शुरुआत करें। लेकिन हम लोग सोचते थे कि किसी भी तरह की देर हमारी ओर से देश साथ लिए बहुत धोखा होगा। इसीलिए हम लोगों में से सैंकड़ों ने इस राष्ट्रीय आन्दोलन में शरीक होने के लिए महाविद्यालयों का परित्याग कर दिया।

उसी दौरान हम लोगों ने वास्तविक रूप जीने के लिए सीखा हम लोगों को मौका मिला, भारतीय इतिहास के सुनहरे युग में साँस लेने का। उन महीनों के दौरान जो हम लोगों ने सीखा, वह महाविद्यालय के दस वर्षों के अनुभवों से कहीं ज़्यादा था। मैंने स्वतन्त्रता की भावनाओं को आत्मसात किया, ताकि मैं कभी भी दासता के निर्देशन को न देख सकूँ। इसी भावना से प्रेरित होकर मैं अमेरिका गया, जहाँ एक वर्ष तक अध्ययन हेतु एक काम किया। काम खुद में एक बहुत बड़ी शिक्षा थी।

आज हमारे समक्ष उसी तरह की नौबत आई हुई है। एक वर्ष में छात्रगण कुछ भी नहीं खोएँगे। शिक्षा कक्षाओं, व्याख्यानों और पुस्तकों तक सिमटकर रह गयी है। इसका जीवन से कोई ताल्लुक नहीं रह गया है और यह पूरी तरह बेकार है। मैं उन सभी लोगों से विनती करता हूँ जो महाविद्यालयों एवं विश्वविद्यालयों को खोलना चाहते हैं, वे इस बात पर विचार करें कि क्या पुरानी शिक्षा प्रणाली को बरकरार रखकर छात्रों के भविष्य को बर्बाद करना उचित होगा, शिक्षा के नाम पर छात्रों को क्या मिलेगा, जो उन्हें मात्र वेतन और उच्च ओहदे वाली नौकरी मुहैय्या कराती है।

हमारे बहुत सारे साथी जेल में हैं। अब जेल भरने की जिम्मेवारी आप पर है। आप लोगों में से बहुत सारे जेल जाने के लिए आगे आयें, ताकि बहुत सारी जेल भी अपर्याप्त साबित हों।

अपनी संकीर्ण मानसिकता का परित्याग करें। ईंट एवं पत्थरों की दीवारों ने मानसिकता को कुंठित कर दिया है। बाहरी लोग भुखमरी, अभावग्रस्तता, मूल्य वृद्धि के शिकार हैं। मुझे भय है कि

अगर समय पर वर्षा नहीं होती है, तो अकाल होगा और बिहार बर्बाद हो जायेगा। मॉनसून से पूर्व बोई हुई मक्का की फ़सल आधे से अधिक पहले ही नष्ट हो चुकी है। मैं नहीं जानता कि क्या होगा। क्या आप इससे प्रभावित नहीं होने जा रहे हैं? भ्रष्टाचार, बढ़ती हुई मँहगाई और बेरोजगारी ने क्या लोगों के जीवन को पहले ही कुरेद कर नहीं रख दिया है? क्या ये सब जीवन के लिए भी भयावह स्थितियाँ नहीं पैदा कर रहे हैं?

अतः मैं आपसे पूछता हूँ, आपसे अपील करता हूँ कि अपने जीवन का एक वर्ष मुझे दे दें। इसे शान्ति एवं सम्पूर्ण क्रान्ति के लिए त्याग कर दें। तब देखें क्या होता है, क्या नतीजा लाता है।

इन्दिरा गाँधी (1917-1984)

इन्दिरा गाँधी का जन्म 19 नवम्बर, 1917 को इलाहाबाद (उत्तर प्रदेश) में हुआ था। वे भारत की प्रथम प्रधानमन्त्री जवाहरलाल नेहरू की एकमात्र सन्तान थीं। 1947 से 1964 तक वह अपने पिता के कार्यालय की देखरेख करती थीं। पहले तो वे घर में ही पढ़ती थीं, बाद में स्कूलों में गयीं। वह कुछ दिन जेनेवा में भी पढ़ीं। बाद में शान्तिनिकेतन (विश्वभारती विश्वविद्यालय) में गयीं जहाँ रवीन्द्रनाथ टैगोर ने उनका टाइटल प्रियदर्शिनी रखा। कुछ दिन के लिए उन्हें अपनी बीमार माँ (कमला नेहरू) के स्वास्थ्य की देखरेख के लिए यूरोप जाना पड़ा। उन्होंने लन्दन के ऑक्सफोर्ड विश्वविद्यालय में इतिहास का अध्ययन किया। इंग्लैंड में उनकी फिरोज़ गाँधी से मुलाकात हुई। इन लोगों की शादी इलाहाबाद में हिन्दू रीति-रिवाज से हुई, यद्यपि फिरोज़ गाँधी पारसी थे।

1964 में जवाहरलाल जी की मृत्यु के पश्चात् वह शास्त्री मंत्रिमंडल में मन्त्री बनीं। 1966 में शास्त्रीजी की मृत्यु के पश्चात् वह प्रधानमन्त्री बनीं। वे 1966 से 1977 तक प्रधानमन्त्री रहीं। आपातकाल बाद के चुनाव 1977 में उनकी हार हुई। जनता पार्टी के हाथ में बागडोर पहुँची, किन्तु वे लोग सत्ता नहीं सँभाल सके और लोकसभा भंग हुई। 1980 में पुनः चुनाव हुआ और वे प्रधानमन्त्री बनीं। 31 अक्टूबर, 1984 तक प्रधानमन्त्री रहीं, जब उन्हें उन्हीं के रक्षकों द्वारा मार दिया गया। 1971 के बंगलादेश युद्ध में जीत हासिल करना, आपातकाल लगाना और 1980 में पुनः सत्ता में लौटना उस वक़्त की प्रमुख घटनाएँ हैं।

25 जून, 1975 को तत्कालीन प्रधानमन्त्री इन्दिरा गाँधी का आकाशवाणी द्वारा घोषित आपातकालीन स्थिति पर दिया हुआ भाषण प्रस्तुत है।

आपातकाल की घोषणा

(नयी दिल्ली, जून, 1975)

राष्ट्रपति ने आपातकाल की घोषणा की। इससे घबराने की ज़रूरत नहीं है।

आपको मालूम है कि जबसे मैंने आम आदमियों एवं महिलाओं के हित में कुछ प्रगतिशील कदमों को उठाना शुरू किया है, उसी समय से बड़े पैमाने पर गहरी साजिश की जाती रही है। जनतन्त्र के नाम पर जनतांत्रिक क्रिया-कलापों को नकारा जा रहा है। सही तरीके से निर्वाचित सरकारों को काम नहीं करने दिया जा रहा है और कुछ मामलों में कानूनी तौर पर निर्वाचित विधान सभाओं को विघटित करने के लिए निर्वाचित सदस्यों को बलपूर्वक इस्तीफा देने के लिए मजबूर किया जा रहा है। आन्दोलनों से वातावरण तनावपूर्ण है और इसके चलते हिंसात्मक घटनाएँ घट रही हैं। हमारे मंत्रिमंडल सहयोगी श्री. एल. एन. मिश्र की हत्या पर पूरा देश आहत है। हम भारत के मुख्य न्यायाधीश पर किये गये घातक हमले की तीव्र निन्दा करते हैं।

कुछ लोग हमारी सेना और पुलिस को विद्रोह के लिए उकसा रहे हैं। चूँकि हमारी सेना अनुशासित एवं पक्की देशभक्त हैं, इससे उकसावे की गम्भीरता कम नहीं होती है। विघटनकारी शक्तियाँ पूरी तरह से अपनी शक्ति का प्रदर्शन कर रही हैं और साम्प्रदायिक उन्माद को भड़काया जा रहा है, जिससे हमारी एकता खतरे में पड़ गयी है। मेरे खिलाफ़ तमाम तरह के झूठे आरोप लगाये गये हैं। भारतीय जनता मुझे मेरे बचपन से जानती है। मेरा पूरा जीवन जनता की सेवा में लगा रहा है। यह कोई व्यक्तिगत मामला नहीं है। यह महत्त्वपूर्ण नहीं है कि मैं प्रधानमन्त्री रहूँ या न रहूँ। लेकिन प्रधानमन्त्री का पद महत्त्वपूर्ण है। इस पद की गरिमा की जान-बूझकर अवमानना का राजनैतिक प्रयास, जनतन्त्र एवं इस राष्ट्र के हित में नहीं है। हम लोगों ने इस घटना-विकास को बहुत धैर्य के साथ लम्बे समय तक परखा है। हमने अब देश की कानून-व्यवस्था को पूरे देश में तहस-नहस करने के लिए नये कार्यक्रमों के बारे में सुना है। कोई भी सरकार नाम की संस्था देश के स्थायित्व को खतरे में पड़ता देखने की इजाजत देगी? कुछ लोगों के क्रियाकलापों से विशाल बहुसंख्यकों के अधिकारों के लिए खतरे उत्पन्न हो गये हैं। कोई ऐसी परिस्थिति जिससे राष्ट्रीय सरकार की निबटने की क्षमता कमजोर हो, उससे बाहरी खतरे को बढ़ावा मिलता है। देश की एकता एवं स्थायित्व की रक्षा करना हमारा सबसे पहला कर्तव्य है। देश की एकता दृढ़ कार्रवाई की माँग करती है।

आन्तरिक स्थायित्व पर खतरा होने से उत्पादन एवं आर्थिक विकास प्रभावित होता है। पिछले कुछ महीनों में हमारे द्वारा उठाये गये दृढ़ कदमों ने महँगाई कम करने में सफलता पाई। हम अर्थव्यवस्था को मज़बूत बनाने के लिए तथा विभिन्न तबकों, खासकर ग़रीब एवं कमज़ोर लोगों के हितों में कुछ और कदम उठाने जा रहे हैं। मैं इसकी शीघ्र घोषणा करूँगी।

मैं आश्वस्त करना चाहती हूँ कि आपातकाल की घोषणा किसी भी तरह से कानून मानने वाले नागरिकों के अधिकारों को प्रभावित नहीं करेगी। मैं पूरी तरह मुतमइन हूँ कि जैसे ही आन्तरिक स्थिति में सुधार होगा, आपातकाल समाप्त कर दिया जायेगा। मैं भारत के सभी तबकों के लोगों एवं हर हिस्सों से प्राप्त सुखद सन्देशों से अभिभूत हूँ। मैं आनेवाले दिनों में आपसे लगातार सहयोग एवं विश्वास की कामना करती हूँ।

एन.जी. गोरे (1907-1993)

एन. जी. गोरे का जन्म 1907 में कोंकण (महाराष्ट्र) में हुआ था। उनकी शिक्षा-दीक्षा पुणे में हुई, जहाँ से उन्होंने कानून की डिग्री प्राप्त की। अपने कॉलेज के दिनों से ही वे स्वतन्त्रता आन्दोलन में कूद पड़े। वे महात्मा गाँधी के नेतृत्व में ब्रिटिश राज के विरुद्ध लड़ाई में शामिल हुए। 1942 में उन्हें ब्रिटिश शासकों ने जेल में डाल दिया। 1947 में भारत की आज़ादी के पश्चात् वे सोशलिस्ट पार्टी में सक्रिय रहे और 1967-68 में पूना के मेयर निर्वाचित हुए। वे 1970 से 76 तक संसद सदस्य रहे और 1977 से 1979 तक ब्रिटेन में भारत के राजदूत रहे। वे कई वर्ष सोशलिस्ट पार्टी के अध्यक्ष भी रहे। उनकी मृत्यु 1993 में हुई।

22 जुलाई 1975 को राज्यसभा में आपातकाल के घोषणा-पत्र को सदन की मंजूरी के लिए प्रस्तुत किया गया। कृष्णानंद रेड्डी, भूपेश गुप्ता, भी.पी. दत्त एवं भी.पी. राजु आदि ने प्रस्ताव का समर्थन किया, जबकि प्रखर समाजवादी नेता एन.जी. गोरे ने उसका विरोध किया। प्रस्तुत है राज्यसभा में दिया हुआ भाषण।

आपातकाल के विरोध में

(1975)

मैं अपना भाषण इस बात से शुरू करना चाहता हूँ और स्पष्ट रूप से स्वीकार करना चाहता हूँ कि आपके द्वारा परिस्थिति की समझ और हमारी समझ में मूलभूत अन्तर है। दोनों की समझ के बीच में बड़ी खाई है। सदन के उस तरफ (सरकारी बेंच) बैठने वाले लोग इस निष्कर्ष पर पहुँच गये हैं कि हमारे जैसे लोगों के लिए सबसे सुरक्षित जगह जेल है। और हम इस निष्कर्ष पर पहुँच गये हैं कि जब तक आप लोगों को सत्ता से बाहर नहीं किया जाता है, तब तक देश में समानता आधारित जनतन्त्र असंभव है। हमें इस अन्तर्विरोध को छुपाना नहीं चाहिए। चूँकि आप इसे छुपाते हैं इसलिए पिछले 3-चार वर्षों से जो घटनाएँ घट रहीं हैं, उसे समझना मुश्किल होगा।

मैं आपके सामने अपना विचार स्पष्ट और ईमानदार ढंग से रखने की पूरी कोशिश करूँगा। सबसे पहले मैं ब्रह्मानन्द रेड्डी के भाषण के बारे में अपनी बातें रखना चाहूँगा। उन्होंने हमारे सामने आरोप की लम्बी सूची पेश की है, जिसमें जयप्रकाश नारायण नं-1 आरोपित व्यक्ति हैं। जिस तरह का आरोपपत्र मन्त्री महोदय ने प्रस्तुत किया है तो क्या हमें पिछले 25 वर्षों में उनके द्वारा चलाई गयी गोलियों एवं नरसंहारों के बारे में श्वेतपत्र जारी करने की इजाजत दी जायेगी? या यह सिर्फ़ एकतरफा बात होगी, जिसमें हमें दूरदर्शन एवं रेडियो पर हमारे खिलाफ़ विकास रोकने, जनतन्त्र के विस्तार को रोकने, सामाजिक सुधार के कार्यक्रम को रोकने का एकतरफा आरोप लगाया जायेगा और हमें इसे बार-बार सुनना पड़ेगा। मैं पूछना चाहूँगा कि क्या संचार-माध्यमों या अभिव्यक्ति की स्वतन्त्रता का अधिकार हमें उपलब्ध होगा?

मन्त्री महोदय ने जो बातें कही हैं वो छपेंगी और हमारी बातें नहीं छपेंगी। संचार-माध्यमों के लिए जो दिशा निर्देश जारी किये गये हैं, उसमें कहा गया है कि जो लोग बहस में हिस्सा लेंगे उनका नाम छापा जायेगा, लेकिन उनकी विषयवस्तु को नहीं छापा जायेगा। क्या यह आदर्श जनतन्त्र है? क्या यही भाग्य के साथ सौदा है, जिसके बारे में जवाहरलाल नेहरू बोले थे? अतः मुझे स्पष्ट रूप से कहने दें कि आज जिस घटना को आप नये युग की शुरुआत मान रहे हैं, उसे हम तानाशाही शासन की लंबी रात, स्वतन्त्रता को दबाने के साथ-साथ यह घटना देश के विघटन का भी कारण बन सकती है। मैं इस बारे में ज़्यादा कुछ नहीं कह सकता हूँ।

अब आन्दोलन पर विभिन्न तरह के जो आरोप लगाये गये हैं, हमें समझने की ज़रूरत है कि वे आरोप क्या हैं? पहला आरोप है कि जो लोग 5 वर्षों तक के लिए निर्वाचित हुए हैं, उन्हें 5 वर्षों तक के लिए विधानसभाओं में रहने के अधिकारों से वंचित किया जा रहा है। मैं आप लोगों से पूछना चाहूँगा कि किसने आपको 5 वर्ष की समय सीमा को बढ़ाने का अधिकार दिया है? हम लोगों

ने सुना है कि केरल की विधानसभा का कार्यकाल 6 महीने के लिए बढ़ा दिया गया है। जनता ने क्या अधिकार सौंपा था? यह अधिकार सिर्फ़ 5 वर्षों के लिए था। अब संविधान के अन्तर्गत आप उसका कार्यकाल 6 महीने बढ़ा सकते हैं या घटा सकते हैं। आपको इसका कोई अधिकार नहीं है। ऐसा मालूम होता है कि संविधान के अन्तर्गत आपको संविधान को तोड़ने-मरोड़ने का अधिकार है और अगर हम कहते हैं कि जनता ने आपमें विश्वास खो दिया है और आपको इस्तीफा दे देना चाहिए तो आप चिल्लाते हैं कि जनता आप पर जुल्म ढा रही है, आपको गद्दी से हटने की बात कह रही है? लेकिन आप एक, दो, तीन वर्षों के लिए गद्दी से चिपके रहना चाहते हैं, जनता के बीच जाना नहीं चाहते।

अब दूसरा आरोप हिंसा के बारे में हैं। मै पूछना चाहूँगा कि आपकी पुलिस एवं सीमा सुरक्ष बलों ने कितने मासूमों की जानें ली हैं? जयप्रकाश नारायण ने न्यायिक जाँच की माँग की थी, जो कभी नहीं मानी गयी। स्वाधीनता के बाद कितनी बार पुलिस ने गोलियाँ चलाईं क्या इस बारे में जानकारियों को प्रकाशित किया जायेगा? बिना किसी अन्तर्विरोध के डर से मैं कह सकता हूँ ब्रिटिश सरकार कभी इस तरह जनता पर गोलियाँ नहीं चलाती थी। अतः जब आप हिंसा का प्रयोग करते हैं और जब पुलिस इस तरह गोलियाँ चलाती है, क्या जयप्रकाश नारायण जैसे व्यक्ति को पुलिस को यह कहने का अधिकार नहीं है कि गोलियाँ चलाने के पहले अपनी चेतना का प्रयोग करो, क्योंकि तुम अपने भाई, बहनों पर गोलियाँ चला रहे हो। और एक प्रश्न जो बार-बार दुहराया गया है कि जब जयप्रकाश नारायण सेना से इस तरह का अनुरोध करते हैं तो उसपर क्या कहना है? चूँकि जयप्रकाश नारायण ने सेना, पुलिस, आम जनता और छात्रों से कुछ बातों का अनुरोध किया तो पूरे देश को क्यों बंधक बनाया जा रहा है? आप मुझे बोलने से क्यों रोक रहे हैं? आप अखबारों को हमारी बातों को छापने से रोक क्यों रहे हैं। राष्ट्रीय स्वाधीनता आन्दोलन और बाद में भी भारतीय समाचार माध्यमों ने प्रमुख भूमिका निभाई है। डॉ. दत्त आप जनतन्त्र को पर्दानशीन औरत बनाना चाहते हैं। कोई उसकी ओर देख न सके, कोई छू न सके और न कोई उससे बोल सके। क्या यह जनतन्त्र है? डॉ. दत्त ने पूछा कि क्या आप कल्पना कर सकते हैं कि महाशय विल्सन ब्रिटिश संसद के समक्ष प्रदर्शन करेंगे? नहीं, कभी नहीं। लेकिन क्या आप कल्पना कर सकते हैं कि हीथ कोयला मज़दूरों द्वारा राष्ट्रीय हड़ताल की घोषणा के बाद वे कोयला मज़दूरों पर गोलियाँ चलवा देंगे? चूँकि वे ऐसा नहीं करेंगे, इसीलिए विल्सन भी मोर्चा नहीं निकालेंगे। जब आपके पास कोई उत्तर न हो तो प्रश्न पूछने वालों को आप जेल में बन्द कर दें, क्या यही उत्तर है? आप हमें बैठक के लिए बुलाते हैं और जब हम बैठक में भाग लेने के लिए निकलते हैं तो आप हमें गिरफ्तार कर लेते हैं। मेरे दोस्त मधु दण्डवते गिरफ्तार हुए, आडवाणी गिरफ्तार हुए, मिश्र जी गिरफ्तार हुए। ये सब आपके द्वारा बुलाई गयी बैठक में हिस्सा लेने के लिए आ रहे थे, इससे हमारा देश अराजकता की ओर बढ़ेगा, जनतन्त्र की रक्षा नहीं होगी।

डॉ. दत्त कल आर.एस.एस. के बारे में कह रहे थे कि यह ब्राह्मण वर्चस्व वाला संगठन है। आगे की सीटों पर बैठने वाले लोग कौन हैं? महाशय उमाशंकर दीक्षित, मेरी समझ से शायद सबसे बड़े 'शूद्र' हैं? और फिर महाशय कमलापति त्रिपाठी। महाशय दत्त अगर आप गम्भीर बहस करना चाहते हों तो मैं बताना चाहूँगा कि इस अभागे देश के 20 प्रतिशत लोगों द्वारा ही सबकुछ का निर्णय लिया गया है। वही हैं जो संघर्ष करते हैं और शासन करते हैं। वही निर्माण और विनाश करते हैं। वही कानून बनाते हैं और न्याय करते हैं। यही सदियों से होता आया है। अतः ऐसा न कहें कि आप

दलितों-पीड़ितों के लिए कुछ करने जा रहे हैं। आप अपने हितों के लिए कर रहे हैं, जिसमें यह 20 सूत्री कार्यक्रम भी शामिल है। अगर आप सचमुच गम्भीर हैं तो हम लोगों को समाप्त करने से नहीं बल्कि आपके पक्ष में बैठे बहुत से लोगों को समाप्त कर आप इस कार्यक्रम को लागू कर सकेंगे। हम इन्दिरा गाँधी की व्यक्तिगत कोई आलोचना नहीं कर रहे हैं।

चूँकि वो प्रधानमन्त्री हैं, इसलिए उनकी आलोचना होगी। इसी तरह विल्सन की आलोचना इसलिए हुई, क्योंकि वे यूरोपीय साझा बाजार में इंग्लैंड को शामिल करना चाहते थे। उन्हें जनता के पास जाकर गुहार लगानी पड़ी और उन्हें इस पर मत-संग्रह करना पड़ा। उन्होंने ऐसा नहीं कहा कि आप हमारा विरोध कर रहे हैं, इसलिए हम आप सबों को जेल में डाल देंगे। यह जनतांत्रिक रास्ता नहीं है। जनतन्त्र को एक मज़बूत पौधे के रूप में होना चाहिए जो बड़ी चोटें और हवा के झोंकों को बर्दाश्त कर सके। अब मैं इस बीस सूत्री कार्यक्रम के बारे में बोलते हुए, अपनी बात समाप्त करूँगा। क्यों नहीं प्रधानमन्त्री प्रस्ताव के रूप में यह कार्यक्रम सामने रखती हैं? सभी पार्टी साथ आयें और इस पर बहस करें। हो सकता है हम इसमें दो कार्यक्रमों को जोड़ें या दो घटाएँ और इसे छोटा बनायें। इसे बातचीत के जरिये पूरा करके नये विषय की ओर बढ़ें। क्यों नहीं जयप्रकाश जी, या जिनको आपने जेल में बन्द कर रखा है, उन तमाम लोगों की राय ली जाय? उन्हें एक साथ बैठाइये और कहिये कि यही कार्यक्रम है। जो सहमत नहीं होते हैं, उन्हें अलग कीजिए। उन्हें जेल में बन्द मत कीजिए, उन्हें अलग कर दीजिए। आप ऐसा मत सोचिये कि इस विशाल देश को अकेले इन्दिरा गाँधी और उनके पीछे खड़े लोग इसका प्रबंधन कर सकते हैं। इस देश की इतनी जनसंख्या है, इतने विचार, धर्म एवं अन्य विविधताएँ हैं।

महाशय, मैं जानता हूँ कि अन्तर्विरोध बड़े हैं। मैं जानता हूँ कि हम असहमत हैं। अगर आप समझते हैं कि विरोधियों का मुँह बन्द कर देना ही एकमात्र रास्ता है तो मैं आपको कहना चाहता हूँ कि आप सिर्फ़ विरोध पक्ष को ही नुकसान नहीं पहुँचा रहे हैं, आप सिर्फ़ जनतन्त्र को ही नुकसान नहीं पहुँचा रहे हैं, आप खुद को भी नुक़सान पहुँचा रहे हैं। इसी के साथ मैं अपनी बात समाप्त करता हूँ।

इन्दिरा गाँधी (1917-1984)

इन्दिरा गाँधी का जन्म 19 नवम्बर 1917 को इलाहाबाद (उत्तर प्रदेश) में हुआ था। वे भारत की प्रथम प्रधानमन्त्री जवाहरलाल नेहरू की एकमात्र सन्तान थीं। 1947 से 1964 तक वह अपने पिता के कार्यालय की देखरेख करती थीं। पहले तो वे घर में ही पढ़ती थीं, बाद में स्कूलों में गयीं। वह कुछ दिन जेनेवा में भी पढ़ीं। बाद में शान्तिनिकेतन (विश्वभारती विश्वविद्यालय) में गयीं जहाँ रवीन्द्रनाथ टैगोर ने उनका टाइटल प्रियदर्शिनी रखा। कुछ दिन के लिए उन्हें अपनी बीमार माँ (कमला नेहरू) के स्वास्थ्य की देखरेख के लिए यूरोप जाना पड़ा। उन्होंने लन्दन के ऑक्सफोर्ड विश्वविद्यालय में इतिहास का अध्ययन किया। इंग्लैंड में उनकी फिरोज़ गाँधी से मुलाकात हुई। इन लोगों की शादी इलाहाबाद में हिन्दू रीति-रिवाज से हुई, यद्यपि फिरोज़ गाँधी पारसी थे।

1964 में जवाहरलाल जी की मृत्यु के पश्चात् वह शास्त्री मंत्रिमंडल में मन्त्री बनीं। 1966 में शास्त्रीजी की मृत्यु के पश्चात् वह प्रधानमन्त्री बनीं। वे 1966 से 1977 तक प्रधानमन्त्री रहीं। आपातकाल बाद के चुनाव 1977 में उनकी हार हुई। जनता पार्टी के हाथ में बागडोर गयी, किन्तु वे लोग सत्ता नहीं सँभाल सके और लोकसभा भंग हुई। 1980 में पुनः चुनाव हुआ और वे प्रधानमन्त्री बनीं। 31 अक्टूबर, 1984 तक प्रधानमन्त्री रहीं, जब उन्हें उन्हीं के रक्षकों द्वारा मार दिया गया। 1971 के बंगलादेश युद्ध में जीत हासिल करना, आपातकाल लगाना और 1980 में पुनः सत्ता में लौटना उस वक़्त की प्रमुख घटनाएँ हैं।

इन्दिरा गाँधी को किसी परिचय की आवश्यकता नहीं है। 30 अक्तूबर, 1984 को भुवनेश्वर में दिया गया उनका अन्तिम भाषण यहाँ प्रस्तुत है। अगले दिन ही 31 अक्तूबर, 1984 को दिल्ली में उनके ही अंगरक्षकों ने उनकी हत्या कर दी।

मेरी ज़िन्दगी जनता की सेवा में

इन्दिरा गाँधी का भुवनेश्वर में दिया गया अन्तिम भाषण

(उड़ीसा, 30 अक्तूबर, 1984)

मैं आपके प्रति कृतज्ञ हूँ और आपके द्वारा प्रेमपूर्ण और गर्मजोशी से किये गये स्वागत के लिए मैं आपको धन्यवाद देती हूँ। हमारे देश की महान नेता सरोजिनी नायडू ने कई वर्षों पूर्व कहा था की कि "उड़ीसा एक छोटा राज्य हो सकता है, परन्तु इसका हृदय बहुत बड़ा है।" और यह सत्य है। यह हमारे इतिहास का एक प्रसिद्ध राज्य है। दो हजार वर्षों से कुछ ज़्यादा पूर्व यहाँ एक बहुत बड़ा युद्ध हुआ था, उड़ीसा के लोग बड़ी बहादुरी से लड़े थे, उन्होंने अपना प्राणोत्सर्ग किया था, परन्तु पराजित हो गये थे। पराजय का समाघात यह हुआ कि इसने युद्ध में जीतने वाले के हृदय को परिवर्तित कर दिया। मैं सम्राट अशोक की चर्चा कर रही हूँ। उन्होंने युद्ध में विजयश्री हासिल कर ली, परन्तु उन्होंने स्वीकार किया कि ऐसी विजय का कोई महत्त्व नहीं है, कोई मूल्य नहीं है। यदि कोई किसी चीज पर विजय प्राप्त करना चाहता है, तो वह है, इन्सान का हृदय। विजय इन्सानों को जान से मारकर या सताकर नहीं प्राप्त की जा सकती, और उसी दिन से उन्होंने, न सिर्फ़ यहाँ कलिंग में, बल्कि पूरे भारत में मित्रता, अहिंसा और उदारता की एक नयी नीति को लागू किया, जो कि भारत की बरसों-बरस से नीति हो गयी। हम लोग कभी-कभी भूल करते हैं, कभी-कभी हमारे काम में अन्तर होता है, परन्तु हमारा प्रयास भारत को शान्ति, अहिंसा और मैत्री की दिशा में ले जाना है।

भारत ने अपने प्राचीन इतिहास के युग में किसी दूसरे देश पर कभी नहीं आक्रमण किया। हमारे देश पर अनेकों बार आक्रमण हुए थे। आक्रमणकारी बाहर से आये थे और उनमें से बहुत लोग यहाँ बस गये और अच्छे भारतीय बन गये। और तत्पश्चात् हमारे युद्धों में या स्वतन्त्रता संग्राम में या स्वतन्त्रता-पूर्व के काल में जब भारत आक्रान्त था, तो ये सभी लोग, जो भारतीय हो गये थे, एकताबद्ध होकर चुनौती का सामना करने के लिए उठ खड़े हुए। आज यह जरूरी है कि हम जनता के दिल में उसी तरह की भावनाओं का आह्वान करें।

हमें अपनी बदौलत महान उपलब्धियाँ हासिल हुई हैं। अन्य देशों की भाँति हमने भी बहुत कुछ हासिल किया है। परन्तु हाल के दिनों में हम पिछड़ गये हैं और इससे निजात तभी सम्भव है, जब युवा पीढ़ी चुनौती को स्वीकार करे। इसके लिए उन्हें राष्ट्रीय भावना पर पहल करनी होगी, उन्हें राष्ट्र के भविष्य पर विचार करना होगा, न केवल मौजूदा समय के लिए बल्कि भावी पीढ़ियों के लिए, ताकि वे आने वाले दिनों में महानतम उपलब्धियों के लिए काम कर सकें। चारों ओर बहुत सारे बड़े वृक्ष हैं। उनकी वृद्धि में हज़ारों वर्ष लगे हैं। क्या उस वक्त लोगों ने कभी ऐसा सोचा होगा कि वृक्ष लगाने का उन्हें क्या लाभ होगा, जब उसकी छाया ही उन्हें नहीं मिलेगी? यदि वे वैसा सोचे होते, तो

ऐसे सुन्दर वृक्ष न तो उड़ीसा में और न ही भारत के अन्य भागों में दृष्टिगोचर होते। परन्तु उन्होंने यह सोचकर उन्हें लगाया, क्योंकि वे यह जानते थे कि भारत सैकड़ों वर्षों से जीवन्त है। इसलिए हम लोग आज जिस काम को करने जा रहे हैं, वह यह होगा कि यह सैकड़ों वर्षों तक भारत को बल प्रदान करता रहेगा, सहस्राब्दियों तक का यह हमारा लक्ष्य होगा। यदि कोई भुखमरी का शिकार है, तब स्वतन्त्रता का क्या अर्थ? यदि किसी को पहनने के लिए वस्त्र नहीं है, तो स्वतन्त्रता का क्या अर्थ है? यदि कोई यथोचित आमदनी नहीं प्राप्त कर रहा है, तो स्वतन्त्रता का क्या अर्थ है? हमारी स्वतन्त्रता पूर्णता को तभी प्राप्त कर सकती है, जब हम अपने महान नेताओं के स्वप्नों को साकार करने में समर्थ हों। मेरे पिताजी कहा करते थे कि स्वतन्त्रता को कोई भी खण्ड-खण्ड में नहीं बाँट सकता। उसी प्रकार, कोई भी हमारी प्रगति को खण्ड-खण्ड में नहीं बाँट सकता या हमारे विकास के क्रम को नहीं बिगाड़ सकता। मौजूदा समय में दुनिया के देश वैज्ञानिक तरीकों का इस्तेमाल करके धनी हो रहे हैं, अत्यन्त तेजी से धनार्जन कर रहे हैं, समृद्ध होते जा रहे हैं और उन्नत होते जा रहे हैं। यद्यपि वे पूरी तरह सशक्त हैं, तथापि वे दूसरे देशों को अधीन करने की कोशिश कर रहे हैं। पूर्वकाल में औपनिवेशिक शक्तियों का इस्तेमाल एक देश को गुलाम बनाने के लिए आक्रमण करने हेतु सेना को भेजने में किया जाता था। नव-उपनिवेशवाद नवीन तरीकों को अख्तियार करता है। वे अपनी विचारधारा को व्यक्ति के मनोबल को गिराने के इरादे से उन्हें यह सोचने के लिए बाध्य करके थोपते हैं कि उन्होंने जो कुछ उपलब्धियाँ हासिल की हैं, उनका कोई महत्त्व नहीं है।

एक सीमित अवधि के लिए भारत में आपातकाल था, जिसके चलते मुझ पर आरोप लगाया गया कि मैं एकाधिकारी थी, तानाशाह थी। परन्तु अरसे से तानाशाह रहने वालों ने पैसा, धन और हथियारों के जरिए देश में लोकतन्त्र को बहाल करने में पूरी तरह मदद की। उन्होंने यह नहीं महसूस किया कि वहाँ तानाशाही व्यवस्था है। इससे हमें सबक मिला कि उनके इरादे कैसे हैं। वे भारत को आगे बढ़ने देना क्यों नहीं चाहते? हमारी सोच के लिए बाहर में कुछ भी नहीं है। हमें अपने-आप के बारे में सोचना चाहिए और यह मेरी अकेली जिम्मेवारी नहीं है। आज मैं यहाँ हूँ, पर पता नहीं, कल मैं यहाँ नहीं रहूँ। परन्तु यह भारत के प्रत्येक नागरिक की जिम्मेवारी है। मैंने पहले भी कहा था कि अनगिनत बार मुझे जान से मारने की कोशिशें की गयीं। मुझ पर पिस्तौल और लाठियों से हमले किये गये। यहाँ भुवनेश्वर में मुझ पर रोड़ों से प्रहार किया गया। हर तरह के हमले मुझ पर किये गये। मुझे जीने-मरने की चिन्ता नहीं है। मैंने एक लम्बी ज़िन्दगी जी ली है और यदि मुझे किसी चीज का गर्व है, तो वह है कि मैंने अपनी पूरी ज़िन्दगी को जनता की सेवा में लगाया है। इसके लिए मुझे गर्व है, किसी और चीज़ के लिए नहीं, और जब तक मैं जीवित रहूँगी, जनता की सेवा के लिए ही जीवित रहूँगी और मैं यह कह सकती हूँ कि जब मैं मर जाऊँगी तो मेरे लहू का हर एक कतरा भारत को जीवन्त रखेगा, भारत को सुदृढ़ बनायेगा।

"पुनः मैं आपको याद दिला देना चाहती हूँ कि प्रथमतः हमें देश की एकता एवं अखण्डता की रक्षा करनी है। हमें मौजूदा समस्याओं से निजात पानी है, ताकि भविष्य में हम अपनी क्षमता को बरकरार रख सकें और वास्तव में हम ज़्यादा क्षमता को पैदा कर सकें। परन्तु उस तरीके से नहीं कि आज हम अपनी क्षमता को प्राप्त कर लें और कल दुर्बल हो जायें।"

□□

पुस्तक के बारे में

'अंग्रेज़ो भारत छोड़ो' की गूँज के बीच जिस व्यक्ति ने होश सँभाला हो, जिसके परिवार के लोग मातृभूमि की आज़ादी के लिए शहीद हुए हों, उसके व्यक्तित्व और आचार-विचार पर रचनात्मक प्रभाव पड़ना स्वाभाविक है।

इस पुस्तक में भारतीय उपमहाद्वीप, जो बदकिस्मती से तीन हिस्सों में बँट गया है, के ऐसे पचहत्तर महत्त्वपूर्ण विद्वानों के चुने हुए महत्त्वपूर्ण आलेखों को डॉ. फणीश सिंह पेश कर रहे हैं जिन्होंने सुदृढ़ समाज और आत्म सम्मानी हिन्दुस्तान का सपना देखा था और देश के नव-निर्माण में अपनी सलाहियतों का भरपूर इस्तेमाल किया है। इन महापुरुषों के विचार महज उनके विचार ही नहीं हैं, वे हिन्दुस्तान में चल रही विभिन्न विचारधाराओं के प्रतीक भी हैं। इन्हें पढ़कर आज़ादी की लड़ाई के अनेक पहलुओं की सुधी पाठकों को विस्तारित जानकारी मिलेगी। यहाँ अगर राजनेता और दार्शनिक अपना विचार व्यक्त करते मिलेंगे तो रवीन्द्रनाथ टैगोर और नजरुल इस्लाम जैसे कवि देशभक्ति और मानवीय मूल्यों की वकालत करते मिलेंगे।

ह्वेनसांग, फाह्यान, मेगास्थनीज, इब्ने बतूता और अफनासी निकितीन जैसे विद्वानों ने यहाँ के ज्ञान भंडारों से लाभ उठाया और दुनिया के अनेक देशों में हमारे वैभव की दास्तानें पहुँचाईं। फणीश जी ने उन देशों के साथ यूरोप के अनेक देशों और इस्लामी संस्कृति के केन्द्र रहे समरकन्द, बुखारा, ताशकन्द और फरगना जाकर वहाँ और यहाँ के समाज पर परस्पर प्रभाव के अध्ययन की भी कोशिश की है। डॉ. फणीश सिंह ने इस पुस्तक के परिचय में आज़ादी की लड़ाई के लम्बे इतिहास के उतार-चढ़ाव की दास्ताँ पर तफसीली रोशनी डाली है। संकलित आलेख और पुस्तक परिचय पर नज़र डालने वाले को हिन्दुस्तान की आज़ादी और उससे जुड़ी महत्त्वपूर्ण घटनाओं की भी भली-भाँति जानकारी हो जायेगी।

डॉ. फणीश सिंह

जन्म 15 अगस्त 1941 को ग्राम नरेन्द्रपुर ज़िला सिवान में। 15 वर्ष की आयु में प्रयाग हिन्दी साहित्य सम्मेलन से 'विशारद' की परीक्षा पास की। तत्पश्चात एम.ए., बी. एल. करने के बाद पटना उच्च न्यायालय में 1967 से वकालत आरम्भ की। छात्र जीवन से ही हिन्दी से अनुराग था और इनके अनेक लेख पत्र-पत्रिकाओं में प्रकाशित हुए। भारतीय प्रतिनिधि के रूप में 1983 में मास्को और 1986 में कोपेनहेगन विश्व-शान्ति सम्मेलन में शामिल हुए। अखिल भारतीय शान्ति परिषद के सदस्य के रूप में चीन की यात्रा की। अब तक 5 महाद्वीपों के 65 देशों की यात्रा कर चुके हैं जिसमें सारा यूरोप, अमेरिका, जापान आदि शामिल है। मास्को, इंग्लैंड एवं जर्मनी की अनवरत यात्राएँ कीं। यात्राओं के क्रम में रेडक्रास सोसायटी में सामाजिक कार्य के लिए जेनेवा गये। अपनी पुस्तक गोर्की और प्रेमचन्द के कथा-साहित्य के लेखन के सम्बन्ध में गोर्की के गाँव रूस के निजनीनवगिरोड गये। अपनी पुस्तक 'दक्षिण पूर्व एशिया पर भारतीय संस्कृति का प्रभाव' के लिए दक्षिण पूर्व एशिया के 12 देशों की गहन यात्रा की।

अन्तराल में पीएच.डी. करने के पश्चात् लेखन में सक्रिय। अब तक भारतीय ज्ञानपीठ, राजकमल प्रकाशन एवं वाणी प्रकाशन से इनकी एक दर्जन से अधिक पुस्तकें प्रकाशित। हिन्दी साहित्य के अतिरिक्त सामाजिक विषयों पर लेखन। इधर यात्रा-वृत्तान्त पर लेखन कार्य जारी जिसमें चीन पर सराहनीय पुस्तक का प्रकाशन। *वाणी प्रकाशन* द्वारा इनकी पुस्तक 'दक्षिण पूर्व एशिया पर भारतीय संस्कृति का प्रभाव' का प्रकाशन हाल ही में हुआ है।

भारतीय सांस्कृतिक सम्बद्ध परिषद (I.C.C.R) के सलाहकार समिति के सदस्य। AIPSO के बिहार राज्य परिषद के महासचिव। राज्य की अनेक सांस्कृतिक संस्थाओं के पदाधिकारी। 'कौमी एकता सन्देश' के सम्पादक।

वाणी प्रकाशन